D1129169

DESJARDINS

Une entreprise et un mouvement ?

Dans la même collection :

GEORGES-ÉMILE LAPALME
Jean-François Léonard, 1988, 304 p.

JEAN LESAGE ET L'ÉVEIL D'UNE NATION
Robert Comeau, 1989, 370 p.

ANDRÉ LAURENDEAU – Un intellectuel d'ici
Robert Comeau et *Lucille Beaudry,* 1990, 310 p.

DANIEL JOHNSON – Rêve d'inégalité et projet d'indépendance
Robert Comeau, Michel Lévesque et *Yves Bélanger,* 1991, 452 p.

RENÉ LÉVESQUE – L'homme, la nation, la démocratie
Yves Bélanger et *Michel Lévesque,* 1992, 496 p.

THÉRÈSE CASGRAIN – Une femme tenace et engagée
Anita Caron et *Lorraine Archambault,* 1993, 394 p.

HYDRO-QUÉBEC – Autres temps, autres défis
Yves Bélanger et *Robert Comeau,* 1995, 352 p.

LE DEVOIR – Un journal indépendant (1910-1995)
Robert Comeau et *Luc Desrochers,* 1996, 378 p.

PRESSES DE L'UNIVERSITÉ DU QUÉBEC
2875, boul. Laurier, Sainte-Foy (Québec) G1V 2M3
Téléphone : (418) 657-4399
Télécopieur : (418) 657-2096
Catalogue sur Internet : http://www.uquebec.ca/puq/puq.html

Distribution :

DISTRIBUTION DE LIVRES UNIVERS S.E.N.C.
845, rue Marie-Victorin, Saint-Nicolas (Québec) G7A 3S8
Téléphone : (418) 831-7474 / 1-800-859-7474
Télécopieur : (418) 831-4021

Europe :
ÉDITIONS ESKA
27, rue Dunois, 75013, Paris, France
Téléphone : (1) 45 83 62 02
Télécopieur : (1) 44 24 06 94

DESJARDINS

Une entreprise et un mouvement ?

Sous la direction de
Benoît Lévesque
avec la collaboration de
Marie Bouchard, Michel Grant, Luc Desrochers
et Francine Jacques

1997

Presses de l'Université du Québec
2875, boul. Laurier, Sainte-Foy (Québec) G1V 2M3

Données de catalogage avant publication (Canada)

Vedette principale au titre :

Desjardins : une entreprise et un mouvement ?

(Les leaders du Québec contemporain)
Textes présentés lors du 9e colloque sur les leaders contemporains tenu à l'Université du Québec à Montréal en mars 1996.
Comprend des réf. bibliogr.

ISBN 2-7605-0928-1

1. Mouvement des caisses Desjardins – Histoire – Congrès. 2. Caisses d'épargne et de crédit – Québec (Province) – Histoire – Congrès. 3. Institutions financières – Québec (Province) – Histoire – Congrès. 4. Coopération – Québec (Province) – Histoire – Congrès. I. Lévesque, Benoît, 1939- . II. Collection.

HG2039.C2D485 1997 334'.22'09714 C97-940076-7

Les Presses de l'Université du Québec bénéficient, pour leur programme de publication, du soutien du Programme de subventions globales du Conseil des arts du Canada et du Programme d'aide au développement de l'industrie de l'édition du Patrimoine canadien.

Révision linguistique : Monelle Gélinas

Mise en pages : Colette Désilets

Conception graphique de la couverture : Caron & Gosselin communication graphique

1 2 3 4 5 6 7 8 9 PUQ 1997 9 8 7 6 5 4 3 2 **1**

Dépôt légal – 1er trimestre 1997
Bibliothèque nationale du Québec / Bibliothèque nationale du Canada
Imprimé au Canada

REMERCIEMENTS

Le comité organisateur

Desjardins, une entreprise et un mouvement ? est le neuvième d'une série de colloques organisés à l'UQAM sur les leaders du Québec contemporain. Outre la qualité des conférenciers et des animateurs, son succès est le fruit de nombreuses contributions.

Le comité organisateur, dont la présidence a été assumée successivement par le recteur Claude Corbo et par le recteur intérimaire Gilbert Dionne, tient à remercier les membres du comité scientifique qui ont fourni leur savant éclairage au moment de la programmation du colloque : Yves Bélanger, professeur au département de science politique de l'UQAM, Guy Cameron, conseiller en développement coopératif à la Confédération des caisses populaires et d'économie Desjardins, Robert Comeau, professeur au département d'histoire de l'UQAM, Gaston Deschênes, directeur du Service de la recherche à la Bibliothèque de l'Assemblée nationale du Québec, Michel Doray, vice-président au développement coopératif à la Confédération des caisses populaires et d'économie Desjardins, Mario Fortin, professeur au département des sciences économiques de l'Université de Sherbrooke, Roger Levasseur, professeur et directeur du Centre interuniversitaire d'études québécoises à l'UQTR, Marie-Claire Malo, professeure à l'École des HEC, Mauro F. Malservisi, directeur de la Chaire de coopération Guy-Bernier de l'UQAM, Ronald Rudin, professeur au département d'histoire de l'Université Concordia, Joseph Yvon Thériault, doyen de la faculté des sciences sociales de l'Université d'Ottawa.

Il nous faut souligner tout particulièrement l'apport de madame Francine Jacques du Service de l'information et des relations publiques de l'UQAM, dont la collaboration à la préparation et à la tenue de l'événement a été d'une pertinence et d'une qualité inestimables.

Des personnalités du monde coopératif et des institutions québécoises ont accepté de parrainer la tenue du colloque : Claude Béland, président du Mouvement Desjardins, Diane Bellemare, présidente-directrice générale de la Société québécoise de développement de la main-d'œuvre, Lise Bissonnette, directrice du quotidien *Le Devoir*, Michel Clément, directeur de la Direction des coopératives du ministère de l'Industrie, Commerce, Science et Technologie, Marcel Couture, président et directeur de la revue *Forces*, René Croteau, ex-vice-président de la Confédération des caisses populaires et d'économie

Desjardins, Yvon Daneau, ancien dirigeant du Mouvement Desjardins, Yves Demers, président de la SSQ Mutuelle de gestion, Mgr André Gaumont, président de l'Assemblée des évêques du Québec, Clément Godbout, président de la FTQ, Serge Godin, président et chef de la direction du Groupe CGI Inc., Gérald Larose, président de la CSN, Gaëtan Lussier, président de Culinar Inc., Yvon Martineau, président du conseil d'administration d'Hydro-Québec, Paul Massicotte, président de la Coopérative Fédérée de Québec, Oscar Mercure, ancien dirigeant du Mouvement Desjardins, Lorraine Pagé, présidente de la CEQ, Pierre Péladeau, président et chef de la direction de Quebecor Inc., Laurent Pellerin, président de l'Union des producteurs agricoles, Jocelyn Proteau, président et chef de la direction de la Fédération des caisses populaires Desjardins de Montréal et de l'Ouest-du-Québec, Henri-Paul Rousseau, président et chef de la direction de la Banque Laurentienne, Majella Saint-Pierre, président du Conseil de la coopération du Québec, Jean-Claude Scraire, président du Conseil et directeur général de la Caisse de dépôt et placement du Québec, Maurice Therrien, directeur exécutif du Secrétariat aux coopératives du Gouvernement du Canada, Alfred Vaillancourt, inspecteur général des institutions financières du Québec.

Nos remerciements s'adressent également aux entreprises Bell, Hydro-Québec et IBM, de même qu'aux départements de sociologie, de sciences administratives, d'histoire, de science politique et de sciences économiques de l'UQAM, qui ont financé et soutenu la réalisation du colloque. La pochette et le programme du colloque sont l'œuvre de Marie Caron des services de graphisme de la Confédération Desjardins.

Enfin, nous avons beaucoup apprécié la qualité et le professionnalisme de l'équipe d'étudiantes et d'étudiants qui ont assuré l'accueil des conférenciers et des participants au colloque. Cette équipe était composée de Mohamed El Filali, Patrick Girard, Manon Goulet, Yves-Charles de Kerstrat, Nathalie Morissette, Roy Najjar, Leandro Vergara et Fahim Youssofzai.

PRÉFACE

Le Mouvement Desjardins : quelques enjeux majeurs

Benoît Lévesque, Marie Bouchard et Michel Grant

Cet ouvrage veut souligner le quatre-vingt-dixième anniversaire de la reconnaissance juridique des caisses populaires mises sur pied par Alphonse Desjardins. Le thème : *Desjardins : une entreprise et un mouvement ?* s'est imposé rapidement pour au moins deux raisons. La première, et sans doute la plus manifeste, est que les caisses populaires d'économie Desjardins se désignent elles-mêmes comme membres d'un mouvement, le Mouvement Desjardins (aucune entreprise à notre connaissance ne s'est donné une telle appellation). La seconde nous vient de certains économistes qui définissent l'entreprise coopérative comme « la combinaison d'un groupement de personnes et d'une entreprise liés par un rapport d'activité et de sociétariat[1] ». Le groupement de personnes qui constitue l'entreprise coopérative est habituellement porté par la dynamique d'un mouvement social. Dans cette visée, nous demander si l'entreprise Desjardins est encore un mouvement nous invite à interroger à la fois sa spécificité et sa différence par rapport à ses concurrents.

Les textes réunis dans cet ouvrage mettent en lumière non seulement la liaison des dimensions « entreprise et mouvement », mais également les tensions qu'elle provoque. Tensions, par exemple, entre la performance des entreprises et les exigences d'un fonctionnement démocratique, entre le défi de la compétitivité sur les marchés et des demandes relevant de l'économie sociale. D'où également un certain nombre de questions susceptibles de faire avancer la connaissance sur cette grande institution. Les auteurs s'intéressent également au rôle qu'elle joue dans la société québécoise d'hier, d'aujourd'hui et de demain. Ils analysent donc à la fois son enracinement dans la société québécoise, les nouvelles réorganisations et même la performance de ses entreprises.

Pour traiter ces questions qui touchent aussi bien l'entreprise que le groupement de personnes, voire le mouvement, nous avons fait appel non seulement à des universitaires, et notamment à des historiens, des économistes, des socio-

1. Claude Vienney (1980). *Socio-économie des organisations coopératives*, tome 1, Paris, CIEM, 396 p.

logues, des personnes spécialisées dans la gestion et les finances, mais également à des gens du milieu des affaires, soit des témoins, des administrateurs et des gestionnaires, et à des représentants des mouvements sociaux : le mouvement coopératif, le mouvement des femmes, le mouvement populaire et le mouvement syndical. Que retenir de ces diverses contributions sur le thème « une entreprise et un mouvement » ? Sans proposer une synthèse qui tiendrait compte de chacun des quarante textes réunis ici, nous voudrions simplement présenter quelques conclusions qui se sont imposées à nous.

La différence Desjardins : l'entreprise Desjardins est-elle différente des autres entreprises financières ?

Il est en quelque sorte manifeste que le réseau d'entreprises que constitue le Mouvement Desjardins a peu de choses en commun avec la caisse populaire qui existait du vivant du fondateur. Cette énorme différence, résultat d'un grand succès, ne remet pas nécessairement en question sa nature coopérative. En revanche, la comparaison de Desjardins avec les banques pose concrètement cette question. Autrement dit, ce qui démarque Desjardins des entreprises qui n'ont pour objectif que le rendement financier au profit des seuls actionnaires, constitue en soi un point majeur.

Pour plusieurs, la différence entre Desjardins et les banques est de plus en plus invisible. Ainsi, comme l'écrit Roland Parenteau, « tant sur le plan local que sur le plan collectif, le Mouvement montre de plus en plus de similitudes avec les institutions capitalistes, aussi bien dans son apparence extérieure, dans la nature de ses opérations financières, dans ses méthodes de fonctionnement que dans la variété de sa clientèle ». En revanche, une analyse attentive de cette entreprise, comme il prend soin de le préciser, révèle d'importantes différences. Outre la proximité géographique et sociale, et sans reprendre l'ensemble des règles et principes coopératifs qui sont respectés par Desjardins, nous retenons *au moins deux différences majeures* qui persistent dans la croissance de l'entreprise et sa transformation au cours des dernières décennies.

Premièrement, *une forme institutionnelle* qui repose sur le principe : « un membre, un vote » et non sur la participation au capital-actions, de même qu'*une forme organisationnelle* où le pouvoir s'exerce par la délégation des caisses locales vers les fédérations et la confédération pour donner des instances propres à chacun de ces paliers. Ce *fonctionnement démocratique* se traduit dans des pratiques de gestion passablement différentes de celle que l'on retrouve dans les banques. Cela est d'abord manifeste dans le discours au sein même de l'entreprise. Ainsi, dans leur analyse comparative du journal d'entreprise de la Fédération des caisses populaires et d'économie de Montréal et de l'Ouest de

Montréal (FMO) et de celui de la Banque Nationale, Nicole Giroux et Nicole Savoie font apparaître des différences importantes dans le rôle des acteurs sociaux engagés dans l'entreprise, dans la place accordée à la coopération et au partenariat, sans oublier une préoccupation pour le service aux membres et pour le long terme.

De plus, ces différences ne se limitent pas au discours, comme plusieurs seraient portés à l'affirmer. En effet, pour le gestionnaire et l'administrateur, Desjardins est une entreprise qui favorise la participation et la consultation et qui s'y investit plus que toute autre. Même si la participation des membres aux assemblées générales annuelles des caisses locales demeure faible, il faut reconnaître que les congrès du Mouvement offrent plus de similitudes avec un congrès syndical qu'avec une assemblée d'actionnaires. De plus, comme le souligne Majella Saint-Pierre, les pratiques informelles de consultation et de participation à la vie associative des réseaux mobilisent beaucoup de ressources bénévoles et salariées : nombreuses assemblées de secteur et de zone, tournées de consultation des caisses par les fédérations, comités et groupes de travail de toutes sortes. Ce témoin de la vie coopérative révèle cependant un point faible que l'on retrouve dans la plupart des entreprises coopératives (à l'exception évidemment des coopératives de travail) : la participation des employés à la gestion de l'entreprise. Comme l'a souligné également Gérald Larose, les employés représentent malheureusement l'angle mort des coopératives d'usagers.

Deuxièmement, *une structure de capitalisation originale* en vertu de laquelle Desjardins jouit d'un avantage certain sur ses concurrents. Cette forme de capitalisation fait en sorte que les actifs de cette entreprise constituent un patrimoine inaliénable pour l'ensemble de la société québécoise. Comme l'explique bien Bernard Élie, « seulement 13,7 % de l'avoir des sociétaires est rémunéré », alors qu'à la Banque Nationale, cette part atteint 69,9 %. Cependant, il faut reconnaître que, depuis quelques années, Desjardins fait une place croissante au capital externe. On peut dès lors se demander si elle pourra conserver sa capacité de résister à l'homogénéisation des pratiques financières et des stratégies d'entreprise que l'on observe un peu partout. Autrement dit, s'il ne fait aucun doute que l'entreprise Desjardins est différente des banques, ces différences sont peut-être menacées par les transformations récentes.

Pour le moment, cette structure originale de capitalisation et l'importance du patrimoine ainsi constitué font que l'intérêt des membres pris collectivement est intimement lié au devenir de l'économie québécoise. Comme l'écrit François-Albert Angers : « L'intérêt des membres du réseau des caisses populaires Desjardins est devenu l'intérêt général du Québec à un développement économique bien équilibré en fonction de la prospérité maximale de sa population. » Dans cette visée, Michel Nadeau relève des similitudes importantes entre Desjardins et la Caisse de dépôt et placement du Québec : ces deux entreprises se doivent de s'évaluer et d'être évaluées non seulement pour leur rendement financier, mais également pour leur participation à l'essor économique de la société québécoise, donc à l'intérêt général[2]. Dans les faits, comme l'explique Jean-Pierre Dupuis, Desjardins a été une composante centrale de Québec Inc. et un important acteur du modèle québécois de développement. Par ailleurs, à la suite de Gilles Paquet, on peut s'interroger sur la capacité de l'entreprise Desjardins à maintenir cette orientation quand ses membres deviennent des clients qui adoptent, en tant que tels, un comportement calculateur pour ne pas dire égoïste. Cela préoccupe également Claude Béland, qui en témoigne dans ses deux contributions au présent ouvrage.

La dimension associative : Desjardins est-il encore un mouvement ?

La plupart des auteurs qui ont tenté d'y répondre indiquent que cette question est beaucoup plus difficile que celle concernant l'entreprise. D'une part, la coopérative, comme combinaison d'un groupement de personnes et d'une entreprise, est habituellement portée par la dynamique des mouvements sociaux, au moins pour sa création. D'autre part, dans la mesure où elle est une forme institutionnalisée, l'entreprise coopérative comme telle ne constitue pas un mouvement social puisqu'elle relève de l'adaptation à une économie de marché. En sociologie, on utilise l'expression « mouvement social » pour désigner les conduites collectives touchant l'orientation de la société ou plus exactement « le contrôle du système d'orientation de l'action historique[3] ». De ce point de vue, les conduites collectives qui ne portent que sur le fonctionnement de la société ou encore sur le réaménagement des règles du système existant, ne constituent pas un mouvement social. Selon cette approche, Desjardins n'est pas un mouvement social. Cela dit, l'ouvrage apporte un éclairage neuf aussi bien sur Desjardins comme groupement de personnes que sur ses rapports avec les mouvements sociaux.

D'abord, il n'y a pas lieu d'être nostalgique sur les liens de Desjardins avec les mouvements sociaux. En effet, tout laisse croire qu'à l'origine le groupement de personnes n'était pas beaucoup plus dynamique et important que l'entreprise. Selon l'historien Gaston Deschênes, Alphonse Desjardins était « plutôt solitaire dans la poursuite de son objectif ». De plus, « ses caisses populaires sont restées à l'écart du mouvement coopératif » jusqu'à la fin des années 1950. La fondation, en 1939, du Conseil supérieur de la coopération (aujourd'hui Conseil de la coopération du Québec) s'est faite sans le mouvement

2. Theo Thiemeyer (1973). *Principes d'une théorie de l'économie d'intérêt général*, Francfort sur le Main, Europäische Verlagsanstait.
3. Alain Touraine (1973). *Production de la société*, Paris, Seuil, 542 p.

des caisses Desjardins. À la suite d'Alphonse Desjardins, les caisses mettaient de l'avant une vision apparemment différente de la vision alors dominante de la coopération pour laquelle la consommation constituait la porte d'entrée du monde coopératif. Les caisses Desjardins, à travers la Fédération de Québec (aujourd'hui la Confédération), ne feront partie de ce conseil qu'à partir de 1957. En somme, le Mouvement Desjardins serait actuellement beaucoup plus présent et actif dans le « mouvement coopératif » québécois qu'il ne l'était dans la première moitié de son histoire. En même temps, il serait également possible d'affirmer, comme le font Roland Parenteau et Claude Vienney, que le poids du groupement de personnes s'est atténué au profit de l'entreprise, au fur et à mesure que cette dernière s'est développée et transformée, notamment par la mise en place d'un dispositif.

Ensuite, le groupement de personnes à la base de Desjardins s'est identifié à un projet de société ou tout au moins à des figures qui ont varié au cours de l'histoire. Dans cette visée, Joseph-Yvon Thériault distingue quatre figures : la figure paroissiale qui domine pour la période 1906-1939, la figure nationale pour la période 1936-1960, la figure technocratique pour la période 1960-1980 et la figure individualisante pour la période 1980-1995. Une nouvelle figure ne fait pas disparaître définitivement les figures précédentes, mais la prédominance actuelle de la figure individualisante, par exemple, ferait en sorte que « tout projet collectif, même celui de la souveraineté nationale, sera dorénavant mesuré à l'aune du principe de l'utilité, de l'efficacité administrative, de la rentabilité, bref, de l'intérêt bien compté ». Autrement dit, « la communauté des sociétaires tend à se réduire à l'addition des intérêts personnels des individus qui la fondent ».

Cette analyse rejoint celle que propose Gilles Paquet qui observe « une déperdition de capital social » ou des fondements de la solidarité sociale à l'échelle de la société. Autrement dit, une érosion « des organisations sociales comme les réseaux, les normes, les conventions, la confiance qui facilitent la coordination et la coopération ». En somme, « le soubassement socioculturel » sur lequel repose le mouvement coopératif se serait définitivement érodé au profit d'un individualisme favorable au libéralisme économique. Cette analyse qui tend à privilégier la dimension culturelle n'est pas tellement éloignée du point de vue exprimé par Claude Béland. Après avoir écrit « qu'une coopérative se doit d'être à l'image de ses membres » et que « les dirigeants doivent donc être à l'écoute des membres », il laisse bien voir que pour maintenir les valeurs de la coopération et l'engagement social, il doit se battre aussi bien contre l'extérieur, le système dominant, que contre les tendances internes, c'est-à-dire la menace des membres « d'aller ailleurs ».

Par ailleurs, l'appel à l'éducation coopérative, ainsi que le plan de revitalisation de l'identité coopérative proposé par Michel Doray, laisse bien voir que, si les dirigeants se doivent de suivre leurs membres, ils peuvent également leur proposer des pistes de dépassement des intérêts purement individuels et à court terme. Et cela parce que, paradoxalement, les avantages comparatifs de l'entreprise Desjardins pourraient exiger un engagement plus prononcé en faveur du « modèle québécois » de développement. Autrement dit, l'entreprise Desjardins satisferait mieux l'intérêt égoïste de ses membres en s'investissant dans un projet collectif qui lui donne un sens que les autres entreprises ne peuvent s'offrir avec autant de légitimité. S'il en est ainsi, Claude Béland fait un bon calcul en s'investissant non seulement dans le Forum sur l'emploi mais également dans la promotion de la concertation et du partenariat. Ces engagements pourraient ouvrir sinon une voie du moins des formes de régulation différentes de celles mises de l'avant par le néolibéralisme. De telles avancées supposent la proposition d'une idée cohérente de la société et de l'économie.

Enfin, certains auteurs se sont appliqués à mettre en lumière les rapports entre le Mouvement Desjardins et les autres mouvements sociaux. L'arrimage du Mouvement Desjardins aux nouveaux mouvements sociaux est forcément inégal, comme le rappelle Monique Vézina dans son évaluation de la présence des femmes dans les instances du Mouvement Desjardins, et cela même si ce dernier fait apparemment mieux que les banques. De même, le faible arrimage aux organisations syndicales et communautaires explique en grande partie que de nouvelles institutions financières (par exemple le Fonds de solidarité des travailleurs du Québec, le Fondaction, les cercles d'emprunt) aient été mises sur pied sans que Desjardins en soit le principal partenaire et encore moins l'initiateur[4]. Même s'il est devenu un acteur social qui représente bien le « mouvement coopératif », le Mouvement Desjardins semble incapable de prendre l'initiative des propositions de changement social mises de l'avant dans la société québécoise. De ce point de vue, le Mouvement Desjardins s'adapte au changement plutôt que de le provoquer. Lise Bissonnette résume bien ce point de vue lorsqu'elle écrit que Desjardins est le « meilleur accompagnateur possible d'un changement qui se définit ailleurs ». Une telle conclusion pourra décevoir ceux et celles qui sont sympathiques au Mouvement Desjardins et qui attendent de lui qu'il assume un leadership significatif dans le champ de l'économie et dans celui du social. Pour notre part, cette conclusion, à première vue décevante, laisse entrevoir une ouverture intéressante, soit la perméabilité de Desjardins aux influences fortes qui traversent la société québécoise. Toutefois, on comprendra que cette perméabilité représente un enjeu qui passe par la consolidation d'un fonctionnement démocratique capable de prendre en charge non seulement les

---

4. Benoît Lévesque, Margie Mendell et Solange Van Kemandde (1996). *Profil socio-économique des fonds de développement régional et local*, Montréal, Études réalisées pour le BFDR.

intérêts individuels mais aussi les intérêts collectifs. Ce qui suppose un renforcement non seulement de la démocratie politique mais également de la démocratie sociale[5].

Outre ces questions majeures sur la différence de l'entreprise Desjardins et la liaison du « groupement de personnes » aux mouvements sociaux, nous avions proposé aux participants trois autres thèmes : l'enracinement de Desjardins dans le milieu, la capitalisation externe et la réingénierie. Voyons rapidement chacun de ces points et les conclusions qui se dégagent de notre lecture.

L'enracinement de Desjardins dans les collectivités locales et les communautés

De toutes les institutions financières québécoises, Desjardins est la plus enracinée dans les collectivités locales. Outre ses 5,3 millions de membres, dont 4,8 millions au Québec, et ses 18 000 dirigeants bénévoles, le Mouvement Desjardins quadrille le Québec avec un réseau de caisses locales plus important que celui de toutes les banques réunies. L'autonomie de la caisse locale ne se compare en rien à celle de la succursale bancaire. Son insertion dans la localité ou le quartier est assurée non seulement par son conseil d'administration, ses divers comités et sa direction locale, mais également par les services qu'il offre à ses membres et par son engagement dans le développement de la communauté. De plus, les préoccupations régionales sont généralement prises en considération par les différentes fédérations. L'enracinement du Mouvement Desjardins n'est pas que géographique, il est aussi social. Ainsi, à côté des fédérations « régionales », on retrouve une fédération des caisses d'économie dont les liaisons notamment avec les milieux de travail, certains syndicats et certaines communautés culturelles (par exemple, la communauté grecque, la communauté ukrainienne, etc.) sont différentes, voire plus étroites.

Pour l'ensemble du Mouvement Desjardins, le bilan socio-économique est extrêmement éloquent : si l'on s'en tient aux cinq dernières années, entre douze et quinze millions de dollars par année ont été consacrés aux « commandites et dons » pour le développement économique et coopératif, les services à la communauté, les œuvres humanitaires, l'environnement, la culture, l'éducation, la pastorale, les loisirs et les sports. Dans cette visée, la complicité avec les divers promoteurs d'une économie dite sociale est de plus en plus forte, comme en témoigne le rôle relativement déterminant de Claude Béland dans le

---

5. Joseph Yvon Thériault (1995). « La démocratie coopérative a-t-elle un avenir ? », dans Marie-Thérèse Séguin (dir.). *Pratiques coopératives et mutations sociales*, Paris, L'Harmattan, p. 47-58.

Forum pour l'emploi, le Conseil de la coopération, sans oublier les États généraux de la coopération. Malgré un bilan socio-économique très positif, l'enracinement du Mouvement Desjardins demeure un enjeu. En effet, un environnement de plus en plus concurrentiel, un affaiblissement de la fidélité des membres, l'avènement du *home banking*, la faible rentabilité de certaines caisses pourraient conduire à la fermeture ou encore à la fusion d'un nombre significatif d'entre elles, notamment dans les collectivités les plus fragiles ou en déclin.

Certains auteurs ont décrit plus explicitement que d'autres l'enjeu de l'enracinement dans les collectivités locales. Leurs contributions tracent un portrait nuancé et contrasté selon les caisses locales. Ainsi, Louis Favreau et Marie-Claire Malo mettent en lumière le rôle des caisses dans la revitalisation des communautés en difficulté et notent une standardisation croissante des qualifications, des procédés, des produits et des résultats qui fait en sorte, selon eux, que les caisses locales tendent à devenir des « unités succursalisées ». De même, Joël Lebossé laisse bien voir que, si les caisses réussissent mieux que les banques à s'arrimer aux nouvelles initiatives financières de l'économie solidaire, elles ne le font souvent qu'à la suite d'une mobilisation du milieu et d'une démonstration plus que probante du sérieux des projets et des promoteurs. Clément Guimond offre un témoignage éloquent d'un « banquier coopératif » engagé depuis plus de vingt ans dans le soutien du développement local et communautaire et toujours désireux de rendre disponible de « l'argent de complicité ». Ce faisant, la caisse qu'il dirige est l'une des plus rentables du réseau. Plusieurs autres contributions, dont celle de Mgr Blanchet et celle de Gabrielle Lachance, invitent Desjardins à demeurer fidèle à des valeurs exigeant que l'entreprise financière soit attentive à la réalité de la nouvelle pauvreté et de l'exclusion.

La capitalisation externe et plus largement la dépendance des marchés financiers

Jusqu'à tout récemment, le capital propre de Desjardins provenait exclusivement des membres et, de ce fait, était constitué de la réserve (les trop-perçus réinvestis), des parts sociales (les parts de qualification, selon la loi), des parts permanentes et des parts privilégiées, ces dernières ne pouvant être offertes qu'aux membres mais étant rémunérées à un taux s'approchant de celui du marché. Depuis 1994, les non-membres, et notamment le marché des capitaux institutionnels canadiens et nord-américains, peuvent investir dans les caisses populaires par le truchement de la société Capital Desjardins. Rattachée à la Confédération, Capital Desjardins regroupe des titres de dette individuels émis par chacune des caisses, de sorte que cette nouvelle société constitue une passerelle entre les caisses émettrices et l'investisseur institutionnel (capitaliste).

S'il faut se réjouir que le Mouvement Desjardins ait pu se doter d'un mécanisme lui donnant accès aux investisseurs institutionnels que constituent les fonds de retraite, les compagnies d'assurances et les grandes corporations canadiennes et américaines, ne doit-on pas s'interroger sur les conséquences à long terme d'une telle innovation ?

Bien qu'il ne soulève pas directement la question de la capitalisation externe, Riccardo Petrella dénonce à la fois la « financiarisation » de l'économie et l'autonomisation de la logique financière qui animent le mouvement de la mondialisation. « Dans un tel monde, dit-il, il n'y a apparemment pas de place véritable pour la logique qui a inspiré les mouvements coopératifs comme ceux de Desjardins. » En revanche, l'économiste belge croit que le Mouvement Desjardins pourrait contribuer à lancer un mouvement de « désarmement financier » et contribuer ainsi à l'organisation d'un Sommet mondial sur le désarmement financier qui se tiendrait à Montréal. Ces propos audacieux rejoignent ceux de François-Albert Angers pour qui Desjardins est né en réaction à la « mondialisation recherchée par le monde capitaliste du XIXe siècle ». Dans cette même perspective, Claude Béland insiste à la fois sur le fait que Desjardins « évolue nécessairement à contre-courant du système dominant » et sur la sensibilité de plus en plus forte des membres des caisses à l'influence du marché. Jocelyn Proteau, président de la plus importante fédération du Mouvement, partage également ces préoccupations.

Enfin, Bernard Élie a été le plus explicite sur la capitalisation externe comme telle. Si « seulement 13,7 % de l'avoir des sociétaires est rémunéré », 44,9 % des fonds propres relèveraient d'un financement rémunéré selon les marchés. Ce pourcentage tient compte non seulement de l'avoir des sociétaires rémunéré selon le marché, mais également de la part des actionnaires sans contrôle dans les filiales de Desjardins et de la part provenant des « débentures Desjardins » par Capital Desjardins. Dès lors, même si « le capital n'est pas synonyme d'anti-coopératisme, écrit Bernard Élie, la contrainte du marché influencera nécessairement le fonctionnement du Mouvement Desjardins ».

La réingénierie des processus d'affaires ou la réorganisation radicale des caisses populaires et d'économie Desjardins

Par suite d'un important exercice de planification stratégique, le Mouvement Desjardins a décidé de s'engager dans une réingénierie de ses processus d'affaires et ainsi dans des changements organisationnels sans doute plus importants que tous ceux que les caisses ont connus depuis leur fondation. Lors des assemblées générales de 1995, les dirigeants du Mouvement Desjardins n'avaient pas caché l'ampleur des transformations envisagées. Ainsi, John Harbour, directeur général de la Confédération des Caisses Desjardins, prévoyait alors que la révision complète des systèmes informatisés et des processus de travail coûterait un demi-milliard de dollars et entraînerait l'élimination d'environ deux mille postes sur cinq à sept ans, sans mises à pied ni licenciements.

La réingénierie suppose des changements radicaux et notamment le remplacement des différents services spécialisés par des unités polyvalentes, chargées de traiter l'ensemble d'un dossier au sein d'une seule entité, si possible par une seule personne. Ce faisant, il devrait s'ensuivre une réduction massive du délai de traitement des affaires (l'objectif premier de la réingénierie), l'offre intégrée de services serait grandement facilitée, ce qui permettrait à tous les membres de caisses locales de devenir membres du réseau. Cela suppose des changements majeurs dans l'organisation du travail et le système de gestion, bref dans tout ce qui a un rapport avec les processus. Il faut donc apprendre à travailler autrement en misant sur la polyvalence et le travail en équipe. Plus concrètement, cela signifie, par exemple, que la plupart des caissières devraient devenir des « conseillers financiers » et donc des employées ayant en principe plus d'autonomie et de responsabilités, d'où d'importants investissements dans la formation du personnel et des dirigeants.

La modernisation technologique, et notamment l'utilisation des nouvelles technologies de l'information, représente « le levier essentiel » de la réingénierie. Ainsi les terminaux dans les caisses devraient être remplacés par des micro-ordinateurs personnels. Cela suppose non seulement le recyclage des deux cents programmateurs en gros ordinateurs, mais également la création de logiciels qui permettent à tous les employés dorénavant généralistes d'avoir accès aux outils des spécialistes. Cette modernisation devrait entraîner une réduction de la paperasse, d'autant plus que la signature électronique s'imposerait. Axées davantage sur la fonction conseil, les caisses locales seront en mesure d'offrir une offre intégrée de services. Par la suite, les membres pourraient tirer profit de leur appartenance non seulement à une caisse locale mais aussi à un réseau, celui des entreprises Desjardins.

Des changements aussi radicaux sont sans doute nécessaires pour que Desjardins demeure l'entreprise financière la plus performante au Québec. Ils soulèvent cependant de nombreuses questions, notamment sur la façon d'y procéder. Le succès d'une telle opération suppose en effet la mobilisation de tous, ce qui ne va pas de soi puisqu'elle laisse inévitablement des perdants[6]. C'est le cas, entres autres, de ceux affectés à l'encadrement intermédiaire et des employés incapables de se recycler. De plus, Desjardins est l'une des rares

6. Michael Hammer et James Champy (1993). *Le Reengineering. Réinventer l'entreprise pour une amélioration spectaculaire de ses performances*, Paris, Dunod, 248 p.

entreprises financières dont une partie importante des employés est syndiquée. L'engagement de ces derniers est nécessaire au succès de l'opération, puisque la plupart des échecs dans le domaine de la réingénierie proviennent de la passivité, voire de la résistance des employés. Desjardins serait-il en mesure de profiter de cette occasion pour s'imposer également comme leader dans le domaine des relations de travail ? De même, les clients que rejettent maintenant les banques par suite de réorganisations de ce genre, le seront-ils également par les caisses préoccupées plus qu'auparavant de stratégies de financement et s'en remettant aux automates pour les activités dites courantes ?

En outre, la réingénierie d'une entreprise coopérative comme Desjardins est beaucoup plus complexe que pour toute autre entreprise financière. Tout en comptant sur la collaboration de chacune des onze fédérations formellement autonomes, l'équipe responsable de la réingénierie à la Confédération est chargée de « piloter » cette réorganisation radicale des caisses locales qui sont, par ailleurs, juridiquement autonomes. Enfin, comment repenser les processus administratifs tout en tenant compte des valeurs et des règles coopératives ? Cela suppose que les dirigeants du Mouvement insistent pour que les « pilotes de l'opération réingénierie » partagent la culture Desjardins ou du moins lui fassent une place importante. On devine l'ampleur du défi que représente une transformation comme celle de la réingénierie des caisses Desjardins.

Si les chercheurs universitaires et les divers participants n'ont pas réussi à cerner cet enjeu aussi bien que nous l'aurions souhaité, il ne faut pas s'en surprendre. D'une part, la réingénierie des caisses relevait alors encore de l'expérimentation et, à ce titre, ne touchait que quelques caisses, soit les caisses pilotes et les caisses vitrines. D'autre part, la complexité de l'opération et l'ampleur des enjeux sont telles, qu'il n'était pas facile d'approfondir cette question sans entrer dans de longues considérations. Quoi qu'il en soit, le directeur général de la Confédération, John Harbour, a bien expliqué la nécessité d'une transformation aussi radicale. La saturation des marchés et la mixité croissante des clientèles exigent de miser sur la qualité des services aux membres et aux clients. L'augmentation du nombre de concurrents et de produits offerts : nouveaux joueurs, nouvelles technologies et nouveaux réseaux de distribution, pousse également dans cette direction. Dans cette visée, la réingénierie des processus d'affaires dans les caisses devrait leur permettre « d'être beaucoup plus pro-actives dans leur relation au membre ». Enfin, selon Michel Doray, la réingénierie devrait être une occasion pour renforcer l'identité coopérative.

Au terme de ce colloque, il faut reconnaître que faire le bilan de la recherche et de la réflexion sur le Mouvement Desjardins exigeait une bonne dose de courage et une ouverture peu commune de la part des dirigeants qui y ont collaboré, même si cela ne s'est pas fait sans une « certaine fébrilité ». Nous l'apprécions à sa juste mesure sachant que les institutions financières sont d'autant plus soucieuses de contrôler tout ce qui touche leur image qu'il s'agit d'entités dont le fonctionnement repose essentiellement sur la confiance. Dans son discours de clôture, Claude Béland a clairement témoigné de cette inquiétude et de cette ouverture : « Exposer un mouvement à la critique, c'est inévitablement le confronter aux exigences de sa mission, à l'impatience de ceux et celles qui rêvent d'un monde meilleur ; c'est aussi faire ressortir les contradictions, parfois seulement apparentes mais aussi parfois bien réelles, de ceux et celles qui choisissent de vivre à contre-courant. »

PRÉSENTATION

Desjardins, un leader contemporain

Gilbert Dionne

Intitulé *Desjardins, une entreprise et un mouvement ?* le neuvième colloque sur les leaders du Québec contemporain s'inscrivait dans la foulée de ceux qui ont d'abord porté sur les personnalités politiques ayant façonné le Québec moderne. Depuis trois ans, ce sont des institutions qui sont l'objet d'étude, les deux colloques précédents ayant porté sur le quotidien *Le Devoir* et la Société Hydro-Québec.

Le colloque portant sur le Mouvement Desjardins, comme les autres colloques de la série, se veut d'abord et avant tout un « bien réfléchi ». *Desjardins, une entreprise et un mouvement ?* posait à la fois des questions sur l'entreprise et d'autres sur le mouvement. Le point d'interrogation suggère la tension entre ces deux pôles.

Desjardins, l'institution bancaire, est l'une des plus étudiées au Québec. Pas moins de 1500 ouvrages en français ont été publiés au Québec sur les coopératives depuis 1975 et c'est le Mouvement Desjardins qui est le plus étudié par les chercheurs. Leurs auteurs ont largement exploré et exposé les différences entre les coopératives et les autres entreprises financières. Il faut aussi mentionner que le Mouvement Desjardins a joué un rôle actif dans le domaine de la recherche, ayant aidé à la mise sur pied de centres d'étude sur les coopératives dans de nombreuses universités québécoises, dont la Chaire de coopération Guy-Bernier de l'UQAM, et d'autres à Moncton, à Sherbrooke, à Rouyn, à Hull, à Rimouski et à l'École des hautes études commerciales de Montréal.

Mais venons-en au mouvement coopératif. Qui, au Québec, n'a pas une expérience coopérative à son actif ? Avec presque cinq millions de membres au Québec, déjà, le Mouvement Desjardins regroupe la quasi-totalité de la population québécoise. Moi-même, j'ai été membre de deux caisses populaires, celle de la paroisse Saint-Pierre-Apôtre à Longueuil et celle de Sainte-Adèle dans les Laurentides. J'ai par ailleurs aussi contribué, bien que modestement, à établir des ponts entre le milieu coopératif financier et le monde de l'enseignement, notamment en appuyant la mise en place du programme scolaire Desjardins, alors que je siégeais à la Commission scolaire de Greenfield Park. Je dois bien sûr mentionner que je suis sociétaire de la coopérative qui loge à l'adresse la plus proche de mon bureau, la Coop-UQAM, une coopérative de consommateurs en milieu universitaire. De plus, je fais partie du comité d'orientation de la Chaire de coopération Guy-Bernier de l'UQAM, dont la mission est de soutenir les activités de recherche, d'enseignement et de conseil sur les coopératives.

Il faut mentionner que l'UQAM et le Mouvement Desjardins ont certainement des traits de parenté. D'abord, les valeurs d'origine dès la fondation de l'UQAM en 1969 témoignent d'une communauté idéologique avec le mouvement coopératif : démocratisation de l'enseignement universitaire, promotion des groupes ayant traditionnellement peu accès aux études universitaires (les adultes et les femmes notamment), adaptation à une société en transformation, gestion participative. Autant de traits qui rappellent les caractéristiques des coopératives et le rôle qu'elles ont joué dans la société québécoise. L'UQAM pousse la ressemblance jusqu'à avoir une double structure, départementale et modulaire — qui ne va pas sans rappeler la structure de l'organisation coopérative : association et entreprise —, et à appartenir à un réseau, l'Université du Québec, qui assure une présence universitaire dans les régions périphériques.

Second trait de famille, et là je crois qu'il vaut pour plusieurs des grandes institutions québécoises, la période actuelle en est une de profondes remises en question. L'UQAM, tout comme le Mouvement Desjardins, en est à un moment de son histoire où, tant à l'intérieur qu'à l'extérieur, les règles du jeu sont en train de se redéfinir. L'heure est au changement, ce qui implique inévitablement que l'heure est aussi à de difficiles remises à jour. Mais, tout comme le Mouvement Desjardins, l'UQAM a sa tradition (même si, dans notre cas, on compte encore en dizaines et non pas en quasi-centaine d'années l'âge de notre institution) et défend des valeurs auxquelles elle tient fermement. L'une d'elles est de favoriser la réflexion et le débat sur le développement et l'avenir de la société québécoise. C'est donc pour répondre à cette mission que s'est tenu ce colloque.

Le thème du colloque est évocateur : *Desjardins, une entreprise et un mouvement ?* Le point d'interrogation à la fin du titre semble même provocateur. Si l'on semble pouvoir être très affirmatif quant à la santé du volet « entreprise» chez Desjardins, doit-on s'interroger sur son ancrage, aujourd'hui, au mouvement social ? Cette question doit pour le moins susciter notre réflexion. Ce colloque aura peut-être servi de répétition générale pour les assemblées annuelles et le congrès spécial du Mouvement. Événements qui, si je comprends bien, seront l'amorce de changements radicaux au sein des caisses populaires. L'UQAM est heureuse d'avoir soutenu un forum de discussion qui, je l'espère, aura favorisé davantage la réflexion constructive que le « défoulement ».

Il faut tout de même l'admettre : une coopérative, c'est complexe ! Ne serait-ce que par ce double ancrage, à la fois social et économique, dont témoignent la mission et la structure des organisations coopératives. Et ce qui caractérise le Mouvement Desjardins, c'est justement à la fois son profond enracinement dans la société québécoise et le très grand succès de ses entreprises. Mais le Mouvement Desjardins est aussi confronté à des défis de taille, notamment la mondialisation de l'économie et la déréglementation du secteur financier. Cette grande institution coopérative (la plus grande au Québec) peut-elle encore se permettre d'être une entreprise financière « pas comme les autres » ? Si oui, comment et à quelles conditions ? Comme on le voit, les thèmes qui seront traités dans cet ouvrage tentent de faire l'analyse de cette grande institution qu'est le Mouvement Desjardins en rappelant d'une part les origines et le développement des caisses et du Mouvement, et en analysant d'autre part les enjeux et défis actuels auxquels doit faire face ce qui est aujourd'hui la première institution financière québécoise.

Les textes regroupés dans le chapitre un établissent d'emblée les principaux paramètres de la réflexion à mener sur la place, le rôle et les possibilités du Mouvement Desjardins dans un contexte mondial et québécois marqué par la prédominance du discours et des politiques de type néolibéral. Comment, à sa propre échelle et selon ses propres moyens, le Mouvement Desjardins peut-il contribuer à la promotion d'un développement économique international et local qui réponde à la fois aux exigences du marché et aux nouvelles réalités sociales ? Comment doit-on envisager l'évolution sociale et économique récente et quels pourraient être les principes nécessaires à une juste orientation de l'action du Mouvement Desjardins ? Messieurs Ricardo Petrella et Roland Parenteau, notamment, fixent les enjeux du débat sur ces questions.

Les textes du chapitre deux touchent l'histoire des caisses qui, on le sait, logeaient au départ dans les sous-sols de nos églises, se sont progressivement déployées dans toutes les localités du Québec et font aujourd'hui partie d'un complexe organisationnel financier de première importance.

L'enracinement social du Mouvement est-il à repenser ? Si l'on associe facilement Desjardins au nationalisme économique, qu'en est-il de ses rapports aux nouveaux mouvements sociaux ? À celui des femmes ? Au mouvement ouvrier ? C'est ce questionnement qui fera l'objet des textes du chapitre trois.

On sait que le Mouvement Desjardins s'est récemment donné les « moyens » de ses ambitions, en créant notamment la société Capital Desjardins qui permet désormais aux investisseurs institutionnels d'acquérir des titres individuels. Mais les solutions aux besoins de capitalisation des caisses ne risquent-elles pas de nuire à la sauvegarde de la spécificité coopérative ? Les textes du chapitre quatre porteront justement sur l'institution financière, sur les enjeux que soulève sa nature de coopérative.

Mais une coopérative, c'est avant toute chose une association de personnes. Il paraîtrait même, d'après les spécialistes de la question, que la vitalité associative est l'un des facteurs de viabilité de la coopérative. On le comprend quand on sait à quel point la fidélité des membres envers leur coopérative conditionne la vitalité de sa dimension « entreprise ». Mais comment concilier des réalités actuelles comme l'avènement de la « banque à domicile » avec la vie associative ? Quelle place sera donnée au membre après la redéfinition des processus, la réingénierie en cours actuellement dans les caisses ? Les textes du chapitre cinq, portant sur la vie associative et la participation, nous aideront peut-être à répondre à ces questions.

Le Québec ne serait pas ce qu'il est aujourd'hui sans la contribution de Desjardins, d'abord comme moyen que se sont donné les membres des différentes caisses de prendre part à la vie économique de leur milieu, et aussi comme outil collectif pour soutenir et motiver l'industrie québécoise. C'est ce rôle dans le développement de l'économie québécoise qui fera l'objet des textes du chapitre six.

À son époque, Alphonse Desjardins était déjà devenu une source d'inspiration à l'extérieur de nos frontières. Cela ne se dément pas aujourd'hui. Dans les textes du chapitre sept, les auteurs analysent le rayonnement du Mouvement Desjardins à l'extérieur du Québec. Et l'on entend par cela sa présence non seulement dans les provinces canadiennes, mais aussi dans les pays en développement de l'Afrique, de l'Asie et de l'Amérique latine. Le Mouvement Desjardins fait aussi partie de grandes organisations internationales, notamment de l'Alliance de coopération internationale (ACI). Son directeur général, monsieur Thordarson, en fera état.

C'est d'ailleurs à l'instigation de l'ACI que les principes coopératifs établis par les fameux Pionniers de Rochdale ont été révisés en septembre dernier lors d'un congrès à Manchester, en Angleterre. Le créateur de la caisse populaire avait certes repris l'essentiel des courants de pensée inspirant l'action coopérative à son époque, mais en ayant le génie de les inscrire dans les valeurs de la société québécoise. Or, où en est aujourd'hui le Mouvement Desjardins eu égard aux valeurs, aux principes, à l'éthique organisationnelle ? Les textes du chapitre huit nous aideront à faire le point sur cette question.

Enfin, dans les textes du dernier chapitre, c'est par la synthèse des analyses précédentes que les auteurs tenteront de répondre à l'ultime question : Quel avenir pour Desjardins ? Si le volet « entreprise » semble avoir le vent dans les voiles, en est-il de même du volet « mouvement » ?

I

DÉVELOPPEMENTS RÉCENTS ET ENJEUX ACTUELS

Participante et participants

Riccardo PETRELLA
Roland PARENTEAU
Claude BÉLAND
Lise BISSONNETTE
François-Albert ANGERS

Marché et coopération à l'ère de la mondialisation : les enjeux actuels dans le secteur financier

Riccardo Petrella

Je me sens dans la même situation que ce garçon qui doit faire une dissertation de baccalauréat sur le thème : « L'univers et autres problèmes connexes » et qui se dit à lui-même : « Je n'ai pas le temps de m'occuper des problèmes connexes ; allons-y donc immédiatement avec l'univers. » Allons donc tout de suite au cœur du sujet.

Le 3 février 1996, monsieur Tietmeyer, président de la Bundes Bank, a dit à Davos, au World Economic Forum, devant un parterre de 2000 personnes dont à peu près 250 premiers ministres et ministres, la chose suivante : « Les dirigeants politiques doivent désormais savoir qu'ils sont sous le contrôle des marchés financiers. »

Quelques jours plus tard, à Bruxelles, lors d'une des Grandes Conférences catholiques, monsieur Camdessus a déclaré que devant la mondialisation, les Européens devaient réaliser qu'ils ne pourraient plus bénéficier de la protection sociale particulièrement généreuse — d'après lui — qu'ils s'étaient donnée après la Seconde Guerre mondiale. « S'ils veulent survivre, affirma-t-il, les Européens doivent consentir à faire des sacrifices et devenir compétitifs, revoir le rôle de l'État et l'ensemble du système de sécurité sociale. »

Il y a deux jours, Renato Ruffero, le directeur général de l'Organisation mondiale du commerce à Turin, déclarait : « Les marchés deviennent de plus en plus globaux, les Européens doivent apprendre à devenir plus compétitifs. Leur survie passera par la compétitivité sur les marchés et il faudra faire des sacrifices, il faudra que les Européens réforment structurellement l'État-providence. »

Voilà en quelques mots, célébrées et chantées par ces trois grandes personnalités du monde économique et financier, les litanies de la sainte compétitivité, de la suprématie des marchés financiers, de la soumission à la mondialisation, à laquelle, dit-on, personne ne pourrait échapper. Des litanies qui désormais sont sans cesse et collectivement entonnées avec allégresse dans toutes les « églises » du monde, dans tous les pays du monde, par tous les protagonistes les plus importants du monde. Il y a vingt-cinq ans personne ne célébrait de cette manière le culte de l'économie mondiale compétitive. Le monde a effectivement beaucoup changé en vingt-cinq ans.

Jadis, les structures d'État, les structures de l'économie reposaient sur des formes pluralistes, se fondaient sur la synergie entre différents principes, acteurs et légitimités. C'était l'époque de l'État libéral ou social-démocrate et de l'économie mixte. Le tout était encadré par un « contrat social » national fondé sur les principes de la citoyenneté « globale » (civile, politique et sociale) et de la solidarité. Dans ce contexte, la distribution de la richesse inspirait la production de la richesse. On savait ainsi que si l'on nous embauchait à dix-huit ans par un contrat à durée indéterminée, on allait bénéficier, en général, d'un emploi à vie et que même si l'on tombait malade le salaire était assuré. Sans compter qu'en cas d'invalidité ou de décès, l'épouse ou les enfants recevraient une pension. On parvenait aussi, de cette manière, à maintenir le cercle de la croissance économique grâce à une politique de dépenses publiques visant, entre autres, à maintenir la demande pour les biens de consommation finale. Le contrat social comportait une forte coopération entre l'État et le marché. L'ensemble de la population partageait un sentiment d'appartenance, de solidarité. Bien entendu, un tel système présentait de nombreuses limites et était marqué par de profondes inadéquations. Les inégalités de revenu et d'accès aux biens et services restaient considérables. Mais elles tendaient à diminuer.

Le monde d'aujourd'hui, au contraire, répond de plus en plus à une seule logique prédominante : la logique de la guerre économique, de la guerre technologique, de la guerre commerciale. Nous sommes tous convaincus que nous vivons dans une époque où désormais la lutte pour la survie est le seul principe qui doive nous inspirer. On ne peut pas avoir de compassion. Jadis, l'Alliance que l'homme avait établie avec Dieu, le Dieu d'Abraham, était fondée sur le principe des rapports Père–Fils. Dès lors, Dieu était miséricordieux. Depuis vingt-cinq ans, on a fait alliance avec un nouveau dieu, qu'on célèbre : le Marché. Mais le Marché n'a pas de compassion. Essayez de vous tromper, le Marché ne vous pardonnera pas. Dans la logique de ce monde obnubilé par la figure du gagnant, qui a réduit les sociétés à des marchés à conquérir, l'essentiel se résume en quelques mots : « To be a winner. » Dans un tel monde, il n'y a apparemment pas de place véritable pour la logique qui a inspiré les mouvements coopératifs comme ceux de Desjardins. Même la coopération est en train d'être pervertie. Si les entreprises coopèrent entre elles dans la recherche et développement, la conception et la mise en marché de produits, c'est à seule fin de devenir plus fortes, pour éliminer les autres entreprises, combattre et abattre les concurrents, les « tuer ».

Même si elles étaient toutes deux des « grandes entreprises *rentables* », Ciba-Geigy et Sandoz ont fusionné parce que l'année précédente Glaxo et Wellcome l'avaient fait et leur puissance financière et industrielle conjointe menaçait dès lors la survie de Ciba-Geigy et de Sandoz. Ce genre de rivalité à outrance et de course à la concentration, on l'appelle « la guerre des Titans », et l'on ne se préoccupe plus désormais que de savoir qui gagnera. Les chroniqueurs du *Wall Street Journal*, du *Financial Time*, du *Economist* ne pensent qu'en ces termes la mondialisation actuelle de l'économie. Les enquêtes qu'ils publient et les grandes conférences qu'ils organisent n'ont qu'une seule question, qu'une seule préoccupation : qui sera le gagnant ? Cette mutation importante dans le système de valeurs nous touche dans la tête, le cœur et les tripes. Face à cet esprit guerrier et à l'économisme marchand triomphant, chacun de nous est mis en cause, nul ne peut dire « ça ne m'intéresse pas ! » Chacun de nous est appelé à devenir un guerrier, à s'armer. Or, sommes-nous sûrs que nous voulons tous devenir comme les Américains et les Anglais, pour qui les droits sociaux ne sont accordés et « garantis » qu'aux plus forts, aux plus compétitifs ?

Les raisons d'un tel état de choses sont multiples. Je les mentionnerai sans ordre de priorité logique.

Il y a, certes, les nouvelles technologies, notamment dans les domaines des transports, de l'énergie, de l'information, des communications. Elles ont facilité l'interpénétration des économies de notre monde devenu, dit-on, « un petit village global ». Elles ont surtout accéléré l'élargissement des marchés et la mondialisation des capitaux, augmentant ainsi l'instabilité des marchés financiers et des positions acquises au plan national et international. Il n'y a plus de *sustainable market*. Si vous avez gagné une position, vous êtes constamment sous la pression des nouvelles technologies compétitives dont les prix, la qualité et la variété n'arrêtent pas de changer. La « loi » de l'économie est devenue l'instabilité. Tout le monde est sans cesse menacé de dislocation par tout le monde.

Il y a eu, aussi, l'effondrement de ce qui fut le socialisme réel ! Cet événement historique a donné l'impression que l'économie de marché capitaliste avait gagné. En 1989, combien de déclarations du genre « Nous avons gagné ! » n'a-t-on pas entendues de par le monde ! Cela a accentué la mobilisation et la pression de toutes les forces sociales conservatrices qui, aux États-Unis comme en Europe occidentale, n'ont jamais accepté le *New Deal* rooseveltien ni la société du *Welfare State*. Ces forces ont commencé à gagner du terrain au début des années 1970, lorsque Nixon prit deux décisions importantes. Par la première, en 1971, il proclama la non-convertibilité du dollar, ce qui mit fin au système de Britton Woods. Par la deuxième, en 1974, il déclara la libéralisation totale des mouvements de capitaux *in* et *out* des États-Unis. Il a fallu dix ans pour que tous les pays les plus importants du monde procèdent aussi à la libéralisation des mouvements de capitaux. La touche finale a été donnée en 1990 par la Communauté européenne lorsqu'elle déclara la totale libéralisation interne et externe des mouvements de capitaux. En l'espace de vingt-cinq ans, nous sommes entrés dans l'ère de la mondialisation du capital, totale, libre, déréglementée et reposant sur une grande instabilité, voire sur l'anarchie financière mondiale. C'est l'avènement du capitalisme mondial, le passage historique du capitalisme national au capitalisme mondial.

Il y eut, enfin, la crise de la politique d'aide au développement *et* l'échec des élites des pays du « Sud » qui ont réussi la décolonisation, mais qui n'ont pas su ou pu achever la (re)construction post-coloniale de leurs États et de leurs économies. L'échec à la fois de la décolonisation et de la politique d'aide a, en effet, empêché ces pays de tirer profit des nouvelles possibilités offertes par les transformations technologiques et économiques à l'échelle mondiale. Au contraire, ces transformations ont joué en leur défaveur : en s'accentuant davantage, les processus de libéralisation, de déréglementation et de privatisation ont jeté ces pays dans l'arène des marchés mondiaux libéralisés, déréglementés, privatisés et compétitifs au sein desquels ils ne peuvent qu'occuper une position de faiblesse et de vulnérabilité extrêmes.

Voici ce qu'est l'économie mondiale actuelle : c'est l'émergence d'un monde qui n'a mis sur la scène que l'entreprise et qui s'est donné comme objectif principal de tout faire pour « faire gagner l'entreprise » et répondre à ses besoins. Le seul véritable acteur de la mondialisation est l'entreprise. Les syndicats n'y comptent plus pour grand-chose ; le pouvoir public non plus. L'homme de la rue, quant à lui, a l'impression que tout se passe au-dessus de sa tête.

Cette mondialisation du capital qui vient d'affirmer de manière si dramatique, si radicale, par l'intermédiaire de monsieur Tietmeyer, que « les pouvoirs politiques sont sous contrôle des marchés financiers », se traduit aujourd'hui par quatre phénomènes majeurs ayant chacun des conséquences importantes que je ne ferai ici qu'évoquer, pour pouvoir, en conclusion, proposer quelques réflexions et pistes d'action.

Premier phénomène : la *financiarisation de l'économie*. Par « financiarisation de l'économie », on entend le processus par lequel le fossé se creuse chaque jour davantage entre l'économie financière et l'économie réelle, la première obéissant à une logique de « croissance financière » de plus en plus indépendante des besoins de l'économie réelle (qui vise l'augmentation des capacités de produire les biens et services devant satisfaire les besoins et les aspirations de la population). Dans ce contexte, la finance perd sa propre raison d'être, sa finalité de base qui est celle d'accompagner, de promouvoir et de financer le développement productif et la création de richesses mises au service du bien-être matériel et spirituel de tout être humain. Les données semblent indiquer que le monde de la finance tend aujourd'hui à trahir sa fonction. Mille cinq cents milliards de dollars, c'est la valeur des transactions financières quotidiennes effectuées en toute liberté à travers le monde. Elles représentent cinquante fois plus que le montant des transactions commerciales quotidiennes. C'est dire que seulement une infime proportion des transactions financières quotidiennes actuelles est destinée à financer le commerce ou les investissements directement productifs à l'étranger. Le reste obéit à des objectifs de nature purement spéculative.

Deuxième phénomène : *l'autonomisation de la logique financière par rapport à toute autre logique.* Cette autonomisation ne signifie pas seulement que la logique financière se distingue et s'affranchit des logiques industrielles, politiques ou sociales, mais, surtout, qu'elle les domine. D'où, effectivement, la perte de contrôle des pouvoirs publics nationaux et internationaux et leur soumission croissante au pouvoir non élu, non représentatif des marchés financiers.

Troisième phénomène : *la fragilisation de l'économie* et, plus spécifiquement, des entreprises. Celles-ci doivent désormais se soumettre aux contraintes des logiques financières, ce qui les oblige à essayer de compenser et d'équilibrer les aléas liés à leurs avoirs industriels par des opérations destinées à augmenter leurs avoirs financiers. La fragilisation touche surtout les petites et moyennes entreprises qui doivent recourir de plus en plus directement aux marchés extérieurs de capitaux mondiaux. D'où la tendance à la capitalisation des petites et moyennes entreprises qui perdent ainsi leur caractère familial. Fragilisation aussi des villes, des secteurs, des régions, des pays qui ne sont pas attrayants pour les marchés financiers. D'où la lutte fratricide à laquelle se livrent les villes, les régions, les pays pour s'attirer la faveur des investisseurs « étrangers », au détriment de l'esprit de coopération et de solidarité. On vient d'apprendre, par exemple, que le gouvernement des Pays-Bas envisage la création sur son territoire d'un centre international de coordination financière (une sorte de paradis fiscal qui ne s'afficherait pas comme tel !) destiné à stimuler l'établissement des grands holdings financiers multinationaux, pour concurrencer le Luxembourg et la Belgique. Bel exemple d'intégration européenne au sein du marché intérieur unique ! Fragilisation, enfin, de la logique même de production de la richesse, la dématérialisation de la monnaie et le développement de la monnaie informatique, virtuelle, pouvant conduire à des transformations perverses de la notion même de richesse.

Quatrième phénomène : *la fragmentation et l'exclusion sociale.* Si vous n'êtes pas attrayant, si vous n'êtes pas un consommateur solvable sur les marchés à court terme, *hic et nunc,* vous êtes exclus. En voici un exemple concret : les directeurs des agences d'une banque belge ont été priés de demander à leurs clients ayant un flux annuel d'opérations inférieur à 500 000 francs belges d'aller faire affaire à une autre banque, parce que leur institution ne pouvait pas s'occuper de petits clients comme eux !

Au terme de ces coups de pinceau rapides, il y a matière à interrogation. Est-ce un tableau trop noir ? Est-ce que j'ai noirci la situation délibérément, par amour, peut-être, de la provocation typiquement méditerranéenne ? À vous de vous faire une opinion. Quant à moi, je pense au contraire que le tableau que je vous ai proposé est plein de couleurs. La tendance est effectivement au noir, mais ce n'est pas un abus. Je n'ai pas violenté la réalité.

Alors, sommes-nous sur un chemin sans issue ? Je ne le pense pas. Je crois plutôt qu'il y a trois raisons d'espérer.

La première, c'est que nous tous, nous avons été surpris par l'accélération de l'histoire. Personne ne croyait qu'on pourrait revenir à des conditions antérieures au *welfare state*. Personne n'avait prévu que la finance prendrait tellement d'importance dans la vie du monde. Or, nous commençons à nous rendre compte que cela a eu lieu et que les conséquences en sont particulièrement fâcheuses. Dès lors, de plus en plus de personnes, d'institutions, de pays, de dirigeants commencent à vouloir mettre un bémol sérieux à la proclamation triomphante du credo sur le dieu-marché. Certes, il s'agit encore d'une minorité mais elle existe et se renforce. Elle ne peut que grandir au cours des dix ou quinze prochaines années.

La deuxième raison, c'est que petit à petit tout le monde commence à comprendre qu'il ne s'agit plus simplement d'une bataille entre le bon capitalisme régnant, le japonais ou l'allemand, et le mauvais capitalisme américain, ou bien entre le *shareholder capitalism* et le *stockholder capitalism. Business Week* l'a dit clairement : « En ce moment, c'est le *killer capitalism* qui domine. » Et *Business Week* a même ajouté : « Il faut arrêter cela ! » Extraordinaire !

Enfin, troisième raison d'espérer, c'est que l'on assiste de plus en plus et partout à la naissance de nouvelles façons de faire et d'organiser l'économie. C'est dire que les gens commencent à s'organiser et à trouver d'autres solutions. En Europe, on parle de plus en plus d'économie à finalité sociale. On parle de banques éthiques, de nouveaux circuits financiers. On parle aussi de nouvelle solidarité, de coopération, d'amitié, de partage, d'amour. Avec des résultats positifs et encourageants, comme c'est le cas, ici au Québec, avec Solidarité rurale. Ce mouvement a réussi à freiner le processus de désertion des petits villages du Nord du Québec en luttant contre la fermeture des petites écoles et des petits hôpitaux. Je crois dans la solidité de ces initiatives. J'ai beaucoup d'espoir que partout de nouveaux grains seront plantés pour redonner un sens à ce qu'avait été dans le passé la logique du mouvement coopératif et se libérer de l'emprise actuelle des marchés financiers.

Deux solutions doivent être envisagées à court terme ; même si elles semblent trop radicales et globales, elles sont absolument indispensables. La première, c'est le *désarmement financier* : l'initiative pourrait venir de votre pays, de votre mouvement et prendre la forme d'un *Appel de Montréal*. Le point de départ de cet *Appel* est que l'on ne peut laisser l'arme financière déstructurer l'économie mondiale et déstabiliser le lien social. On ne peut pas permettre aux logiques financières sans boussole de détruire les villes, de créer des frontières sociales de plus en plus fortes au sein de nos villes et de nos pays. Je proposerais conséquemment, si cela vous intéresse, la création d'un groupe de travail international chargé de préparer un *Sommet mondial sur le désarmement financier* pour étudier tous les moyens possibles d'arrêter la course à la financiarisation aveugle et de redonner à la finance les moyens d'être de nouveau au service de la création de la richesse nécessaire à la satisfaction des besoins individuels et collectifs de base des huit milliards de personnes qui habiteront la planète dans seulement vingt-cinq petits Noël.

Donc, première proposition : un sommet mondial sur le désarmement financier pour mettre les finances au service d'un contrat social mondial axé notamment sur l'accès à l'eau potable et à une maison pour les huit milliards de gens d'ici l'an 2020.

Deuxième proposition : travailler à *redonner au politique le rôle qui est le sien* dans l'économique et le financier ; redonner au social la primauté sur le marché ; redonner à la culture et à notre capacité d'innovation le goût de concevoir une société dans laquelle chaque être humain pourra se considérer comme ce que Ibson disait de l'homme : « une parole de Dieu qui ne se répète jamais ». À l'ère de la mondialisation, un contrat social mondial n'est pas une utopie. C'est une nécessité ! Et je suis convaincu qu'au cours des trente, quarante ans à venir, nous réaliserons ce contrat social mondial !

Le Mouvement Desjardins dans le système financier québécois : une institution différente ?

Roland Parenteau

Est-ce parce que, comme déposant et emprunteur depuis plus d'un demi-siècle, j'ai été témoin des transformations radicales subies par le système, ou peut-être parce qu'il m'a été donné à différentes reprises, notamment en 1960, en 1967 et en 1973, de prendre la parole à divers congrès annuels du Mouvement Desjardins ou sur différentes autres tribunes ? Toujours est-il que je m'efforcerai ici de délaisser le panégyrique habituel sur les vertus de la coopération pour prendre le ton plus réaliste de l'analyse et même de la critique.

Je me rappelle en particulier une conférence, prononcée au congrès annuel de 1973, où je qualifiais le Mouvement Desjardins de « géant endormi », faisant allusion au fait que malgré ses énormes réserves et la rapidité de son développement, il montrait trop de pusillanimité dans le financement du développement économique du Québec.

Entreprise ou mouvement : le géant s'est réveillé.

Mais, après plus de vingt ans, tout cela a bien changé. On se trouve maintenant en présence d'un géant financier aux nombreuses ramifications territoriales et financières, exerçant une influence certaine sur l'économie québécoise. C'est donc sans conteste une entreprise et non des moindres. Mais la question se pose : est-ce encore un mouvement, puisque c'est comme cela que tout a commencé ? Alphonse Desjardins n'écrivait-il pas à un curé au sujet du rôle du gérant de caisse : « Il faut qu'il se pénètre de l'idée qu'une caisse populaire n'est pas une entreprise, un comptoir d'escompte quelconque, un maquignonnage d'argent, mais avant tout une œuvre sociale et paroissiale. » Et il continuait : « Vous le voyez donc bien, c'est une œuvre qui exige des sacrifices, surtout du gérant, et il faut un homme bien décidé à les faire sans compter. »

Cette lettre est datée de 1918. Que de chemin parcouru depuis lors ! À la vérité, pour beaucoup de déposants et d'emprunteurs des caisses, le caractère distinctif n'est pas évident. Ils sont souvent amenés à comparer les services reçus et les taux d'intérêt à ceux des institutions capitalistes voisines. Ces sociétaires n'assistent jamais aux assemblées annuelles et n'exercent donc jamais leur droit de vote. Ils ne se sentent nullement solidaires des autres usagers qu'ils rencontrent à la caisse. Leur choix est basé uniquement sur la proximité, la commodité des services et leur propre perception de leur propre intérêt.

Est-ce à dire que désormais les caisses populaires n'offrent guère de différences avec les banques et autres institutions financières ? Ce n'est pas mon avis. Je me propose de montrer en effet qu'en dépit des changements considérables survenus dans l'orientation et le fonctionnement des caisses, sous la pression de l'évolution économique, du progrès technique et de la concurrence, on a conservé l'essentiel des principes qui ont présidé au lancement de ces coopératives de crédit, tout en les adaptant à l'environnement moderne. Il faut reconnaître cependant qu'au cours des ans, la dimension « mouvement » s'est atténuée au bénéfice de la dimension « entreprise ». On assiste donc à ce paradoxe : les caisses modernes sont tout à fait différentes des caisses anciennes, du point de vue des opérations et des modes de fonctionnement. Mais elles sont aussi tout à fait différentes des autres institutions financières contemporaines sur le plan de leurs objectifs. En résumé, d'un mouvement somme toute marginal, qu'on regardait avec condescendance, sinon méfiance, on est passé en deux générations à une entreprise capable de faire entendre son opinion sur les grandes décisions qui affectent la société moderne, capable aussi d'entrer en concurrence avec les sociétés les plus puissantes.

En vérité, la dimension « entreprise » n'a jamais été absente, en dépit de ce que certains protagonistes pouvaient penser. En d'autres termes, les caisses n'ont jamais été des organismes de philanthropie, l'équilibre budgétaire devant prévaloir, du moins en principe. Et si, à certains moments, quelques caisses ont connu des difficultés financières, c'était plus à la suite d'une mauvaise gestion ou d'une conjoncture défavorable que de propos délibéré. Ce n'est d'ailleurs que très lentement, à une époque relativement récente, et par la force des choses pourrait-on dire, que la dimension « entreprise » a fini par l'emporter au point d'occulter parfois la dimension « mouvement ».

La caisse ancienne

Rien ne montre mieux cette transformation que la comparaison entre la caisse populaire typique des années 1920 ou même des années 1930 et celle d'aujourd'hui. Nos contemporains, habitués à fréquenter le complexe Desjardins ou leur caisse logée en un endroit stratégique dans un édifice ultramoderne et disposant de dizaines d'employés et d'un équipement sophistiqué, ont peine à imaginer les conditions de travail prévalant à l'époque.

En effet, la caisse populaire typique des années 1930 se présentait de la façon suivante :

— Elle était créée la plupart du temps sous l'impulsion des curés, avec la bénédiction de leur évêque.

— Elle n'acceptait comme membres réguliers ayant droit de vote que les Canadiens français catholiques pratiquants.

— Elle n'acceptait les femmes mariées que comme membres auxiliaires sans droit de vote.

— Elle était logée dans le sous-sol de l'église, dans le magasin général du village ou dans la maison privée du gérant.

— Son cadre territorial était la paroisse, non pas tant pour des motifs religieux que parce que c'était à l'époque l'unité d'appartenance principale des citoyens.

— Elle était dirigée par un conseil d'administration souvent présidé par le curé ou un vicaire et formé d'une majorité de cultivateurs auxquels s'ajoutaient quelques marchands et professionnels.

— Elle était gérée, à temps partiel, par un membre du conseil d'administration peu ou pas rémunéré.

— Son actif était minime, se situant en moyenne autour de 44 000 $ en 1935.

— Elle possédait depuis toujours la plus parfaite autonomie de fonctionnement, à peine entamée par l'existence d'unions régionales auxquelles elle n'était pas alors obligée d'adhérer.

— Fidèle aux principes de base conçus par Alphonse Desjardins, elle faisait exclusivement affaire avec ses membres, grâce à des prêts dits productifs ou des consolidations de dette. Il était fortement déconseillé d'accorder des prêts à la consommation, source disait-on de gaspillage et d'irresponsabilité.

Sur un plan plus général, il faut dire que les caisses des premières générations ont été soumises à de multiples chocs tant à l'externe qu'à l'interne. Elles eurent d'abord à subir deux crises économiques majeures particulièrement ravageuses pour le monde rural, en 1920-1921 et 1929-1939, au point qu'en 1933, le nombre cumulatif de caisses fermées était de 127 sur un total de 327 créations.

Les années 1930 en particulier, avec des revenus agricoles en chute libre et le chômage urbain généralisé, ont été très pénibles pour les caisses, au point de mettre en péril tout le mouvement. On peut penser que le désastre a été évité grâce à l'incroyable somme de dévouement et de générosité des caisses locales, mais aussi grâce à un processus de regroupement qui avait débuté modestement dans les années 1920 avec la création des unions régionales et s'était poursuivi en 1932, au plus fort de la crise économique, par la création d'une confédération regroupant les unions régionales. On a ainsi évité, je crois, une crise de confiance généralisée qui aurait pu rapidement anéantir tout le mouvement.

Mais tout ce processus a donné lieu à d'énormes tensions entre les grosses et les petites caisses, les caisses rurales et les caisses urbaines, tensions dont on est sorti tant bien que mal, grâce à la bonne volonté et à l'esprit de solidarité de beaucoup de coopérateurs. Ainsi donc, la force morale du Mouvement était telle, son caractère de nécessité tellement évident, que le nombre de caisses fondées n'a jamais cessé d'augmenter. Bien plus, la grande expansion du Mouvement a débuté en pleine crise, dès la deuxième moitié des années 1930, et s'est poursuivie par la suite, pour culminer en 1943 et en 1944, alors qu'on créait deux caisses par semaine en moyenne.

Par ailleurs, l'évolution des caisses a suivi de très près, à tous points de vue, celle de la société québécoise, ce qui prouve, je pense, leur profond enracinement dans le milieu. En fait, le principal point de rupture a été la guerre, qui a suscité des bouleversements tant sur le plan économique (plein-emploi, industrialisation accélérée, élévation rapide des revenus, épargne croissante, etc.) que sur le plan social (urbanisation, syndicalisation, émancipation de la femme, déclin de l'influence religieuse, mutation des valeurs, etc.). Les années 1950 et 1960 ont permis d'accentuer l'évolution, et les caisses populaires ont suivi ou plutôt accompagné le virage, grâce d'abord à leur extension à tout le territoire, en particulier aux grandes villes, et à leur taux de pénétration accru, mais aussi à la prospérité économique générée par la guerre qui a fait faire des bonds spectaculaires à l'épargne populaire.

La caisse moderne

La caisse contemporaine typique ne ressemble guère à l'ancienne, du moins en apparence. Elle a pignon sur rue et occupe des locaux vastes et modernes. Elle utilise un personnel nombreux, convenablement rémunéré et de plus en plus compétent. Elle exécute des opérations financières d'une grande diversité, conformément aux politiques de décloisonnement.

Ainsi des secteurs nouveaux se sont ajoutés aux anciens, ce qui permet au sociétaire de concentrer de plus en plus ses opérations au même endroit, ou du moins à l'intérieur du Mouvement Desjardins puisque celui-ci, par le truchement de ses filiales, couvre à peu près la totalité des produits financiers (assurances, fiducie, valeurs mobiliaires, achat de fonds de placement, etc.).

Mais c'est dans la superstructure que les changements les plus spectaculaires se sont produits, à la fois dans les fédérations régionales et dans la

Confédération. En réalité, la croissance rapide du Mouvement a suivi deux cheminements, celui du développement naturel de toutes les unités dispersées aux quatre coins du Québec, ce qu'on appelle le réseau coopératif, et celui des organismes centraux. À cet égard, le Mouvement Desjardins est devenu une vaste machine de collecte de l'épargne populaire, mais aussi un important bailleur de fonds du développement économique. C'est un réseau intégré, qui n'a pas d'équivalent dans les autres institutions financières québécoises.

On sait que traditionnellement les caisses avaient concentré leur attention sur les particuliers, mais à partir du moment où une fraction significative de l'épargne collective, laquelle représentait, au 31 décembre 1995, 44 % de l'épargne dite traditionnelle, était acheminée vers le Mouvement Desjardins, celui-ci ne pouvait pas se contenter de faire des prêts personnels, des prêts sur hypothèque résidentielle et des prêts aux PME. Il fallait entrer de plain pied dans les prêts industriels d'une certaine taille, à l'instar des grosses institutions financières et de certains organismes gouvernementaux. Cette façon de financer le développement économique n'entrait pas en contradiction avec la mission traditionnelle puisque le sociétaire n'est pas uniquement un consommateur mais aussi un producteur, tributaire pour son bien-être du développemnt économique le plus vigoureux possible.

La croissance du Mouvement Desjardins a cependant emprunté depuis quelques années un chemin bien éloigné de la voie coopérative, par l'acquisition du contrôle de certaines entreprises auparavant capitalistes. L'exemple le plus récent est celui de l'achat du groupe La Laurentienne, opération qui a fait faire un bond considérable à l'actif total du Mouvement, lequel atteint maintenant près de quatre-vingts milliards de dollars. Ce type d'initiative ne laisse pas de créer certaines inquiétudes chez ceux qui se réclament du coopératisme le plus pur.

En outre, la Confédération a témoigné d'une autre tendance lourde de conséquences pour l'avenir en cherchant tout récemment à augmenter la capitalisation du système par des apports extérieurs plutôt que par une plus grande participation des sociétaires. Il semble que la faiblesse de la capitalisation, composée des parts de capital mais aussi des bénéfices accumulés non distribués, soit une caractéristique des institutions coopératives puisqu'elles n'incitent pas vraiment les sociétaires à augmenter leur participation.

Et que dire de la publicité abondante qui envahit les médias, phénomène qui démarque le réseau moderne des caisses de leurs prédécesseurs. On disait alors que le sociétaire devait être suffisamment pénétré de l'esprit coopératif pour qu'on n'ait pas besoin de faire pression sur lui pour le garder.

Toute ces innovations, parmi d'autres, m'amènent tout naturellement à tenter de répondre à la question suivante : Le Mouvement Desjardins est-il une institution différente ?

L'essentiel est préservé.

Je crois qu'il faut ici aller au-delà des apparences et nous demander ce qui, à la veille du XXIe siècle, distingue vraiment le Mouvement Desjardins des autres institutions du système financier.

Il est certain que, à première vue, tant sur le plan local que sur le plan collectif, le Mouvement montre de plus en plus de similitudes avec les institutions capitalistes, aussi bien dans son apparence extérieure, dans la nature de ses opérations financières, dans ses méthodes de fonctionnement que dans la variété de sa clientèle.

Les caisses se trouvent donc de plus en plus en concurrence avec le système financier capitaliste. Le phénomène est d'ailleurs réciproque, puisque les banques elles-mêmes se sont lancées depuis quelques années dans des opérations où le rôle des caisses était autrefois dominant, par exemple le crédit hypothécaire et le crédit à la consommation. Par ailleurs, le Mouvement constitue désormais un réseau financier complet, où le sociétaire qui le désire trouve à peu près tous les services financiers dont il a besoin. Voici donc un autre paradoxe : c'est au moment où le réseau devient plus autosuffisant que jamais que le sociétaire se sent libre de faire jouer la concurrence pour obtenir les services les meilleurs.

Une lecture un peu plus approfondie de la situation m'amène cependant à la conclusion que l'essentiel du système coopératif a été préservé tant dans le mode de propriété que dans la structure de pouvoir et les objectifs poursuivis, et cela malgré des changements majeurs apportés à la législation en 1988. En effet, l'instance de base reste toujours la caisse populaire locale, qui est la propriété de ses membres, chacun ayant droit de vote, quel que soit son état de fortune. Et c'est toujours par délégation à partir de cette base que se constituent les conseils d'administration des instances supérieures, fédérations et Confédération. Et même si seulement une petite fraction des sociétaires participent à ce processus, cela est incomparablement plus démocratique que dans les grandes banques ou les compagnies d'assurances, où seulement une poignée d'actionnaires parmi les plus riches participent aux assemblées annuelles. Il suffit d'assister une fois à un congrès annuel du Mouvement Desjardins pour constater la différence.

En ce qui concerne les bénéfices, ils ne sont pas accaparés par quelques possédants, mais distribués aux sociétaires au prorata de leurs opérations ou, le plus souvent, retenus dans le système comme réserve consacrée à l'expansion ultérieure.

Du point de vue de la structure du pouvoir, le régime à trois paliers permet, me semble-t-il, d'assurer un certain équilibre entre la volonté d'autonomie locale et la nécessaire concentration de certaines activités ou de certains contrôles. De nombreux services communs ont ainsi été créés et sont à la disposition des unités du système à un coût certainement inférieur à ce qu'il serait si chaque caisse devait les assumer. Une des originalités du système, c'est cette structure à trois niveaux, qui peut paraître assez encombrante, mais qui assure une tension permanente entre les forces centrifuges et les forces centripètes de l'ensemble.

Mais c'est du côté des objectifs généraux que le Mouvement Desjardins se démarque le plus des autres institutions financières. Voué avant tout au service de ses membres, à la fois propriétaires et clients, le Mouvement, par le truchement de ses nombreuses institutions, poursuit ses objectifs de solidarité et d'entraide.

Un autre trait particulier du Mouvement, c'est qu'il est inaliénable. On ne pourrait concevoir qu'il fasse un jour l'objet d'une prise de contrôle par une entreprise étrangère, alors que les autres institutions financières sont toujours vulnérables à cet égard.

En résumé, le Mouvement Desjardins représente incontestablement un instrument d'émancipation économique individuel et collectif de la population du Québec. Son importance quantitative est illustrée par les dernières statistiques, datant du 31 décembre 1995. En effet, il est responsable de 37 % du crédit total au Québec (33 % du crédit à la consommation, 45 % du crédit hypothécaire, 43 % du crédit agricole et même 26 % du crédit commercial et industriel).

Des déficits croissants

Le succès incontestable du Mouvement Desjardins ne doit pas faire oublier qu'il affronte plusieurs défis de taille en cette fin de siècle. Sans doute a-t-il eu à subir des difficultés majeures dans le passé, qui ont même menacé sa survie à certains moments. Mais alors le Mouvement devait surmonter sa dispersion, son caractère marginal et la pauvreté de ses moyens. Désormais les défis sont d'une tout autre nature. Assez paradoxalement, c'est son succès qui pose problème. En effet, certains facteurs qui ont contribué puissamment dans le passé à la croissance et à la modernisation du système risquent maintenant d'en dénaturer la nature coopérative.

En effet, le plus grand défi est celui de conserver son identité propre devant la tentation de mimétisme à l'égard du secteur capitaliste, qui lui-même se transforme rapidement en prenant le virage de la concentration et du décloisonnement. Le danger se présente sous plusieurs formes. J'en distinguerais pour ma part six : la suprématie de la technologie, la tentation de la rentabilité maximale, la concentration excessive du pouvoir, le danger de la standardisation, la fascination de la croissance indéfinie et le mirage de la mondialisation.

La suprématie de la technologie

On ne peut certes pas s'opposer à ce que le Mouvement Desjardins utilise la technologie la plus moderne pour réduire ses coûts et accélérer le service à la clientèle. La mise en place des technologies requiert cependant l'utilisation d'experts de toutes sortes, dont les convictions coopératives ne sont pas toujours évidentes. Il y a donc risque que les dirigeants des caisses, quelque peu mystifiés par les merveilles de la technologie, ne s'en remettent trop facilement aux technocrates et ne s'éloignent ainsi des principes fondamentaux du coopératisme.

La tentation de la rentabilité maximale

On ne peut non plus faire grief au Mouvement de chercher à obtenir les meilleurs rendements pour les épargnes qui leur sont confiées par les membres. La poursuite de la meilleure rentabilité ne doit cependant pas faire oublier d'autres objectifs, notamment celui de favoriser le développement économique du Québec, en supportant, s'il le faut, un risque légèrement plus élevé. Le problème ne se présente pas tellement au plan local, mais plutôt dans les institutions de placement, plus familières avec les comportements capitalistes. Elles pourraient, par exemple, rechercher à tout prix le haut rendement de titres asiatiques ou européens. Mais il faut prendre garde que ces opérations ne viennent rationner les fonds disponibles pour le développement autochtone.

À cet égard, on pourrait se demander si l'exceptionnelle performance du Mouvement Desjardins est attribuable à l'emprunt de comportements capitalistes ou à une meilleure gestion des fonds dans le respect intégral des principes de solidarité et d'entraide.

La concentration excessive du pouvoir

J'ai déjà soulevé cette question et exprimé l'avis que l'équilibre actuel me semble satisfaisant. Dans un monde où la concentration des institutions, de quelque nature qu'elles soient, apparaît comme un optimum d'organisation, la tentation subsiste aussi dans le Mouvement Desjardins de tout centraliser. Certains, par exemple, voudraient voir disparaître le deuxième palier organisationnel, celui des fédérations, sous prétexte qu'il serait superflu. Je crois que ce serait une erreur. Le maintien de ce niveau intermédiaire me paraît être le prix qu'il faut payer pour la démocratie économique.

Le danger de la standardisation

L'introduction des technologies modernes de même que la tendance naturelle à la concentration des pouvoirs entraînent presque fatalement le goût de standardiser les pratiques administratives, la variété des services offerts de même que les conditions de crédit (y compris les taux d'intérêt).

Or, un des grands avantages du Mouvement Desjardins est précisément, vu sa structure particulière, de laisser aux caisses individuelles suffisamment de marge de manœuvre pour s'adapter aux conditions locales très variables d'une région à l'autre. Cette situation favorise d'ailleurs une créativité bénéfique, dont tout le Mouvement finit par bénéficier. En conséquence, les caisses ne sont pas toutes des copies conformes d'un modèle qui serait proposé par ce que l'on pourrait appeler, par analogie avec les banques, le siège social. Évidemment, ce manque d'homogénéité entre caisses, particulièrement dans les grandes villes, où la structure de paroisse a été retenue, ne laisse pas d'étonner, voire d'indisposer certains sociétaires. Mais je crois que c'est un élément fondamental dans une stratégie vraiment adaptée aux besoins des sociétaires.

La fascination de la croissance indéfinie

En plus de celui de la concentration, l'axiome de la croissance indéfinie est solidement implanté dans le monde capitaliste. « Qui ne croît pas, décroît et finit par disparaître », dit-on. Le Mouvement Desjardins n'échappe pas à cette règle. Or, dans le cas d'une coopérative, c'est le taux de pénétration dans la population et la fidélité des sociétaires qui constituent les principaux moteurs de la croissance.

De ce point de vue, le Mouvement Desjardins, en dépit de sa présence aux quatre coins du Québec avec 1300 caisses et près de cinq millions de membres, a-t-il atteint sa taille maximale ? Probablement pas. L'extension récente des opérations financières à de nouveaux secteurs (fonds de placement, valeurs mobilières), où la présence du Mouvement est actuellement infinitésimale, permet d'espérer une croissance significative. Mais le Mouvement a choisi en plus une autre voie, celle de l'acquisition d'entreprises auparavant capitalistes, comme on l'a vu plus haut. Cela peut se justifier à l'intérieur d'une stratégie de diversification, mais il ne faudrait pas que de telles opérations prennent le pas sur une croissance qu'on pourrait qualifier de naturelle. On verrait difficilement, par exemple, le Mouvement Desjardins acquérir le contrôle de la Banque Royale sous prétexte d'accélérer sa croissance.

Le mirage de la mondialisation

Encore un autre thème à la mode que l'on accommode à toutes les sauces. On a souvent l'impression qu'il faut à tout prix participer à la mondialisation si l'on ne veut pas rester en arrière. Tout dépend de ce que l'on entend par ce terme. S'il s'agit de faciliter les transactions à l'étranger de personnes ou d'entreprises qui sont déjà clientes des institutions du Mouvement, il n'y a rien là que de très naturel. Par ailleurs, l'établissement de relations avec des organismes coopératifs de même nature à l'étranger peut être bénéfique, par des échanges de services et d'expériences. Mais on verrait mal que le Mouvement Desjardins déplace ses opérations importantes à l'étranger pour des motifs de rentabilité ou parce que l'instabilité politique du Québec ne serait guère favorable à l'expansion économique.

Conclusion

En résumé, les caisses populaires d'aujourd'hui sont radicalement différentes de celles d'autrefois, mais néanmoins très différentes aussi, malgré les apparences, des institutions similaires du monde capitaliste.

Il reste à surveiller la menace à l'identité coopérative, qui est omniprésente et multiforme. Or le Mouvement Desjardins a connu d'autres tempêtes dans le passé et il en est toujours sorti plus fort. Étant un optimiste impénitent, je suis sûr qu'il possède toutes les ressources financières et humaines pour surmonter les défis. Mais il faut le reconnaître : ce n'est que grâce à la vigilance des unités de base et de l'immense armée des coopérateurs que le Mouvement pourra garder le cap et maintenir un sain équilibre entre des tensions contradictoires.

L'action collective comme principe de différenciation

Claude Béland

Le Mouvement Desjardins est-il, dans le système financier québécois, une institution différente ? Ceux qui exercent la fonction de dirigeant ou de gestionnaire dans le Mouvement répondront tout à fait positivement à cette question. Par exemple, chaque fois que j'accueille à la Confédération des caisses Desjardins de nouveaux gestionnaires ayant auparavant fait carrière au sein d'autres institutions financières, ils ne tardent pas à me faire savoir à quel point ils trouvent que notre organisation est réellement différente, différente par son histoire, par ses valeurs, par la façon dont y sont prises les décisions et dont s'y exerce la démocratie. À ceux et celles qui douteraient encore de cette « différence », il suffirait de venir aux assises annuelles du Mouvement Desjardins, où près de 4000 délégués des caisses sont présents, pour s'en convaincre.

Aujourd'hui encore le Mouvement Desjardins compte plus de 1500 conseils d'administration (qui siègent régulièrement tous les mois) et 19 000 dirigeants et dirigeantes bénévoles. Ses « actionnaires » sont en même temps des usagers et c'est ensemble qu'ils se partagent les bénéfices générés par leur caisse locale. Si le Mouvement Desjardins a une forte capitalisation, celle-ci n'est pas liée au contrôle de l'organisation et sa propriété, largement répartie, en fait une institution inaliénable et donc un « noyau dur » de la société québécoise. Il me semble que tout cela suffit déjà à démontrer qu'il s'agit d'une organisation différente dans le système financier québécois !

Je soupçonne toutefois que les questions qui viennent le plus souvent à l'esprit des gens soient celles-ci : Le Mouvement Desjardins est-il une organisation différente de ce qu'elle était jadis ? S'est-il « dénaturé » avec le temps ? Est-il encore une véritable coopérative ? A-t-il perdu son « âme » ?

En tant qu'entreprise, il est évident que le Mouvement Desjardins est différent de ce qu'il était dans le passé. Et Dieu merci ! Car si ce n'était pas le cas, il ne serait plus là aujourd'hui. On peut même dire que le Mouvement, comme entreprise, a évolué dans le sens souhaité par Alphonse Desjardins. En effet, le fondateur n'écrivait-il pas : « Ce dont je rêve, c'est la création d'un régime économique couvrant tous nos groupements français [...]. La caisse n'est qu'un prélude et bien d'autres organismes suivront [...]. Ces réalisations donneraient à nos compatriotes la puissance matérielle d'une organisation économique supérieure, et cette puissance, à son tour, ne serait-elle pas un rempart imprenable derrière lequel nous serions à l'abri des coups de nos adversaires et de nos rivaux [...] ».

Pour devenir une organisation économique supérieure, pour donner aux caisses toutes les institutions sur lesquelles elles peuvent maintenant compter (fédérations, Confédération, caisse centrale, filiales, etc.), il a bien sûr fallu changer. Mais tous ces changements se sont faits dans le respect de la règle démocratique, qui est toujours en application. Encore aujourd'hui, les membres tiennent à la décentralisation du Mouvement Desjardins, ce qui leur permet d'avoir chez eux, dans leur village, leur quartier, leur entreprise, une institution financière à leur portée, une institution qui conserve une large marge d'autonomie lui permettant de s'adapter aux particularités de chaque milieu. Encore aujourd'hui, personne ne réclame l'abolition du contrôle démocratique des caisses, personne ne remet en question le partage des bénéfices qui est réalisé, non pas en proportion du capital investi, mais plutôt en proportion des activités faites avec la coopérative. Encore aujourd'hui, les membres tiennent à tout cela... et leurs dirigeants aussi !

Mais lorsqu'on se questionne au sujet de l'« âme » du Mouvement Desjardins, lorsqu'on s'interroge sur sa fidélité à l'esprit ou aux valeurs de la coopération, on ne peut pas considérer seulement le respect ou non de grands principes. Il ne faut pas oublier qu'une coopérative se doit d'être à l'image de ses membres, qu'elle existe pour satisfaire leurs besoins et répondre à leurs exigences. Les dirigeants d'une coopérative doivent donc être à l'écoute des membres. D'ailleurs, ces derniers, qui sont les propriétaires de l'entreprise, peuvent de diverses façons faire pression sur leur coopérative.

Ainsi, l'une des règles de la coopération est celle de l'adhésion libre et volontaire, qu'on qualifie aussi, parfois, de « politique de la porte ouverte ». Mais cette règle joue dans les deux sens : si les membres d'une coopérative décident librement d'adhérer à cette dernière, ils peuvent la quitter tout aussi librement s'ils ne sont pas satisfaits des services qu'ils en reçoivent.

Les membres ont aussi le pouvoir d'élire et de démettre leurs représentants dans les caisses et de faire pression sur eux. De même, dans un contexte hautement concurrentiel, ils ont aussi la possibilité d'aller voir ailleurs. Par exemple, Desjardins a été accusé de « perdre son âme » lorsqu'il a acheté une franchise VISA, au début des années 1980. Il aura pourtant fallu douze ans de discussion dans le Mouvement pour en arriver à cette décision. Une longue discussion, qui portait non pas sur la rentabilité du projet, mais sur sa conformité aux valeurs coopératives. C'est finalement lorsque les dirigeants ont réalisé que 80 % de leurs membres avaient dans leurs poches une carte de plastique d'une autre institution financière qu'ils ont cédé, pour être à l'écoute des membres.

De nombreuses pratiques, impensables pendant les premières décennies d'existence du Mouvement, se sont instaurées graduellement. Pendant très longtemps, les membres ont accepté la règle de l'équité, en vertu de laquelle un dépôt de 1000 $ avait droit à la même rémunération qu'un dépôt de 100 000 $. Il est vrai qu'à l'époque la richesse était mieux partagée, du moins parmi les membres des caisses, alors qu'aujourd'hui la plus grande concentration de la richesse dans notre société et même à l'échelle de la planète se fait aussi sentir dans notre réseau. De nos jours, les « coopérateurs » se laissent volontiers tenter par la discrimination en faveur des plus riches. À l'exemple de ce qui se passe ailleurs, nos « coopérateurs » les plus fortunés veulent aussi des taux plus élevés sur leurs dépôts. Certains même n'hésiteront pas à passer du système coopératif au système capitaliste pour 1/8 de 1 %. Alors, pour être à l'écoute des membres, il a bien fallu mettre des bémols à la règle de l'équité.

D'autres exemples peuvent être donnés : les associations ou les ordres professionnels qui profitent de leur pouvoir de négociation pour exiger certains privilèges, le désir des membres d'avoir accès à des services de courtage en valeurs mobilières, de pouvoir placer leur argent dans des fonds internationaux, etc. En somme, les dirigeants du Mouvement Desjardins ne peuvent, au nom de la pureté coopérative, refuser aux membres des services auxquels ils tiennent et qu'ils iront de toute façon se procurer ailleurs s'ils ne les trouvent pas à leur caisse.

Évidemment, on pourrait dire que les dirigeants du Mouvement ont failli dans leur tâche d'éducation à la coopération. Il est vrai que le mouvement coopératif a été incapable de combattre les tendances lourdes de la société moderne et de faire triompher, par exemple, l'idée d'équité dans le partage de la richesse ou encore celle de la primauté de l'humain sur le capital. Mais ne se bat-il pas contre plus fort que lui, contre une économie de marché qui règle les échanges humains depuis fort longtemps ? Le triomphe du libéralisme économique n'est-il pas aujourd'hui sans partage à l'échelle de la planète ? Nous devrions plutôt voir comme très positif le fait que la coopération continue encore aujourd'hui, contre vents et marées et partout où elle est présente, à tempérer la domination du capital.

Il faut aussi reconnaître, par ailleurs, que depuis que Alphonse Desjardins a donné naissance aux caisses populaires, bien des choses sont demeurées constantes. Monsieur Desjardins plaidait en effet en faveur d'une organisation sociale et économique nouvelle et originale pour l'époque. Presque un siècle plus tard, plusieurs traits distinctifs de cette organisation voulue par le fondateur sont toujours vérifiables.

Monsieur Desjardins souhaitait ainsi une organisation décentralisée, une organisation qui permette l'émergence de l'initiative privée chez ses compatriotes. Il y a aujourd'hui 1340 caisses locales dans le Mouvement Desjardins, en plus des 124 caisses desservant les employés d'une même entreprise, et toutes ces caisses ont avant tout un champ d'action local. Les 19 000 dirigeants et dirigeantes bénévoles sont autant d'individus qui s'engagent directement dans leur milieu. De même, en tant que premier prêteur à la PME, les caisses Desjardins sont aujourd'hui d'importants catalyseurs de l'entrepreneuriat local.

Alphonse Desjardins voulait une organisation qui contribue à l'éducation économique de ses concitoyens et qui, par sa fonction de collecte de l'épargne, fasse aussi naître l'habitude de l'épargne chez ces derniers. Pour que les dépôts et différentes formes de placements atteignent aujourd'hui cinquante milliards de dollars dans le réseau des caisses et de leurs filiales, il a certes fallu que les Québécois et les Québécoises prennent effectivement l'habitude de l'épargne. De plus, on n'exagère rien en disant que, depuis 1900, ce sont des milliers, voire des dizaines de milliers de personnes qui se sont initiées à l'économie et à la finance par l'intermédiaire des caisses Desjardins. N'oublions pas que la Révolution tranquille et le plus grand engagement des Québécois sur la scène économique et financière ne remontent qu'à une trentaine d'années et qu'auparavant les caisses étaient les seules écoles d'éducation économique auxquelles les Québécois pouvaient avoir accès.

Alphonse Desjardins souhaitait offrir un crédit juste et accessible à une population très mal desservie par les institutions alors présentes dans le paysage financier. Le Mouvement Desjardins a certes joué le rôle qu'on attendait de lui à cet égard et il continue à le faire chaque jour. On peut même dire que c'est lui qui a entraîné les autres institutions financières, notamment les grandes banques, à servir les particuliers, c'est-à-dire l'ensemble de la population plutôt que les seules grandes entreprises.

Monsieur Desjardins voulait permettre aux gens de s'associer et de découvrir la force de l'action collective. Encore aujourd'hui, dans toutes les localités où les caisses sont présentes, la force financière de la caisse, qui est le fruit d'un effort collectif, a de multiples retombées sur la communauté, sur les projets qui y sont menés et qui souvent reçoivent de la caisse le coup de pouce qui les rend viables. En 1995, outre son rôle traditionnel d'intermédiaire financier, outre son engagement toujours renouvelé de mettre l'épargne locale au service du développement local, à Montréal, en Abitibi, sur la Côte-Nord et partout ailleurs, le Mouvement Desjardins a ainsi retourné à ses membres et aux communautés quelque soixante millions de dollars sous forme de ristournes, de dons et commandites, de bourses d'études, etc.

Cela ne fait pas les manchettes tous les jours, mais partout dans les caisses, à l'heure où l'on se parle, des gens mettent en pratique le *self-help* et acquièrent plus d'autonomie dans leur vie financière, des gens vivent la démocratie et la participation, des gens expérimentent la solidarité et l'entraide, apprennent la responsabilité. Le Mouvement Desjardins continue à jouer à cet égard le rôle qu'on attend de lui.

On qualifie habituellement de mouvement une organisation ou un regroupement de personnes qui veulent ensemble transformer la société. Au Mouvement Desjardins, le plus gros du travail à cet égard est probablement derrière nous, car la situation extrême du début du siècle (pauvreté, inorganisation dans les campagnes, vulnérabilité des familles face aux usuriers, exode de la population) a été corrigée en grande partie. De réelles transformations ont été réalisées au cours du siècle, et les coopérateurs à l'œuvre dans le Mouvement Desjardins, s'ils ne peuvent s'en voir attribuer à eux seuls tout le mérite, y ont sans conteste joué un rôle important.

Un mouvement peut s'éteindre s'il devient inutile ou s'il perd sa pertinence. Il peut, en revanche, continuer d'exister si, sous une forme peut-être plus balisée, plus institutionnalisée, il continue d'être un facteur de progrès dans ce qui n'est pas encore tout à fait le meilleur des mondes et si, surtout, des individus continuent à s'y engager, à l'animer et à vouloir le porter plus loin encore. C'est le cas, cela me semble clair, pour le Mouvement Desjardins.

Guide ou accompagnateur de notre société ?

Lise Bissonnette

D'entrée de jeu, je rappelle que le détachement est si difficile à l'égard du Mouvement Desjardins que je ne pourrai jamais le voir d'un œil totalement objectif. Comme bien des Québécois, et peut-être plus que la majorité, j'ai été élevée dans la religion Desjardins. Pendant une trentaine d'années, mon père a présidé la Caisse populaire de Rouyn, qui est passée pendant ce temps du sous-sol de l'église où j'ai été baptisée jusqu'à des locaux qui, d'une rallonge à l'autre, ont fini par abriter l'une des plus imposantes caisses au Québec. Les maximes d'Alphonse Desjardins avaient chez nous la même valeur et la même validité que l'infaillibilité papale et je suis devenue membre de la caisse à l'âge de raison ou même avant. J'y ai fait mon entrée sur le marché du travail à quinze ans, comme commis durant les plus beaux étés de mon adolescence, le népotisme étant encore permis et peut-être valorisé à l'époque. Je m'y suis fait refuser mon premier prêt hypothécaire — je « m'embarquais trop pour une femme », m'a dit le gérant de la Caisse populaire d'Outremont en 1978. Mais ce fut une douce revanche pour moi, en 1993, que d'annoncer la recapitalisation du *Devoir* en compagnie de monsieur Béland, quand Desjardins est devenu un important actionnaire du *Devoir* où la Société d'investissement Desjardins dispose d'un siège au conseil d'administration.

Nos destins sont donc liés et ce n'est pas pour rien que j'évoque ici le caractère quasiment familial de cet attachement. Dans la mesure où le Québec est encore une société qui se reconnaît dans des liens distincts de toutes sortes, le Mouvement Desjardins est perçu comme un héritage commun, auquel on tient et qu'on se dispute. Malgré son incroyable développement et sa diversification, chacun éprouve à son égard un vague sentiment de propriété, un sentiment qui exacerbe les critiques et les attentes.

Je ne suis surtout pas une spécialiste des affaires financières et je laisserai avec plaisir ce travail d'analyse à d'autres. Je me contenterai d'évoquer ici le rôle de Desjardins dans le développement collectif, sous le mode de la question plutôt que de la proposition, et je le ferai de façon beaucoup trop impressionniste.

Les dangers de la nostalgie

Le danger, quand on discute du Mouvement Desjardins et de sa place dans la société québécoise, c'est d'abord celui de la nostalgie. Dans l'imaginaire collectif, Desjardins, c'est le David qui s'est attaqué à Goliath au début du siècle, qui a sauvé des milliers de petits épargnants des griffes des banques et des usuriers par la promotion de l'entraide, de la solidarité envers les plus pauvres et par l'acharnement à éduquer des Canadiens français qui répugnaient à l'épargne autrement que dans un bas de laine, tout en ignorant les règles les plus élémentaires de l'économie. Comme dans tous les mythes, il y a une part de vérité dans celui-ci, dans l'histoire héroïque du fondateur, Alphonse Desjardins, et des premières caisses populaires nées à l'ombre de nos clochers. Mais c'est aussi à cause de l'énormité de ce mythe, de la fierté qu'il suscite, que le Mouvement Desjardins est souvent, aujourd'hui, l'objet de tous les cynismes. On lui reproche de n'être plus qu'une grosse banque, un réseau de capitalistes abrités sous la bannière chambranlante du coopératisme, une présence impersonnelle, une riche bureaucratie qui, de Lévis, étouffe les initiatives locales et encadre à tel point les élus des caisses que le modèle démocratique de gestion — qui fut la marque distinctive du mouvement — n'est plus qu'un semblant de participation. Un mythe en remplace un autre, toujours avec sa part de vérité.

À y regarder mieux, on pourrait pourtant soutenir que Desjardins est plus près que jamais du rêve de ses fondateurs. C'est certainement le cas si l'on s'en tient à des indicateurs concrets.

L'un des premiers objectifs des fondateurs des caisses populaires était de venir en aide à ceux qu'on appelait carrément « les pauvres », qui n'avaient aucun accès au crédit et étaient étouffés par les usuriers. Mais, comme des études l'ont démontré, dont celles de l'historien Ronald Rudin, pendant les trente premières années de leur existence, donc longtemps après la mort d'Alphonse Desjardins, les caisses n'avaient que fort peu pénétré chez les « masses » qu'elles prétendaient servir. Dirigées par les élites canadiennes-françaises et catholiques des professions libérales et du commerce, elles prêtaient surtout aux membres de cette petite bourgeoisie et investissaient dans des obligations municipales et autres. En 1920, seuls 2 % des Québécois étaient membres d'une caisse populaire et ce n'est que durant la Seconde Guerre mondiale que le mouvement s'est élargi lentement, pour toucher 15 % des Québécois au lendemain de la guerre. Aujourd'hui, comme on le sait, Desjardins compte près de cinq millions de membres, 70 % de la population québécoise. Le rapprochement des classes sociales au sein du mouvement est un phénomène résolument contemporain.

Un autre objectif du mouvement était bien sûr l'entraide, notamment par le crédit mis à la disposition des membres. Encore là, le présent est plus généreux que le passé. À la fin de la guerre, le tiers seulement des quatre-vingt-dix millions de dollars d'actif de Desjardins était investi dans les prêts aux membres. Et l'emprunteur moyen était presque toujours plus riche que le membre moyen. La généralisation du crédit de toutes catégories (cinquante-sept milliards en 1994 pour un actif de soixante-treize milliards) est une mesure de la démocratisation des caisses, une démocratisation qui ne peut se mesurer uniquement, comme on le fait trop souvent, à la marge de manœuvre dévolue aux élus locaux à la tête des caisses populaires.

Le Mouvement Desjardins s'est perçu dès le départ comme une force de ce que l'on appellerait aujourd'hui « l'action communautaire ». Mais il s'agissait le plus souvent d'un rayonnement individuel des élites qui exaltaient le bénévolat au sein des caisses comme ils le faisaient au sein d'organisations charitables ou religieuses. Il suffit de feuilleter aujourd'hui les rapports annuels de Desjardins pour voir que l'action communautaire des caisses est beaucoup plus étendue, organisée, soutenue. Certes, je suis d'avis que le Mouvement est loin d'en faire assez : le rapport de 1994 fait état d'une maigre somme de treize millions de dons et commandites à divers organismes de loisirs, d'éducation, de sport, de culture. Mais l'extension du crédit à diverses institutions de même nature est aussi un développement contemporain, et devrait être pris en considération, tout comme l'engagement de Desjardins dans de multiples actions de solidarité comme le Forum pour l'emploi et la promotion de la coopération sur la scène internationale.

Le Mouvement Desjardins souhaitait surtout la constitution d'une force économique canadienne-française autonome, capable d'exercer une influence significative sur l'économie de la province. L'état actuel du mouvement se passe là-dessus de commentaires. Premier employeur privé de la province, Desjardins est un géant présent dans tous les secteurs de l'activité financière, et est le symbole de la reconquête de leur économie par les Québécois.

Aujourd'hui, les écueils

Le plus tentant, et le plus facile, serait de dire que l'image moins exaltante du Mouvement Desjardins, aujourd'hui, est simplement un effet pervers de son extraordinaire croissance. Ce qui reviendrait à baisser les bras, puisque aucune immense organisation ne peut échapper à la bureaucratisation, à la dépersonnalisation, à l'énorme distance entre la base et le sommet. Desjardins ne peut quand même pas rétrécir pour faire plaisir aux nostalgiques.

Il est possible que ce que les Québécois reprochent aujourd'hui à Desjardins, que la source de leur relative indifférence soit d'un autre ordre, plus qualitatif. À tort ou à raison, nous avons été élevés dans la révérence de ce mouvement à cause de la vision qu'il entretenait de la société québécoise. Pauvre, rabougri, peureux et, osons le dire, colonisé, le Québec français pouvait compter sur ses propres moyens et s'en sortir, disait en somme Alphonse Desjardins. Les élites qui l'accompagnaient ne se battaient pas que pour accroître l'épargne, le crédit et les institutions coopératives. Elles avaient une idée du Québec. S'il est vrai qu'il était plus facile d'en avoir une en 1910 qu'aujourd'hui, dans un monde éclaté et divers, sa disparition a néanmoins laissé un vide.

Non pas qu'il faille révérer cette idée originelle. Les fondateurs du Mouvement Desjardins ont souvent été de terrifiants conservateurs en matière sociale et politique et il s'en est fallu de peu, comme l'a montré l'histoire du schisme de 1945, que le Mouvement rate tout simplement la Révolution tranquille. Avec d'excellentes raisons à l'époque, mais des résultats qui auraient pu être désastreux à long terme, les caisses populaires s'inscrivaient dans un mouvement nationaliste de résistance aux influences étrangères, parfois de « démonisation » de l'argent de langue anglaise. Comme l'Église qui était leur alliée, les fondateurs se méfiaient du rôle grandissant de l'État, prenaient ombrage du mouvement syndical naissant où ils voyaient le spectre du socialisme, donc l'ennemi du catholicisme. Ils se présentaient comme les gardiens des bonnes mœurs, ne prêtaient qu'aux pères de famille sobres, honnêtes et pratiquants, refusaient que les femmes deviennent membres à part entière d'une caisse et considéraient l'épargne des filles comme une contribution à leur future dot, certainement pas à une vie économique autonome. Leur objectif était de préserver la famille et la paroisse de l'assaut conjugué de l'urbanisation et de l'industrialisation. Le bon Canadien français n'empruntait que pour survivre, pas pour consommer.

Ils avaient donc une idée cohérente de la société québécoise, une idée qui n'a pas survécu à la Révolution tranquille, bien sûr, mais n'a jamais été remplacée. Ce n'est pas un hasard si l'histoire de la Révolution tranquille, même si elle s'accompagne d'une croissance phénoménale du mouvement des caisses populaires, n'est guère marquée par le leadership du Mouvement Desjardins, qui y apparaît comme en retrait.

Depuis, dans les questions fondamentales qui se débattent au Québec, Desjardins continue, il me semble, à se chercher. Quel modèle de développement économique souhaite-t-il pour le Québec ? libéralisme ou social-démocratie ? La question est vaste mais on a l'impression, tout au moins, que le Mouvement préfère la laisser à d'autres forums, tout en s'accommodant de l'air du temps.

Plus précisément, comment le Mouvement voit-il le développement social, culturel du Québec ? Encore là, le portrait est celui d'un accompagnement tranquille de forces qui se définissent ailleurs, plutôt que d'un leadership. Les caisses populaires soutiennent ici et là des activités communautaires, des initiatives en éducation (lutte au décrochage scolaire), des projets culturels (mais de façon institutionnelle, comme les banques et entreprises qui les utilisent comme outils de marketing), des œuvres charitables. Elles prennent le train en marche dans des dossiers qui mûrissent sans elles, comme les relations interculturelles à Montréal ou l'équité pour les femmes (encore que dans ce cas, Desjardins porte encore la marque de ses origines : il suffit de jeter un coup d'œil sur le portrait de famille de son conseil d'administration ou de savoir que sur ses 19 000 administrateurs bénévoles, dans les caisses locales, trois sur quatre sont toujours des hommes). Desjardins « s'adapte au changement », comme le disait monsieur Béland dans l'entrevue au *Devoir* que j'évoquais plus haut, mais on ne peut dire qu'il le provoque, qu'il se considère comme le moteur de nouvelles valeurs avec la même force que ses fondateurs se considéraient comme les gardiens des anciennes valeurs.

Desjardins doit-il encore jouer un rôle dans la définition de l'avenir du Québec ? On connaît la réponse, et elle ne se résume pas à la neutralité référendaire qui s'est imposée au Mouvement dans les tensions que nous, les observateurs, n'avons pu que soupçonner de loin. Même le nationalisme économique ne va plus de soi pour Desjardins. J'en veux pour preuve la controverse qui a entouré le lancement de la campagne Qualité-Québec en 1993, un programme qui ressemblait aux anciennes campagnes d'achat-chez-nous mais qui n'avait rien du protectionnisme que des économistes de pointe, zélotes du libre-échange tous azimuts, y ont aussitôt vu. La dénonciation a eu ses effets, nous n'en entendons plus parler. Il est possible que les convictions des dirigeants du Mouvement n'en aient pas été atténuées pour autant, mais le résultat est le même. Le Mouvement Desjardins me semble céder un peu trop facilement à une conception éthérée de la démocratie qui voudrait qu'il épouse parfaitement les idées de ses cinq millions de membres, ce qui est impossible évidemment, ce qui fait qu'il ne peut plus guère se permettre de penser le Québec par lui-même.

Dans une récente conférence sur « l'économie mondialisée » (novembre 1995, Association for Canadian Studies in the United States), monsieur Béland affirmait avec force que les institutions financières « ne pourront être uniquement des agents de croissance de la richesse individuelle, elles devront être aussi des agents de développement de leur milieu ». Il insistait sur la nécessité de définir ce développement local et régional de façon qu'il corresponde à l'identité des milieux. Il me semble que cela implique, pour le Mouvement Desjardins, un devoir de clarification de ce qu'il perçoit être l'avenir du Québec et les valeurs qu'il doit porter.

Conclusion inachevée

Il se peut que j'aie tort et que l'absence de consensus, son impossibilité, dans une société avancée et diverse comme la nôtre, condamne effectivement un vaste mouvement comme celui des caisses populaires à n'être plus que le meilleur accompagnateur possible d'un changement qui se définit ailleurs, chez les groupes communautaires, les créateurs de culture, les lieux de débat intellectuel et politique. Les nouvelles solidarités se construisent hors de l'État et des grandes institutions, elles ne viendront frapper à leur porte que pour leur demander leur soutien. Mais dans ce cas, où est désormais la différence entre un mouvement et une entreprise ? Je suis bien heureuse de ne pas avoir à répondre.

La pertinence nouvelle de la coopération à l'ère de la mondialisation

François-Albert Angers

Mon propos portera sur deux sujets d'ordre très général. Je suis aujourd'hui trop éloigné de l'activité quotidienne pour m'immiscer dans des questions d'ordre interne et immédiat qui peuvent solliciter davantage le Mouvement Desjardins lui-même. De ces deux sujets, il en est un qui, de toute façon, est déjà préoccupant, comme il attire sur lui l'attention mondiale : c'est précisément la place que peut prendre la mondialisation des marchés dans les préoccupations d'une organisation comme le Mouvement Desjardins.

L'expression est aujourd'hui sur toutes les lèvres. C'est en quelque sorte la grande coqueluche de tout ce qui s'estime dans le mouvement de l'histoire, comme si c'était le phénomène nouveau du progrès économique qui s'imposait à nous comme une fatalité scientifique. Or, en fait, la première tentative de mondialisation consciente des marchés remonte au milieu du XIXe siècle, lorsque, sous l'impulsion de l'école économique manchestérienne, l'Angleterre s'est mise à la pratique du libre-échange la plus totale qui ait jamais été expérimentée. Elle a du même coup tenté d'y convertir le monde entier, soi-disant pour le plus grand bien-être imaginable de l'humanité.

L'opération se révéla finalement un vaste échec ; et c'est pourquoi on en est encore à vouloir la réaliser au XXe siècle comme si c'était une chose nouvelle. Les yeux des analystes étant le plus souvent braqués sur le succès des entreprises, ils ont créé le sentiment général que ce fut un succès pour l'Angleterre, puisqu'il en est résulté pour un siècle une hégémonie de l'économie britannique sur le monde. Mais en Angleterre même, elle produisit la ruine de l'agriculture et une concentration urbaine qui généra la misère du milieu ouvrier dont Marx et Engels prirent exemple pour propager l'idée communiste dans le monde. Cela étonne, mais s'explique par le fait que l'économie anglaise ne se souciait que d'exporter et le fit aux dépens du marché intérieur. C'est cette misère qui généra l'idée coopérative de consommation et suscita la création du magasin de Rochdale. Dans le reste du monde, pour arriver à assurer leur développement économique propre, les grandes puissances économiques d'aujourd'hui — la France, l'Allemagne, les États-Unis, le Japon — durent se protéger contre une domination britannique menaçante et se mettre résolument au protectionnisme.

Les États-Unis réussirent, au XXe siècle, à se substituer à l'Angleterre dans l'hégémonie mondiale tout en s'assurant la prospérité intérieure par un procédé exactement inverse : le mur protectionniste le plus haut qui ait peut-être jamais existé (à l'exception du cas spécial du Japon) et la politique des hauts salaires, par opposition à la tactique anglaise des bas salaires pour dominer la concurrence mondiale. L'Angleterre elle-même dut alors abandonner progressivement le libre-échange pour éviter que son propre marché intérieur ne soit envahi, ses positions sur les marchés extérieurs étant alors menacées partout. Et l'on en était là au moment du déclenchement de la Seconde Guerre mondiale, attribuée en grande partie au désordre économique mondial.

Si donc nous écoutons un peu les leçons de l'histoire, il faudrait se montrer plus critique qu'on ne le fait sur l'opération actuelle de mondialisation des marchés prêchée aujourd'hui par le G-7, qui exerce maintenant l'hégémonie économique mondiale. Mais, pour le Mouvement Desjardins, qui fait partie de ces nouvelles institutions nées en réaction contre la mondialisation recherchée par le monde capitaliste du XIXe siècle, quelle est la position à prendre ?

La mondialisation des marchés, c'est une apparence de grande idée qui fait impression ! Mais ça revient à quoi, au fond ? Ce n'est finalement que ce que l'on pourrait appeler une banale opération de suppression des obstacles à l'exercice d'un commerce libre de toute entrave, avec ce que cela implique de liberté, à travers les frontières politiques, de circulation des marchandises, des hommes et des services, dont les capitaux. Ce que cela permet, c'est la formation d'entreprises de forte, d'énorme dimension, dont l'avantage, non négligeable sûrement s'il était sans bavures, est une meilleure utilisation des ressources, assurant la production à meilleur coût, ce qui implique un niveau plus élevé de production, donc de prospérité. Mais... !

Le symbolisme des conditions dans lesquelles est apparue l'idée coopérative doit donc, à mon sens, conduire le Mouvement Desjardins à une profonde réflexion, à des analyses poussées sur le nouveau phénomène de mondialisation avant de s'y engager dans le même esprit et selon les mêmes méthodes que les autres agents de l'économie contemporaine. Et l'élément de réflexion de départ me paraît être le suivant : l'objectif avoué de la mondialisation des marchés — même si l'on en estime le résultat avantageux pour l'humanité —, est la conquête sur les marchés extérieurs de profits à l'avantage des propriétaires des entreprises participantes ; alors que celui d'une coopérative est, par définition, d'assurer aux membres qui la composent les services les meilleurs en qualité et en nombre. Il est vrai que dans une coopérative de crédit où l'on cherche à offrir le meilleur usage du capital, la frontière peut apparaître ténue entre le rendement capitaliste et le rendement coopératif du capital. Mais la différence entre les deux est d'autant plus importante, vu ses conséquences, que, justement, elle est ténue. Car alors que le rendement capitaliste s'entend comme la plus forte somme d'argent encaissée, le rendement coopératif s'exprime dans l'équilibre entre les services visant à la fois l'utilisation la plus économique du capital-argent et les fruits légitimes de l'épargne.

Cela m'amène à mon second sujet : la conception du service aux membres dans le cas très spécifique du Mouvement Desjardins et de sa position propre dans l'économie québécoise. L'organisation coopérative, on l'a dit bien des fois, n'est pas une organisation de charité, mais une organisation à buts économiques, qui vise donc à ce que ses services procurent à ses membres une satisfaction maximale. Aussi, toute organisation coopérative est-elle ordonnée à ce maximum de services rendus à ses membres dans sa sphère propre, comme l'entreprise capitaliste est ordonnée à la recherche du maximum de profits pour ses actionnaires.

Mais le Mouvement Desjardins a pris une telle dimension, qu'il ne peut plus se replier sur l'intérêt immédiat proprement coopératif de ses membres sans risquer de nuire à l'économie générale du Québec par une mauvaise allocation de ses ressources. La masse énorme de capitaux qu'il a agglutinés ne peut plus être dirigée exclusivement, ou surtout, ou sans une certaine planification des usages, vers les seuls intérêts individuels de crédit de ses membres. L'intérêt des membres du réseau des caisses populaires Desjardins est devenu l'intérêt général du Québec à un développement économique bien équilibré en fonction de la prospérité la plus grande de sa population, dont le Mouvement Desjardins est un reflet quasi parfait. Le Mouvement Desjardins doit donc, à mon sens, de plus en plus prévoir l'utilisation de ses capitaux en fonction du meilleur rendement possible pour le développement économique du Québec, rendement non pas financier (quoique celui-ci soit sans doute un facteur à considérer), mais bien social qui améliore la qualité de vie de l'ensemble des citoyens.

Dans cette ère de mondialisation de l'économie et du symbolisme des conditions dans laquelle le mouvement coopératif s'est développé, le Mouvement Desjardins doit concevoir une organisation de ses structures qui permette de généraliser l'apport et l'impact de toutes les figures que peut prendre l'économie coopérative, et particulièrement de celle de la coopérative de consommation qui, sur le plan idéologique, est incontestablement le cœur, donc le sens profond de la révolution coopérative.

Dans les milieux coopératifs du Québec, on estime que cette idée, qui a toujours été mon idée maîtresse, est maintenant dépassée ; à preuve, les malheureux échecs des institutions coopératives de consommation qui avaient été mises sur pied au Québec à partir des années 1930. Par analogie, je pourrais dire que si ce type d'analyse était valide, le régime capitaliste serait disparu depuis longtemps, car il est avéré qu'au cours du XIXe siècle où il s'est construit, plus de 80 % des tentatives capitalistes ont fait faillite. Et encore aujourd'hui, le capitalisme ne survit qu'à travers des faillites d'autant plus spectaculaires que la dimension des entreprises est plus forte. La vertu du capitalisme, c'est que l'appât du gain est si fort dans l'homme que celui-ci ne cesse de recommencer après chaque échec. Il nous reste à développer la vertu du coopératisme qui, dans le domaine de la consommation notamment, doit demeurer le souci du bien commun.

Il est à remarquer à ce sujet que la caisse populaire, fondement du Mouvement Desjardins, est une coopérative de type consommation, spécifiquement créée par Alphonse Desjardins pour permettre aux consommateurs de capitaux d'échapper aux taux usuraires des prêteurs capitalistes. Fort de sa masse de capitaux, le Mouvement Desjardins devrait mettre à l'étude la possibilité de moyens plus modernes de reconstituer au Québec un système puissant de coopératives de consommation, purgé de la mentalité du marchand du coin qu'a trop exclusivement entretenue notre premier mouvement coopératif et axé sur la production générale des biens et des services pour la satisfaction des consommateurs.

Il y a toujours à cela l'intérêt social traditionnel de développer une économie plus soucieuse des besoins des consommateurs. Mais avec la mondialisation actuelle de l'économie, il se trouve que les formes coopératives, parce qu'elles sont liées par essence aux intérêts populaires, sont les plus propices à protéger les économies nationales contre les mouvements abusifs que peut engendrer la mondialisation.

Telles sont les réflexions que m'inspire le sujet aujourd'hui mis à l'étude. Ce ne sont que des thèmes, mais je crois qu'ils ouvrent des champs fertiles pour la réflexion et l'invention.

II

DU SOUS-SOL DE L'ÉGLISE AU COMPLEXE DESJARDINS

Participants

Pierre POULIN
Gaston DESCHÊNES
Roger LEVASSEUR
Yvan ROUSSEAU

Le projet d'Alphonse Desjardins

Pierre Poulin

Alphonse Desjardins avait l'habitude de présenter la coopération comme un instrument qui, sur le plan économique, allait mener à une conquête comparable à celle de la démocratie sur le plan politique. Le XIXe siècle avait vu la montée des associations de capitaux, qui avaient permis de mettre sur pied la grande entreprise capitaliste et de révolutionner l'industrie et les transports. Grâce à l'association coopérative, le XXe siècle allait voir les laissés pour compte de l'industrialisation s'associer à leur tour pour défendre leurs intérêts économiques, se prendre en main et se soustraire au mécanisme qui avait engendré leur dépendance économique. C'était là le grand espoir de Desjardins.

La caisse populaire qu'il avait conçue dans les derniers instants du XIXe siècle était la clef de voûte d'un vaste projet. Au-delà de l'objectif initial qui était d'organiser le crédit populaire, ce projet comportait une grande variété de finalités d'ordre moral, économique, social et national.

Le temps dont je dispose est trop court pour passer en revue toutes ces dimensions. J'aimerais simplement souligner les grands traits de ce projet et m'arrêter sur quelques aspects qui peuvent nous aider à en préciser le sens du point de vue de l'histoire économique et sociale. Je m'attarderai en particulier à ce que l'on pourrait appeler le pour qui et le pourquoi de l'entreprise d'Alphonse Desjardins.

Une lecture de la situation des classes populaires

L'analyse que Desjardins fait de la situation des classes populaires à la fin du XIXe siècle est avant tout celle d'un catholique, versé dans l'étude de l'économie sociale européenne. On sait que le scandale des pratiques usuraires, dénoncé à la Chambre des communes en 1897, a été chez Desjardins l'élément déclencheur. Mais l'usure n'est pas sa seule préoccupation. L'insécurité financière des classes populaires, les inégalités sociales croissantes, les retards de l'agriculture et l'émigration aux États-Unis retiennent aussi son attention depuis plusieurs années. Tous ces problèmes, il les perçoit comme autant de signes d'une déficience dans l'organisation économique des classes populaires. Une déficience d'organisation qui crée les conditions de leur dépendance, et dont les effets ne peuvent que s'aggraver compte tenu de la force croissante de la grande entreprise capitaliste et de la concentration du pouvoir économique.

Ce qui le frappe, c'est la faiblesse économique et l'isolement des petits producteurs et des travailleurs en regard de la puissance des moyens dont dispose le capital grâce aux sociétés par actions[1]. Et c'est somme toute un équilibre dans les rapports économiques que Desjardins tentera de rétablir au moyen de la coopération.

La caisse populaire

Inspirée de l'expérience coopérative européenne, la caisse populaire est le résultat d'un patient bricolage pratiqué en vue de répondre à des objectifs précis d'éducation, de démocratie, de décentralisation économique, d'accessibilité et de sécurité.

Cette coopérative d'épargne et de crédit n'offre pas de solutions faciles. Repoussant toute idée d'aide philanthropique ou étatique, Desjardins entend puiser dans ce qu'il nomme « les énergies créatrices et organisatrices du peuple ». Et s'il prône l'association et l'entraide, ce n'est pas sans faire résolument appel à l'effort personnel et à la responsabilité individuelle. C'est l'essence même du *self-help* dont il fait son credo. L'idée maîtresse de la caisse, empruntée à l'Allemand Schulze-Delitzsch, est celle d'organiser le crédit populaire à partir de l'épargne populaire. Épargne et crédit sont ici indissociables. Pour Desjardins, l'épargne est primordiale et c'est en la pratiquant que le membre démontre sa valeur morale et devient digne d'obtenir le crédit dont il a besoin.

Des caisses pour qui ?

À qui est destinée la caisse populaire ? Qui sont ceux qui doivent en bénéficier ? Les ouvrages touchant les origines du Mouvement Desjardins ont souvent ramené les intentions d'Alphonse Desjardins à la volonté de venir en aide aux groupes les plus pauvres de la société. Cette volonté incontestable n'était cependant pas exclusive. Il faut d'abord noter que la caisse s'adresse à tous les citoyens de l'entité paroissiale. Elle est une institution communautaire qui se présente sous la double identité de coopérative et d'œuvre sociale. En tant qu'œuvre sociale, son action vise l'accomplissement d'une réforme de la société dans l'esprit de l'encyclique *Rerum Novarum* et des principes d'économie sociale de Frédéric Le Play. Cette réforme mise notamment sur la collaboration entre les classes et sur le dévouement social des élites que l'on veut associer à

1. Voir, par exemple, Alphonse Desjardins (1910). « L'union des forces sur le terrain économique », *La Vérité*, 24 septembre, p. 75 ; 1er octobre, p. 82-83 ; et 8 octobre, p. 90-91.

l'entreprise d'émancipation économique des classes populaires. La porte est donc toute grande ouverte au clergé et aux membres des professions libérales qui sont invités à prendre part à l'administration et à la gestion de la caisse.

Si la caisse donne la priorité aux petits prêts, ses services ne s'adressent pas moins à l'ensemble de la collectivité locale. « La caisse populaire est accessible à tous, à l'humble comme au bourgeois[2] », disait Desjardins. Pour désigner ceux qui devaient bénéficier de la caisse populaire, il employait généralement les vocables « classes populaires », « classes laborieuses » ou « classes du peuple travailleur ». Une lecture attentive de ses textes nous montre que ces expressions recouvraient un large éventail d'occupations professionnelles et de conditions économiques, allant des travailleurs les plus humbles jusqu'aux petits entrepreneurs. Il disait à ce sujet, dans une conférence en 1906 :

> Il n'y a pas que les travailleurs manuels, soit de l'industrie, soit du sol, qui aient besoin de crédit et qui, bien souvent, sont forcés de subir les écorchures des Shylock de l'usure ; il y a aussi une classe très intéressante de petits commerçants, d'humbles industriels, de modestes entrepreneurs dont la surface financière ne leur permet pas d'avoir accès aux grandes banques où vont s'approvisionner leurs confrères assez bien connus pour y jouir de la faveur d'un compte courant. À tous ceux-là aussi, la coopérative offre un concours des plus précieux[3].

La caractéristique commune à tous ceux que Desjardins espère aider n'est donc pas la pauvreté, mais un manque d'organisation économique qui crée des conditions de dépendance. Dans un contexte d'industrialisation et de concentration du pouvoir économique comme celui du début du siècle, cette caractéristique se retrouve à des degrés divers chez un grand nombre de travailleurs et de petits producteurs et constitue pour eux une importante menace.

Quel type de développement économique ?

Sur le plan économique, la décentralisation et le développement local étaient les grandes cibles de Desjardins. Ses espoirs de développement économique visaient surtout le monde rural, que les cultivateurs désertaient de plus en plus faute de tirer de l'agriculture un revenu suffisant. Desjardins souhaitait d'ailleurs ouvertement « le retour décisif et continu à la terre et l'éloignement des séductions trompeuses de la ville[4] ».

---

2. Alphonse Desjardins (1912). *La Caisse Populaire*, I, Montréal, L'École sociale populaire, brochure n° 7, p. 32.
3. Alphonse Desjardins (1906). « Les caisses d'épargne et de crédit populaire », *La Vérité*, 1er décembre, p. 161.
4. Alphonse Desjardins (1912). *Op. cit.*

Doit-on voir Desjardins comme un agriculturiste au sens que Michel Brunet donnait à cette expression[5] ? L'attention qu'il portait au monde rural allait-elle de pair avec une idéalisation du passé, avec un refus de l'âge industriel contemporain et avec une conception statique de la société ? Desjardins était sans doute très attaché à l'image d'une Laurentie aux plaines verdoyantes, mais sa conception de la société n'avait rien de statique. Conscient de la nature et du caractère inéluctable des changements économiques qui marquaient son époque, il visait avant tout, avec le crédit, à adapter le monde rural aux nouvelles tendances de l'économie. Son but, disait-il en 1906, était de faire évoluer l'agriculture « vers la forme industrielle[6] ». Il s'agissait de rendre l'agriculture plus rentable en améliorant sa productivité, d'endiguer ainsi un exode rural dont l'ampleur dépassait largement les capacités d'absorption de main-d'œuvre de l'industrie et de mettre fin à l'émigration aux États-Unis. Ses vues sur l'agriculture s'inséraient ici dans une stratégie d'avenir pour un peuple placé dans la perspective d'une prolétarisation massive, beaucoup plus que dans une vision nostalgique du passé.

C'est d'ailleurs en tenant compte de la mondialisation des marchés que Desjardins envisageait l'évolution économique.

> Plus que jamais, disait-il en 1910, les luttes des peuples se livrent sur le champ de bataille économique. Par suite de communications de plus en plus faciles et rapides le marché, de national est devenu mondial et la victoire définitive sera au pays qui aura su davantage mettre en œuvre toutes les énergies, toutes les forces vives de ses concitoyens, qui aura le mieux fécondé leurs initiatives et qui aura par conséquent adopté le régime le plus productif avec le moins d'efforts[7].

La part du nationalisme

Au-delà de ses objectifs économiques et sociaux, la caisse devait également remplir une mission sur le plan national. Soucieux de régler la question sociale, Desjardins espérait aussi apporter une solution à la question nationale. On a souvent cité le passage d'un texte où il entrevoyait la formation d'un capital

---

5. Michel Brunet (1957). « Trois dominantes de la pensée canadienne-française : l'agriculturisme, l'anti-étatisme et le messianisme. Essai d'histoire intellectuelle », dans *Écrits du Canada français*, III, p. 43.
6. Alphonse Desjardins (1906). « Les caisses d'épargne et de crédit populaire », *La Vérité*, 15 décembre, p. 179.
7. Alphonse Desjardins (1910). « L'union des forces sur le terrain économique », *La Vérité*, 1er octobre 1910, p. 82.

national qui, disait-il, « serait sous notre contrôle, [...] dont l'utilisation servirait à accroître notre influence légitime, à activer notre progrès et, au besoin, à nous protéger contre des agressions injustes[8] ».

Chez Desjardins, la question nationale en était une de survivance. S'il aimait croire au concept de l'unité canadienne, c'était sans naïveté, et il ne cachait pas son inquiétude face à la fragilité des droits linguistiques et culturels des Canadiens français. Proche des leaders du mouvement nationaliste, il ne manifestait cependant pas un grand intérêt pour les luttes politiques. Il était plutôt de ceux qui, à l'instar d'Errol Bouchette et d'Édouard Montpetit, tendaient à faire de la question nationale une question économique.

Pour Desjardins, l'organisation économique était la clé de l'influence nationale. « [Par des] œuvres économiques et sociales, disait-il, nous accroîtrons notre influence sur la marche des affaires générales du pays infiniment plus que par des revendications bruyantes ou de vaines déclamations[9]. »

* * *

À partir de la coopération d'épargne et de crédit pratiquée dans l'esprit du catholicisme social, Desjardins avait donc développé un projet vaste et englobant qui voulait donner à la société canadienne-française des moyens de relever les défis reliés au développement du capitalisme, à la concentration du pouvoir économique et à la domination économique et politique anglo-saxonne.

L'objectif était avant tout de consolider les bases de la société traditionnelle et d'insuffler une nouvelle vie aux collectivités locales en améliorant la condition économique de leurs membres, petits bourgeois autant que modestes travailleurs. Le conservatisme social de ce projet allait de pair avec une large ouverture sur l'avenir. Conçue dans la perspective des nouvelles tendances de l'économie, la caisse apparaissait comme un outil de modernisation de l'économie rurale et un instrument d'adaptation à des conditions nouvelles qui exigeaient l'acquisition et le financement d'équipements agricoles. Sur le plan économique, Desjardins venait ainsi jeter un pont entre le XIXe et le XXe siècle. Il établissait aussi les fondements d'une culture d'action collective qui allait rendre possibles plusieurs autres réalisations prolongeant l'activité des caisses.

---

8. Alphonse Desjardins (1950). « Mémoire sur l'organisation de l'agriculture dans la province de Québec », dans Cyrille Vaillancourt et Albert Faucher. *Alphonse Desjardins. Pionnier de la coopération d'épargne et de crédit en Amérique*, Lévis, Le Quotidien, p. 167.
9. *Idem*, p. 226.

Desjardins dans l'histoire, l'histoire chez Desjardins

Gaston Deschênes

La première caisse populaire ne constituait qu'un petit pas de plus dans la grande marche du mouvement coopératif québécois[1]. En fait, la caisse de Lévis n'était pas la première caisse d'épargne et de crédit. Il y en avait au moins une autre, peut-être deux, dont la Caisse rurale de Notre-Dame-des-Anges, fondée en 1898 à Montauban, dans le comté de Portneuf[2].

La première coopérative agricole, celle d'Adamsville, aurait été créée en 1903, mais il existait à la fin du siècle dernier de nombreuses sociétés de fabrication de beurre et de fromage qui fonctionnaient comme des coopératives sans en porter le nom. Dans le monde agricole, plusieurs personnes, agronomes, journalistes spécialisés, missionnaires agricoles, députés, faisaient déjà la promotion du coopératisme dans les années 1890.

On connaît au moins deux coopératives de consommation fondées dans le dernier quart du XIXe siècle, celle de Beebe Plain, en Estrie, et celle de Pointe Saint-Charles. Elles étaient probablement inactives en 1900 mais il restait des promoteurs de ce type de coopératives puisqu'il en est apparu d'autres, à Valleyfield, par exemple, en 1903, et à Fraserville en 1904.

Il existait peut-être encore quelques-unes des sociétés de construction mises sur pied au XIXe siècle, les ancêtres des coopératives d'habitation modernes, un secteur méconnu et longtemps ignoré dans l'historiographie du coopératisme québécois.

On trouvait enfin, en 1900, une trentaine de mutuelles-incendie, les plus anciennes ayant alors un demi-siècle d'existence et la plupart installées en milieu rural, et au moins une cinquantaine de sociétés de secours mutuels, encore plus anciennes et principalement urbaines ou semi-urbaines.

---

1. Sur ce sujet, voir G. Deschênes (1980-1981). « Le premier siècle du mouvement coopératif », *Revue du CIRIEC*, vol. 13, n° 1-2, p. 15-22. Sur les institutions mutuelles et coopératives avant 1900, voir G. Deschênes (1976). « Associations coopératives et institutions similaires au XIXe siècle », *Revue d'histoire de l'Amérique française*, vol. 29, n° 4 (mars), p. 539-554.
2. « La Caisse rurale de Notre-Dame-des-Anges », *Revue Desjardins*, vol. 50, n° 4 (1984), p. 30-31.

Ces dernières méritent ici quelques observations. Les sociétés de secours mutuels regroupaient des personnes désireuses de s'assurer en cas de mort ou de maladie. Leur origine au Québec remontait à la fin du XVIIIe siècle. Très nombreuses à cette époque en Angleterre, les *friendly societies* ont été transplantées au Québec où elles ont proliféré, surtout dans la seconde moitié du XIXe siècle. Les plus anciennes sont, pour la plupart, disparues. La Société bienveillante de Québec, fondée en 1789, soit plus d'un siècle avant Desjardins, a fonctionné pendant au moins soixante ans. Les plus nombreuses de ces sociétés étaient les unions Saint-Joseph : l'Union Saint-Joseph de Beauport, qui existe encore, sous un autre nom, fut fondée en 1876. Certaines sociétés sont devenues des compagnies d'assurances : La Survivance et L'Union-vie sont d'anciennes sociétés de secours mutuels fondées au XIXe siècle. Les compagnies Aeterna-vie, MFQ-vie, Promutuel-vie, la Mutualité et la SSQ étaient aussi à l'origine des sociétés de secours mutuels. La société Les Coopérants, qui s'est effondrée en 1991, résultait de la fusion de deux sociétés de secours mutuels, la Mutuelle-vie de l'U.C.C. et les Artisans, une vénérable institution fondée en 1876.

Desjardins connaissait bien le mouvement des sociétés de secours mutuels québécoises qui, au début du siècle, réunissait environ 70 000 membres, la plupart chefs de famille, sans compter quelque 50 000 autres qui se regroupaient dans les succursales des sociétés de secours mutuels étrangères, canadiennes, américaines ou britanniques. Desjardins était même très proche de ce mouvement : au moins sept des dix personnes convoquées chez lui le 20 septembre 1900 pour étudier son projet de caisse populaire étaient membres de sociétés de secours mutuels ; certaines y occupaient ou y avaient occupé des postes importants. La Société des Artisans a littéralement servi de berceau aux caisses populaires : la caisse de Lévis a été fondée dans son local et y est demeurée pendant quelques années[3].

* * *

Comment se fait-il alors que ses successeurs et ses émules, les dirigeants et les propagandistes du mouvement coopératif en général, aient si longtemps passé sous silence le mouvement de solidarité économique qui a donné naissance à toutes ces expériences de mutualité et de coopératisme ? En Angleterre, au

3. Une photographie du local des Artisans est reproduite dans Pierre Poulin (1990). *Histoire du Mouvement Desjardins*, tome I, Montréal, Québec-Amérique, p. 58. Les sept conseillers de Desjardins « représentaient » cinq sociétés différentes : la Catholic Mutual Benefit Association, les Forestiers indépendants, la Légion catholique de bienfaisance, la Société des Artisans et les Forestiers catholiques. Voir Cyrille Vaillancourt et Albert Faucher (1950). *Alphonse Desjardins. Pionnier de la coopération d'épargne et de crédit en Amérique*, Lévis, Le Quotidien, p. 229-230.

milieu du XIXe siècle, les deux plus grandes sociétés de secours mutuels revendiquaient les origines les plus mythologiques : les Oddfellows prétendaient avoir reçu leur nom des empereurs romains au début de l'ère chrétienne et les Foresters soutenaient avoir compté Alfred le Grand (au IXe siècle) parmi leurs membres. Ici, on a fait l'inverse en rétrécissant les horizons de l'histoire du coopératisme. Pourquoi ?

D'abord, les leaders du mouvement coopératif québécois ne sont généralement pas très intéressés à la dimension historique du coopératisme. L'histoire a surtout servi de moyen de propagande et, dans cette perspective, les expériences qui ont échoué ne méritaient rien de mieux que le dessous du tapis. Elles donnaient mauvaise image au mouvement en démontrant que la formule n'était pas infaillible. Il y avait aussi des défections, des mutuelles qui devenaient des compagnies à fonds social, par exemple, et qui sortaient du portrait de famille.

De plus, les penseurs du mouvement coopératif ont longtemps défendu une conception étroite du coopératisme. Il y avait les « vraies » et les « fausses » coopératives. Dans la « doctrine » des années 1930 et 1940, une coopérative devait respecter six principes, incluant la neutralité politique et raciale. On sait de plus le débat qui a fait rage au sujet de leur confessionnalité. En 1941, il a fallu faire une entorse aux principes pour les sociétés de secours mutuels qui ne cachaient pas leur caractère confessionnel et ethnique : elles ont été admises dans le mouvement, mais leur histoire est restée à la porte !

Les préjugés nationalistes ont aussi joué un rôle important dans la perception de l'histoire des coopératives. On a beau, par exemple, retracer l'existence de coopératives de consommation au XIXe siècle, en trouver d'autres au début du XXe siècle, puis dans les années 1910, les années 1920 et le début des années 1930, le mythe de La Familiale, une coopérative de consommation fondée à Montréal en 1937, demeure. Première « vraie » coopérative de consommation, première coopérative de consommation au Québec, première coopérative de consommation canadienne-française, première coopérative de consommation canadienne-française à Montréal, aucun de ces titres ne résiste à la moindre analyse. L'histoire de la mutualité est aussi raccourcie de quelques décennies quand on oublie que les premières coopératives ont été fondées en anglais.

On a, enfin, beaucoup plus pratiqué l'histoire des institutions et des entreprises que celle des idées et du mouvement. Cette approche institutionnelle n'a rien à faire de la généalogie : les institutions et les entreprises qui meurent emportent leur histoire au paradis, et toutes les idées qui ne se sont pas concrétisées prennent le chemin des limbes. Dans l'histoire du mouvement coopératif québécois, il n'y a pas de place pour les penseurs, sauf ceux qui ont accroché leur nom à des réalisations concrètes.

C'est ainsi que l'historiographie a longtemps boudé tous les autres qui ont fait la promotion de la formule coopérative avant ou en même temps que Desjardins. Ils étaient plusieurs et certains étaient connus dans les milieux coopératifs à l'étranger, autant que Desjardins. Le plus fameux est sans contredit le député Jérôme-Adolphe Chicoyne qui a fait la promotion de la mutualité et du coopératisme par tous les moyens à sa portée avec une ténacité remarquable[4]. Sensibilisé à la question du crédit agricole dès 1892, Chicoyne présente un projet de loi favorisant la création de caisses rurales en janvier 1899. Son projet prévoit la création d'une « coopérative de crédit agricole » dans chaque municipalité et leur regroupement en fédérations régionales. Renvoyé à la session suivante, le projet de loi revient sous une forme nouvelle, élargie, pour favoriser tous les types de coopératives. Il faudra un troisième effort, en 1902, pour que la loi soit adoptée mais son application sera restreinte au monde agricole : c'est la loi des syndicats agricoles que Desjardins reconnaît lui-même avoir copiée à 75 % pour préparer « sa » loi des syndicats coopératifs[5]. Et c'est lui qui obtient le mérite d'avoir préparé et fait voter « la première loi destinée à régir les institutions coopératives québécoises[6] », ou la « première véritable loi québécoise sur les coopératives », comme on a pu le lire encore récemment dans une publication officielle[7]. Les mythes ont la vie dure.

* * *

Desjardins était aussi un homme déterminé et plutôt solitaire dans la poursuite de son objectif. Il semble avoir eu très peu de contacts avec les autres promoteurs du coopératisme, et ses caisses populaires sont, par la suite, restées à l'écart du mouvement coopératif. En effet, quand le mouvement s'est structuré, à la fin des années 1930, avec la création du Conseil supérieur de la coopération, le « gérant général » de la Fédération de Québec des unions régionales des caisses, Cyrille Vaillancourt, faisait partie du groupe fondateur. Mais les caisses ne l'ont pas suivi et Vaillancourt trouva le moyen de rester au Conseil sans trop y être en changeant son chapeau de gérant des caisses pour celui de secrétaire-trésorier de la Coopérative des producteurs de sucre d'érable.

La question de l'affiliation des caisses au Conseil supérieur a fait beaucoup de vagues. Certains dirigeants montréalais considéraient le Conseil

---

4. Sur Chicoyne, voir G. Deschênes. « Jérôme-Adolphe Chicoyne (1844-1910) », *Coopératives et développement*, vol. 15, nº 2 (1982-1983), p. 153-166 ; vol. 16, nº 1 (1983-1984), p. 159-168 ; vol. 16, nº 2 (1983-1984), p. 95-108.
5. « Jérôme-Adolphe Chicoyne et les origines des caisses d'épargne et de crédit », *Revue Desjardins*, vol. 49, nº 6 (1983), p. 30-34.
6. CCQ (1974). *Le Québec coopératif 1974*, Québec, p. 5.
7. *Réseau Coop*, vol. 2, nº 5 (mai-juin 1995), p. 3.

comme une menace à l'autonomie des caisses. Gérard Filion rappelle[8] que les divergences politiques constituaient un gros obstacle à la participation des notaires unionistes Guérin et Poirier à un organisme où les sympathisants libéraux étaient nombreux. Ce facteur a sûrement joué, mais il y en a certainement d'autres : comment expliquer autrement que les caisses de la fédération de Québec soient demeurées à l'écart du Conseil jusqu'en 1957, soit douze ans après le schisme de celles qui ne voulaient pas s'y affilier ? Y aurait-il d'autres explications ? Une conception différente du mouvement coopératif, par exemple ? On sait que Desjardins concevait la caisse populaire comme la pierre d'assise de l'édifice coopératif, celle qui donnerait l'impulsion aux autres secteurs, tandis que les principaux ténors du Conseil, dont Victor Barbeau notamment, adhéraient au principe de la primauté du consommateur et privilégiaient la coopérative de consommation. Or, le sénateur Vaillancourt était bien sympathique aux coopératives de consommation, mais il considérait que les « vraies » coopératives n'avaient pas pour but de nuire aux marchands locaux[9].

Lorsque les caisses décident d'adhérer au Conseil et d'entrer dans le mouvement en 1957, les coopératives de consommation sont loin d'occuper le haut du pavé. Les caisses et leurs alliés font modifier les règles du Conseil pour y faire admettre leurs institutions satellites (celles que l'on désignera plus tard sous le nom de « POP-SAC-A-VIE-SAU-SEC-FI-CO-PIN »). Par la suite, l'évolution du Mouvement Desjardins et du coopératisme québécois en général engendre un curieux paradoxe : le Mouvement Desjardins continue de croître de façon extraordinaire et se centralise, avec la formation de la Confédération, tandis que le mouvement coopératif et le Conseil de la coopération (qui semblait une forte organisation dans les années 1960 et 1970) perdent plusieurs membres. Certains sont vaincus par le contexte économique (La Fédération des magasins Co-op, les Pêcheurs-Unis, la Fédération des caisses d'entraide), tandis que le Mouvement Desjardins absorbe presque toutes les autres fédérations de caisses d'épargne et devient une sorte de Gulliver chez les Lilliputiens. Cette situation inconfortable pour tout le monde s'est heureusement corrigée ces dernières années.

* * *

Ce bref survol sur la place de Desjardins dans le mouvement coopératif semblera probablement simpliste à plusieurs, mais sur quoi d'autre s'appuyer ? À l'image des historiens québécois qui ont longtemps gardé le cap sur le Régime français, ceux qui se sont intéressés à l'histoire du Mouvement Desjardins ont privilégié

8. Gérard Filion (1989). *Fais ce que peux*, Montréal, Boréal, p. 176.
9. *Revue Desjardins*, déc. 1938.

le fondateur. Desjardins mérite certes toutes les biographies qu'on lui a consacrées, mais son mouvement lui survit depuis trois quarts de siècle.

En 1982, nous avions entrepris, le sociologue Claude Beauchamp et moi, de préparer un recueil d'articles pour pallier l'absence d'une synthèse d'histoire du mouvement coopératif. Notre dossier comprenait des articles très satisfaisants sur l'histoire des principaux secteurs du mouvement, mais le projet n'a pas abouti, notamment parce que nous n'avons pas pu trouver de textes équivalents sur le Mouvement Desjardins. Comme si personne ne s'était intéressé à ce sujet dans le milieu universitaire !

En fait, j'oserais dire que le manque d'intérêt était réciproque. C'est ce que j'ai retiré de mon expérience dans l'évaluation des candidats aux bourses de la Fondation Girardin-Vaillancourt (aujourd'hui la Fondation Desjardins). Cette fondation a été créée dans le but de « promouvoir l'éducation et la recherche dans les domaines de la coopération, de l'économie, de la finance, de l'administration et des sciences humaines ». Les objectifs ont été ensuite modifiés : au début des années 1980, la Fondation voulait « promouvoir l'éducation et la recherche dans les domaines de la coopération *ainsi que* dans ceux de l'économie, la finance, l'administration, les sciences et les arts ». Je souligne « ainsi que » qui distingue la coopération des autres domaines. La coopération occupait donc clairement le premier rang des objectifs, mais cela ne correspondait pas vraiment à la pratique. Les chercheurs qui s'y intéressaient n'étaient pas privilégiés. Pour obtenir qu'une bourse leur soit réservée, il a fallu accepter qu'une autre soit consacrée aux arts. Devant l'extrême variété des candidatures (j'avais compté trente disciplines différentes en 1985), le comité que je présidais a un peu forcé la porte du conseil d'administration de la Fondation pour le convaincre de mettre l'accent sur le secteur coopératif. Nous n'avons pas eu gain de cause et j'ai été « déposé », comme on dit en science politique. À mon départ, avec les remerciements de la Fondation, j'ai reçu l'assurance qu'elle garderait « toujours un préjugé favorable envers le coopératisme sans pour autant se soustraire aux exigences de qualité », ce qui m'a semblé une conception particulière de la notion de « préjugé favorable » et un indice de l'intérêt mitigé du Mouvement Desjardins pour les travaux de recherche portant sur le coopératisme. D'ailleurs, aux dernières nouvelles, la Fondation vise maintenant à promouvoir « l'éducation et la recherche dans tous les secteurs de formation ».

Je m'excuse de m'être attardé à cette expérience personnelle. La Fondation est une goutte d'eau dans le Mouvement Desjardins. Mais ce que j'y ai constaté témoignait d'un état d'esprit qui ne se limitait probablement pas à cette institution. Dans la perception peut-être idéaliste que nous étions quelques-uns à partager, la Fondation constituait un outil qui aurait pu favoriser le développement de la recherche en coopération. On ne pouvait tout de même pas compter sur GM ou la Banque Royale pour le faire.

* * *

Depuis cette époque pas si lointaine, le Mouvement Desjardins s'est donné des outils pour rédiger son histoire. Le projet est bien parti et semble naviguer sereinement à travers les écueils de l'histoire de l'entreprise. Sortira-t-on des eaux tranquilles de la vaste synthèse ? Verrai-je, de mon vivant, par exemple, une biographie sérieuse du sénateur Vaillancourt, une analyse de sa pensée et de l'influence qu'il a eue sur une génération complète de coopérateurs ?

Agropur a publié son histoire ; Promutuel et la Coopérative fédérée sont en train de faire de même avec la collaboration de l'INRS. Quant au mouvement coopératif en tant que tel, il semble bien incapable de les imiter. C'est fort regrettable. L'histoire est un puissant moyen d'éducation dans un mouvement, et Dieu sait si l'éducation coopérative aurait besoin de cet apport ! Le mouvement coopératif québécois possède une histoire beaucoup plus riche qu'on ne le pense généralement, y compris chez ses dirigeants. Mais c'est l'histoire de l'entreprise et son approche utilitaire qui prédomine, comme si l'histoire du monde commençait avec la naissance de la doyenne de l'humanité.

Le gérant de caisse populaire : entre notable local et technocrate du centre

Roger Levasseur et Yvan Rousseau

Très tôt, le gérant s'est imposé comme un rouage central dans la direction des caisses populaires Desjardins. La connaissance de ce personnage constitue une clé essentielle pour la compréhension de la genèse du Mouvement Desjardins et de ses transformations au fil des années. Dans le rappel des grandes étapes de la formation du dispositif d'entreprise des caisses populaires locales, nous centrerons notre propos sur le problème du rôle et de la place du gérant de caisse dans l'évolution de la vie de relations au sein du Mouvement Desjardins. Nous insisterons notamment sur son autonomisation par rapport au groupe des élus bénévoles, sur sa fonction de médiation dans les rapports entre le milieu local et les pouvoirs centralisés et sur sa contribution à la mise en place d'un pouvoir « périphérique », tout en nous montrant attentifs aux ruptures et aux permanences à ces différents chapitres.

Une entreprise et un mouvement ? L'usage du mode interrogatif dans le thème de ce colloque trahit une cohabitation difficile entre les deux grandes missions de Desjardins : celle, d'une part, du développement de l'entreprise dans une économie de concurrence et celle, d'autre part, de l'exigence démocratique associée à la formule coopérative. À tel point que l'on se demande aujourd'hui si la formule coopérative survivra en tant que mode d'organisation du Mouvement Desjardins au défi de la compétitivité[1]. Étant peu familiers avec la prospective, nous nous intéresserons ici, non pas au devenir de son organisation, mais plutôt aux grands changements qui, au fil du temps, en ont infléchi la dynamique de fonctionnement à l'échelle de la caisse populaire locale, qui représente sa structure la plus fondamentale. Nous nous pencherons plus particulièrement sur le rôle et la place du gérant de caisse[2] dans cette évolution. Avec le

---

1. Cette problématique n'est pourtant pas nouvelle. Au Québec, depuis les années 1940, l'histoire du discours savant sur la coopération est faite, dans une large mesure, de cette polarité entre ces deux grandes voies. À ce sujet, voir : Yvan Rousseau (1996). « Du projet de reconquête économique à l'idée de management : un bilan des études consacrées au Mouvement Desjardins », *Histoire sociale / Social History* (numéro de mai).
2. Dans cette communication, nous emploierons le terme de « gérant » en sachant qu'il s'agit là, dans cette acception, d'un anglicisme. Mais il faut reconnaître que cette

propagandiste et l'inspecteur, il est en effet l'un des personnages dont l'influence aura été la plus significative dans l'histoire du Mouvement Desjardins. Non seulement fut-il l'un des principaux artisans de la croissance des caisses, mais il joua aussi, en vertu de son statut d'élu, un rôle clé dans l'expérience démocratique du Mouvement.

Nous examinerons ici les principaux phénomènes qui vont modifier, dans l'après-guerre, le statut et la position du gérant de caisse au sein du Mouvement Desjardins. Pour saisir ces changements, nous reviendrons d'abord sur la première étape du développement des caisses, soit du début du siècle à la fin des années 1930, période au cours de laquelle le gérant conserve sensiblement les mêmes attributs. Nous procéderons ensuite à l'analyse de trois processus qui vont redéfinir sa position : 1) la transformation des rapports de travail, 2) l'autonomisation du gérant, et 3) l'affirmation des agents des structures centralisées du Mouvement. Ces processus agissent dans les années 1950 et 1960, mais sont encore à l'œuvre, à des degrés variables, dans les années ultérieures. Le gérant de caisse de l'après-guerre évoluera donc dans un espace intermédiaire, entre le notable et le technocrate, au sein du Mouvement Desjardins. Voyons d'abord comment s'est défini le gérant dans le modèle fondateur de la caisse populaire.

La position du gérant dans le modèle fondateur

Le modèle fondateur, tel que nous l'entendons, semble provenir à la fois du travail social de définition qui a accompagné la formation des premières caisses populaires et du travail de mobilisation réalisé en vue de les propager. Nous devons donc l'analyser en tenant compte du discours des premiers animateurs du Mouvement, du développement encore embryonnaire de la plupart des caisses et de leur autonomie à peu près complète en matière de fonctionnement interne. Comment, dans ce contexte, le rôle du gérant de caisse est-il envisagé ?

Dans les fondements originels du modèle fondateur, l'association des membres et l'entreprise sont en harmonie. Pour Desjardins, la caisse populaire permet d'associer des épargnants qui vivent en marge des grands circuits financiers, de constituer un réservoir de capitaux et de les mettre à leur disposition en vue de combler leurs besoins de crédit. Elle vise essentiellement à soutenir les initiatives des agents de la petite production et des institutions locales. Dans ce prototype, les liens de propriété entre les associés et leur entreprise sont très étroits. Ils se traduisent par l'importance accordée aux parts sociales et par l'institution de mécanismes de participation décentralisés. L'étroitesse de ces liens se trouve également révélée par une référence fondamentale au territoire paroissial.

---

expression recouvre une réalité propre à l'histoire du Mouvement Desjardins que le terme, correct et employé aujourd'hui, de « directeur » ne rendrait pas.

Alphonse Desjardins valorise un idéal de participation paroissiale dans lequel le gérant, les notables et les membres de la communauté locale ne font qu'un. Dans le modèle fondateur, le lien entre la caisse et le milieu social est assuré par la participation des notables aux organes de décision, parmi lesquels figure le gérant qui fait généralement office de secrétaire. On comprend ainsi que Desjardins, même conscient du rôle décisif du gérant dans le bon fonctionnement d'une caisse, n'ait jamais véritablement tenu compte des différences qui pouvaient l'isoler des autres élus. Le gérant, dans cette perspective, dispose des mêmes prérogatives et est soumis aux mêmes obligations que les autres administrateurs : droit de vote égal, participation aux bénéfices, obligation d'être sociétaire et par conséquent de résider dans la paroisse, élection par l'assemblée générale, interdiction d'emprunter ou de se porter caution, etc. Quant au problème de sa rémunération, il allait être résolu graduellement avec la croissance des affaires. Le principe de la gratuité de ses services devait s'appliquer aussi longtemps que la rentabilité de la caisse n'était pas assurée. Dans l'esprit des premiers animateurs du Mouvement, la rémunération des gérants n'est donc pas de nature à redéfinir son rapport à la coopérative étant donné sa liaison formelle aux décisions collectives du conseil d'administration. Cette logique, au contraire, place le gérant dans une position tout à fait stratégique dans la régulation des rapports que l'association qu'il représente à titre d'élu avec les autres notables entretient avec l'entreprise qu'il dirige en poursuivant ses autres activités professionnelles.

Les résultats de nos travaux antérieurs attestent la prééminence, avant la Seconde Guerre mondiale, de plusieurs aspects de ce modèle au sein du Mouvement Desjardins. Par contre, l'observation à long terme montre une redéfinition très nette des propriétés des gérants de caisse et de leur position relative dans l'organisation d'ensemble du Mouvement. Ces transformations, que nous allons examiner à l'instant, encouragent le développement du dispositif d'entreprise des caisses au détriment de leur structure associative, le renforcement des gérants au détriment des élus.

De la gérance familiale au dispositif technobureaucratique

Entre 1940 et 1965, la configuration du Mouvement Desjardins change de fond en comble. Stimulées par une croissance soutenue, ces transformations se sont accompagnées d'un renforcement important des prérogatives des fédérations régionales et de la Confédération, favorisant par le fait même une certaine uniformisation du fonctionnement, des services et des politiques des caisses. Cette évolution, comme nous l'avons fait remarquer ailleurs, n'a rien d'un processus linéaire ; le caractère fortement inégal de la croissance des caisses suggère plutôt l'idée d'une trame d'évolution aux temporalités et aux spatialités multiples[3]. Nous nous en tenons ici aux changements structurels qui semblent les plus éclairants pour illustrer notre propos, soit ceux qui renvoient aux propriétés des gérants et aux rapports de travail dans les caisses.

La première génération de gérants de caisse présente plusieurs similarités avec les notables en poste aux trois conseils. Comme eux, ils proviennent de la paroisse et se recrutent principalement parmi la petite bourgeoisie locale. De conditions variées, ces petits marchands, artisans, notaires, assureurs, secrétaires municipaux et cultivateurs entretiennent un rapport privilégié avec le marché local. Gérer une jeune caisse, c'est en quelque sorte prêter ses compétences et une partie de son temps à une cause sociale, celle de l'association coopérative, moyennant une rétribution fixée en fonction de l'ampleur des affaires de l'établissement. Avant qu'elles ne fassent l'acquisition de leur propre immeuble en 1950 et 1960, la plupart des caisses sont établies dans les résidences familiales, les commerces ou les bureaux d'affaires des gérants. Ainsi n'est-il pas étonnant de trouver des caisses logées à l'enseigne du magasin général, du bureau de poste, du presbytère ou de la résidence du notaire. Dans nombre de cas d'ailleurs, la gestion de la caisse se fond littéralement avec les affaires professionnelles des gérants. L'organisation du travail y est similaire à plusieurs égards à celle de l'entreprise familiale. Dans cette perspective, les femmes, en particulier les épouses et les filles des gérants, sont souvent celles qui assument *de facto* la gérance, quoiqu'elles soient peu nombreuses à détenir formellement ce poste. Il est fréquent par ailleurs que la succession d'un gérant de caisse soit assurée par son fils.

Si, encore au milieu des années 1960, la gérance paraît toujours une « affaire de famille » dans nombre de caisses, le déclin de ce type d'organisation s'amorce dès la Seconde Guerre mondiale. L'essor des caisses, les initiatives des fédérations et le redéploiement des concurrents vont désormais exercer des pressions de plus en plus fortes sur la structure d'entreprise des caisses. Le déclin du modèle familial est en effet perceptible sous plusieurs aspects. D'abord, un nombre croissant de gérants s'adonnent entièrement à la seule administration de leur établissement. Cette professionnalisation est encouragée par un double phénomène : 1) la conversion sociale de gérants en poste qui délaissent leurs anciennes activités ; et 2) leur remplacement par de nouveaux

---

3. Les phénomènes que nous décrivons ici s'appuient sur les données présentées dans notre livre : Y. Rousseau et R. Levasseur (1995). *Du comptoir au réseau financier. L'expérience historique du Mouvement Desjardins dans la région du centre du Québec, 1909-1970*, Montréal, Boréal, p. 163-194. Ces données sont tirées du dépouillement exhaustif des rapports d'inspection annuelle d'une soixantaine de caisses pour les années comprises entre 1935 et 1965, travail qui nous a permis de reconstituer dans la diachronie leur structure opérationnelle (gérance et personnel) et de faire quelques incursions dans leur administration quotidienne.

gérants, recrutés à l'extérieur de la paroisse (par exemple, des gérants et des cadres intermédiaires de succursales bancaires, d'anciens inspecteurs de la Confédération, etc.). Le personnel des caisses vit à la même époque des changements tout aussi importants. Au fil des années, l'ancien modèle d'organisation du travail s'est révélé incapable de soutenir l'accroissement du volume d'affaires des établissements, ce qui l'a poussé à faire une place de plus en plus importante au recrutement du personnel à l'extérieur de l'enceinte familiale. Cette rupture des rapports entre la famille et le dispositif d'entreprise des caisses est favorisée par le mouvement qui voit ces dernières quitter les résidences des gérants pour s'établir dans leurs propres immeubles. Elle se traduit en outre par une multiplication des emplois intermédiaires, la hiérarchisation des fonctions, la généralisation du salariat et la féminisation des tâches subalternes. Ce processus multiforme emprunte des itinéraires variés, mais sa logique aboutit invariablement au même résultat : le renforcement du dispositif d'entreprise de la caisse populaire.

Au total, il s'agit d'une entreprise organisée en vertu d'une gestion taylorienne des rapports de travail, apparentée au modèle fordiste[4]. Les percées syndicales et la création des services du personnel de la Confédération et des fédérations régionales au cours des années 1960 et 1970 en témoignent éloquemment.

L'autonomisation du gérant

Le renforcement du dispositif d'entreprise contribue à faire du gérant un agent distinct des autres élus locaux. Il devient moins un des représentants du milieu auprès de la caisse que le représentant de l'entreprise coopérative dans la localité. Donnons quelques indications du changement de statut et de position du gérant dans l'après-guerre.

Au statut de patron se greffe celui de spécialiste. La légitimité du pouvoir exercé par le gérant repose en effet, moins sur sa connaissance intime du milieu local, comme c'était le cas au départ, que sur des compétences et une expertise le plus souvent sanctionnées par un titre scolaire. Ses expériences de militant autodidacte dans les mouvements sociaux font place à l'acquisition de savoirs spécialisés en comptabilité, en finance et en gestion. Le recrutement et la formation des gérants deviennent des préoccupations grandissantes dans le Mouvement des années 1950 et 1960. Les nouveaux arrivants seront recrutés,

4. À ce sujet, voir Benoît Lévesque (1991). « Coopération et syndicalisme. Le cas des relations de travail dans les caisses populaires Desjardins », *Relations industrielles*, vol. 46, n° 1, p. 13-44.

dans une bonne mesure, au sein du personnel des institutions concurrentes et dans les universités. Quant aux gérants en place, ce sera le rôle des services d'inspection et d'éducation des fédérations régionales et de la Confédération de les rendre « experts ». Les séances de formation organisées par l'Institut coopératif Desjardins au cours des années 1960 marqueront le moment culminant de ce phénomène.

Pour conforter ses nouveaux traits identitaires, le nouveau groupe de gérants professionnels se dote de mécanismes de participation, tel le « Comité des gérants[5] », plus ou moins parallèles aux structures formelles de décision et organise des congrès dans le but de favoriser le développement d'un esprit de « corps ». Le Comité des gérant exercera un véritable contre-pouvoir à la centralisation pendant les années 1950. Dans les cercles dirigeants des instances fédérales, on en était même venu à dire qu'il était devenu « un État dans l'État[6] ». Ce groupe de gérants professionnels va être étroitement associé à l'introduction du nouveau discours *managerial* centré sur les thèmes de l'efficacité, de la rentabilité et de la concurrence. À travers le triomphe de la nouvelle problématique de la croissance, il se produit un déplacement de perspective dans les références symboliques de la caisse populaire. Ces glissements vont de l'association coopérative à l'entreprise, de la paroisse au marché, des sociétaires aux clients, de la production à la consommation, du dévouement des élites aux compétences des experts, de la coopération à la compétition, de l'éducation à l'épargne à la promotion des services de crédit.

Les gérants de caisse des années 1950-1960 ressemblent donc de moins en moins à leurs prédécesseurs. Ils sont amenés à se définir comme des agents distincts du groupe des élus bénévoles et à s'assimiler de plus en plus étroitement à l'univers des cadres. À la différence de ces derniers et des permanents des associations, les gérants de caisse ont conservé toutes les prérogatives rattachées à leur statut d'élus. En jouant sur ce double statut, les gérants des grosses caisses urbaines exercent un pouvoir grandissant non seulement au plan local, mais aussi dans les instances fédérales du Mouvement Desjardins où ils en viennent à contrôler, par la seule force du nombre, les organes de décision régionaux et une bonne partie des sièges du conseil d'administration de la Confédération. À travers ce positionnement du nouveau groupe de gérants, on assiste à l'édification d'une véritable « démocratie de cadres », c'est-à-dire d'un

---

5. Il était aussi connu sous l'appellation de Comité des caisses millionnaires. Il se chargera tout au long des années 1950 de l'organisation de congrès réservés aux caisses les plus importantes du point de vue économique, celles dont l'actif dépassait le million de dollars.
6. Union régionale de Trois-Rivières (1962). *Procès-verbal du conseil d'administration*, 20 avril.

mode d'exercice du pouvoir caractérisé par le fusionnement de l'administratif et du politique. Ce mode de représentation se substitue à l'ancien, fondé sur la mise à contribution des notables. L'influence grandissante des gérants contribue à élargir le fossé entre les notables élus et le groupe des cadres.

Un agent de liaison entre la caisse et l'organisation d'ensemble du Mouvement

La professionnalisation introduit donc dans les caisses de nouveaux rapports entre gérants et notables. De même en est-il, avec le renforcement des fédérations durant les années 1950 et 1960, des relations entre gérants de caisse et technocrates du centre. Examinons cette redéfinition des positions respectives des notables, des gérants et des technocrates des fédérations.

Le renforcement de la gérance ne fait pas disparaître pour autant le personnage du notable. Son rôle et sa position dans le fonctionnement et la régulation internes du Mouvement des caisses s'en trouvent toutefois profondément modifiés. Si le notable continue à occuper une place de choix parmi les élus locaux, il a par contre de moins en moins de prise sur la croissance réelle des affaires locales, qui est du ressort du gérant. Il est confiné à une fonction de médiation entre le milieu et la caisse : le prestige du notable permet d'asseoir la confiance du milieu dans l'institution Desjardins, de la rendre crédible en quelque sorte. En retour, la caisse lui procure divers bénéfices, notamment l'octroi de contrats, de privilèges et de gratifications de différents ordres. Somme toute, dans l'après-guerre, le notable perd la position centrale qu'il occupait antérieurement pour devenir plutôt, en retour de divers profits utiles ou symboliques, un appui aux nouveaux dirigeants du Mouvement : les cadres de l'organisation.

Le retranchement du notable dans des positions plus marginales libère autant de place pour la marge de manœuvre du gérant de caisse. Avec le renforcement des structures centralisées du Mouvement, son rôle consistera de plus en plus à établir les liaisons entre ces dernières et la caisse. Mais, au fil des années, sa position va s'inscrire dans des relations de plus en plus asymétriques, favorables aux agents des appareils centralisés. Cette asymétrie ne signifie pas la suppression du pouvoir assumé par le gérant ; il en vient plutôt, avec le temps, à exercer, selon l'expression de Pierre Grémion, un *pouvoir périphérique*[7]. Ce pouvoir permet, par un jeu de négociation et de marchandage incessant, l'adaptation des stratégies et des décisions du centre aux particularités locales. En

---

7. Pierre Grémion (1976). *Le pouvoir périphérique. Bureaucrates et notables dans le système politique français,* Paris, Seuil, 478 p.

d'autres mots, les gérants de caisse deviennent à la fois des agents de la pression locale sur les appareils centralisés et des garants de l'action centralisatrice sur les affaires locales. Dans cette optique, les prises de position des gérants peuvent être interprétées, dans une bonne mesure, en fonction de leur trajectoire sociale (ou de leur plan de carrière, pour reprendre une expression courante) : la défense de l'autonomie locale est souvent l'expression d'une volonté de se maintenir à la direction de la caisse, alors que la promotion de stratégies plus favorables à la centralisation peut laisser entrevoir des projets d'ascension au sein du Mouvement.

Conclusion

Le renforcement du dispositif d'entreprise, aussi bien au plan local qu'aux plans régional et confédéral, a donc engendré un réaménagement significatif des positions des notables, des gérants de caisse et des technocrates des appareils centralisés dans le champ du pouvoir au sein du Mouvement Desjardins durant l'après-guerre. L'influence des notables s'est considérablement affaiblie au profit des gérants, alors que les technocrates des structures fédérales, soutenus par un corps de spécialistes nombreux et divers, ont grugé de façon constante le pouvoir des gérants. Ces changements ont fait l'objet de vifs débats au sein du Mouvement Desjardins. Le sens et l'orientation des conflits auxquels ces débats ont donné lieu pourraient *grosso modo* se résumer ainsi. Les notables ont tenté à plusieurs reprises, mais en vain, quelques fois avec la complicité des technocrates du centre, de circonscrire le statut de gérant à celui de cadre administratif et de restreindre son champ d'action au strict plan local. Les technocrates, pour leur part, préféraient sans doute négocier avec des représentants bénévoles qu'avec des gérants soucieux de maintenir leur marge de manœuvre au sein des caisses. Par leur participation à la gouverne politique des entités fédérales, les gérants ont tenté d'atténuer les initiatives du centre qui remettaient en question l'autonomie des caisses et, partant, leur propre pouvoir. Les technocrates du centre, enfin, ont cherché à renforcer les mesures de contrôle sur les activités locales : inspection, uniformisation des taux d'intérêt, approbation des gros prêts, normes et procédure d'engagement du personnel, centralisation de la gestion des liquidités et des placements.

Les tensions entre élus bénévoles, directeurs de caisse et technocrates sont toujours d'actualité si l'on en juge par les débats qui ont lieu depuis quelque temps sur la redéfinition du rôle des organes de décision au sein des caisses. Le recul historique montre que ces débats, d'apparence nouvelle, plongent leurs racines dans la genèse même du Mouvement Desjardins.

III

UN MOUVEMENT ENRACINÉ

Participante et participants

Gérald LAROSE
Louis FAVREAU
Marie-Claire MALO
J.Yvon THÉRIAULT

Desjardins et le mouvement ouvrier : le chassé-croisé des deux mouvements

Gérald Larose

Procéder à l'analyse de l'évolution de Desjardins et du mouvement ouvrier, c'est examiner deux forces collectives considérables au Québec.

On le sait, le Mouvement Desjardins compte cinq millions de membres au Québec. Ce qu'il faut rappeler aussi, c'est qu'en 1995 près de 1 200 000 travailleuses et travailleurs font partie d'un syndicat (41,9 % de la main-d'œuvre), affilié, dans la grande majorité des cas, à la FTQ, à la CEQ ou à la CSN.

Ces deux forces, lesquelles, encore aujourd'hui, ne peuvent tenir pour acquis la pérennité de leur existence, ont connu des débuts, bien sûr modestes, mais marqués souvent d'entraide mutuelle.

Ainsi, la CSN et le Mouvement Desjardins ont bien concrètement, au fil des décennies, mis en commun certaines ressources. À titre d'exemple, la fédération de Montréal logeait gratuitement dans les locaux de la CSN au cours des deux premières années de son existence. Une même collaboration soutenue a marqué la création de la Caisse sociale en Estrie.

Encore aujourd'hui, la déclaration de principes de la CSN comporte un parti-pris clair en faveur de la coopération. On y affirme en effet que « la CSN considère que le mouvement coopératif constitue un moyen d'assainissement économique et social et un complément nécessaire à l'action syndicale en vue d'humaniser et de démocratiser l'économie ».

Cette prise de position vaut autant pour les coopératives de production ou de consommation que pour celles d'épargne et de crédit. Au fil des ans, en plus d'avoir été longtemps présente au conseil d'administration du Conseil de la coopération du Québec dès sa fondation, la CSN a suscité le développement de plusieurs coopératives de diverses natures.

Il en est ainsi parce que le Mouvement Desjardins et le mouvement ouvrier, en particulier la CSN, sont nés tous deux d'une même volonté collective de survie et d'épanouissement des Québécoises et des Québécois du début du siècle. L'expansion de l'industrialisation marque le Québec d'alors, en même temps que l'activité agricole, toujours importante, est aux prises avec des conditions économiques difficiles. Le Mouvement Desjardins et le mouvement ouvrier s'adressent alors aux mêmes types de citoyens et de familles confrontés aux faibles revenus, à une faiblesse de moyens, mais à des besoins élémentaires importants. Tant au travail qu'à la banque, les Canadiens français ont à composer avec des possédants étrangers ou qui leur sont étrangers. Isolés face à ces forces économiques considérables de l'époque, le Mouvement Desjardins et le mouvement ouvrier ont alors représenté d'abord et avant tout, chacun dans son champ respectif, un moyen de nous regrouper sur nos propres bases pour infléchir le développement du Québec d'alors dans le sens de nos intérêts mais aussi de nos aspirations.

Les deux mouvements possèdent des valeurs communes qui sont essentielles pour l'un et l'autre mouvement. Fernand Morin résume ainsi la finalité des deux mouvements : « Œuvrer à l'épanouissement de l'homme et à la sauvegarde de sa dignité en essayant de le libérer de son asservissement, de ses enclaves matérielles et en lui permettant de participer aux décisions majeures de sa vie économique et sociale à l'aide de structures démocratiques[1]. »

Pour ce faire, la CSN a misé dès ses origines sur une implantation au niveau local aux quatre coins du Québec, sur des structures démocratiques de représentation des syndicats locaux dans les régions, les fédérations sectorielles et la Confédération. Elle y a développé des valeurs d'ouverture, de responsabilité, d'autonomie, de liberté, mais aussi de solidarité, de justice sociale.

La CSN œuvre également depuis ses origines à la démocratisation du travail, tout en consacrant une part importante de son énergie et de ses ressources à son engagement dans le développement social, économique et politique du Québec.

La CSN et le Mouvement Desjardins se sont largement abreuvés aux mêmes sources. Le manifeste du Conseil de la coopération du Québec du 1er mai 1992, auquel a adhéré le mouvement des Caisses populaires Desjardins, souligne notamment que les « coopérateurs et coopératrices d'aujourd'hui fondent toujours leur action sur une même conception de la personne : ils considèrent l'être humain comme ayant des besoins sociaux et culturels aussi bien qu'économiques, et proposent des règles de fonctionnement qui concrétisent les valeurs de liberté, d'égalité et d'équité dans les activités humaines ».

S'il y a ce tronc commun de valeurs et de préoccupations, il y a aussi des différences. Il faut en être conscient et reconnaître les contributions respectives. Un exemple assez net de cet état de fait tient dans une comparaison du comportement du Mouvement Desjardins et du mouvement ouvrier au moment du référendum du 30 octobre dernier : alors que le mouvement syndical s'est engagé à fond dans la cause souverainiste, le Mouvement Desjardins est prudemment demeuré en retrait du débat. Ces deux mouvements s'appuient pourtant sur des

---

1. Fernand Morin (1977). *Relations industrielles*, Université Laval, département des relations industrielles, vol. 32, n° 2, p. 262.

segments de la population tout à fait comparables, et ont un fonctionnement démocratique. Peut-être avons-nous alors atteint la limite des genres en ce sens que cherchant, chacun à sa manière, à traduire les intérêts et les projets collectifs des Québécoises et des Québécois, le mouvement des Caisses populaires Desjardins, œuvrant dans le champ économique, a de son côté préféré laisser l'électorat québécois à lui-même sur cette question.

Une différence d'approche sur un sujet précis n'interdit pas cependant de continuer à développer divers outils collectifs conjoints. Parlons d'abord de la Fédération des caisses d'économie du Québec. Regrouper les membres d'une caisse en fonction de leur lieu de travail offre des possibilités de développement de services, d'occasions de complémentarité entre les préoccupations collectives liées à la production et celles liées à la consommation. Il y a là création d'une dynamique qui s'appuie sur le choix de mettre l'argent des travailleuses et des travailleurs au service des travailleuses et des travailleurs.

L'existence des caisses d'économie traduit cette capacité des salarié-es de faire ensemble, d'une manière qui rejoint authentiquement des valeurs et aspirations coopératives de prédominance des personnes sur le capital, et de s'associer à un projet commun de satisfaction des besoins individuels et collectifs. Une telle mise en commun favorise des conditions de vie meilleures en contribuant à une plus grande démocratisation économique et à un développement plus durable.

C'est donc avec satisfaction que nous observons que le dynamisme passé et actuel des caisses d'économie permet aujourd'hui de compter sur des actifs de plus de deux milliards de dollars au sein de cette fédération.

Permettez-moi de mentionner un autre levier collectif récemment mis sur pied : Fondaction. Le fonds de développement de la CSN pour la coopération et l'emploi perçoit, en vue de la retraite, des épargnes plus particulièrement dédiées au maintien et à la création d'emplois. Nous le faisons d'une manière complémentaire avec d'autres intervenants qui recueillent des épargnes en vue de la retraite. Le crédit d'impôt accordé et la diminution d'impôt due à l'avantage du REÉR peuvent être réinvestis dans un REÉR Desjardins ou dans le REÉR Bâtirente que nous avons mis sur pied il y a déjà quelques années. Pour ce faire, les épargnants et les épargnantes peuvent aussi solliciter des emprunts auprès de leur caisse.

Rappelons-nous que 50 % des travailleurs et des travailleuses du secteur privé n'ont pas de régime complémentaire de rente et que les limites de contributions aux REÉR (maximum 13 500 $) laissent beaucoup de place à d'autres que nous. L'an dernier, les Québécoises et les Québécois ont acheté près de quatre milliards de dollars de REÉR, moins de 8 % est allé au fonds de travailleurs et travailleuses. Je l'affirme, nous sommes complémentaires et là-dessus nous y gagnerions, comme le disait Claude Béland, « à être intelligents à plusieurs ». Les vrais compétiteurs de Desjardins, ce sont les banques ; ce sont aussi des fonds du genre de ceux de la Banque Royale : 1,2 milliard ; de TRIMARK : 910 millions ; de T.D. Greenline : 668 millions ; de MacKenzie : 533 millions. Qu'on se le dise !

Soulignons par ailleurs que Fondaction exercera sa mission en complémentarité et en intercoopération ou en partenariat avec d'autres intervenants pour le maintien et la création de l'emploi. Fondaction interviendra auprès de l'entreprise québécoise en général, plus particulièrement auprès des entreprises inscrites dans un processus de gestion participative, comme les coopératives ou celles dont le fonctionnement est assimilable au principe d'une personne un vote, ainsi qu'auprès des entreprises qui prennent des décisions ayant un impact favorable sur l'environnement.

Ce sont là trois créneaux porteurs d'un développement plus viable, respectueux des personnes et davantage compatible avec les intérêts du Québec. Notre loi constituante prévoit que deux postes à notre conseil d'administration doivent être occupés par des représentants de la Fédération des caisses d'économie. Il y a quelque chose d'extraordinaire dans le fait que Desjardins affilie l'ensemble des caisses au Québec. Une partie de cette explication tient à l'existence des caisses d'économie reliant les lieux de travail à Desjardins. Nous avons été associés à la création d'une soixantaine d'entre elles. L'existence de ces caisses et, conséquemment, de leur fédération, il faut le répéter à nouveau, constitue une formidable adaptation de la formule des caisses d'épargne et de crédit à la réalité des lieux de travail.

Nous venons d'effleurer une question majeure en traitant de Fondaction, celle de la concurrence. On devrait s'entendre assez vite sur l'origine de celle-ci : essentiellement les banques à charte et les institutions financières privées.

Ce qui porte bien davantage à débat, c'est l'impact de cette concurrence sur le Mouvement Desjardins dans la conjoncture législative et réglementaire actuelle et le contexte de course technologique dans lequel les institutions bancaires et Desjardins sont engagés ; tout cela dans une période où libre-échange et mondialisation des marchés atteignent de plein fouet le secteur bancaire au Canada. Bref, les orientations actuelles du Mouvement Desjardins sont-elles en continuité ou en rupture avec les idéaux coopératifs ?

À partir du moment où nous adhérons toutes et tous au postulat contenu dans le manifeste du Conseil de la coopération de mai 1992, selon lequel « la coopération est la combinaison originale d'une association et d'une entreprise qui trouvent leur raison d'être dans la satisfaction des besoins de leurs membres », le débat sur les qualités coopératives d'un mouvement comme Desjardins fera régulièrement surface.

Aucune institution ni, a fortiori, aucun mouvement n'échappe à son environnement. Desjardins, en tant qu'entreprise, doit faire face à la concurrence et en tirer avantage. Desjardins, en tant qu'association, doit respecter ses membres, répondre pleinement à ses exigences démocratiques et ne pas travestir les besoins de ses membres pour stimuler son propre développement en tant qu'institution. Séparer l'entreprise de l'association serait une erreur.

Le mouvement syndical est globalement en accord avec les virages déterminants empruntés par le Mouvement Desjardins au cours des récentes années : les décisions prises durant les années 1970 de participer plus activement au développement économique du Québec et d'intervenir dans d'autres secteurs que celui des services financiers, l'instauration des cartes de crédit Visa-Desjardins au tournant des années 1980, le développement du crédit commercial et industriel par la mise sur pied de nouvelles institutions, la Société financière Desjardins-Laurentienne, la Société de développement international Desjardins, voilà autant d'initiatives, de décisions qui ont eu un impact favorable sur le Québec, qui nous renvoient aux sources mêmes de nos deux mouvements, le besoin collectif ressenti par les Québécoises et les Québécois de se doter de moyens pour mieux contrôler leur devenir collectif.

Sur des bases plus modestes mais non moins concrètes, le mouvement syndical s'est doté, lui aussi, au cours des années 1980 et 1990, de nouvelles capacités d'intervention qui traduisent une actualisation de sa mission fondamentale : j'ai présenté Fondaction, mais ce n'était pas pour passer sous silence le Fonds de solidarité de la FTQ. Il faut aussi parler de Bâtirente, de notre Groupe de consultation pour le maintien et la création de l'emploi, de notre engagement financier avec d'autres dans la Mutuelle SSQ, etc.

On peut entretenir des craintes, légitimes et sans doute fondées en partie, sur les dérives que ces développements majeurs et rapides du Mouvement Desjardins ont produites au plan de la démocratie coopérative, ainsi que sur d'autres principes fondamentaux à la démarche coopérative. On doit alors convenir sans délai des ajustements à faire. Je suis persuadé que cela est possible sans handicaper le développement du Mouvement Desjardins, parce que, par définition, ce sont les hommes et les femmes qui décident au sein du mouvement coopératif, non pas le capital.

Cette appréciation, à grands traits, de l'état actuel du Mouvement Desjardins m'amène à parler d'une question d'actualité tant pour le Mouvement Desjardins que pour le mouvement syndical : le processus de réingénierie des caisses présentement amorcé.

Il faut d'abord être conscient de l'ampleur de l'opération : il s'agit d'une redéfinition radicale des façons de faire des caisses, pour dorénavant recentrer davantage les ressources considérables des caisses vers le client, pour développer une sorte de guichet unique par lequel tous les services financiers que le mouvement des caisses populaires peut offrir à sa clientèle seront rendus accessibles. Ce faisant, on croit répondre à deux impératifs : soutenir la concurrence des banques du point de vue des innovations technologiques en services bancaires et accroître l'utilisation de l'ensemble des produits financiers du Mouvement par l'ensemble des membres.

Je propose un troisième objectif : améliorer les conditions de travail de l'ensemble du personnel en permettant à celui-ci d'être associé de plus près à cette réorganisation du travail au moyen notamment de leur organisation syndicale. Cette réingénierie ne doit pas se faire au détriment du volume d'emplois actuels, mais se traduire plutôt par un enrichissement des tâches, une responsabilisation accrue des salarié-es sur une base individuelle et collective et une amélioration globale des services. Que le personnel assume plus de tâches de conseil et moins de tâches administratives, voilà une évolution positive des conditions de travail, à la condition que l'on évalue et l'on solutionne conjointement les impacts de ces changements et que, bien sûr, l'on convienne de l'ensemble de mesures de transition appropriées. Dans ce cas et implantée à de telles conditions, la réingénierie pourrait ne faire que des gagnantes et des gagnants de « chaque côté du comptoir ».

Traiter cette opération de réingénierie, avec les concepts de caisse virtuelle ou de non-banque qu'elle évoque, m'amène à parler, en guise de conclusion, de la contribution future que l'on doit attendre du Mouvement Desjardins au développement du Québec.

En premier lieu, compte tenu des valeurs, des caractéristiques de la formule coopérative et des aspirations qu'elle porte, Desjardins et l'ensemble du mouvement coopératif disposent d'atouts de premier ordre pour développer avec son personnel une façon de faire qui la différencie des autres employeurs, en cette fin de siècle marquée par des changements incessants de tous ordres, par la mondialisation, etc. S'il en était autrement, il faudrait se questionner sérieusement sur la valeur de l'application des principes coopératifs au sein du Mouvement Desjardins.

En second lieu, et le processus de réingénierie que nous venons de traiter pourrait être une occasion privilégiée à cet égard, il faut consolider et améliorer l'enracinement local du réseau des caisses dans tous les milieux. L'engagement accru dans le développement communautaire, la participation à la vie du milieu, la participation coopérative des membres, l'éducation, l'intercoopération doivent se retrouver constamment dans les préoccupations des dirigeants locaux et des administrateurs bénévoles. On pourrait alors parler véritablement de bilan sociocoopératif plutôt que de bilan social à l'instar des banques et autres grandes entreprises nord-américaines, ainsi que le proposait une étude récente de la chaire de coopération Guy-Bernier[2].

En troisième lieu, le Mouvement Desjardins devrait, à mon avis, prendre appui sur sa croissance et son développement remarquables des dernières décennies et consacrer davantage de ressources au soutien de projets communs : continuer de stimuler cette *adhésion* des membres au mouvement, renouveler les motifs d'adhésion au Mouvement Desjardins, c'est-à-dire non pas seulement pour l'intérêt individuel que l'on en tire, mais aussi parce que l'on croit à des éléments d'un projet de société à la construction duquel le mouvement des caisses populaires et d'économie Desjardins entend contribuer.

J'ai affirmé, il y a quelques années, que l'univers idéologique du mouvement coopératif et celui du mouvement syndical se ressemblent beaucoup. L'un et l'autre puisent aux mêmes valeurs, aux mêmes pratiques et souvent aux mêmes structurations des rapports sociaux.

Face à l'homogénéisation des pratiques de tous ordres, des idéologies dominantes, suscitées par la mondialisation et par l'intensification de la concurrence, il y a selon moi nécessité absolue de préserver les spécificités coopératives.

Ce faisant, le mouvement des caisses populaires et d'économie Desjardins et le mouvement syndical pourront convenir solidairement d'actives contributions à la transformation de l'ordre des choses et au développement d'une solution de rechange crédible au statu quo actuel.

---

2. Michel Beauchamp (1994). « Communication et bilan social : le cas du Mouvement Desjardins », *Cahier de la Chaire de Coopération Guy-Bernier*, mai, n° 0594-061.

Desjardins : la revitalisation des communautés en difficulté

Louis Favreau et Marie-Claire Malo

Deux constructions sont en cours, ici comme ailleurs. D'une part, celle de l'économie-monde, univers des entreprises géantes qui prennent leurs décisions de localisation ou de délocalisation à partir de critères financiers, le plus souvent sans tenir compte des communautés mises en difficulté. D'autre part, celle des économies locales et régionales territorialisées par enracinement dans les communautés et qui donnent lieu à l'émergence d'organisations partenariales. Dans ce contexte, quel est l'avenir de Desjardins, alors que, un peu partout dans le monde, les grandes institutions coopératives ont tendance à s'inscrire comme sous-ensemble de l'économie marchande à la faveur de la mondialisation de l'économie ? Entreprise et mouvement, comment Desjardins relève-t-il à la fois les défis de l'adaptation à l'économie de marché tentaculaire, et celui de la construction d'une économie plurielle pour répondre aux nouvelles demandes de son milieu ?

La crise de l'emploi et de l'État-providence ne nous renvoie pas qu'à une récession forte mais temporaire et à un État social affaibli pour cause de gestion de la rareté par temps difficiles. Plus qu'une récession longue provoquant une augmentation du chômage et des déficits publics, plus que l'absence de proximité des services et de leur gestion tutélaire, c'est toute la société qui chavire et semble porteuse de cette crise. Or la voie principale de sortie de crise pour de nombreuses institutions de *l'économie sociale*[1] a été jusqu'ici de miser sur les pratiques de concentration économique et de création de filières faiblement contrôlées par les membres, bref, sur un ensemble de pratiques qui détachent l'économie sociale (coopératives, mutuelles et associations) de ses dimensions socioculturelle et socio-politique, qui lui fait perdre son enracinement, sa participation à la construction de formes nouvelles d'organisation socio-économique. Pas étonnant alors que la composante associative du secteur de l'économie sociale, sorte de maillon faible au plan institutionnel, ait été plus sensible aux remous des changements économiques et sociaux des deux dernières décennies. Sur le chantier de l'insertion, par exemple, la *nouvelle économie sociale* répond

1. Benoît Lévesque et Marie-Claire Malo (1992). « L'économie sociale au Québec : une notion méconnue, une réalité économique importante », dans J. Defourny et J.-L. Monzon Campos (dir.). *Économie sociale. Entre économie capitaliste et économie publique,* Bruxelles, De Boeck Université et CIRIEC.

à la crise non seulement par des initiatives de formation à l'emploi, par des entreprises d'insertion, mais aussi par des *initiatives territorialisées de revitalisation économique et sociale* travaillant à l'insertion de segments plus défavorisés des communautés locales en croisant à l'intérieur d'un processus d'intervention multi-activités l'ensemble des acteurs engagés dans l'insertion sur un territoire. Que fait le Mouvement Desjardins dans ce contexte ? Peut-il réussir non seulement son hybridation avec le secteur privé, mais aussi son hybridation avec le secteur communautaire, comme par ailleurs avec le secteur public dans des projets de privatisation qui gagneraient pourtant à être des projets d'économie mixte.

Desjardins dans l'économie-monde

Géante au Québec, l'entreprise Desjardins est minuscule dans l'économie-monde. Les nouvelles technologies de la communication accentuent la globalisation des marchés financiers et contournent les lois protectionnistes, elles-mêmes contestées par le libre-échangisme. Desjardins n'a pas le choix : non seulement elle doit croître, notamment par alliance (de préférence avec des institutions coopératives et mutualistes), mais elle doit aussi s'adapter aux règles de l'industrie globale des services financiers. Déjà elle le fait, par exemple en retenant pour ses caisses la norme mondiale de capitalisation des institutions financières. L'hybridation, le métissage par intégration coopérative de sociétés à capital-actions (filiales rassemblées dans des sociétés de portefeuille) est un autre effet des forces de l'isomorphisme. De même, les caisses sont dans un quadruple processus de standardisation : des qualifications, des procédés, des produits et des résultats. Elles sont de plus en plus des unités succursalisées, des *copies carbones* dirait Mintzberg[2], chacune offrant de la même façon la même gamme de produits et services financiers, avec les mêmes normes de performance financière. Après la réingénierie de ses processus d'affaires[3], Desjardins a entrepris la réingénierie de ses processus coopératifs, qui pourrait très bien déboucher, dans le futur, sur la *coopérative Desjardins*. Les nouvelles technologies de la communication favorisent en effet l'avènement du *membre*

---

2. Terme utilisé par Mintzberg pour parler des unités du centre opérationnel de la bureaucratie mécaniste. Sur les configurations organisationnelles, voir Henry Mintzberg (1982). *Structure et dynamique des organisations,* Paris, Les Éditions d'Organisation, et Monréal, Agence d'Arc ; et Henry Mintzberg (1990). *Le management, voyage au centre des organisations*, mêmes éditeurs.
3. Sur la réingénierie des processus, voir Michael Hammer et James Champy (1993). *Le reengineering. Réinventer l'entreprise pour une amélioration spectaculaire de ses performances,* Paris, Dunod.

Desjardins non seulement comme consommateur de services financiers, mais aussi comme participant à une vie associative réduite à une *démocratie solitaire.* Il ne s'agit pas d'être contre les nouvelles technologies, qui pour une bonne part rendent la vie plus facile, il s'agit d'en discuter : « Qu'est-ce que c'est que d'être téléprésent ? La société à deux vitesses est aussi là. Avec et sans les technologies, on vit à deux niveaux de temps », selon Virilio[4]. Par ailleurs, les processus de mutation des coopératives sont de plus en plus connus. Il existe en quelque sorte un syndrome *Coopérants ou Pêcheurs-Unis du Québec,* qui permet de tirer des leçons. En effet, ces grandes organisations n'avaient-elles pas réduit au minimum les interfaces entre l'association et l'entreprise, de sorte qu'en situation de crise il était difficile d'obtenir un appui massif des membres ? En Europe, au sein de grands groupes du secteur de l'économie sociale, parmi ceux-là mêmes qui ont favorisé la transformation, se trouvent des responsables qui pensent qu'aujourd'hui il est grand temps de trouver la voie pour revenir à une configuration coopérative, pour renouveler l'identité coopérative en articulant mieux le rapport entre usagers et employés[5].

Desjardins a la chance d'entreprendre sa reconfiguration à un moment où la coopérativologie[6] montre que *séparation* (entre structure d'association et structure d'entreprise) et *cohabitation* (coopératives et sociétés de capitaux) peuvent conduirent une organisation à « sortir du champ coopératif », comme le dit Vienney[7], soit par disparition, soit par mutation complète. Il ne s'agit pas, ici, de contourner les « divorces » et « concubinages », mais de les envisager d'une manière coopérative. Par exemple, à Montain Equipement Coop (MEC), une coopérative intégrée à l'échelle canadienne, on assume la fonction de relation avec les membres d'une manière exemplaire, notamment au moment du télévote. Chez Desjardins, la partie coopérative a jusqu'à maintenant réussi à

---

4. *France Culture,* mars 1996.
5. H. Detremmerie (1996). « Un exemple belge avec ses opportunités et ses contraintes », conférence prononcée au 21ᵉ congrès du CIRIEC international, mai. Sur Desjardins, voir Benoît Lévesque (1991). « Coopération et syndicalisme. Le cas des conditions de travail dans les caisses populaires Desjardins », *Relations industrielles,* vol. 46, nº 1.
6. La coopérativologie est l'étude des coopératives. Voir Benoît Lévesque et Marie-Claire Malo (1995). « Les études sur les coopératives : base de données bibliographiques, centres de recherche universitaires », dans M.-T. Séguin (dir.). *Pratiques coopératives et mutation sociale,* Paris, L'Harmattan, collection *Logiques sociales* ; et Benoît Lévesque et Marie-Claire Malo (1991). « L'avenir de la recherche universitaire sur les coopératives : l'exemple du Québec, *RECMA,* nº 39, 3ᵉ trimestre.
7. Claude Vienney (1994). *L'économie sociale,* Paris, La Découverte, collection *Repères.* André Chomel et Marie-Claire Malo (1996). *Entretien avec Claude Vienney,* inédit.

maintenir son contrôle de la partie non coopérative (les sociétés de portefeuille)[8]. Il n'en demeure pas moins que le Mouvement Desjardins est pris dans un ensemble de visions divergentes favorisant des forces centrifuges ; mais c'est aussi *un espace public de débat* témoignant de l'existence de forces centripètes. Et puis, pour réussir le renouvellement de son identité coopérative, il a un atout indéniable : il est déjà bien ancré dans des communautés territorialisées.

Desjardins dans l'économie-territoire

En effet, malgré son inscription dans l'économie-monde, l'entreprise Desjardins n'est pas devenue une banque comme les autres. Penser autrement révèle une méconnaissance de la complexité de cette organisation à la fois bureaucratique et entrepreneuriale. Plus que toute autre institution financière, Desjardins est *enracinée.* Elle l'est principalement par son réseau de coopératives de base. Bien que toutes les composantes de Desjardins aient des réalisations à faire valoir dans le bilan socio-économique et coopératif de cette institution, les caisses populaires d'Alphonse Desjardins, nées dans les communautés paroissiales, et les caisses d'économie d'André Laurin[9], créées dans les communautés de travail, aujourd'hui toutes rassemblées en une fédération, constituent la clé de l'organisation en matière d'enracinement. Elles sont encore des *organisations entrepreneuriales* dans la gestion de leur rapport au milieu. En d'autres termes, leur décision de participer au développement d'économies communautarisées relève davantage des sommets stratégiques locaux (conseil d'administration et direction générale) que de politiques globales, même s'il existe un énoncé de priorités (l'emploi, les jeunes, l'environnement, etc.) à la Confédération et même si, là aussi, des processus de standardisation sont à l'œuvre (ex. : Programme Jeunesse). Mais quel rôle et quelle place auront les 17 000 dirigeants élus et bénévoles de Desjardins au terme de la vaste consultation et réflexion en cours dont le prochain XVIe congrès des dirigeants et dirigeantes du Mouvement des

---

8. Benoît Lévesque et Marie-Claire Malo (1995). « Un nouveau Desjardins à l'ère de la globalisation », dans A. Zevi et J.L. Monzon (1995). *Coopératives, marchés, principes coopératifs,* Bruxelles, De Boeck Université, CIRIEC, collection *Ouvertures économiques.* Une version antérieure est parue dans le cahier n° 1194-067 de la collection des *Cahiers de la Chaire de coopération Guy-Bernier* de l'UQAM.
9. Jean-Louis Martel et Delmas Lévesque (1992). *Entretien avec André Laurin,* Montréal, Centre de gestion des coopératives, cahier 92-93. Des extraits sont présentés dans la rubrique « Histoire de l'économie sociale et solidaire », Louis Favreau et Marie-Claire Malo (1995-1996). *Coopératives et Développement, revue du CIRIEC Canada,* vol. 27, n° 1 et 2.

caisses Desjardins[10] constituera une étape majeure ? Par leurs réseaux de relations, les membres des conseils d'administration, des conseils de surveillance et des commissions de crédit des caisses reflètent le degré d'ancrage communautaire de Desjardins, variable de 0 à 100 % ! Cette autonomie fait en sorte que certaines caisses sont très pro-actives dans le développement de leur milieu, alors que d'autres le sont moins ou pas du tout pour diverses raisons, y compris celle de penser que ce n'est pas leur rôle. Pourtant, même de grandes banques, qui par ailleurs contribuent largement à la mondialisation financière qui laisse pour compte bien des communautés, appuient, avec des fondations, la revitalisation économique et sociale de communautés en difficulté, pour des raisons qui peuvent être simplement d'image médiatique mais aussi de maintien de la demande de services financiers[11]. Dans les caisses Desjardins, à cette problématique d'affaires, s'ajoute une dimension coopérative qui facilite l'engagement communautaire sans le rendre automatique pour autant. En effet, en tant que coopératives, elles « ne poursuivent pas des objectifs d'intérêt général et n'ont pas de mission publique mais se consacrent uniquement à la promotion de la situation économique et des activités de leurs sociétaires[12] ». C'est du moins l'avis du secrétaire général de l'Union internationale Raiffeisen, dont la Confédération des caisses Desjardins fait partie. Dans la Mouvement Desjardins, on n'hésite pas à rappeler que les premiers bénéficiaires sont les membres et... les clients. « La première responsabilité des caisses Desjardins et des institutions complémentaires qu'elles se sont données consiste à fournir à leurs membres-propriétaires et à leurs clients des services financiers adaptés à leurs besoins et à leurs intérêts », peut-on lire dans le rapport annuel[13]. Cependant, le Mouvement Desjardins participe aussi à l'Alliance coopérative internationale (ACI) pour qui : « Les coopératives contribuent au développement durable de leur communauté dans le cadre d'orientations approuvées par leurs membres » (*Déclaration sur l'identité coopérative*[14], adoptée en 1995). Il est manifeste que l'on tient compte de ce septième principe d'action coopérative dans Desjardins, lorsqu'on considère que la caisse de demain « est engagée dans son milieu et

10. Nous avons choisi de ne pas actualiser le contenu de notre texte pour respecter la chronologie des deux événements. En effet, le colloque *Desjardins : une entreprise, un mouvement ?* a précédé le XVIe congrès du Mouvement Desjardins sur *Un rôle, une place pour chacun et chacune,* en mars 1996.
11. Voir en particulier les relations entre les banques et la Fondation Calmeadow. Marie-Claire Malo (1995). « Les coopératives financières partenaires des agents de développement », à paraître dans les Actes du colloque sur l'entrepreneuriat coopératif , Université Laval.
12. Hans Detlef Wülker (1995). « Les principes Raiffeisen », *IRU Courier,* n° 2, août.
13. Mouvement des caisses Desjardins (1994). *Revue des activités. Rapport annuel.*
14. Des exemplaires de celle-ci peuvent être obtenus à la Coopérative de développement régional (CDR) de Montréal.

agit comme partenaire. Elle concrétise la participation de ses membres à la vie démocratique et à la vie socio-économique de son milieu[15]. » Au-delà du discours, ce sont cependant les pratiques des caisses qui sont révélatrices[16]. Elles montrent une forte proportion de caisses dont les dirigeants élus et les gestionnaires nommés cherchent justement à préciser avec les membres les orientations de développement de leur communauté : « Plus du tiers se chargent de faire une évaluation périodique des besoins de développement de leur mileu, souvent en concertation avec des organismes qui partagent leurs préoccupations », peut-on lire dans le bilan socio-économique et coopératif[17]. Mais un tiers, est-ce suffisant ?

Il suffit de prendre connaissance de ce bilan et du *Répertoire des réalisations*[18] que les caisses ont entreprises ou auxquelles elles se sont associées, pour se rendre compte de l'ampleur et de la diversité de l'engagement de Desjardins dans son milieu. Plus d'une dizaine de millions de dollars retournent chaque année dans les communautés. Les réalisations appuyées sont surtout dans les secteurs du développement économique, des services aux communautés et de l'éducation. Mais les arts et la culture, ainsi que les loisirs et les sports sont loin d'être laissés pour compte. Et une part va aussi aux œuvres humanitaires. Les catégories ne sont cependant pas étanches et les activités sont souvent interdépendantes, surtout dans une perspective de développement territorialisé. Généralement, les projets visent toute la population du milieu et en particulier les jeunes mais aussi les personnes âgées, les gens d'affaires, les nouveaux propriétaires, les nouveaux arrivants, etc. Il n'y a pas de modèle unique. Auprès des jeunes, les formes les plus institutionnalisées sont certes la *caisse scolaire* et la *caisse étudiante* qui font d'ailleurs partie du Mouvement

---

15. « La vision de la caisse de demain », document présenté aux participants aux assemblées générales du Mouvement des caisses Desjardins, mars 1995.
16. C'est pourquoi au Centre de gestion des coopératives de l'École des HEC de Montréal, on poursuit, depuis 1979, le développement de cas de gestion des coopératives, comme matériel pédagogique. Voir Marie-Claire Malo *et al.* (1996). *Formation en gestion des coopératives financières par la méthode des cas*, Éditions de cas HEC ; Daniel Côté *et al.* Cas de gestion des coopératives dans la collection *Les cahiers du centre de gestion des coopératives.* Voir aussi Michel Beauchamp et Benoît Lévesque (1992-1993). « La modernisation sociale du Mouvement Desjardins : le discours des dirigeants (1970-1992) », *Coopératives et Développement, revue du CIRIEC Canada,* vol. 24, n° 2.
17. Mouvement des caisses Desjardins (1994). *Revue des activités. Rapport annuel.*
18. Préparé grâce à Juliette Bonneville. Répertoire disponible à la vice-présidence Développement coopératif, à la Confédération des caisses Desjardins.

Desjardins, mais on trouve aussi des *coopératives jeunesse de service*[19] qui témoignent du partenariat de caisses avec de nouvelles coopératives pour répondre aux besoins d'une communauté (trans-territoriale) particulièrement en difficulté : les jeunes. Les caisses participent au développement économique en appuyant la formation d'entreprises nouvelles et la création d'emplois, en aidant à l'établissement d'incubateurs d'entreprises ou de parcs industriels, en contribuant à des fonds ou à des corporations de développement économique, en soutenant la concertation des gens d'affaires et la promotion de l'achat local, en appuyant le développement d'activités touristiques, pour ne mentionner que ces actions. Les caisses sont aussi partenaires dans le développement de nombreux services aux communautés : infrastructures municipales, établissements de santé et de services sociaux, centres communautaires, maisons de jeunes, résidences pour personnes âgées, etc. La liste est forcément incomplète tant « les engagements des composantes du Mouvement des caisses Desjardins épousent, en ces domaines, l'impressionnant foisonnement d'activités et de projets qui ont cours dans les diverses collectivités locales », pour reprendre les termes de Bruno Montour, économiste à la Confédération[20]. Mais quel type de réponse aux demandes des communautés en difficulté Desjardins privilégie-t-il par ces réalisations ? Une réponse philanthropique ? une réponse économique (développement économique local) ? une réponse socio-économique (développement économique communautaire) ?

CDE et CDEC : un réseau incontournable ?

Alors que ses racines sont encore gorgées de vie associative, bien que certaines soient desséchées, l'arbre Desjardins cohabite avec de nouvelles plantes sur son territoire : les corporations de développement communautaire (CDC), initiatives en cours dans une vingtaine de municipalités régionales de comté (MRC), et les corporations de développement économique communautaire (CDEC) dans les arrondissements de la ville de Montréal et les quartiers centraux de la ville de Québec[21] . Des plantes qui enlacent l'ensemble des espèces du milieu, et qui placent Desjardins non pas en position de partenaire exclusif mais de multipartenariat, y compris parfois avec des concurrents du secteur financier. Mais

---

19. Louis Favreau et Benoît Lévesque (1993). « Les coopératives jeunesse de services au Québec : des entreprises d'insertion sociale pour des jeunes de milieux populaires », *Apprentissages et Socialisation,* vol. 16, n° 1 et 2.
20. Bruno Montour (1995). « Les caisses Desjardins solidaires du développement de leur milieu », *IRU Courier,* n° 2.
21. Louis Favreau (1994). « L'approche du développement économique communautaire au Québec et aux États-Unis », *RECMA,* n° 253-254.

Desjardins est déjà confronté à ces situations qui l'obligent à revoir sa vision de la concurrence : par exemple, il s'est associé à la création d'un réseau de sociétés régionales d'investissement (SRI), résultat d'une concertation avec d'autres organisations financières, dont un concurrent important.

Par un travail simultané sur plusieurs problèmes, les CDC et les CDEC parviennent à réintroduire un cycle positif de changement social sur leur territoire. Pourquoi ? Si l'on prend, à titre d'illustration, l'approche de développement économique communautaire adoptée par les CDEC de Montréal et de Québec, on constate que celles-ci peuvent, par leurs mandats, leur structuration et leur association avec des partenaires divers, réussir là où d'autres initiatives, trop isolées et trop pointues, n'ont pas été capables de faire émerger des projets aux effets entraînants durables. Les CDEC, ces organismes sans but lucratif de type partenarial, favorisent en effet la coordination, la concertation et la solidarité des différents acteurs locaux des communautés visées. Mais comment ces nouveaux dispositifs d'intervention fonctionnent-ils pour concrétiser ces avantages ? Les CDEC ont une mission de revitalisation économique et sociale des communautés en difficulté qu'elles desservent. Pour ce faire, elles interviennent sur trois plans : le développement des compétences des populations résidentes, le travail actif sur le bassin d'emplois et le soutien à la recomposition du tissu social. Les CDEC ont aussi une démarche inédite : elles prennent la forme d'un partenariat local entre le secteur associatif ou communautaire (organisations communautaires et nouvelles coopératives, groupes de femmes et syndicats), le secteur privé (entreprises et institutions financières dont Desjardins) et le secteur public (municipalités et gouvernements centraux), ce qui favorise les concertations et les coordinations nécessaires à la revitalisation des quartiers. Si le partenariat réussit à susciter des participations croisées multiples où chacun trouve une partie de ses intérêts — ce qui n'est pas toujours le cas —, des synergies se créent entre les différents acteurs qui parviennent assez souvent à s'entendre sur des priorités de développement pour leur quartier. Autre caractéristique de cette démarche de DEC (développement économique communautaire), l'angle d'attaque des problèmes n'est pas uniquement social. L'intervention est tout à la fois *économique* et *sociale*, c'est-à-dire qu'elle vise à maximiser la circulation de l'argent et la création d'emplois par la production et l'échange de biens et services dans les quartiers eux-mêmes, tout en créant une offre de services qui vient renforcer l'appartenance à la communauté. Bref, le quartier est remodelé au plan social mais à partir de sa recomposition comme premier marché des activités économiques. La relance d'un quartier ne relève plus seulement des transferts sociaux (impôts, aide) car elle a directement prise sur la sphère de la production. Les activités économiques mobilisent aussi des ressources diversifiées dans un financement hybride qui provient à la fois : 1) des pouvoirs publics; 2) de la solidarité sociale (fêtes, campagnes, levées de fonds, etc.) et des institutions de l'économie sociale (caisses d'épargne et de crédit, fondations) ; et 3) du secteur privé (dons d'entreprises locales, etc.).

À la différence des interventions classiques contre la pauvreté, qui ne tiennent compte que de la dimension sociale (logique redistributive), par ces nouveaux dispositifs que sont les CDC et les CDEC, cette approche de développement économique communautaire fournit aux personnes et aux communautés en difficulté les principaux outils leur permettant, avec l'aide des pouvoirs publics, de devenir les acteurs d'une *stratégie intégrée et territorialisée de revitalisation sociale et économique*. Les initiatives de la nouvelle économie sociale se distinguent des autres par quatre attitudes spécifiques : 1) elles assument plus et mieux l'économique dans une intervention de transformation sociale ; 2) elles ciblent davantage l'enracinement local, le territoire comme lieu et tremplin de développement ; 3) elles bâtissent des partenariats comme mode de travail et de gestion des conflits et des demandes sociales à l'origine de ces conflits ; 4) elles déterminent des priorités locales de développement par une intervention plus intégrée et inscrite dans une planification stratégique.

Quelles passerelles ?

Si le mouvement coopératif institutionnalisé est en transformation, le mouvement communautaire l'est donc aussi. Depuis un certain nombre d'années, le modèle communautaire classique (principalement animateur et gestionnaire de services), dont les ressources sont presque exclusivement publiques, semble donc faire place peu à peu à un modèle d'*entreprise sociale,* selon l'expression de Defourny[22], combinant les exigences de la viabilité économique et de l'utilité sociale par des activités productives, l'objectif de création d'emplois, l'introduction d'une culture organisationnelle de développement local, etc., notamment au sein des groupes et des quartiers en difficulté. Pour sortir de la précarité, des associations, plutôt que de perdre leur vitesse de croisière faute de moyens, ont tendance à susciter la mise en œuvre d'initiatives suffisamment fortes pour interpeller de nombreux acteurs institutionnels dont Desjardins. En premier lieu, l'interpellation semble porter sur le renouvellement de la démocratie locale, ce qui dénote, dans de nombreuses initiatives, l'effet levier de la communauté de destin : le quartier, la petite ville, le village, le coin de pays. La solidarité traverse les segments de marché et les segments des politiques sociales ! En second lieu, la nouveauté provient de l'importance plus grande que l'on accorde à la construction de structures d'accompagnement privilégiant une

22. Jacques Defourny (dir.) (1993). *Développer l'entreprise sociale. Portraits d'aujourd'hui. Questions pour demain*, Belgique, Fondation du roi Beaudoin.

approche multi-activités, donc un travail sur plusieurs volets à la fois. Intervention plus transversale ici au sens de l'intersectorialité. Il se peut donc que dans les *configurations partenariales*[23] de la nouvelle économie sociale, on réactualise le projet coopératif originel communautaire et multifonctionnel, et non seulement intercoopératif, alors que les réalisations coopératives se sont forcément sectorialisées à l'intérieur du système de règles de l'économie de marché[24] .

L'établissement de passerelles entre les puissantes organisations de l'économie sociale institutionnalisée, comme Desjardins, et les initiatives de la nouvelle économie sociale, comme les CDC et les CDEC, peut favoriser non seulement une meilleure performance de celles-ci, et leur pérennisation, mais aussi un renouveau des pratiques de Desjardins, y compris ses pratiques financières. Ce qui n'est pas une mince affaire car recombiner une association et une entreprise est extrêmement difficile quand la logique de l'économie de marché a tendance à prendre le dessus sur les valeurs coopératives, notamment de solidarité, de réciprocité et de démocratie. Or, dans son rapport au milieu, Desjardins a une occasion unique, par exemple, de renouveler ses commissions de crédit plutôt que de les faire disparaître[25]. Dans les communautés en difficulté, l'accès au crédit des entrepreneurs démunis est en effet un problème auquel certaines CDEC tentent de répondre par des cercles d'emprunt[26] s'inspirant du modèle de la Grameen Bank, née au Bangladesh, mais dont le rayonnement externe atteint aussi l'Amérique du Nord où il existe bien un quart-monde ! Dans le processus de construction d'une économie plurielle (économie sociale élargie, *économie*

---

23. Sur ce type de configurations dans le cas du partenariat entre la Ville de Montréal et les CDEC, voir Timothy Ayoub et Marie-Claire Malo (dir.) (1995). « Les relations partenariales entre une municipalité et des organisations communautaires engagées dans le développement économique », travail dirigé, maîtrise en sciences de la gestion, École des HEC de Montréal, décembre.
24. Sur les processus de détermination fonctionnelle des activités des coopératives qui viennent remplacer les processus originaux de détermination génétique des activités par l'association, voir Claude Vienney (1980). *Socio-économie des organisations coopératives,* Paris, CIEM ; Claude Vienney (1980). « Rapports d'activités et de sociétariat », dans J.-G. Desforges et C.Vienney (dir.). *Stratégie et organisation des coopératives,* Montréal, Éditions du Jour.
25. Nous savons aujourd'hui que par suite du congrès du Mouvement Desjardins en mars 1996, la commission de crédit a été abolie. Dès lors, chaque caisse a le choix de ne rien y substituer ou, au contraire, de voir cette disparition d'une instance statutaire comme l'occasion de créer un comité qui suivrait la réflexion mise de l'avant, ici , sur le renouvellement de la commission de crédit.
26. Nicholas Ignatieff et Marie-Claire Malo (1996). *Cercles d'emprunt et caisses Desjardins à Montréal,* cas pédagogique.

solidaire, dirait Laville[27]), le réseau Desjardins et le réseau des CDC et CDEC ont une occasion à saisir. Ils peuvent travailler ensemble à « communautariser » la commission de crédit et à « coopérativiser » le cercle d'emprunt (« mutualisation des projets pour mutualiser les risques des micro-entrepreneurs », dirait Demoustier[28]). Les membres de la commission de crédit seraient des experts bénévoles de la finance (actuels membres des commissions de crédit) et des experts de l'accompagnement des entrepreneurs démunis, experts salariés (agents des CDC et CDEC, financées en partie par l'État) dont la compétence à sélectionner les projets vient justement de leur proximité avec les porteurs de ces projets.

Le montage comprendrait aussi un fonds éthique, auquel contribueraient sur une base volontaire des membres de la caisse ou d'un groupe de caisses, sorte de nouveau *love money* pour les entrepreneurs démunis dont le réseau familial et d'amis l'est aussi, de sorte qu'ils constituent aux yeux des financiers un segment de marché non solvable quel que soit leur potentiel de gisement d'emplois autonomes. Que ce soit cette formule ou une autre, les pistes de pérennisation des initiatives de la nouvelle économie sociale et de renouvellement de l'économie coopérative institutionnalisée passent par une « hybridation de ressources des économies marchande et non marchande, monétaire et non monétaire », une des caractéristiques de *l'économie solidaire*, selon l'expression de Laville[29]. Chacune à sa manière, l'économie coopérative et l'économie communautaire ont l'expérience de *l'économie plurielle*, avec des partenaires privés ou publics. À elles deux, elles pourraient sans aucun doute la faire évoluer un peu plus, pour atteindre des formes d'organisation encore plus performantes dans les économies-territoires.

---

27. Jean-Louis Laville (dir.) (1994). *L'économie solidaire. Une perspective internationale,* Paris, Desclée de Brouwer. Voir aussi : Louis Favreau (1995-1996). « Présentation », *Coopératives et Développement, revue du CIRIEC Canada,* vol. 27, n° 1 et 2.
28. Danielle Demoustier (1996). « Du développement social au développement socio-économique ? », *Les Cahiers du CR-DSU,* mars. Jean-Pierre Chanteau (1995). « L'économie sociale toujours à réinventer. Entretien avec Danielle Demoustier », *Alternatives économiques,* avril.
29. Voir aussi Benoît Lévesque (1994-1995). « L'institutionnalisation et le financement des services de proximité au Québec, *Coopératives et Développement, revue du CIRIEC Canada,* vol. 26, n° 2.

Les figures changeantes de la communauté des sociétaires Desjardins

J. Yvon Thériault[1]

Il n'existe pas encore d'étude, relativement exhaustive, retraçant le lien entre l'expérience des caisses populaires Desjardins, ou du mouvement coopératif en général, et l'identité québécoise. Il semble en fait que l'affinité entre l'entreprise Desjardins et l'affirmation nationale des Québécois aille tellement de soi que personne n'a cru utile d'en scruter les aléas. Pourtant, ce n'est pas parce qu'un phénomène est évident que son analyse ne nous fournit pas des indications précieuses sur les enjeux sociaux contemporains.

Nous ne nous proposons pas, dans le court laps de temps qui nous est imparti, de combler cette lacune. Nous voudrions plutôt dresser un canevas des figures (nous en avons répertorié quatre : la figure paroissiale, la figure nationale, la figure technocratique et la figure individualisante) par lesquelles on a représenté historiquement la communauté des membres que sont les sociétaires de Desjardins. Ces différentes figures, qui se sont succédé au cours du siècle, ou presque, qui nous sépare de la naissance de la première caisse populaire Desjardins, sont le signe de modifications au sein de la combinaison association–entreprise qui caractérise Desjardins en tant qu'institution coopérative. Nous n'étudierons pas spécifiquement ces modifications. Néanmoins, la simple description des figures successives de la communauté des sociétaires Desjardins nous révèle les liens étroits qui unissent Desjardins comme mouvement à la société québécoise et soulève des interrogations sur la nature actuelle du projet coopératif et du projet nationaliste[2].

---

1. Ce texte n'aurait pu être rédigé sans la collaboration de Guy Chiasson qui a effectué pour nous une première fouille bibliographique.

2. L'analyse présentée ici n'est pas une lecture interne des modifications au sein du Mouvement Desjardins comme celles réalisées récemment par Yvan Rousseau et Roger Levasseur (1995. *Du comptoir au réseau financier. L'expérience historique de Mouvement Desjardins dans la région centre du Québec, 1909-1970,* Québec, Boréal) ou Ronald Rudin (1990. *In Whose Interest ? Québec's Caisses Populaires 1900-1945*, Montréal et Kingston, McGill-Queens University Press). Notre propos est plus macrosociologique et vise à dégager les figures par lesquelles le mouvement s'est imposé dans l'imaginaire québécois (canadien-français). La chronologie que nous établissons, bien qu'elle soit liée à des modifications au sein de l'association-entreprise Desjardins, ne suit pas pour autant les transformations internes qu'a connues le mouvement.

Pour nous, comme nous venons brièvement de l'indiquer, la relation entre Desjardins, comme entreprise, et l'identité québécoise se comprend à travers la combinaison particulière qu'est l'institution coopérative comme organisation économique, *entreprise*, d'une part, et comme regroupement de personnes, *association*, d'autre part. Ainsi que nous l'a rappelé Claude Vienney[3], les coopératives comme organisations économiques (entreprises) ne sont pas des entreprises comme les autres, en autant qu'elles sont liées par un système de règles aux sociétaires qui sont leurs membres. Inversement, comme regroupement de personnes (association), la coopération peut être associée aux mouvements sociaux. Mouvement social particulier toutefois en autant qu'il est organiquement lié à une entreprise économique.

C'est d'ailleurs cette combinaison particulière association–entreprise qui constitue l'originalité et le paradoxe de la coopération. Comme entreprise, la coopérative est continuellement contrainte à redéfinir le rapport qui l'unit à ses membres ; elle ne peut, à moins de modifier complètement ses règles et de quitter l'univers de la coopération (ce qui n'est pas encore tout à fait le cas de Desjardins), devenir complètement une entreprise comme les autres. Comme association, regroupement de personnes ou mouvement, elle est particulièrement marquée par une tendance à l'institutionnalisation, c'est-à-dire que son succès est lié à la croissance des fonctions économiques au détriment de ses fonctions associatives. Tant l'entreprise que l'association réussissent ainsi difficilement à se déployer pleinement. Ce que nous nous proposons d'étudier ici, c'est la dynamique de cette combinaison dans le cas particulier de l'entreprise Desjardins et les figures changeantes de la communauté qui constitue ses sociétaires[4].

---

3. Claude Vienney (1975). *Les institutions coopératives comme agents de transformations économiques et sociales*, notes de recherche, École des hautes études en sciences sociales (EHESS), Paris, Centre de recherches coopératives.
4. Cette problématique a été développée dans les études que nous avons menées sur l'expérience coopérative acadienne. Voir J. Yvon Thériault (1981). *Acadie coopérative et développement acadien. Contribution à une sociologie d'un développement périphérique et à ses formes de résistance*, thèse de troisième cycle, Paris, EHESS ; et J. Yvon Thériault (1995). *L'identité à l'épreuve de la modernité. Écrits politiques sur l'Acadie et les francophonies canadiennes minoritaires*, chapitre 8 : « La démocratie coopérative » (p. 197-212), Moncton, Éditions d'Acadie.

La figure paroissiale (1906-1936)

L'association de personnes à la base du système des coopératives d'épargne et de crédit conçu par Alphonse Desjardins, au début du siècle, n'avait pas une figure nationale, mais bien paroissiale. En effet, si Alphonse Desjardins lui-même a souligné que l'une des conséquences de l'organisation des caisses populaires serait la constitution d'un « capital national » pour les Canadiens français, il faut bien voir cet objectif comme un dérivé et non pas comme sa préoccupation principale.

En effet, Alphonse Desjardins n'était pas un ardent nationaliste. Jeune homme, il participa du coté de l'armée canadienne à la répression de la rébellion des métis de Louis Riel sans que cela n'ait semblé le troubler[5]. Il combattra, comme journaliste, les idées autonomistes du gouvernement québécois de Mercier. S'il s'identifie à la nation canadienne-française, la représentation qu'il s'en fait n'est pas celle d'un rassemblement imaginaire qui unit des individus au-delà des solidarités réelles, mais bien celle d'un regroupement concret autour de solidarités paroissiales. C'est cette paroisse que son système vise à fortifier. « Faire de la paroisse, dit-il en 1912, un foyer solidement coopératif de toutes les activités tendant au bien être matériel ne peut nuire au but surnaturel qui en a inspiré la création [...]. Ça ne peut manquer de fortifier l'attachement de nos compatriotes pour le clocher natal et de leur rendre de plus en plus cher[6]. »

C'est en adaptant d'ailleurs à la solidarité paroissiale le modèle coopératif européen, largement pensé au départ en fonction des solidarités de classes ou de professions, que la formule Desjardins connut du succès[7]. L'association de personnes à la base du mouvement fut donc plus paroissiale que démocratique, plus un regroupement sociologique qu'une assemblée délibérative. L'organisation coopérative naissante est ainsi étroitement associée aux notables ruraux (la petite bourgeoisie traditionnelle[8]). C'est dans le clergé, notables naturels des paroisses, que Desjardins puisa ses premiers propagandistes. Ce sont les curés qui verront au bon fonctionnement des caisses populaires en participant directement au conseil d'administration ou à la gestion de la caisse. Sur 171 caisses fondées de 1900 à 1920, 126 ont un curé à un poste central du conseil d'administration (habituellement le président[9]). Au-delà des nécessités écono-

---

5. Yves Roby (1964). *Alphonse Desjardins et les caisses populaires 1854-1920,* Montréal, Fides, p. 14 et ss.
6. Jacques Besner et Louis Claude Bertrand (1973). « Les caisses populaires Desjardins », *L'Action nationale*, vol. 62, nº 6, p. 464.
7. Voir Gaston Deschênes (1971). « Le mouvement coopératif québécois, son évolution », *Revue canadienne d'économie et de coopérative*, nº 5, p. 125-159.
8. Voir Ronald Rudin (1990). *Op. cit.*
9. Voir Yves Roby (1964). *Op. cit.*, p. 114-115.

miques individuelles et de l'entraide, les premiers sociétaires de Desjardins virent dans la caisse populaire une nouvelle institution économique susceptible d'adapter le capitalisme marchand envahissant à la structure paroissiale. L'entreprise coopérative devait vivifier l'association paroissiale, elle en était une extension naturelle et non un corps politique organisé devant la transformer. Telle est la figure de la communauté des sociétaires Desjardins des années de fondation (1906) jusqu'aux années 1940.

Le succès même de la caisse populaire signifiait toutefois une plus grande généralisation des rapports marchands au détriment même de la solidarité paroissiale que le mouvement se proposait de protéger. La caisse populaire prospérait parce que disparaissait le Québec replié autour de son clocher paroissial ; la caisse populaire prospérait parce que la communauté paroissiale que voulait sauver le Commandeur Desjardins était dorénavant traversée de toutes parts par des rapports qui lui étaient étrangers (des rapports marchands). Tel est le paradoxe de la combinaison association–entreprise qu'est la coopération : son succès est lié à la disparition de l'association qui préside à sa naissance. Toutefois, l'entreprise demeure liée à ses sociétaires ; pour maintenir sa légitimité, elle est contrainte de redéfinir le groupement qui constitue ses membres comme association.

La figure nationale (1936-1960)

Même si l'image d'une caisse populaire collée à la paroisse restera longtemps associée au mouvement Desjardins, dès la fin des années 1930 cette figure n'est plus vraie. C'est la figure nationale qui définit alors, de plus en plus, le regroupement de personnes que sont les membres de Desjardins. L'émergence de cette deuxième figure est contemporaine d'ailleurs de la deuxième naissance du coopératisme québécois. Le tournant des années 1940, en effet, dans la foulée de l'effervescence économique de l'après crise et des retombées de la Seconde Guerre mondiale, sera la période la plus active du développement de nouvelles coopératives au Québec. Les caisses populaires, qui avaient jusqu'alors connu un développement lent, pragmatique et conservateur, se multiplient. En 1940, par exemple, le nombre de membres est de 122 000 ; il triplera de 1940 à 1945[10]. Même phénomène d'ailleurs pour les coopératives agricoles nées, elles aussi, au début du XXe siècle, pour la défense du milieu rural et paroissial[11] : leur nombre

---

10. François-Albert Angers (1974). *La coopération. De la réalité à la théorie économique*, tome 1 : *Le monde vivant de la coopération*, Montréal, Fides, p. 11.
11. On associe la première coopérative agricole, ancêtre du secteur coopératif agricole actuel, au curé J. B. Allaire, à Adamsville en 1903. La coopérative agricole, tout comme la caisse populaire, visait à regrouper des individus (agriculteurs) autour du cadre naturel qu'était la paroisse.

croîtra d'une façon vertigineuse après les années 1930. Le fait que les coopératives se multiplient dans une période de bouleversements économiques et non dans une période de crise confirme l'idée qu'elles défendent principalement un intérêt communautaire (association) et non un intérêt de promotion économique (entreprise).

Les caisses populaires et les coopératives agricoles ne sont d'ailleurs plus, dès lors, les seules institutions coopératives dans l'univers coopératif québécois. L'époque verra naître aussi les premières coopératives de consommation (on pense à la Familiale, en 1937) et les coopératives de pêcheurs (Pêcheurs unis du Québec, en 1939). Ces dernières initiatives, comme l'expansion des caisses populaires et des coopératives agricoles, participent alors d'une intégration du projet coopératif à un discours social de portée nationale. La dimension proprement sociale du mouvement coopératif est particulièrement mise de l'avant, à l'époque, dans les milieux coopératifs influencés par le Mouvement d'Antigonish, mouvement né dans les provinces Maritimes au cours des années 1920 et qui, tout en valorisant lui aussi le cadre communautaire paroissial, vise, par l'éducation coopérative, le développement économique et social. La dimension nationaliste sera quant à elle défendue par les penseurs associés à l'École des hautes études commerciales de Montréal. On pense notamment à Victor Barbeau, à Esdras Minville et à François-Albert Angers[12]. À la différence du caractère essentiellement défensif du projet philanthropique de Desjardins, le discours social ou national sera nettement plus positif, voyant dans la coopération l'amorce d'une véritable révolution socio-économique.

À la fin des années 1930, que ce soit au sein du Conseil supérieur de la coopération (1939), à l'École des sciences sociales de l'Université Laval et à sa Chaire coopérative (1937), au sein de l'école supérieure de Sainte-Anne-de-la-Pocatière (1937), ou encore chez les intellectuels nationalistes gravitant autour de *l'Action nationale,* qui publiera en 1938 un numéro spécial sur la coopération, ou chez ceux faisant partie du nouvel Ordre de Jacques Cartier comme chez les militants actifs dans les nombreuses associations liées à l'action catholique et aux enseignements sociaux de l'Église, la coopération est à l'ordre du jour.

Au-delà des différences d'écoles, elle fait dorénavant partie d'une critique du capitalisme et du socialisme et se présente comme une troisième voie qui emprunte beaucoup au modèle corporatiste alors en vogue dans l'Europe méditerranéenne. Esdras Mainville proposera, dans l'*Actualité économique* de décembre 1936, le projet suivant : « l'actionnariat ouvrier généralisé avec

12. Pour une présentation des doctrines coopératives au Québec et au Canada, voir André Leclerc (1982). *Les doctrines coopératives en Europe et au Canada ; naissance, évolution et interventions*, Sherbrooke, Irecus.

partage corrélatif des profits. En deuxième lieu, formule plus fructueuse peut-être, l'épanouissement du corporatisme dans le coopératisme, c'est-à-dire la propriété et l'exploitation collective de l'entreprise[13]. »

Mais, comme le rappellera en 1963 son collègue Victor Barbeau : « [Le mouvement coopératiste] n'a commencé à prendre une certaine ampleur, une certaine vigueur qu'à partir du jour où les nationalistes ont découvert qu'il n'y avait pas de formule plus appropriée, non seulement aux besoins, mais j'oserais dire aussi au tempérament des Canadiens français[14]. » Rodolphe Laplante, dans la revue *Culture*[15], disait déjà en 1945 :

> Si nous de langue française sommes des réalisateurs en coopération, si nous avons acquis l'esprit grâce à notre incomparable cadre paroissial, il est d'ores et déjà opportun d'affirmer que l'esprit coopératif de nos compatriotes, la philosophie qu'ils ont de ce mouvement, l'esprit qu'ils entendent lui donner, le but ultime à atteindre, tout cela va à l'encontre du matérialisme qui caractérise le mouvement dans les milieux anglo-saxons.

Le projet coopératif devenait un modèle canadien-français de développement, une façon d'exprimer sa distinction, tout en étant l'outil par excellence de reprise en main de sa destinée. Un « mouvement sauveur », clamera François-Albert Angers dans un article de *L'Action nationale*[16] en 1940. Laissons à Lionel Groulx, la même année, toujours dans *L'Action nationale*, le soin d'exprimer, mieux que tout autre, la sensibilité coopérative et nationaliste de l'époque.

> De l'idée coopérative, voici ce que j'ai dit : n'eût-elle d'autre résultat que de révéler aux Canadiens français l'existence du problème économique, de leur problème économique, et par la solution de ce problème, de leur apprendre le sens de la solidarité, le sens de leur fraternité nationale et chrétienne, le résultat serait déjà immense. Il pourrait être le point de départ et le point d'appui d'une sorte de révolution sociale, politique, nationale[17].

Mais, encore ici, la croissance des caisses populaires dans l'après-guerre, si elle participait d'un enrichissement collectif des Québécois, ne le faisait pas principalement à travers le modèle de la « fraternité nationale et chrétienne »

---

13. Cité dans Kristian J. Schnack (1984). *The Quebec Co-operative Movement and its Relationship to Nationalist Ideology*, thèse de maîtrise, Carleton University, Ottawa.
14. Victor Barbeau (1963). « Les cinquante ans de L'Action nationale », *L'Action nationale*, vol. 52, n° 9, p. 938.
15. Rodolphe Laplante (1945). « Notre mouvement coopératif a-t-il une philosophie propre », *Culture*, vol. 6, n° 4, p. 439.
16. François-Albert Angers (1940). « La coopération Mouvement sauveur », *L'Action nationale*, n° 20, p. 266-279.
17. Lionel Groulx (1940). « Pour un commencement de libération », *L'Action nationale*, octobre, n° 20, p. 119.

souhaitée par l'abbé Groulx. La stratégie d'un développement corporatiste de type coopératif, c'est-à-dire hors l'État, s'appuyant avant tout sur les solidarités nationales canadiennes-françaises au sein de la société civile, se trouvait limitée par les nouvelles aspirations dites modernisantes auxquelles aspiraient dorénavant les Canadiens français. La bataille en 1945 qui conduisit à la scission de neuf caisses populaires pour former la Fédération de Montréal des caisses populaires était déjà l'indice que le nationalisme traditionnel battait de l'aile face à la montée d'une logique technocratique[18]. Une mutation profonde de l'identité canadienne-française se réalisait, mutation dont le succès de Desjardins comme entreprise était en partie responsable et en partie le résultat.

La figure technocratique (1960-1980)

C'est au cours des années 1960, en plein milieu de la Révolution tranquille, que la combinaison association–entreprise, au sein de Desjardins, bascula. Jusqu'alors, en effet, que ce soit à travers la figure paroissiale ou la figure nationale, la trame directrice de Desjardins est fixée par le type de regroupement que forment ses sociétaires[19]. C'est l'association qui définit l'orientation de l'entreprise. Après 1960, la dynamique association–entreprise ne disparaît pas ; sa logique s'inverse toutefois, c'est l'entreprise qui tend à définir le type de communauté constituée par ses membres.

François-Albert Angers, dans son histoire économique du coopératisme québécois, rappelait comment, à partir de 1962, Desjardins entrait dans une période active de fondation et d'acquisition d'institutions diverses[20]. Ce fut d'abord, en 1962, la fondation de la Société de gestion d'Aibgny et de l'Association coopérative Desjardins qui prirent le contrôle de La Sauvegarde, compagnie d'assurance-vie, et l'année suivante de la compagnie d'assurance générale La Sécurité. Cette série de fondations et d'acquisitions d'institutions diverses culminera en 1972 par des mesures législatives permettant à ces institu-

---

18. Ronald Rudin (1990). *Op. cit.*, p. 77 et ss.
19. Autant chez Rudin (1990) que chez Rousseau et Levasseur (1995), l'affirmation d'une technocratie au sein du mouvement est déjà fermement établie autour des années 1940. À notre avis, jusqu'aux années 1960, Desjardins reste néanmoins plus un mouvement qu'une entreprise en raison de son insertion dans la société québécoise. Comme nous l'avons déjà souligné, notre analyse ne procède pas d'une lecture interne à l'entreprise, mais d'une analyse des figures par lesquelles la communauté des membres de Desjardins est représentée. Il n'y a pas correspondance parfaite entre les modifications internes au mouvement et les figures par lesquelles il est ou il se représente.
20. François-Albert Angers (1974). *Op. cit.*, p. 113.

tions, « fait peu orthodoxe », de préciser François-Albert Angers, d'occuper des postes d'administrateurs au Conseil de la Fédération, et par la création de la Société Desjardins. Cette image nouvelle axée prioritairement sur l'entreprise et non sur le mouvement est parfaitement résumée par le slogan populaire de l'époque qui reprenait en rafale la diversité institutionnelle de Desjardins « POP-SAC-AVI-SAU-SEC-FI-CO-PIN...PLAC ». La force institutionnelle de Desjardins s'affichera aussi matériellement par la construction, au cours de ces années, du Complexe Desjardins à l'est du centre-ville de Montréal, symbole par excellence de la puissance économique des institutions du Québec français.

L'image institutionnelle de Desjardins ne met pas fin, après les années 1960, à toute représentation collective de ses sociétaires. Il faut, dira Gérard Fortin en 1971, dans le rapport de la Commission d'enquête sur la santé et le bien-être social, étude commandée par Desjardins, « redonner à la population un objectif collectif, lui donner le sentiment de construction communautaire et non d'une consommation individuelle[21] ». Il faut faire appel, poursuivra dans la même veine René Croteau[22], alors directeur général du district de Québec de la Fédération, à « la solidarité sociale [...] le lieu d'élaboration et de maturation du bien commun ».

Ce qui est proprement nouveau alors, c'est que dorénavant la « solidarité » n'est plus une donnée concrète, un déduit, que l'entreprise ne fait que dévoiler et promouvoir, ainsi que l'était la solidarité paroissiale ou nationale. Elle est devenue une chose à construire, à mettre au service de l'entreprise. Dans le vocabulaire de l'époque, le sociétaire devient un citoyen abstrait, la paroisse une référence à la dimension « locale » du déploiement de l'entreprise, comme si le mouvement reposait sur une carte blanche sur laquelle il serait possible d'aménager n'importe quel type de solidarité. Le lien qui unit les sociétaires est dorénavant une abstraction, un artifice ; c'est pourquoi il s'agit d'un projet de donner forme à une communauté de sociétaires.

Derrière cette nouvelle image de la communauté des sociétaires qui constitue la dimension associative de Desjardins, se dessine d'ailleurs le projet technocratique alors hégémonique dans le Québec de la Révolution tranquille. À cet égard, non seulement Desjardins s'institutionnalise, mais il apparaît comme le symbole d'un Québec triomphant, sûr de lui-même, capable de maîtriser le présent et l'avenir par la construction de grandes institutions dont, au premier chef, l'État québécois. Si, au cours de la période précédente, Desjardins était « un mouvement sauveur » au service de la nation canadienne-française, il est maintenant le prototype organisationnel du Québec moderne.

---

21. Cité par André Morin (1971). « Les caisses populaires Desjardins occupent la place qui leur revient », *Revue Desjardins* , vol. 37, n° 3, p. 3-10.
22. René Croteau (1971). « Les caisses populaires Desjardins évoluent rapidement. Où en sommes-nous ? », *Revue Desjardins*, vol. 37, n° 5, p. 24.

Ainsi, les sociétaires Desjardins, ce sont dorénavant les Québécois définis principalement par leur référence à l'État québécois. La communauté des sociétaires se différencie donc difficilement de l'appel à la solidarité sociétale qui s'affirme alors à travers le projet souverainiste. C'est pourquoi le Parti québécois[23] pourra, dans ses premiers programmes, faire des institutions coopératives d'épargne et de crédit, avec l'État québécois, la pierre angulaire du système bancaire d'un Québec souverain. C'est pourquoi le Mouvement national des Québécois pourra dire, en 1975, dans son manifeste « La coopération outil de libération » :

> Autant l'État québécois colonisé a été au service des intérêts étrangers et capitalistes, autant l'État québécois libre devra être au service des intérêts québécois et de leurs formes d'organisations collectives. La plus importante et la plus enracinée de ces organisations économiques reste le mouvement coopératif[24].

Ainsi l'entreprise Desjardins, qui était née comme mouvement de défense de la paroisse canadienne-française pour, par la suite, se transformer en un projet de libération socio-nationale de la société civile, devenait-elle une institution structurant, à la manière de l'État, une solidarité de type bureaucratique. Alphonse Desjardins aurait pourtant dit de l'État que c'était le « dieu des calculateurs, des peureux et des mous[25] ».

La figure individualisante (1980-1995)

La participation de Desjardins à une figure collective du Québec, à un projet de société globale structurée et mise en forme par ses « organisations collectives » ne pourra longtemps camoufler le fait que, dorénavant, ce sont des individus abstraits définis principalement en fonction des besoins d'une entreprise qui forment la communauté des sociétaires Desjardins. Plus Desjardins s'institutionnalise d'ailleurs, plus les sociétaires eux-mêmes deviennent des individus clients qui définissent leur appartenance à l'entreprise en fonction de leurs intérêts personnels.

---

23. Parti québécois (1972). *Prochaine étape...Quand nous serons vraiment maîtres chez nous,* Montréal, Parti Québécois.
24. Léon Jacques (1975). « La coopération outil de développement. Manifeste du Mouvement national des Québécois », *L'Action nationale*, vol. LXV, n° 2, octobre, p. 90.
25. Cité dans Jocelyn Létourneau (1991). « La nouvelle figure identitaire du Québécois. Essai sur la dimension symbolique d'un consensus social en voie d'émergence », *British Journal of Canadian Studies,* vol. 6, n° 1, p. 22.

Tout comme les autres figures des sociétaires de Desjardins, la dernière figure, la figure individualisante, est étroitement associée à l'identité québécoise et particulièrement aux modifications identitaires qui se réalisent au tournant des années 1980 dans la mouvance de l'après premier référendum. Le Québec francophone est alors happé par la vague de la culture individualiste qui s'impose à l'ensemble du village global mondial. Finis les grands dessins collectifs dirigés du sommet par des technocrates bienveillants. Place maintenant à l'individu, à « l'Homme performant », à l'entrepreneur, au Québec Inc. Tout projet collectif, même celui de la souveraineté nationale, sera dorénavant mesuré à l'aune du principe de l'utilité, de l'efficacité administrative, de la rentabilité, bref, de l'intérêt bien compté[26].

Jocelyn Létourneau décrit ainsi la place prise par Desjardins dans le Québec individualisant des années 1980 et 1990.

> Noël 1990 a consacré, pour le Québécois francophone (cette précision est importante), la naissance d'un nouveau messie. Surplombant l'un des monuments de la réussite, de l'affirmation et de l'assurance québécoise, le fameux « Complexe G » de la vieille capitale, une étoile scintillante, de forme hexagonale (il s'agit du logo du mouvement Desjardins), annonçant d'ailleurs à tous, en cette veillée, la confirmation du grand événement[27].

Voila la confirmation, pense Jocelyn Létourneau, du passage d'une figure identitaire québécoise, celle de « l'Homme moderne » (l'être collectif de la Révolution tranquille) à « l'Homme performant » (l'être individualisant des années 1980), passage dont Desjardins est la figure la plus emblématique.

« Desjardins »..., comme on le dit aujourd'hui tout simplement, sans l'attribut « mouvement » ou « caisse populaire », confondant ainsi Desjardins le mouvement et Desjardins l'entreprise avec Desjardins l'Homme. « Desjardins »... donc, sans adjectif, au-dessus du Québec technocratique. L'institution Desjardins se confond avec son fondateur. Desjardins, c'est une entreprise mais aussi la réussite d'un homme, Alphonse, la preuve de la capacité entrepreneuriale des Québécois francophones et la réconciliation du Québec français et catholique avec l'argent et la réussite individuelle. La télésérie consacrée à Desjardins et présentée au début des années 1990 s'appelait fort justement « La vie d'un homme, l'histoire d'un peuple ».

Dans la figure individualisante, la communauté des sociétaires tend à se réduire à l'addition des intérêts personnels des individus qui la fondent. Comme dans la théorie utilitariste classique, le bonheur commun ne serait rien d'autre

26. Voir l'analyse que nous avons réalisée de cette période dans J. Yvon Thériault (1994). « L'individualisme démocratique et le projet souverainiste », *Sociologie et sociétés, Québec fin de siècle,* vol. XXVI, n° 2, automne, p. 19-32.
27. Jocelyn Létourneau (1991). *Op. cit.*, p. 18.

que la somme des petits bonheurs individuels. La communauté n'est plus une réalité antérieure à l'entreprise, comme l'étaient la paroisse, la nation, ou encore comme on feignait de le croire de l'être collectif des années 1960 et 1970, mais elle est dite dorénavant continuellement construite par le geste quotidien de milliers de petits individus, qui épargnent, empruntent ou encore achètent des REÉR chez Desjardins. La communauté des sociétaires, dans la figure individualisante, n'est rien d'autre que la communauté fictive née de l'attraction naturelle des intérêts privés.

* * *

Si l'on considère les idéaux premiers de la coopération, et non son histoire effective qui, comme on la vu, fut au départ principalement communautaire, ce passage à une communauté d'individus n'est pas nécessairement une rupture, un pied de nez aux idéaux premiers de la coopération. D'une certaine manière, il apparaît même tout à fait conforme à l'idéologie coopérative, du moins telle que la formulaient les utopistes socialistes européens ou les pionniers de Rochdale au XIXe siècle. Ne s'agissait-il pas alors, à travers la formule « un homme un vote », de réunir à nouveau l'économie et l'homme, de faire surgir, comme le pensait Proudhon, le gouvernement de la société du lien social réel (matériel) qui unit les hommes. Contre le capitalisme qui expropriait la grande masse des individus au profit de quelques individus, il s'agissait, par la « coopération », de refaire une communauté d'intérêts, celle des individus égalitaires.

Le passage de Desjardins (comme celui des expériences coopératives en générale) par des identités collectives comme la paroisse, la nation ou l'être collectif du discours technocratique, apparaîtrait, à cet égard, une sorte de détour, une immaturité du mouvement dans sa capacité à vraiment faire reposer la communauté des sociétaires sur l'intérêt et la volonté de chaque contractant. Entre l'utopie première du mouvement et la communauté des individus, il aura fallu en quelque sorte un moment intermédiaire où la communauté n'était pas produite par les sociétaires mais déjà là. La figure individualisante mettrait fin à cette tension : c'est le rêve enfin réalisé d'une harmonie spontanée entre l'association et l'entreprise, car l'entreprise n'est dorénavant rien d'autre que la volonté bien comptée de chacun de ses contractants, la somme infinitésimale de ce qui reste après avoir soustrait nos différences, comme le disait Jean-Jacques Rousseau de la volonté générale.

Cette réponse n'est que partiellement vraie toutefois. L'individu des utopistes coopérateurs du XIXe siècle n'était pas uniquement ni toujours cet individu utilitaire définissant essentiellement son bonheur à travers le taux d'intérêt. C'était aussi, chez certains, un idéal démocratique où l'individu habité par une pluralité de passions devait harmoniser son rapport à la communauté et à ses institutions par le débat démocratique.

Mais cette dimension démocratique de la coopération qui viserait à faire de la communauté des sociétaires de Desjardins un lieu où fleurit un débat sur les orientations de Desjardins comme institution et sur la société québécoise en général, personne n'en veut aujourd'hui. Ni l'entreprise institutionnalisée qui mesure sa réussite à sa croissance, ni la communauté des individus sociétaires qui définissent leur appartenance au mouvement Desjardins par le principe d'utilité, ne souhaitent ressusciter cette tension pour qu'elle devienne celle d'une délibération démocratique sur la socio-économie de la société québécoise. Pour nous en convaincre, rappelons que ce sont les instances délibératives de Desjardins, « le Mouvement », qui, lors du dernier référendum, alors que la société québécoise était à nouveau appelée à discuter de son avenir, ont sommé leurs dirigeants de se taire car les termes du débat sur l'avenir du Québec n'étaient pas clairement mesurables eu égard à l'intérêt bien compté des sociétaires comme addition d'individus.

Mais, encore ici, la figure individualisante de Desjardins ne fait-elle pas que reproduire la trame de fond de la société québécoise qui a troqué le vieux nationalisme grégaire pour un nationalisme d'intérêt en évitant ainsi, toujours, de s'interroger sur les conditions d'une construction démocratique d'une société moderne et pluraliste ?

IV

L'INSTITUTION FINANCIÈRE

Participantes et participants

John HARBOUR
Mario FORTIN
André LECLERC
Claude THIVIERGE
Bernard ÉLIE
Marie-France TURCOTTE
Bouchra M'ZALI
Michel NADEAU

L'association coopérative dans le secteur financier : conditions pour en faire une formule gagnante

John Harbour

Les coopératives, ou encore les regroupements de coopératives comme l'est en fait le Mouvement des caisses Desjardins, ne vivent pas sous une bulle de verre. Elles ne sont pas à l'abri de ce qui se passe dans le monde et doivent faire face à la concurrence qui existe dans leur industrie.

Cette nécessaire adaptation à un milieu, à un secteur d'activité et aux besoins des membres qui évoluent avec le temps, n'est pas un impératif nouveau pour les caisses Desjardins. Le membre de 1996 n'a pas les mêmes besoins que celui de 1950 ou de 1910. L'environnement socio-économique et culturel a beaucoup changé au cours des cent dernières années et les caisses, qui existent pour leurs membres et qui doivent suivre l'évolution de leurs besoins, ont elles-mêmes déjà vécu de nombreuses transformations au cours de leur histoire.

Toutefois, la complexification de cet environnement s'est accrue au cours des dernières années, le changement s'étant beaucoup accéléré. Cela a bien sûr une influence sur les conditions de la réussite du projet coopératif dans le secteur financier.

Mais, au-delà du contexte particulier que nous connaissons, il y a selon moi *trois conditions* à remplir pour assurer le succès de l'association coopérative dans le secteur financier. La caisse doit d'abord être voulue par le milieu. Elle a ensuite tout avantage à regrouper ses forces avec d'autres, à s'inscrire dans un réseau. Et finalement, dans une économie de marché, la caisse ou le réseau des caisses doit savoir poser les actions qui lui permettront d'y survivre et d'y prospérer. Voyons cela un peu plus en détail.

La caisse doit être voulue par le milieu.

Cela prend un engagement de la communauté pour qu'une caisse soit fondée. On n'implante pas « de l'extérieur » une caisse dans un milieu. Les caisses sont des institutions financières locales et la démarche de fondation doit être le fruit de la volonté locale. À ce titre, soulignons qu'encore aujourd'hui, au Québec, plus de 17 000 dirigeants et dirigeantes bénévoles, issus de la localité où la caisse a sa place d'affaires, sont engagés dans l'administration et le contrôle des caisses.

Il va sans dire que la caisse doit offrir à ses membres des services financiers fiables, de qualité, adaptés aux besoins et avantageux dans leurs conditions et modalités. Si, au début du siècle, à l'époque d'Alphonse Desjardins, la caisse était la seule institution financière à s'occuper du petit épargnant et du petit emprunteur, il existe aujourd'hui une concurrence féroce sur le marché des services aux particuliers et le membre de la caisse est aussi le point de mire des concurrents.

La caisse a tout avantage à regrouper ses forces avec d'autres caisses.

Dans tous les secteurs d'activité, et partout dans le monde, les coopératives se regroupent, se donnent des structures de soutien et d'appui. Les caisses d'ici ont fait la même chose, se regroupant d'abord en fédérations régionales, puis plus tard en une Confédération. Avec ces structures, elles se sont donné un accès à de nouveaux services et à de nouvelles expertises.

Les caisses se sont ensuite donné une Caisse centrale, de même que des sociétés filiales qui viennent compléter la gamme des services qu'elles sont en mesure d'offrir à leurs membres. Si, aujourd'hui, chaque caisse est la porte d'entrée d'un réseau complet de services financiers, jamais cela n'aurait été possible si les caisses ne s'étaient pas regroupées.

La solidarité des caisses, le fait qu'elles fassent partie d'un réseau, accroît aussi la solidité financière de chacune. De plus, cela permet l'unité de pensée et la coordination de l'ensemble d'entre elles, ce qui augmente d'autant leur force de frappe.

La caisse doit savoir tirer son épingle du jeu dans une économie de marché.

La loi du marché est aussi impitoyable pour les coopératives que pour les autres types d'entreprises. Comme le Mouvement des caisses Desjardins est l'un des principaux intervenants de l'industrie canadienne des services financiers, il doit donc savoir déceler l'évolution de la situation dans cette industrie, cerner les enjeux, pour être en mesure de poser les actions qui lui permettront d'y survivre et d'y prospérer.

S'il en a toujours été ainsi, il faut dire que depuis une bonne dizaine d'années l'industrie des services financiers subit elle aussi les pressions nouvelles qu'entraînent la libéralisation et la déréglementation à l'échelle de la planète.

Quelques tendances clés à l'heure actuelle

On assiste à une complexification de l'offre et de la distribution des produits financiers (augmentation du nombre de concurrents et du nombre de produits offerts : nouveaux joueurs, nouvelles technologies, nouveaux réseaux de distribution). Ce phénomène contribue à l'accroissement de la rivalité entre toutes les institutions financières et les autres sociétés qui offrent maintenant des services financiers (par exemple, ces sociétés que l'on appelle les « non-banques », c'est-à-dire les sociétés de placement, certaines entreprises manufacturières qui offrent du crédit, les compagnies de finance, etc.). Il faut aussi tenir compte du fait qu'avec l'avènement de l'autoroute électronique, la proximité géographique de la succursale est appelée à perdre de l'importance.

Dans ce contexte de plus en plus concurrentiel, et dans une situation de saturation des marchés (étant donné à la fois la faible croissance démographique et la faible croissance de l'emploi), les différentes institutions financières augmentent leurs efforts visant la rétention de leur clientèle, que ce soit en élargissant la gamme des produits offerts, en mettant au point des forfaits de produits financiers de plus en plus adaptés aux différents profils de clientèle ou encore en mettant l'accent sur la souplesse offerte par les nouveaux réseaux de distribution.

Au sein de plusieurs institutions financières, on a maintenant une connaissance très poussée des différents segments de clientèle, de sorte que l'on est capable d'offrir des services ou un ensemble de services très bien ciblés selon les particularités de chaque groupe de clients.

On peut penser aussi à l'avènement (même si les banques viennent de se faire dire que ça ne se fera pas aussi rapidement qu'elles l'auraient souhaité) du décloisonnement complet des quatre piliers financiers. Depuis 1987, les banques ont pris le contrôle de 70 % de l'actif de toutes les sociétés de courtage et de 65 % de l'actif des sociétés de fiducie au pays. Elles chercheront à obtenir la possibilité de faire la même chose avec les compagnies d'assurances d'ici quelques années. Cette concentration des actifs en cours au sein de l'industrie des services financiers permet des économies d'échelle appréciables qui avantagent les plus gros joueurs.

Dans ce contexte, les caisses doivent porter une attention soutenue à certaines dimensions stratégiques si elles désirent conserver la position dominante qu'elles ont sur le marché québécois.

Des dimensions stratégiques

La performance financière du réseau des caisses revêt une grande importance. Pour se donner ensemble une marge de manœuvre financière permettant les nouveaux développements et la mise en œuvre des nouvelles stratégies qui sont nécessaires pour conserver leur position sur le marché, les caisses doivent avoir une bonne capitalisation, maintenir l'équilibre entre la rentabilité et la croissance, voir à la réduction de leurs coûts d'exploitation ainsi qu'à une bonne gestion des risques.

La qualité du service est aussi essentielle aujourd'hui, alors que la sollicitation des membres des caisses par les concurrents n'a jamais été aussi forte. Le personnel des caisses doit avoir une attitude avenante et prévenante envers les membres. Des mécanismes d'écoute et de mesure de la satisfaction des membres doivent être mis sur pied. De même, les caisses doivent être en mesure d'offrir à leurs membres un service-conseil personnalisé et elles doivent trouver réponse à leurs besoins à tous les cycles de leur vie financière.

Le réseau des caisses, appuyé par le réseau de filiales qui lui est complémentaire, a aujourd'hui tout ce qu'il faut pour offrir toute la gamme des services financiers décloisonnés à ses membres, ce qui représente, sans conteste, une des plus grandes forces du Mouvement Desjardins. Mais des efforts doivent néanmoins être faits pour augmenter encore la synergie entre chacune des composantes du Mouvement Desjardins, dans le but de servir encore mieux les membres et les clients.

Desjardins doit encore travailler à augmenter son efficacité en tant qu'organisation. C'est ainsi que le projet de « réingénierie des processus d'affaires dans la caisse », actuellement en cours, permettra aux caisses d'être beaucoup plus pro-actives dans leur relation au membre, de personnaliser leur approche auprès de chacun d'eux pour mieux les guider dans un univers où les produits et services se font toujours plus nombreux et raffinés.

Il va sans dire que tous ces défis se répercutent sur la formation des ressources humaines. La complexité de l'environnement, l'évolution continuelle des technologies, les besoins de membres qui sont de plus en plus exigeants, tout cela demande des efforts désormais continus de mise à jour des connaissances de chacun.

De plus, les modèles de gestion mieux adaptés à un contexte toujours changeant ainsi que la capacité à mobiliser les équipes de travail font partie des compétences de gestion qui sont devenues nécessaires aujourd'hui, des compétences que les gestionnaires des caisses doivent acquérir et parfaire.

Je dirai finalement que les caisses, malgré toutes les pressions qu'elles subissent, doivent aussi s'assurer que les valeurs propres à la coopération sont prises en considération dans les décisions d'affaires. Elles doivent mettre en valeur leur « différence coopérative » et s'assurer que ce sont toujours les intérêts de leurs membres qui sont à la base de leurs initiatives.

Conclusion

Dans le contexte actuel, la caisse doit donc voir au maintien de ce qui la caractérise en tant que coopérative en même temps que prendre les moyens qui s'imposent pour assurer sa pérennité, ce qui veut dire s'organiser pour être en mesure de faire face à la concurrence. Cette « dualité », si je puis dire (coopérative associant des personnes *et* entreprise efficace), fait partie du quotidien des caisses. Ni l'une ni l'autre dimension ne doivent être négligées. Cela constitue, selon moi, la principale condition de la réussite de l'association coopérative dans le secteur financier.

Alphonse Desjardins (1854-1920).

Dorimène Desjardins, épouse et collaboratrice d'Alphonse.

Archives de la Confédération des Caisses Desjardins /1017-01-02

La façade de la Caisse populaire de Lévis aux environs des années 1940.

Archives de la Confédération des Caisses Desjardins /1017-01-02A

L'intérieur d'une caisse populaire d'autrefois.

Archives de la Confédération des Caisses Desjardins / Jean Blais

Le complexe Desjardins à Montréal.

Archives de la Confédération des Caisses Desjardins

Le congrès quinquennal de 1991 du Mouvement Desjardins.

Claude Béland, président depuis 1987 du Mouvement Desjardins.

Croissance et diversification : les économies d'échelle et de gamme dans les caisses populaires et d'économie Desjardins

Mario Fortin, André Leclerc et Claude Thivierge[1]

Introduction

Depuis le début des années 1980, les caisses populaires et d'économie Desjardins ont connu au Québec une croissance de leur actif supérieure à celle des banques à charte. En dollars courants, l'actif des caisses populaires a progressé de 402 % comparativement à 362 % pour les banques à charte[2]. Cette bonne performance sur le plan de la croissance de l'actif permet aux gestionnaires du mouvement de vanter leur efficacité. Mais cette croissance s'est-elle faite dans l'intérêt des membres de la coopérative ?

La présence d'un conflit potentiel entre anciens et nouveaux membres a été soulevée dans les toutes premières recherches empiriques sur les caisses populaires. Par exemple, Taylor écrivait que « [...] lorsque la caisse populaire croît, certains conflits entre les membres peuvent se développer [...][3] », remettant ainsi en question les mérites de l'application du principe de la porte ouverte. Si la demande de crédit des nouveaux membres a pour effet d'augmenter l'intérêt sur le crédit, les anciens membres seront pénalisés. À l'opposé, si l'augmentation de l'offre de dépôts qu'occasionne l'entrée de nouveaux membres fait diminuer le rendement sur l'épargne, on se retrouve devant une autre source de conflit. De plus, comme le soulignent Kohers et Mullis[4], même si l'impact sur les taux d'intérêt était nul, la présence de déséconomies d'échelle, c'est-à-dire une augmentation du coût moyen résultant d'une augmentation de la quantité de

---

1. Nous tenons à souligner la précieuse collaboration de Michel Goulet et d'Yves Dumas, de la Confédération des caisses populaires et d'économie Desjardins, qui nous ont fourni les données nécessaires à la réalisation de cette étude. André Leclerc aimerait remercier la Chaire d'études coopératives de l'Université de Moncton du soutien qu'elle lui a accordé.

2. Statistique Canada, catalogues 61-006 et 61-008, et *Revue de la Banque du Canada*.

3. R.A. Taylor (1972). « Economies of Scale in Large Credit Unions », *Applied Economics*, vol. 4, n° 1, p. 33.

4. Kohers et D. Mullis (1988). « An Update on Economies of Scale in Credit Unions », *Applied Economics*, vol. 20, n° 12, p. 1653-1659.

services produits, pourrait réduire les rendements nets des membres actuels au fur et à mesure que de nouveaux membres intègrent l'entreprise. Cette problématique a créé un intérêt pour l'étude de la présence ou non d'économies d'échelle dans les caisses populaires. En plus de nous permettre de justifier l'intérêt des gestionnaires pour la croissance, les résultats de ces travaux peuvent aussi nous fournir de l'information sur la taille optimale de chaque caisse.

Par ailleurs, la croissance rapide de l'actif des caisses populaires s'est faite à un moment où l'on assistait à une diversification des services offerts par les institutions du secteur de l'intermédiation financière. À la problématique des économies d'échelle, s'ajoute donc celle des économies de gamme. Ces dernières existent si le coût total de la production conjointe de services par une seule entreprise est inférieur à la somme des coûts de production par les entreprises spécialisées. Dans le cas des caisses, cela signifie pratiquement qu'il vaut sans doute mieux être une institution financière qui fait à la fois des dépôts et des prêts que d'avoir deux institutions distinctes, l'une se spécialisant dans les prêts et l'autre dans les dépôts. Ou encore, c'est parce qu'il y a économies de gamme que les caisses offrent des services d'assurance de prêts, avantages que la réglementation interdit encore aux banques à charte. En théorie, les économies de gamme peuvent donc permettre de mieux comprendre les efforts de diversification entrepris par les institutions financières. Sur le plan politique, elles nous offrent une information pertinente pour vérifier si les législateurs ont raison de favoriser le décloisonnement des institutions financières.

Au plan pratique, les études sur les économies d'échelle des caisses revêtent actuellement beaucoup d'importance. En effet, la performance financière récente des petites caisses éloignées des grands centres urbains a dans l'ensemble été meilleure que celle des caisses urbaines de grande taille. Parallèlement, la taille moyenne des caisses locales, soit d'environ quarante millions de dollars, est bien inférieure à la taille moyenne des succursales des grandes banques à charte, qui est, elle, d'environ cent millions de dollars. Ces deux éléments amènent des questions directement reliées à la taille optimale des caisses. L'efficacité opérationnelle du réseau des caisses est-elle accrue ou amoindrie par la taille moyenne plus faible ? La meilleure rentabilité des petites caisses résulte-t-elle d'une perte d'efficacité organisationnelle des grandes caisses urbaines ? Cette étude offre une partie des réponses.

La spécification de la fonction de coût de la caisse populaire

Les travaux sur les économies d'échelle dans les caisses populaires ont été menés suivant trois approches méthodologiques distinctes et ont conduit à des résultats partagés. La première vague de travaux s'inspirait des travaux de

Benston[5] et se concentrait sur la problématique des économies d'échelle. On estimait alors un modèle dérivé d'une fonction de coût Cobb-Douglas. Dans ce contexte analytique, Flannery[6] et Koot[7], dans des études portant sur les *credit unions* américaines, concluent en la présence d'économies d'échelle. De leur côté, Wolken et Navratil[8] et Murray et White[9], dans des études portant respectivement sur les *credit unions* des États-Unis et de la Colombie-Britannique, obtiennent un résultat inverse.

La seconde approche est celle privilégiée par Kohers et Mullis[10] dans leur étude sur les économies d'échelle dans les *credit unions* américaines. Ils testent la présence d'économies d'échelle en regroupant dans un premier temps les caisses selon la taille de l'actif total. Par la suite, ils couplent des caisses de différentes catégories pour vérifier s'il existe des différences favorisant les grandes caisses dans les coûts d'opération par rapport à l'actif total et les coûts d'opération par rapport au revenu d'opération. Les résultats supportent l'hypothèse que les grandes caisses sont plus efficaces que les petites.

Ces deux approches présentent des limites importantes. D'abord, elles se concentrent uniquement sur les économies de taille, alors que, dans les faits, la gamme de produits est primordiale. Par exemple, les dépôts à terme nécessitent l'usage de moins de ressources que l'épargne opérations, car le nombre de transactions effectuées par dollar d'actif est plus faible. En termes concrets, cela veut dire que les coûts ne dépendent pas seulement de la taille de l'entreprise, mesurée par l'addition des actifs par exemple, mais aussi du type de produits financiers offerts. Il est donc essentiel, à la suite de Kim[11], de reconnaître le caractère multi-produits de la production des institutions bancaires. Par ailleurs, l'approche fondée sur la courbe de coût Cobb-Douglas a progressivement été rejetée parce que les conditions restrictives imposées à la fonction de production n'étaient pas valides.

---

5. G.J. Benston (1972). « Economies of Scale of Financial Institutions », *Journal of Money, Credit and Banking*, vol. 4, n° 2, p. 312-341.
6. M.J. Flannery (1974). « An Economic Evaluation of Credit Unions in the United States », Federal Reserve Bank of Boston, *Research Paper* n° 54, 171 pages.
7. R.S. Koot (1978) « On Economies of Scale in Credit Unions », *Journal of Finance*, vol. 33, n° 4, p. 1087-1094.
8. J.D. Wolken et F.J. Navratil (1980). « Economies of Scale in Credit Unions : Further Evidence », *Journal of Finance*, vol. 35, n° 3, p. 769-777.
9. J.D. Murray et R.W. White (1980). « Economies of Scale and Deposit-Taking Financial Institution in Canada : A Study of British Columbia Credit Unions », *Journal of Money, Credit, and Banking*, vol. 12, n° 1, p. 58-70.
10. Kohers et Mullis (1988). *Op. cit.*
11. M. Kim (1986). « Banking Technology and the Existence of a Consistent Output Aggregate », *Journal of Monetary Economics*, vol. 18, n° 1, p. 181-195.

La présente étude s'inscrit dans la tradition récente de l'analyse des coûts des institutions financières dans un environnement multi-produits et s'inspire d'études similaires effectuées sur les banques à charte (Kim[12]), les *credit unions* de la Colombie-Britannique (Murray et White, et Youn Kim[13]) et les *building societies* britanniques (Hardwick[14]). Nous avons donc, nous aussi, privilégié une spécification plus générale, la fonction de coût dite translogarithmique, dans le but d'obtenir une plus grande flexibilité.

Une fonction translogarithmique permet de faire une approximation quadratique de la fonction de coût de l'entreprise autour de la moyenne. La seule limite méthodologique de cette fonction découle de la tranformation logarithmique. Comme cette dernière n'est définie que pour les valeurs positives, la méthode ne peut s'appliquer si un des produits ou un des facteurs de production est absent. Cependant, si notre étude est, au plan méthodologique, semblable aux travaux les plus récents sur ce sujet, elle s'en distingue néanmoins par la quantité et la qualité des observations.

Les données que nous avons utilisées portent sur 1316 caisses. Il s'agit de loin de la plus grande base de données jamais utilisée pour ce type d'études. À titre de comparaison, Hardwick[15] disposait, avec 97 observations, de la plus grosse base de données utilisée pour traiter cette question. Ainsi, même si nous avons dû éliminer tous les dossiers pour lesquels la valeur au livre du capital physique était nulle ainsi que les caisses qui sont absentes dans une catégorie de prêts[16], notre estimation s'est tout de même effectuée sur 1191 caisses. Soulignons par ailleurs que la mesure des variables est de très bonne qualité puisque les données proviennent directement du système comptable de la Confédération des caisses populaires et d'économie Desjardins et couvrent la période de douze mois se terminant en septembre 1995.

---

12. *Idem.*
13. J.D. Murray et R.W. White (1983). « Economies of Scale and Economies of Scope in Multiproduct Financial Institutions : A Study of British Columbia Credit Unions », *Journal of Finance*, vol. 38, n° 3, p. 887-902. ; et H. Youn Kim (1986). « Economies of Scale and Economies of Scope in Multiproduct Financial Institutions : Further Evidence from Credit Unions », *Journal of Money, Credit and Banking*, vol. 18, n° 2, p. 220-226.
14. P. Hardwick (1989). « Economies of Scale in Building Societies », *Applied Economics*, vol. 21, n° 10, p. 1291-1304.
15. P. Hardwick (1990). « Multi-Product Cost Attributes : a Study of U.K. Building Societies », *Oxford Economic Papers*, vol. 42, n° 2, p. 446-461.
16. La valeur nulle du capital physique au bilan vient surtout de petites caisses qui louent leur capital physique. L'absence la plus fréquente d'une catégorie de prêts est apparue surtout dans les caisses d'économie, dont plusieurs n'effectuent pas de prêt commercial.

La méthodologie empirique

La variable que nous voulons expliquer est le coût total d'opération, soit le coût total excluant les dépenses en intérêt. Ce coût est expliqué par la production de six produits distincts, soit trois types de prêts et trois types de dépôts, par l'usage de trois facteurs de production et par trois variables susceptibles de capturer des éléments de coût spécifiques à chaque caisse.

Le prix des facteurs de production est défini comme un prix unitaire. Ainsi, le prix unitaire du travail est donné par le rapport entre les dépenses en main-d'œuvre, incluant donc les salaires et les bénéfices, et le nombre d'employés. Le prix unitaire du capital correspond approximativement aux dépenses en capital physique divisées par la valeur du stock de capital. De son côté, le prix des autres facteurs vient du rapport entre les autres dépenses d'opération et les autres composantes de l'actif, soit l'actif total moins le capital physique.

À ces variables de départ, s'ajoutent trois variables de contrôle pour mieux spécifier les particularités de chaque caisse. L'une d'elle découle de l'hétérogénéité des clientèles telle qu'elle se reflète dans l'actif par membre. Nous postulons que plus l'actif par membre est petit, plus la caisse populaire doit traiter un nombre élevé de transactions par dollar d'actif, ce qui augmente les coûts. Le coefficient associé à cette variable devrait donc être négatif.

Deuxièmement, pour tenir compte des chocs dans les coûts occasionnés par un déséquilibre à court terme[17], nous avons utilisé la croissance de l'actif de la caisse durant cet exercice financier. Une croissance non planifiée de l'actif devrait provoquer une hausse des coûts à court terme.

Enfin, nous avons ajouté une variable qui rend compte de l'environnement dans lequel la caisse agit afin de distinguer les milieux fortement urbanisés de ceux qui le sont moins. Pour ce faire, nous avons construit une variable évaluant la densité de la population desservie par la caisse en mesurant le nombre de codes postaux, identifiés ici par les trois premiers éléments, regroupant plus de cent membres. Ce nombre varie entre 1 et 2 pour les caisses en milieu rural, se situe à une dizaine dans une ville comme Sherbrooke, est entre 20 et 30 dans l'agglomération urbaine de Québec et dépasse 40 dans celle de Montréal. Cette variable capture deux éléments distincts. Elle permet tout d'abord d'évaluer le degré de concurrence auquel fait face la caisse populaire. Comme un environnement plus concurrentiel devrait contraindre la caisse locale à augmenter son efficacité, il pourrait donc y avoir une relation inverse entre cette variable et le coût d'opération. Par contre, un autre effet est possible. Une plus grande densité d'occupation du sol s'accompagne en général d'une

---

17. J.D. Murray et R.W. White (1983). *Op. cit.*

augmentation du coût du capital immobilier. Si cet effet domine, cette variable aura un effet positif sur le coût total. A priori, le signe de ce coefficient est donc incertain.

Finalement, le modèle se complète par l'estimation des déterminants des parts de coût. Chacune de ces parts est donnée par le rapport entre la dépense attribuable à un facteur de production et le coût total d'opération. Comme une des trois équations de parts est résiduelle des deux autres, on ajoute à l'équation du coût total deux équations de parts de facteurs. Le modèle complet comprend donc trois équations comprenant 91 paramètres distincts. Ces trois équations sont estimées simultanément en utilisant la procédure dite de *seemingly unrelated regression* (SUR) itérative proposée par Zellner, soit la méthode d'estimation donnant les estimateurs les plus puissants.

Les résultats

Nous nous sommes intéressés à deux types de résultats[18]. Le premier concerne l'économie d'échelle globale ÉÉG. Si les coûts augmentent d'une proportion inférieure à la hausse de la production, on aura un coefficient associé à l'ÉÉG inférieur à 1. Si, par contre, le coefficient associé à l'ÉÉG est supérieur à 1, nous serons en présence de déséconomies d'échelle globales, les coûts augmentant alors plus rapidement que la production. Si le coefficient est unitaire, il y a alors rendement constant à l'échelle et le coût unitaire est insensible à la taille de la caisse.

Notons en premier lieu que le modèle a une excellente capacité explicative des écarts de coût total entre les caisses, puisque le R^2 de l'équation de coût est de 0,961. Les trois variables visant à capturer l'hétérogénéité entre caisses sont significatives. L'actif par membre a un coefficient de – 0,157, ce qui signifie qu'a un niveau d'actif donné, une augmentation de 1 % de l'actif par membre réduit le coût unitaire de 0,157 %. La variable de croissance a elle aussi un effet négatif statistiquement significatif, mais son impact estimé sur les coûts est très faible. La variable de densité a pour sa part un effet positif sur les coûts. Cela signifie que les caisses localisées en milieu fortement urbanisé ont des coûts d'opération plus élevés que les caisses situées en régions périphériques. Le signe positif associé à l'effet croisé entre la densité et le prix du capital montre que l'effet de la densité sur les coûts découle bel et bien d'une augmentation significative du prix du capital lorsque la densité est plus forte.

18. Les résultats complets du modèle ainsi qu'une explication détaillée de la procédure d'estimation sont disponibles sur demande.

Le tableau 1 présente les résultats sur les économies d'échelle globales pour l'ensemble des caisses populaires et d'économie et ensuite pour cinq catégories de taille d'actif. Les écarts types sont entre parenthèses. Lorsque le modèle est estimé sur l'ensemble des caisses, les coefficient associé aux économies d'échelle globales (ÉÉG) est de 0,960 et est statistiquement inférieur à l'unité au niveau habituel de confiance. Cela indique donc la présence d'économies d'échelle. Soucieux de vérifier à quelle taille on retrouve le plus souvent les économies, et également si l'on peut définir le seuil minimal d'efficacité, nous avons par la suite procédé à des estimations séparées sur des groupes de caisses de taille différente. On constate qu'il y a des économies pour les petites caisses du groupe 1, soit celles ayant un actif inférieur à dix millions de dollars. Par contre, pour les 490 caisses ayant une taille comprise entre dix et quarante millions, soit les groupes 2 et 3, on constate des déséconomies d'échelle significatives. Finalement, dans le groupe 4, soit les caisses dont l'actif est situé entre quarante et quatre-vingts millions, et le groupe 5 constitué des grosses caisses ayant un actif supérieur à quatre-vingts millions, on trouve d'importantes économies d'échelle. Le coefficient de 0,87 observé dans le groupe 5 implique qu'une caisse de cent soixante millions de dollars produit à un coût moyen inférieur d'environ 6 % au coût moyen d'une caisse ayant un actif de quatre-vingts millions.

Tableau 1

Résultats sur les économies d'échelle globales

	TOTAL	GR1	GR2	GR3	GR4	GR5
Actif moyen en millions de dollars	40	5,9	14,5	29,1	56,5	120
Observations	1 191	250	240	286	245	170
ÉÉG	0,960	0,905	1,046	1,047	0,924	0,872
	(0,007)	(0,018)	(0,021)	(0,020)	(0,022)	(0,012)

Les résultats sur les économies de gamme ne peuvent être rapportés dans le détail ici. Les six produits que nous avons retenus comportent en effet quinze paires de produits différentes dont l'éventuelle complémentarité doit être testée. Avec les six estimations différentes que nous avons effectuées, cela donne 90 coefficients à présenter. Plutôt que de tous les présenter, nous indiquerons brièvement ici les tendances générales observées dans l'estimation effectuée pour l'ensemble des caisses. Le premier résultat principal est que le prêt commercial témoigne de déséconomies de gamme avec tous les produits, sauf avec le prêt hypothécaire. Cette conclusion est peu surprenante car le prêt commercial amène un nombre élevé de transactions, donc un usage plus grand de ressources. D'ailleurs, l'épargne-opérations affiche des déséconomies de gamme avec tous les types de prêts. Par ailleurs, on observe des économies de gamme entre les prêts, peu importe leur type, et l'épargne à terme. En d'autres mots, l'intermédiation financière est plus efficace que le prêt sans dépôt.

Conclusion

Nous avons pu estimer la fonction de coût des caisses populaires et d'économie du Mouvement Desjardins. La base de données que nous avons constituée est très précise et comporte un très grand nombre d'observations. Elle présente également une grande variabilité de la taille, ce qui est avantageux pour l'estimation. Nous avons également pu inclure un certain nombre de variables de contrôle pour conclure à une certaine hétérogénéité des coûts non attribuable à la taille ni aux produits. Nos résultats font ressortir une technologie ayant des économies d'échelle et certaines complémentarités inter-produits.

De cette étude, nous pouvons aussi conclure que la performance financière relativement plus faible des grandes caisses urbaines n'est pas due à un effet de taille, mais plutôt à un effet de localisation qui se traduit par un prix plus élevé du capital. Par ailleurs, la petite taille moyenne des caisses a vraisemblablement un effet néfaste sur l'efficacité de leur production. La prudence s'impose cependant avant d'en tirer des conclusions sur la rentabilité, car l'estimation que nous avons faite n'explique pas les revenus. Ainsi, les déséconomies de gamme entre le prêt commercial et les autres activités, qui témoignent d'un accroissement de coût, n'impliquent pas nécessairement une plus faible rentabilité des caisses actives dans le prêt commercial. En effet, un nombre accru d'opérations associées à la présence de ce type de prêts constitue une source additionnelle de revenus qui peut compenser les coûts.

Le Mouvement Desjardins de l'an 2000 : des changements obligés

Bernard Élie

Depuis quinze ans, les principaux acteurs financiers au Canada ont dû et doivent toujours faire face à des changements dans le secteur financier. Le Mouvement Desjardins est dans une position particulière pour réagir aux transformations de ce secteur et de la nature des opérations. Le phénomène de la globalisation des marchés financiers a entraîné des changements qualitatifs et quantitatifs auxquels *tous* les établissements financiers ont dû répondre. Le protectionnisme et la sécurité que conféraient les législations nationales se sont effrités et, dans un contexte ouvert, de nouvelles stratégies durent être établies. De même, le cloisonnement des grandes activités financières au Canada s'estompa et l'on assista à une plus vive concurrence et à une forte concentration des entreprises financières. Le Mouvement Desjardins n'a pas échappé à ces bouleversements. Pourra-t-il garder sa spécificité ? Est-il devenu un conglomérat financier comme les autres ?

Un marché financier homogénéisateur

Globalisation et concentration

Depuis le début des années 1980 des changements importants transformèrent les marchés financiers. Ces transformations débutèrent sur les marchés internationaux des capitaux et gagnèrent peu à peu les marchés nationaux, provoquant de vastes restructurations aussi bien dans la réglementation que dans l'organisation du secteur financier.

L'intermédiation financière traditionnelle, le rôle des établissements comme intermédiaires entre prêteur et emprunteur, fit place à des modes de financement sur la base de titres, c'est ce que l'on appela la « sécuritisation » de l'anglais *securities* ou encore la « titrisation ». Les établissements de dépôts se mutèrent en opérateurs sur les marchés internationaux de capitaux pour le compte d'entreprises ou de pays émetteurs de titres. Un prêt lie le débiteur et le créancier dans une relation fixe, il n'y a pas de marché secondaire où le créancier puisse se départir de sa créance. Alors qu'une obligation, par exemple, peut être vendue sur des marchés très bien organisés. Cette transformation qualitative procédait de la volonté des établissements prêteurs d'avoir des actifs plus souples pour minimiser le risque de défaillance de leurs débiteurs. La crise de l'endettement dans certains pays du tiers-monde explique en bonne partie ce changement chez les créanciers. Les établissements financiers firent preuve d'une grande imagination en multipliant les innovations financières.

Nous sommes passés ainsi d'une juxtaposition des marchés financiers et monétaires nationaux cloisonnés auxquels se superposait l'euromarché à un système financier intégré à l'échelle mondiale. Les différences entre les établissements financiers s'estompèrent et les barrières entre les places financières disparurent. En effet, la déréglementation qui s'ensuivit homogénéisa et réduisit les obstacles à la circulation des capitaux.

L'instabilité des taux d'intérêt et des taux de change provoquèrent sur les marchés des réflexes de prudence pour des établissements peu enclins à prendre des risques. Ce fut l'essor des nouveaux instruments financiers et des opérations hors bilan qui visaient à se prémunir contre les aléas des marchés. Les risques de marché se divisent en trois sous-catégories : le *risque de change*, c'est-à-dire la possibilité que la valeur d'un avoir ou d'un engagement fluctue par suite de variations du taux de change ; le *risque de taux d'intérêt*, c'est-à-dire la possibilité que la valeur d'un instrument financier fluctue en raison de l'évolution des taux d'intérêt sur le marché ; et le *risque de cours du marché*, c'est-à-dire la possibilité que la valeur d'un avoir ou d'un engagement fluctue en raison de l'évolution du cours des titres ou des marchandises.

La globalisation ou la mondialisation des opérations sur les marchés financiers constitue une évolution qui nous oblige à repenser nos critères d'analyse. En effet, nous avons l'habitude d'une représentation binaire des relations économiques : elles sont nationales ou internationales, en monnaie nationale ou en monnaies étrangères. Cette dichotomie met l'accent sur la dimension géographique et la nationalité des intervenants. Nos instruments d'analyse, comme la balance des paiements internationaux, en sont tributaires. Mais aujourd'hui les distinctions ne sont plus aussi simples. D'une part, les distances géographiques ont presque disparu, les nouvelles technologies de communication et la déréglementation des secteurs financiers ont rapproché les acteurs et les marchés. L'homogénéisation des conditions offertes sur les marchés et les possibilités plus grandes d'arbitrage des établissements financiers contribuent à effacer les différences. Cela est particulièrement frappant pour les conditions offertes dans une même monnaie aux niveaux national et international. D'autre part, la nationalité ou la résidence des emprunteurs ou des investisseurs finaux n'est pas chose facile à établir. Dans ce nouveau monde, les agents économiques ont de plus en plus une vision globale et un comportement plus homogène.

Cette globalisation a vraiment débuté au milieu des années 1970. Certes, les pratiques d'alors étaient encore traditionnelles, mais, avec le recul, le développement des activités de l'interbancaire annonçait la floraison d'innovations financières et la complexification des marchés dans les années 1990. La globalisation d'une partie des opérations financières est d'autant plus significative qu'elle confirme l'existence de circuits financiers sur lesquels les autorités monétaires ont peu de contrôle et qui ont un impact certain sur l'évolution et la détermination des taux de change et des taux d'intérêt. La simple distinction du national et de l'international ne rend pas bien compte de l'autonomie du secteur financier aussi bien face au secteur de la production que face aux pouvoirs des États.

Pour se prémunir contre les fluctuations dans les différentes catégories d'actif, les établissements financiers ont voulu diversifier leurs champs d'activité. Le décloisonnement devenait le centre de la stratégie financière. Au Canada, le système financier a toujours été caractérisé par une certaine spécialisation des établissements : banque commerciale, assurance, courtage, coopérative d'épargne ou de crédit et fiducie. Ce cloisonnement était loin d'être parfaitement étanche, mais le législateur a toujours voulu limiter le chevauchement des activités financières pour protéger les citoyens. Par exemple, les banques à charte se sont vu interdire très longtemps les prêts hypothécaires considérés comme peu sûrs et trop aléatoires. Cet interdit fut partiellement levé lors de la révision de la *Loi des banques* de 1954, puis élargi en 1967 et finalement retiré en 1991.

Le nouveau cadre législatif canadien

Au cours des années 1980, les banques ont peu à peu envahi le secteur canadien des valeurs mobilières ; déjà elles étaient très actives sur ces marchés à l'étranger. Cela traduisait la nouvelle tendance des gros emprunteurs à se détourner des emprunts bancaires pour se financer sur le marché des valeurs mobilières. Le gouvernement fédéral adopta une loi qui permettait aux établissements financiers constitués sous le régime des lois fédérales d'avoir des filiales dans le domaine des valeurs mobilières (1987). Rapidement, les grandes banques à charte ont pris le contrôle de la plupart des principales maisons de courtage et réclamèrent le droit de s'adonner aux autres activités financières. Le Mouvement Desjardins bénéficiait depuis déjà très longtemps de ce décloisonnement (pop-sac-a-vie-sau-sec et fi-co-pin !) ; les banques le menaçaient désormais.

La dernière révision de la *Loi des banques* (1991) confirma le décloisonnement du secteur financier canadien. La loi vint renforcer cet état de fait et l'étendit en autorisant la constitution de groupes financiers regroupant plusieurs champs d'activité financière. Le législateur a gardé une certaine prudence en ne permettant pas la fusion des bilans : les entités d'un groupe financier restent des établissements autonomes sur le plan comptable. Depuis, par l'intermédiaire de groupes financiers, les grandes banques canadiennes, tout comme le Mouvement Desjardins, ont absorbé des sociétés de fiducie, des sociétés d'assurances, des courtiers en valeurs mobilières et des sociétés d'investissement. Le Mouvement Desjardins, par l'intermédiaire de la Société financière Desjardins Laurentienne inc. (SFDL), filiale en propriété exclusive de la Société financière des caisses Desjardins inc. (SFD), fit l'acquisition de la Corporation du Groupe La Laurentienne (CGLL), le 1er janvier 1994. Ce groupe était formé de la Banque Laurentienne, de la Laurentienne Financière et de la Laurentienne Générale. Ce puissant mouvement de concentration dans le petit monde financier canadien allait conduire rapidement à la création de quelques grands conglomérats financiers réunis autour des six premières banques à charte et du Mouvement Desjardins. Selon la *Loi des banques* un groupe financier peut être :

> selon le cas : a) une banque ; b) une personne morale régie par la *Loi sur les sociétés de fiducie* ou la *Loi sur les sociétés de prêt* ; c) une société coopérative régie par la *Loi sur les associations coopératives de crédit* ; d) une compagnie d'assurance régie par les parties I à VII de la *Loi sur les compagnies d'assurance canadiennes et britanniques* ; e) une société de fiducie, de prêt ou d'assurance constituée en personne morale et régie par une loi provinciale ; f) une société coopérative de crédit constituée en personne morale et régie par une loi provinciale ; g) une entité constituée en personne morale ou formée sous le régime d'une loi fédérale ou provinciale et dont l'activité est principalement le commerce des valeurs mobilières, y compris la gestion de portefeuille et la fourniture de conseil de placement ; h) une institution étrangère (art 2).

Le Mouvement Desjardins fait maintenant face à une concurrence des banques à charte dans tous ses secteurs d'activité. Ce modèle « d'établissement universel » est la nouvelle réalité et il est d'autant plus fort que l'*Accord de libre-échange canado-américain* de 1989 consacrait l'ouverture de notre secteur financier à nos voisins du sud : les résidents américains sont considérés sur le même pied que les Canadiens (art. 397 de la *Loi des banques* de 1991). Dans cette ambiance d'ouverture et d'homogénéisation, que peut faire le Mouvement Desjardins ?

Est-ce que le Mouvement Desjardins peut se limiter au seul marché québécois ? Est-ce que sa forteresse québécoise résistera à l'assaut de ses nouveaux concurrents ? Est-ce qu'au contraire le Mouvement Desjardins doit aller sur le terrain des autres et faire front ? Cette homogénéisation lui fera-t-elle perdre son caractère coopératif et communautaire ?

Le Mouvement Desjardins en transformation

La décision fut la guerre. La survie passe par la conquête, l'expansion devra se faire hors Québec, au Canada comme au plan international. En devenant l'actionnaire majoritaire de la Corporation du Groupe La Laurentienne, le Mouvement a voulu renforcer son réseau au Canada et à l'étranger et réorganiser ses activités financières. Pour poursuivre cette stratégie d'expansion et de diversification, deux armes sont fondamentales : la capitalisation et la réorganisation du Mouvement. Le capital, c'est le nerf de la guerre, et la réorganisation, c'est la mobilité des troupes, c'est la souplesse pour faire face aux changements. Mais dans la bataille, va-t-on oublier les finalités du mouvement ?

La capitalisation : interne — externe

La suffisance en capital permet au Mouvement d'assurer sa croissance et son développement. Dans une coopérative, le capital se limite normalement aux parts sociales, une par membre, et aux trop-perçus versés en réserve. Contrairement à une société à capital public, qui peut émettre des actions pour accroître son capital propre, une caisse populaire est limitée aux parts vendues à ses membres et à sa capacité d'alimenter ses réserves par ses trop-perçus. Cette position défavorable est un frein à la capacité de concurrencer les autres établissements financiers. L'accroissement de l'actif du Mouvement Desjardins depuis quinze ans (il a sextuplé passant de 11,5 à 77,6 milliards de dollars) l'a obligé à revoir ses sources de capitalisation. La loi de 1988 permettra l'introduction de nouveaux moyens de cueillette de capital.

L'avoir propre des caisses est composé du capital social et des réserves. Selon la nouvelle loi, le capital social autorisé recouvre trois formes de parts sociales. Les *parts de qualification* (les anciennes parts sociales) d'une valeur nominale de cinq dollars, remboursables et donnant un droit de vote par membre ; les *parts permanentes* d'une valeur nominale de dix dollars, remboursables et ne conférant aucun droit de vote comme les *parts privilégiées*. Ces deux dernières parts sont rémunérées à un taux d'intérêt déterminé par chaque caisse à son assemblée générale annuelle.

Dans chaque caisse, la réserve qui provient des trop-perçus est répartie en une *réserve d'opérations*, qui cumule les sommes affectées par l'assemblée générale, et une *réserve de plus-value* qui représente la quote-part de chaque caisse dans les surplus cumulés des sociétés de portefeuille Desjardins.

Les parts et les réserves constituent *l'auto-capitalisation* du Mouvement (3 968 millions de dollars, voir l'annexe A). Seules les parts permanentes et privilégiées sont rémunérées à un taux d'intérêt qui ne peut s'éloigner trop des taux du marché. Ainsi, seulement 13,7 % de « l'avoir des sociétaires » est rémunéré, alors que pour l'ensemble des banques à charte canadiennes le capital-actions représente en moyenne 50 % de l'avoir des actionnaires. La Banque Nationale du Canada, principale concurrente du Mouvement au Québec, a un avoir des actionnaires composé à 69,9 % de capital-actions. Bien que nouvelle dans le paysage du Mouvement et relativement faible, la rémunération de l'avoir des sociétaires constitue une première contrainte de marché pour le mouvement coopératif. À ces parts, il faut ajouter la part des actionnaires sans contrôle dans les filiales de Desjardins qui obtient des dividendes : la part du capital rémunéré atteint alors 29,3 %.

La modification de la *Loi sur les caisses d'épargne et de crédit*, en 1994, permet l'ajout de nouveaux moyens de capitalisation par l'intermédiaire de la société Capital Desjardins, rattachée à la Confédération, pour rejoindre les grands marchés de capitaux tant canadiens qu'étrangers. Les « débentures Desjardins » vont donner au Mouvement « les coudées franches pour accroître son capital à la mesure de ses besoins[1] ». Si l'on ajoute cette nouvelle forme de capitalisation externe à la part des actionnaires sans contrôle dans les filiales, nous obtenons 36,1 % des fonds propres provenant d'un financement externe et 44,9 % des fonds propres provenant d'un financement rémunéré selon les marchés.

La contrainte du marché

(en millions de dollars au 31 décembre 1995)

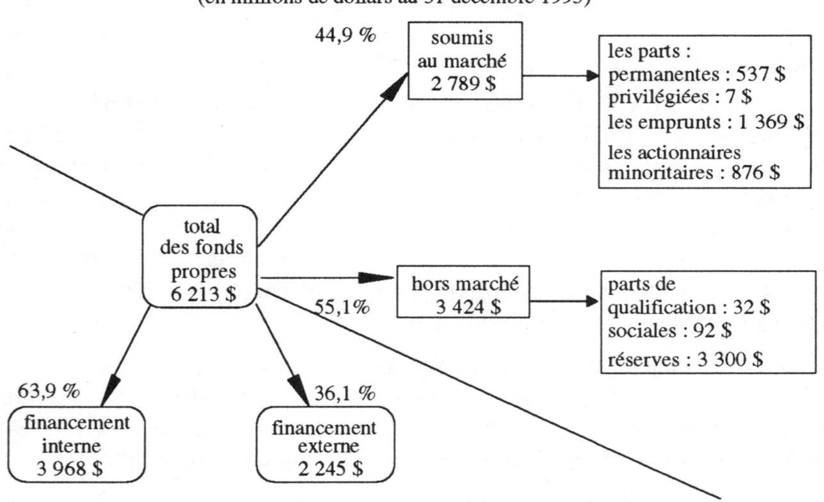

Source : Annexe A.

Ainsi, près de la moitié de la capitalisation du Mouvement (en 1995) est soumise à la *contrainte du marché*. Bien que le capital ne soit pas synonyme d'anti-coopératisme, il est certain que la contrainte du marché influencera le

1. Le Mouvement des caisses Desjardins. *Rapport annuel 1994*, p. 5.

fonctionnement du Mouvement Desjardins. Le jour où les rendements devront être les mêmes que ceux des autres établissements financiers, pour satisfaire les *investisseurs*, la stratégie et l'action du Mouvement pourront-elles rester les mêmes ?

Avec cette capitalisation liée au marché, il sera très difficile de retenir des bailleurs de fonds en ne leur proposant pas des rendements équivalents à ceux des autres véhicules de placement. Dès lors, le Mouvement Desjardins devra avoir des activités et des stratégies de portefeuille très semblables à celles de ses concurrents.

Dans ces conditions, il n'est pas étonnant que dans son rapport annuel le Mouvement adhère *volontairement* aux normes de la Banque des règlements internationaux (la BRI) en matière de capital imposées aux banques. Le comité de Bâle de la BRI a suggéré le calcul d'un ratio de capital selon l'actif pondéré en fonction des risques qui fut imposé aux banques à charte par les autorités monétaires canadiennes. Ce calcul donne un résultat plus que suffisant pour Desjardins (9,82 %, le minimum exigé est 8 %, voir l'annexe B). Outre cette référence aux normes bancaires, le rapport annuel présente aussi les cotes de crédit des grandes agences de cotation. Desjardins est un mouvement qui recourt de plus en plus au financement rémunéré et externe et doit se plier aux exigences des marchés de capitaux. « Malgré le resserrement des exigences des agences de cotation, les cotes de crédit demeurent de première qualité, grâce notamment à l'engagement formel (*sic*) des fédérations membres de maintenir des ratios de capital de base de la Caisse centrale à des niveaux minimums[2]. »

Les cotes de crédit

Les agences	Court terme	Moyen et long termes
Standard & Poor's	A-1+	AA
Moody's	P-1	Aa3
Canadian Bond Rating Service	A-1+	A+
Dominion Bond Rating Service	R-1M	AA

Source : Le Mouvement des caisses Desjardins. *Rapport annuel 1994*, p. 3.

Ces changements *obligés* dans la stratégie de capitalisation du Mouvement ne le mettent plus à l'abri des influences extérieures pour la collecte de

2. Le Mouvement des caisses Desjardins. *Rapport annuel 1994*, p. 33.

ces fonds propres et ainsi pour ses choix de développement. Cette ouverture n'est pas homogène dans le Mouvement. Elle vise surtout les sociétés de portefeuille de Desjardins, mais elle aura un impact sur toutes les entités du groupe.

La réorganisation du Mouvement

Le Mouvement Desjardins possède une structure à trois niveaux : les caisses, les fédérations et la Confédération avec la Caisse centrale et la Société financière des caisses Desjardins. La Confédération, son conseil d'administration et le comité des directeurs généraux assurent la coordination et le leadership du Mouvement ainsi que le contrôle des sociétés de services et de portefeuille.

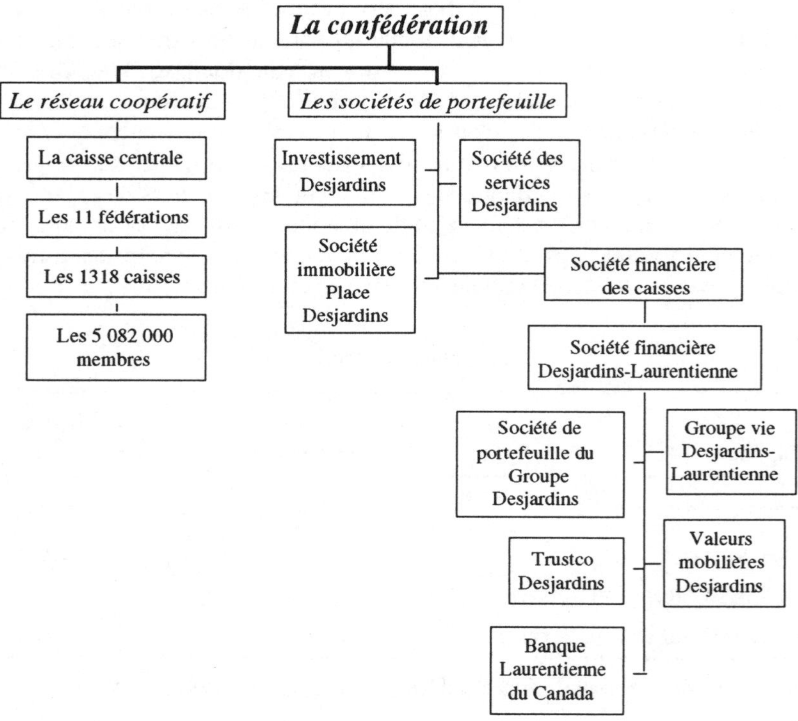

En réalité, la structure du Mouvement est à deux volets : le réseau coopératif et les sociétés de portefeuille. La Confédération joue un rôle central dans le groupe : elle supervise le réseau coopératif, avec la Caisse centrale Desjardins, et les sociétés de portefeuille avec la Société financière des caisses Desjardins.

Depuis sa constitution, en 1979, le rôle de la Caisse centrale Desjardins est devenu de plus en plus important. Comme agent financier des diverses composantes du Mouvement, la Caisse centrale assure en particulier le règlement financier de la compensation — elle est associée à la Banque du Canada — et les services interbancaires. Aujourd'hui, la plupart des fédérations lui confient la gestion de leur portefeuille de liquidités et de leur encaisse. Elle a pris en charge le service de courtage institutionnel et représente le Mouvement auprès de la Caisse canadienne de dépôt des valeurs.

Avec l'acquisition de la Corporation du Groupe La Laurentienne, le Mouvement a réorganisé son secteur financier. La Société financière des caisses Desjardins est devenue le maître d'œuvre dans l'assurance-vie et de dommage, le courtage en valeurs mobilières, les services fiduciaires et les services bancaires. Son actif, de plus de vingt-trois milliards de dollars, représente déjà près de 50 % de celui des caisses de base. Ce centre de services est devenu incontournable pour les caisses de base.

Le tableau qui suit présente l'épopée de la Banque Laurentienne, autrefois appelée la Banque d'épargne de la Cité et du District de Montréal, qui a entrepris ses activités sous son nouveau nom le 28 septembre 1987 avec 3 565 millions (M) de dollars de dépôts.

L'épopée de la Banque Laurentienne

Les acquisitions (croissance des dépôts) :		
25 janvier 1988	Trust Eaton-Baie	(207 M $)
28 juin 1991	Standard Trust	(1 285 M $)
1er novembre 1991	La Financière Coopérants Inc.	(973 M $)
3 mars 1992	Guardian Trust et la Guardcor Loan Company	(427 M $)
1er février 1993	General Trust Corporation	(1 367 M $)
24 janvier 1994	Prenor Trust Company	(810 M $)
31 octobre 1994	Acquisition de ceux de la Banque Manuvie	(512 M $)
1er octobre 1995	North American Trust Company et la NAL Mortgage Company	(2 491 M $)
Une croissance en dépôts :		6 168 M $
Pour un total en dépôts au 30 septembre 1995 :		9 007 M $
Valeur du bilan au 30 septembre 1995 :		10 274 M $

Les caisses ont des relations beaucoup plus « étroites » avec les filiales du Mouvement. Les caisses sont peut-être plus à même d'offrir de nouveaux produits et services financiers, mais elles deviennent ainsi plus dépendantes des filiales spécialisées. Les caisses se transforment en revendeurs des produits financiers des sociétés de portefeuille. Le rôle secondaire des caisses de base, qui leur laisse de moins en moins de marge de manœuvre, est encore plus évident dans le domaine des prêts aux sociétaires. Les commissions de crédit, qui, à l'origine, étaient au cœur des caisses, n'ont presque plus aucune fonction. Le directeur de caisse prend une place dominante et, un peu comme un gérant de succursale bancaire, il est tenu d'appliquer les directives venant d'en haut.

Les caisses de la base deviendront-elles de simples pourvoyeuses de services de plus en plus lointains et complexes dans un conglomérat financier ? D'autant plus que les activités du conglomérat seront axées dans l'avenir sur la scène hors Québec.

Coopérative ou banque ?

Desjardins : une entreprise et un mouvement ? tel était le titre du colloque. Avec la récente décision d'abolir les commissions de crédit des caisses de base, la dimension « entreprise » a nettement pris le dessus. En mettant fin à ces commissions, un volet important du mouvement coopératif disparaît. Les caisses de base deviennent de plus en plus de simples succursales d'un conglomérat financier semblable aux autres.

Lorsque l'objectif en est un de croissance et de survie de l'entreprise, la stratégie de Desjardins de faire face à la concurrence le conduit à une conformité certaine avec les autres entreprises financières. Pour respecter son objectif d'entreprise et dans le contexte actuel de globalisation et de changement, le Mouvement Desjardins ne pouvait pas prendre d'autres orientations. La capitalisation externe obligée commande l'homogénéisation des pratiques financières et des stratégies d'entreprise. Desjardins restera-t-il un mouvement populaire ?

Le défi des sociétaires sera de réussir à faire coexister deux forces en apparence contradictoires : le réseau coopératif et les sociétés de portefeuille. Ces deux mouvements en un peuvent-ils se concilier ? Les principes coopératifs feront-ils bon voisinage avec ceux d'un conglomérat financier en concurrence ?

Annexe A

Les fonds propres du Mouvement Desjardins en 1995

(au 31 décembre 1995 en millions de dollars)

			Pourcentage de l'avoir des sociétaires	Pourcentage du capital	Pourcentage des fonds propres
I. Les parts :	de qualification	32 $	0,8 %	0,7 %	0,5 %
	sociales	92 $	2,3 %	1,9 %	1,5 %
	permanentes	537 $	13,5 %	11,1 %	8,6 %
	privilégiées	7 $	0,2 %	0.1 %	0.1 %
	sous-total	*668 $*	*16,8 %*	*13,8 %*	*10,8 %*
II. Réserves et trop-perçus :		3 300 $	83,2 %	*68,1 %*	*53,1 %*
	avoir des sociétaires	*3 968 $*	*100,0 %*	*81,9 %*	*63,9 %*
III. Part des actionnaires sans contrôle dans les filiales		876 $	—	18,1 %	14,1 %
	total du capital	*4 844 $*	—	*100,0 %*	*78,0 %*
IV. Billets et emprunts :				—	0,0 %
	billets	350 $	—	—	5,6 %
	obligations et debentures	791 $	—	—	12,7 %
	emprunts	228 $	—	—	3,7 %
	total	*1 369 $*	—	—	*22,0 %*
Total des fonds propres :		*6 213 $*	—	—	*100,0 %*
Financement interne :		***3 968 $***	***100,0 %***	***81,9 %***	***63,9 %***
Financement externe :		***2 245 $***	***56,6 %***	***46,3 %***	***36,1 %***

Source : Le Mouvement des caisses Desjardins. *Rapport annuel 1995.*

Annexe B

Le ratio des fonds propres à risque

Le ratio des fonds propres à risque « définit les fonds propres minima que doit garder une banque comme le ratio des fonds propres totaux (le numérateur) à l'actif pondéré en fonction des risques et aux postes hors bilan en fonction des risques (le dénominateur)[3] ». Le ratio minimum prescrit par les autorités est actuellement de 8 %. Les banques se sont facilement conformées à ce ratio. Elles l'ont même tenu bien au-delà de ce niveau plancher pour 1993.

Les opérations hors bilan considérées doivent correspondre à des éléments du passif qui sont des obligations contractuelles à fournir des disponibilités à une autre entreprise ou à échanger des instruments financiers à des termes potentiellement défavorables pour les banques. Pour obtenir le dénominateur de ce ratio, il faut, dans un premier temps, que les postes hors bilan soient comparables aux opérations du bilan en étant convertis en équivalents-crédits, c'est-à-dire en des montants estimatifs pouvant être inscrits au bilan. Les instruments de base ou primaires sont intégrés à l'aide d'un facteur de conversion équivalent-crédit à quatre niveaux : 0 %, 20 %, 50 % et 100 %. Les instruments dérivés font l'objet d'une procédure d'intégration différente, compte tenu de leur nature.

À l'origine, les instruments dérivés n'étaient pas convertis ; on les présentait nominalement dans un tableau à part ou, tout simplement, on les ignorait. Par la suite, on détermina leur équivalent-crédit en additionnant le risque existant (c'est-à-dire le coût de remplacement calculé en comparant aux valeurs du marché les contrats ayant une valeur positive) et le risque éventuel estimatif (c'est-à-dire la somme obtenue en multipliant le montant global des contrats par des pourcentages compris entre 0 % et 5 % selon la nature de l'instrument et l'éloignement de l'échéance). Pour les instruments dérivés, le Bureau du surintendant des institutions financières (BSIF) utilise le terme « facteur du risque crédit futur » plutôt que « facteur de conversion équivalent-crédit » ; par souci d'homogénéité, nous gardons uniquement ce dernier terme. Le traitement particulier des instruments dérivés s'explique par leur nature différente et par des niveaux de risque économique extrêmement faibles malgré leur grand nombre et leur énorme valeur nominale. En effet, dans ces opérations, les banques ne sont pas exposées au risque de crédit pour la totalité de la valeur nominale des

---

3. Bureau du surintendant des institutions financières (1993), p. 1-2.

instruments dérivés. Ainsi, la valeur risquée ne représente qu'une très faible partie de la valeur nominale de l'instrument émis puisque le gain ou la perte se limite, en termes comptables, à la valeur de la prime de l'instrument en question.

Une fois le tout converti en valeurs assimilables à celles du bilan, dans un second temps, chaque poste de ce bilan élargi est pondéré par un facteur de risque pour obtenir un actif net qui sera le dénominateur du ratio. Les normes relatives aux risques correspondent à un coefficient variable, établi a priori, du risque de défaillance de la contrepartie pour différents instruments. Il existe quatre coefficients de pondération du risque : 0 %, 20 %, 50 % et 100 %. Cette pondération en fonction du risque est également attribuée aux instruments financiers du bilan lui-même comme aux instruments de base hors bilan, ce qui exclut les instruments dérivés. Par exemple, on applique 0 % aux créances des gouvernements des pays de l'OCDE et à celles qu'ils garantissent ; 20 % aux créances sur les banques des pays de l'OCDE ; 50 % aux prêts hypothécaires des immeubles résidentiels (les prêts hypothécaires accordés en vertu de la *Loi nationale sur l'habitation* font partie des créances garanties par le gouvernement fédéral) ; et enfin 100 % aux prêts commerciaux ordinaires, aux NIFs et aux créances en devises étrangères d'administrations et de banques centrales non membres de l'OCDE.

Les instruments dérivés, pour leur part, ont une pondération du risque à uniquement trois coefficients : 0 %, 20 % et 50 %. Ainsi les opérations à terme et les options vendues sur devises et sur taux d'intérêt, qui sont négociées en bourse et assujetties à des couvertures quotidiennes obligatoires (appels de marge), sont réputées ne présenter aucun risque bancaire supplémentaire et ont donc un coefficient de pondération du risque de 0 %. Par contre, les engagements à terme avec une échéance de plus d'un an et les facilités d'émission d'effets où la banque n'a pas entière discrétion de pouvoir se retirer ont un coefficient de pondération du risque de 50 %.

Le fonds « Environnement » : contexte, portée sociale et contraintes d'une innovation financière

Marie-France Turcotte et Bouchra M'Zali

Introduction

Une des récentes innovations financières chez Desjardins est la création, en 1990, du fonds « Environnement ». Dans le texte qui suit, nous décrirons et analyserons la portée sociale et les difficultés de gestion de ce produit financier. Vu cet objectif, la présente étude se distingue donc des rares travaux réalisés sur les fonds environnementaux, qui sont généralement centrés sur l'analyse de leur performance financière[1].

D'abord, nous présenterons le contexte dans lequel le fonds « Environnement » a été créé. Puis, la comparaison de ce fonds de Desjardins avec d'autres fonds canadiens dits environnementaux nous conduira à dresser une typologie, qui nous permettra d'analyser, ensuite, l'évolution de la composition du portefeuille de Desjardins et son processus de formation. Enfin, nous ferons état des tensions qu'engendre ce processus original, des difficultés de gestion dues à la tentative de réconcilier les performances financières et les performances environnementales.

Le contexte entourant la création de cette innovation financière

Le Mouvement Desjardins, initialement créé pour répondre à des besoins de financement, a su à travers le temps s'adapter aux différents besoins du marché en offrant de nouveaux produits financiers, dont la création de portefeuilles. Un de ces neuf portefeuilles offerts est le portefeuille « Environnement ». La création de ce portefeuille témoigne de l'engagement social de Desjardins et

---

1. Voir par exemple Mark A. White (1995). « The Performance of Environmental Mutual Funds in the United States and Germany : Is there Economic Hope for Green Investors ? », dans Denis Collins et Mark Starik (dir.). *Research in Corporate Social Performance and Policy : Sustaining the Natural Environment : Empirical Studies on the Interface Between Nature and Organizations*, Greenwich, Connecticut, JAI Press, p. 323-345.

traduit sa volonté de réconcilier la quête de la prospérité économique et la qualité de l'environnement. Le slogan de ce nouveau produit financier créé en 1990 en fait foi : *pour associer environnement et investissement.*

Il faut rappeler dans quel contexte cette récente innovation financière a pris place. À la fin de 1980, l'environnement était devenu une préoccupation majeure occupant une part importante de l'espace médiatique au Canada. Il faut dire que la prise de conscience collective des atteintes à l'environnement avait aussi été alimentée par une série de catastrophes spectaculaires comme celles de Flixborough (au Royaume-Uni, 1974), de Seveso (en Italie, 1976), de Three Miles Island (en Pennsylvanie, 1979), de Bhopal (en Inde, 1984), de Tchernobyl (en URSS, 1986), de l'Exxon Valdez[2]. Au Québec, les incendies de Saint-Basile-le-Grand (1988) et de Saint-Amable (1990) ont aussi été beaucoup médiatisés.

En janvier 1990, un numéro spécial du *Time Magazine* montrant une photographie satellite de la Terre a été suivi d'une « vague verte » dans la plupart des hebdomadaires d'information dans le monde[3]. Des événements internationaux majeurs ont aussi contribué à la généralisation de cette prise de conscience vis-à-vis de l'environnement. La publication du *Rapport Brundtland*, le *Protocole de Montréal* et la Conférence de Rio sont autant d'événements qui ont longuement retenu l'attention des médias.

En 1987, dans son rapport, intitulé *Notre avenir à tous* et communément désigné comme le *Rapport Brundtland*, la Commission sur l'environnement et le développement de l'ONU a mis de l'avant le concept de développement durable, qui suggérait de réconcilier, notamment, écologie et économie. « Le développement soutenable, c'est s'efforcer de répondre aux besoins du présent sans compromettre la capacité de satisfaire ceux des générations futures. Il ne s'agit en aucun cas de mettre fin à la croissance économique au contraire[4]. »

En somme, la préoccupation envers l'environnement a gagné des auditoires de plus en plus vastes et diversifiés. Cette succession d'événements a favorisé l'émergence d'un nouveau groupe d'investisseurs : ceux qui désirent

---

2. P. Lagadec (1993). « Minimata, Flixborough, Seveso, Three Miles Island, Bhopal, Tchernobyl, Love Canal... », dans Michel et Calliope Beaud et Mohamed Larbi Bouguerra (dir.). *L'état de l'environnement dans le monde*, Paris, Éditions La Découverte, p. 114-115.
3. D. Duclos (1993). « La grande presse et la montée des préoccupations environnementales », dans Michel et Calliope Beaud et Mohamed Largi Bouguerra (dir.). *Op. cit.*, p. 150-152.
4. Commission mondiale sur l'Environnement et l'Économie (1987). *Notre avenir à tous,* Éditions du fleuve, Publications du Québec, 2e édition (1989), p. 47.

investir dans des entreprises qui se soucient de l'environnement. L'apparition de quelques portefeuilles environnementaux à l'aube des années 1990 en témoigne.

Les fonds environnementaux canadiens

Desjardins et Dynamic Group ont été les précurseurs en ajoutant dès 1990 un portefeuille environnemental à la liste de leurs produits. Clean Environment, créé en 1992, a fait de l'environnement sa caractéristique distinctive et n'offre que quatre fonds tous désignés comme environnementaux.

Tableau 1

Description des fonds et de leurs portefeuilles en 1995

	Desjardins	Dynamic Group	Clean Environment
Date de la création du portefeuille environnemental	1990	1990	1992
Nombre total de portefeuilles offerts	12	19	4
Nombre de portefeuilles environnementaux offerts	1	1	4
Taille du fonds en dollars ($)	769 671 803	3 828 503 000	56 763 532
Taille du portefeuille environnemental	12 036 565	4 812 000	56 763 532
Importance relative du portefeuille environnemental	1,56 %	0,13 %	100 %

Comme l'illustre le tableau 1, l'investissement dans ces fonds environnementaux au Canada demeure modeste et n'atteint que 73 millions de dollars en 1995. Chez Desjardins en particulier, la valeur de ce portefeuille ne s'élève qu'à 12 millions de dollars en 1995, ce qui ne représente que 1,56 % de la valeur totale des fonds offerts.

Certes, ces portefeuilles ont en commun le qualificatif environnemental, mais ils diffèrent par leur mission. L'analyse de cette dernière nous a permis de regrouper les portefeuilles environnementaux suivant deux archétypes distincts : ceux investis dans l'industrie de l'environnement (IE) et ceux qui encouragent la responsabilité environnementale (RE).

Les portefeuilles investis dans l'IE permettent de participer au développement d'entreprises qui visent à remédier à la dégradation environnementale, tandis que les portefeuilles qui encouragent la responsabilité environnementale visent plutôt le contrôle des entreprises potentiellement polluantes dans le but d'éviter ou de limiter la dégradation environnementale.

Figure 1
Positionnement des fonds par rapport aux archétypes

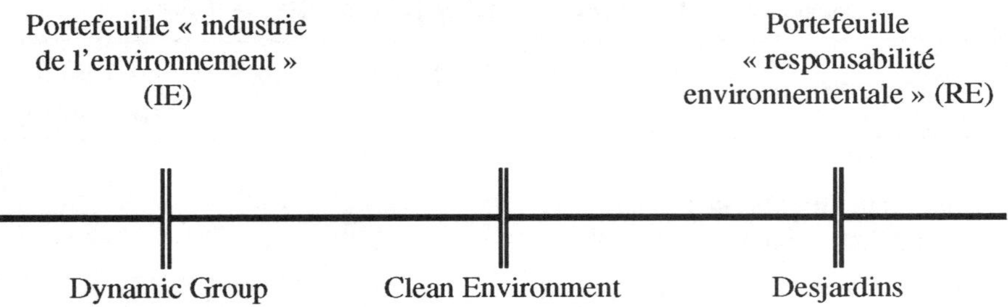

La figure 1 illustre le positionnement des fonds selon les deux archétypes, IE et RE. Le fonds de Dynamic Group correspond à l'archétype IE et évite ainsi la difficulté de mesurer la performance environnementale des entreprises incluses dans ce fonds. En effet, les entreprises y sont admissibles en autant qu'elles œuvrent dans le secteur de l'environnement. Les frontières du domaine de l'environnement ne sont pas clairement définies. Par exemple, plusieurs entreprises de gestion des déchets composent ce type de portefeuille, ce qui pourrait susciter des controverses puisque Greenpeace considère les entreprises de gestion des déchets comme étant souvent une source de pollution environnementale.

Composition et processus de formation du portefeuille « Environnement » de Desjardins

Le fonds Desjardins « Environnement » est le seul à s'inscrire entièrement dans la deuxième catégorie, soit l'archétype RE. En d'autres termes, il est le seul à viser en premier lieu la prévention de la pollution. Cela engendre cependant des problèmes de gestion liés à la mesure de la performance environnementale des entreprises incluses dans le fonds. L'étude de l'évolution de la composition du portefeuille environnemental de Desjardins et l'analyse du processus de sélection des titres admissibles nous ont permis de cerner quelques-unes de ces difficultés.

Composition du portefeuille

Le tableau 2 présente succinctement l'évolution de la composition de ce portefeuille depuis sa création. On constate que la proportion de l'investissement réalisé dans le secteur bancaire et dans les titres gouvernementaux est importante. Par exemple, en 1992, la part du secteur bancaire et des titres gouvernementaux a représenté plus de 36 % de la valeur du portefeuille. Étant donné la mission fixée, ce type d'investissement suscite des questionnements aux plans environnemental et financier.

Tableau 2

Évolution de la Composition du portefeuille « Environnement » de Desjardins

Caractéristiques du fonds « Environnement »	Valeur ($)	Pourcentage investi dans des titres gouvernementaux ou d'institutions financières et dans des compagnies de gestion
1990	2 592 006	100,0 %
1991	6 031 455	28,67 %
1992	8 268 417	36,59 %
1993	10 230 138	30,34 %
1994	11 607 064	29,24 %
1995	12 036 565	18,42 %

Par exemple, au plan financier, les banques ont représenté d'excellents investissements ces dernières années, comme en témoignent leurs bénéfices. Au plan environnemental, la conclusion est moins évidente. D'une part, les banques produisent peu d'effets directs néfastes pour l'environnement. A priori, elles polluent moins que des usines de pâtes et papiers. D'autre part, par leurs prêts à des entreprises potentiellement polluantes, elles peuvent avoir des effets indirects sur l'environnement. La mesure de la responsabilité environnementale des banques demeure donc problématique. De manière générale, la mesure de la performance environnementale des entreprises s'est révélée un exercice extrêmement difficile qui rend le processus de sélection des titres plus complexe.

Figure 2
Processus de sélection des titres du fonds Desjardins « Environnement »

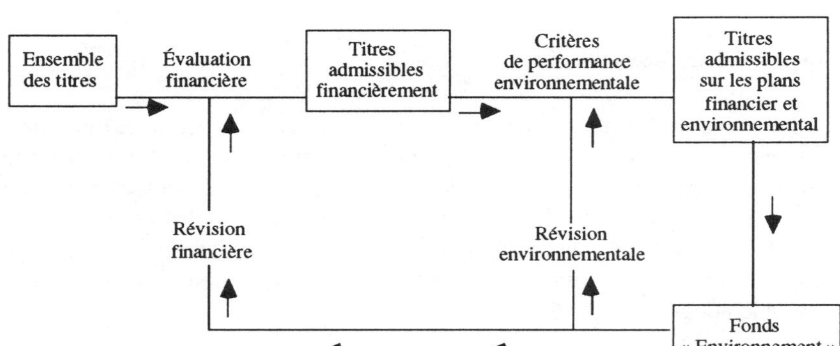

Processus de sélection des titres

Comme l'illustre la figure 2, la sélection des titres du fonds « Environnement » passe par une double évaluation, l'une financière et l'autre environnementale. L'évaluation financière est déjà établie dans l'institution. L'expérience et l'expertise ne posent pas de difficultés particulières puisque les critères financiers sont clairs et déjà éprouvés. En fait, cette étape de détermination de l'univers des titres admissibles est commune à d'autres fonds offerts par Desjardins, dont le fonds d'actions.

À l'analyse financière s'ajoute une évaluation environnementale. Cette évaluation se réalise en trois étapes majeures. La première étape consiste à effectuer une évaluation interne par un questionnaire envoyé par Desjardins aux entreprises déjà jugées financièrement rentables. Ce questionnaire est complété de manière volontaire par les entreprises. Il vise à vérifier si l'entreprise a déjà implanté une politique environnementale ou si elle compte le faire. Il vise aussi à évaluer la performance de l'entreprise quant à des indicateurs spécifiques à différents secteurs indutriels : le traitement des effluents secondaires dans le secteur des pâtes et papiers, la proportion des aires d'exploitation soumises aux coupes à blanc dans le secteur forestier, la restauration des parcs à résidus dans le secteur minier, etc.

La deuxième étape est une évaluation externe réalisée par un consultant. L'évaluation externe vise à compléter et à valider les informations colligées à propos de chaque entreprise. Enfin, la dernière étape correspond à la prise de décision quant à l'inclusion d'une entreprise dans l'ensemble des titres admissibles au fonds « Environnement ». Cette décision repose sur la synthèse des résultats des deux premières étapes et est effectuée par un comité indépendant constitué de membres actifs dans le mouvement Desjardins et dans le mouvement environnemental. Comparativement au fonds d'actions de Desjardins, la gestion du fonds « Environnement » nécessite donc une évaluation supplémentaire qui engendre des coûts additionnels.

Coûts, performance financière et risques de l'évaluation environnementale

Le processus d'évaluation de la performance environnementale des entreprises est complexe. Le processus de sélection environnementale comporte des avantages et des inconvénients. D'une part, l'évaluation environnementale génère des coûts directs et indirects substantiels mais peut garantir une meilleure performance. D'autre part, elle soulève des problèmes de légitimité.

Coûts et performance financière

La réconciliation des objectifs de performance financière et environnementale se pose différemment selon que le portefeuille environnemental correspond à l'archétype RE ou IE. Pour l'archétype RE, l'évaluation environnementale génère d'importants coûts directs et indirects. L'accès aux informations pertinentes est souvent difficile[5], ce qui nécessite d'obtenir la collaboration des entreprises visées par l'évaluation. Comparativement à d'autres fonds offerts par Desjardins, la gestion du fonds « Environnement » engendre des coûts directs associés à la réalisation des trois étapes de l'évaluation environnementale.

De plus, cette évaluation réduit l'ensemble des titres admissibles au fonds et, par conséquent, l'effet de diversification ou l'ensemble des rendements réalisables. En effet, le nombre de titres admissibles dans ce fonds étant inférieur à celui du fonds d'actions, par exemple, la composition obtenue pour le fonds « Environnement » peut alors être surclassée en ce qui a trait au risque par rapport à celle du fonds d'actions. Cet impact sur le niveau de risque ou sur l'ensemble des rendements réalisables représente donc un coût additionnel indirect. Tous ces coûts imputables au fonds « Environnement » réduisent *de facto* la performance financière.

Ces hypothèses théoriques seraient cependant remises en cause par la théorie de la dette latente. De nombreuses études en finance et en comptabilité

---

5. Maryse Grandbois (1992). « Le droit d'accès à l'information en matière d'environnement », *Revue du Barreau*, tome 52, n° 1, jan.-mars, p. 129-141.

ont lié le non-respect des normes environnementales à une dette latente que l'entreprise accumulerait à travers le temps[6]. Ce lien causal entre la non-performance environnementale et la dette latente suggérerait que la valeur présente et par conséquent le rendement de l'entreprise irresponsable sur le plan environnemental diminueraient. Ainsi, les coûts liés à l'évaluation environnementale seraient en partie absorbés par la sélection d'entreprises qui n'accumulent pas de dette latente. Toutefois, cette dette latente étant le plus souvent assumée par l'ensemble de la société[7], l'impact des coûts de l'évaluation environnementale sur la performance financière du gestionnaire du fonds « Environnement » demeure, d'autant plus que ce dernier représente moins de 2 % de la valeur totale des portefeuilles de Desjardins. Cet impact sur la performance financière demeure même si les coûts de cette évaluation environnementale sont assumés par la fiducie.

Les fonds de l'archétype IE, quant à eux, ne sont pas soumis à la même problématique. Investissant dans l'industrie de l'environnement, ils n'ont pas de coûts directs liés à l'évaluation environnementale des firmes qu'ils sélectionnent ; leur performance financière n'en est donc pas directement affectée. En outre, cette performance dépend largement de la croissance de l'industrie de l'environnement.

Ainsi, pour les portefeuilles de l'archétype RE, tel le fonds « Environnement » de Desjardins, la convergence entre la performance financière et la performance environnementale est-elle plus difficilement réalisable que pour les

---

6. Voir J.H. Bragdon jr. et J. Marlin (1972). « Is Pollution Profitable ? », *Risk Management*, avril, p. 9-18 ; K.H. Chen et R.W. Metcalf (1980). « The Relationship Between Pollution Control Record and Financial Indicators Revisited », *The Accounting Review*, janvier, p. 168-177 ; Denis Cormier, Bernard Morard et Normand Roy (1989). « Analyse de l'impact de la pollution sur les indicateurs financiers », Université du Québec à Montréal, document de travail n° 89-08 ; Denis Cormier, Michel Magnan et Bernard Morard (1993). « Incidence socio-économique de la performance environnementale de l'entreprise : une étude nord-américaine », Université du Québec à Montréal, document de travail n° 93-02 ; B.H. Spicer (1978). « Investors, Corporate Social Performance and Information Disclosure », *The Accounting Review*, janvier, p. 94-111 ; et Doria Tremblay et Denis Cormier (1993). « La dimension environnementale : une composante essentielle des rapports annuels des entreprises », Université du Québec à Montréal, document de travail n° 93-10.
7. Voir Hervé Kempf (1991). *L'économie à l'épreuve de l'écologie*, Paris, Hatier, 79 p. ; et T. Schrecker (1987). « Risk vs Rights : Economic Power and Economic Analysis in Environmental Politics », *Business Ethics in Canada*, Scarborough, Prentice Hall, p. 265-283.

portefeuilles de l'archétype IE. De plus, les portefeuilles de l'archétype RE supportent, sur le plan de la légitimité, le risque d'assumer l'évaluation environnementale.

Évaluation environnementale et légitimité

Le processus d'évaluation environnementale basé sur un ensemble de critères conduit à exclure certaines entreprises du fonds RE. Cependant, les critères de la performance environnementale sont difficiles à établir et ne font pas nécessairement consensus au sein même du mouvement écologique[8], qui est très diversifié[9]. Ainsi, des entreprises qui seraient exclues du fonds en raison des critères environnementaux retenus par les gestionnaires, pourraient se défendre en critiquant leur bien-fondé et en invoquant d'autres critères. Le cas exposé par Westley et Vredenburg illustre le risque sur le plan de la légitimité que font peser les tentatives d'évaluation de la performance environnementale des entreprises.

> En juin 1989, Loblaw a lancé une ligne de produits appelés « GREEN »» (cent produits *environmently friendly*) en faisant appel aux groupes Pollution Probe et Friends of the Earth pour appuyer et endosser la gamme de produits GREEN. Par cette alliance, Loblaw espérait profiter de l'expertise des environnementalistes, gagner la confiance des consommateurs et repousser d'éventuelles critiques quant à la légitimité de la désignation *environmently friendly*.
>
> La confirmation de la légitimité de ces produits s'est révélée plus problématique que prévu. Lorsque Pollution Probe a demandé de vérifier les ingrédients de ces produits, Loblaw a été obligée de s'intéresser véritablement au concept de développement durable. Or, les exigences propres à la mise en marché et celles liées à la sécurité environnementale se contredisaient. Pollution Probe a cependant accepté d'endosser les produits. Un mois après le lancement de la ligne GREEN, Greenpeace a organisé une conférence de presse pour demander à Pollution Probe de retirer son approbation sur l'un des produits, le fertilisant. Pendant la même période, le groupe Consumers Association of Canada a soutenu que la campagne

---

8. Voir Marie-France Turcotte (1995). « Conflict and Collaboration : the Relationships Between Environmental Organizations and Business Firms », dans Denis Collins et Mark Starik (dir.). *Op. cit.*, p. 195-230.
9. Voir J.-G. Vaillancourt (1981). « Évolution, diversité et spécificité des associations écologiques québécoises : de la contre-culture et du conservationisme à l'environnementalisme et à l'écosocialisme », *Sociologie et Sociétés*, vol. 23, n° 1, p. 81-98 ; et J.-G. Vaillancourt (1985). « Le mouvement vert québécois : entre l'écologie et l'écologisme », *Possibles*, vol. 9, n° 3, p. 35-46.

de promotion de GREEN était trompeuse. Pollution Probe n'a pas retiré son endossement et Loblaw n'a pas changé le marketing de son produit[10].

L'incertitude de la définition des critères environnementaux représente une difficulté de gestion particulière au fonds de type RE. Cela génère des tensions entre, d'une part, les missions sociales et environnementales et, d'autre part, les objectifs et pratiques de la gestion financière.

Tensions entre le statut d'entreprise et celui de mouvement

La divergence des missions des deux archétypes de portefeuille environnemental explique la différence de leurs difficultés de gestion respectives. Elle souligne la complexité de la réconciliation des objectifs environnementaux et financiers, complexité à laquelle sont particulièrement exposés les portefeuilles environnementalement responsables, tel le fonds « Environnement ». Chez Desjardins, la tentative de réconcilier ces objectifs fait ressortir la tension entre les caractéristiques « entreprise » et « mouvement ».

Ainsi, en tant qu'entreprise, Desjardins est confrontée à un problème de performance financière. En effet, par les coûts directs et indirects qu'il engendre, ce fonds « Environnement » peut réduire la rentabilité. De plus, on peut s'attendre à ce qu'une entreprise cherche à éviter les risques politiques, c'est-à-dire les critiques de la légitimité de ses activités.

D'autre part, en tant que mouvement, Desjardins affirme son engagement en faveur de la cause de l'environnement. Par son processus d'évaluation environnementale, Desjardins a investi dans la recherche et le développement de concepts et d'outils. Le concept associant « environnement et investissement », qui sous-tend le fonds Desjardins « Environnement », représente une tentative d'application du concept de « développement durable ». Le processus d'évaluation environnementale, et particulièrement le questionnaire distribué aux entreprises, regroupe des outils de contrôle environnemental indirect des entreprises.

De plus, le processus de sélection environnementale a agi comme un outil d'éducation et de sensibilisation des entreprises à la responsabilité environnementale en offrant de les incorporer à son portefeuille « Environnement ». Cependant, la portée de cette éducation et de ce contrôle est limitée par certains

---

10. Frances Westley et Harrie Vredenberg (1991). « Strategic Bridging : The Collaboration Between Environmentalists and Business in the Marketing of Green Products », *Journal of Applied Behavioral Science,* vol. 27, n° 1, p. 65-90 (notre traduction).

aspects de la dimension « entreprise ». Par exemple, la Fiducie Desjardins s'est engagée à ne pas dévoiler le nom des entreprises qui n'ont pas été retenues dans ce portefeuille « Environnement », ce qui limite les risques que les entreprises ne remettent en cause la légitimité du processus de sélection, mais diminue d'autant l'effet de renforcement positif des entreprises environnementalement responsables.

Conclusion

Le fonds Desjardins « Environnement » a été créé au début des années 1990, à une époque marquée par une volonté de réconcilier la prospérité économique et la qualité de l'environnement. Au Canada, deux autres institutions financières offrent des portefeuilles dits environnementaux. Cependant, les missions de ces portefeuilles diffèrent de celle du fonds Desjardins « Environnement » qui est le seul à correspondre pleinement à l'archétype de la responsabilité environnementale (RE). Cette mission génère des difficultés de gestion et des tensions entre, d'une part, les objectifs sociaux et environnementaux (la caractéristique « mouvement ») et, d'autre part, les objectifs et la pratique de la gestion financière (la caractéristique « entreprise »).

Dans la présente étude sur les fonds mutuels environnementaux offerts au Canada et particulièrement sur le fonds Desjardins « Environnement », nous avons dressé une typologie des fonds dits environnementaux et présenté les limites du type IE et les difficultés du type RE. Il reste à étayer cette typologie dans des recherches futures, de même qu'à définir les moyens de résoudre les tensions inhérentes à la gestion des portefeuilles de type RE, objectifs que la comparaison avec des fonds environnementaux offerts dans d'autres pays pourrait sans aucun doute aider à atteindre.

Le juste prix d'une différence

Michel Nadeau

Les quinze dernières années du XXe siècle auront vu une recrudescence, à l'échelle de la planète, du néolibéralisme ; certains ont même parlé de « la fin des idéologies ». Presque tous les pays du monde veulent, avec des convictions différentes, il est vrai, tirer profit de la mondialisation des marchés. Partout on remet en cause le rôle de l'État, on réduit les déficits et l'on privatise certaines activités. L'impact le plus évident de la globalisation est cette concurrence entre les nations avec l'addition d'un milliard de travailleurs, qui aspirent au même bien-être économique que leurs collègues des pays développés.

Le courant le plus orthodoxe de ce mouvement néolibéral soutient que la réussite du capitalisme réside dans le jeu sans contrainte des forces du marché, et surtout dans la poursuite sans entrave du profit pour les entreprises. La recherche de la plus forte marge bénéficiaire possible suppose, en fait, la poursuite d'un objectif *exclusif*, qui ne peut tolérer aucune autre cible. Il serait, dit-on, irréaliste de vouloir réconcilier la rentabilité avec un quelconque autre but social, communautaire et encore moins politique.

Comment alors situer des organismes comme le Mouvement Desjardins ou la Caisse de dépôt et placement du Québec qui visent justement le rendement financier tout en participant à l'essor économique de leur milieu ? Est-il réaliste de vouloir réussir dans un environnement de plus en plus concurrentiel tout en visant à procurer le maximum de retombées pour la communauté qui s'est donné ces institutions ?

La réponse est oui. Oui, parce que cette préoccupation régionale correspond à celle des consommateurs et des épargnants de toute la planète, peu importe la ville ou le pays où ils se trouvent. Aux États-Unis, plus de la moitié des caisses de retraite publiques de cinquante États, soit vingt-six d'entre elles, poursuivent des activités pour susciter la croissance sur leur territoire. Une ville comme New York doit constamment utiliser divers leviers économiques pour conserver ses sièges sociaux et ses activités financières. Des pays comme le Japon ou Singapour ne se gênent pas pour intervenir auprès des entreprises et leur rappeler poliment l'importance de l'harmonisation des efforts dans le développement économique de l'ensemble de leur communauté. Bombardier a dû établir des usines au Vermont pour satisfaire le nationalisme américain.

Mais, attention, dans des économies de plus en plus ouvertes, en raison de l'autoréglementation et surtout des possibilités technologiques, il est plus que jamais essentiel de demeurer compétitif. La Caisse de dépôt et placement du Québec est présente tous les jours sur les marchés les plus concurrentiels du monde. En tant que gestionnaire de portefeuille actif sur ces grands marchés, elle doit, à chaque instant, se mesurer avec succès à des géants qui ne lésinent pas sur les ressources, la technologie et... la rémunération !

Il est possible d'ajouter un impact communautaire en privilégiant des valeurs collectives à long terme, et cela sans sacrifier le rendement. Cependant, il faut y mettre les efforts additionnels d'imagination et d'énergie. Entre plusieurs investissements, il est facile d'éliminer les moins rentables. Mais, entre les deux ou trois finalistes, c'est souvent le jeu des affinités culturelles ou tout simplement la sécurité et la facilité qui poussent le gestionnaire vers un choix spécifique. Les valeurs personnelles du gestionnaire et celles de son organisation deviennent déterminantes.

De son côté, afin d'accomplir sa mission particulière, Desjardins doit exceller dans son champ d'activité. Elle doit assurer la coopération entre ses membres en offrant une gamme complète de services financiers. Cette réalité quotidienne l'oblige à se doter de mesures de rendement et d'indicateurs qui lui permettent de mesurer le degré de réussite dans la poursuite de cet objectif. Le grand danger serait qu'un gestionnaire se croit investi d'une « mission divine » et qu'il décide en catimini des besoins des sociétaires. Les banques utilisent différents baromètres pour mesurer les effets de leurs différentes politiques. Le plus connu est évidemment le rendement sur le capital investi. On parle aussi des revenus par tranche de cent dollars de l'actif sous gestion.

Une comparaison entre Desjardins et les banques ne serait peut-être pas pertinente. Mais l'erreur serait de refuser toute comparaison avec un étalon de mesure quelconque. Toute institution, toute entreprise ou tout mouvement, qu'il soit coopératif ou non, doit mesurer la performance atteinte dans la poursuite de ses objectifs.

Dans ses activités de fournisseur de services financiers auprès de ses millions de membres, Desjardins doit établir clairement ses critères de rendement. Ces indicateurs de la réussite devraient porter sur cinq points :

1. Des objectifs clairs en ce qui concerne les services offerts aux membres, l'utilisation du capital des membres, les parts de marché, etc. Comment envisage-t-on notre position en matière de gestion des fonds mutuels, de patrimoines privés ?
2. Une capacité de gestion des produits financiers et l'habileté des gestionnaires à prévoir les mouvements de marché. À l'instar des autres institutions financières, Desjardins doit offrir des services dans un

environnement concurrentiel. Sa situation particulière lui a permis de ne pas commettre les mêmes erreurs que les grandes banques canadiennes au cours des vingt dernières années. Mais Desjardins doit se donner les moyens de mesurer sa capacité de développer des produits originaux et rentables pour ses membres en dégageant les surplus nécessaires à sa croissance qui assureront la poursuite de son rôle social et communautaire.

3. Des structures souples pouvant s'adapter à un marché qui évolue rapidement, où les intervenants sont puissants et bien diversifiés, et où la technologie crée ce lieu virtuel dans lequel se déroulent un nombre toujours croissant de transactions. Comment la Confédération, les fédérations et les caisses locales se partageront-elles les rôles dans l'espace cybernétique ?

4. Des ressources humaines compétentes, dynamiques et imaginatives toujours proches des préoccupations des membres mais, en même temps, très soucieuses des contraintes du marché et de l'importance de réagir rapidement !

5. Une image forte auprès de ses membres, des milieux financiers et de l'ensemble de la population. La crédibilité et la confiance demeurent le fondement de l'existence d'un gestionnaire de l'épargne publique.

Comme certains autres grands leviers économiques que les Québécoises et les Québécois ont bâtis au XXe siècle, Desjardins s'est très bien adaptée au fil des différentes conjonctures économiques depuis 1910. Ayant amassé une masse critique très enviable, et acquis une loyauté exceptionnelle de la part de ses membres, Desjardins a tous les atouts pour poursuivre sa réussite dans un monde financier plus ouvert et davantage marqué par la technologie. Toutefois, je le répète, il est essentiel qu'elle se dote d'indicateurs de rendement pour mesurer les progrès accomplis. Il faut s'assurer que ce puissant navire vogue vers les cent millards de dollars, tout en gardant le cap sur les principes de base de son fondateur.

On découvrira de plus en plus les limites du système économique néolibéral ; il y a fort à parier que la vision d'Alphonse Desjardins, fondée sur la solidarité et la coopération, apportera des solutions originales à des problèmes insolubles dans le régime actuel. L'essentiel est d'assurer une croissance durable. Toute institution doit sans répit s'adapter aux besoins changeants de ses membres, dans un souci constant d'atteindre l'excellence. Et il ne faut pas craindre de mesurer ni de montrer les progrès réalisés sur cette route difficile.

V

LA VIE ASSOCIATIVE ET LA PARTICIPATION

Participants

Claude BEAUCHAMP
Majella SAINT-PIERRE
Omar AKTOUF
Daniel CÔTÉ
Jean-Marie TOULOUSE

Desjardins : mouvement social ou institution ?

Claude Beauchamp

Les expressions « mouvement coopératif » et « institution coopérative » sont souvent utilisées indistinctement. Un mouvement social et une institution s'opposent toutefois sur le plan théorique en ce sens qu'ils entretiennent des relations différentes avec la société où ils s'insèrent, avec leur environnement social, économique, politique et culturel. Un mouvement social est un agent collectif de changement social, tandis qu'une institution est un élément fonctionnel dans un système ; le premier remet en question la situation alors que la seconde en assure la continuité.

Deux modèles opposés peuvent être utilisés pour étudier la relation « mouvement social–institution ». Le premier s'inscrit dans une perspective évolutionniste et propose une vision linéaire où le mouvement social subit de plus en plus l'influence de l'environnement et, parallèlement, le change de moins en moins, pour se transformer graduellement en institution. Le second modèle retient une approche dialectique et voit le mouvement social observé en tension continuelle entre les deux pôles opposés, se rapprochant tantôt du pôle « mouvement social », tantôt du pôle « institution », selon que l'influence qu'il exerce sur l'environnement est plus forte que celle qu'il en reçoit ou l'inverse. Cette dernière approche nous semble plus apte que la première à rendre compte du cas Desjardins.

Henri Desroche rappelait souvent qu'un mouvement social naît dans un terreau à forte teneur en utopie et qu'il cesse d'être un mouvement lorsqu'il coupe le lien avec son utopie initiale. Notre brève définition d'un mouvement social laisse aussi entrevoir cette dimension utopique. L'utopie ne signifie toutefois pas ici un rêve irréalisable, une chimère, suivant le sens péjoratif qui lui est habituellement donné au moins depuis Marx et Engels qui opposaient le socialisme utopique au socialisme scientifique, mais rappelle plutôt que la situation la plus difficile ne peut jamais tuer complètement l'espérance et l'imagination. Dans une première étape, la démarche utopique critique le fonctionnement de la société ou de l'un de ses segments et peut aller jusqu'à le rejeter complètement, mais elle ne juge pas l'avenir bouché pour autant — la société n'est pas programmée définitivement et il y a toujours place pour des réorientations, pour d'autres possibles —, ce qui, dans un second temps, permet à l'utopie d'imaginer des voies alternatives.

Le projet coopératif repose sur une utopie égalitaire, sur l'idée de démocratie intégrale, qui s'est développée à l'époque de la révolution industrielle, alors que dominait un capitalisme sauvage caractérisé par une forte concentration de la richesse et du pouvoir. Dans un premier temps, le projet coopératif proposait de rompre radicalement avec cette situation en créant une république coopérative qui ultimement aurait remplacé complètement l'organisation capitaliste. La réaction capitaliste fut cependant telle, que le projet coopératif dut être considérablement réduit. La rupture avec le capitalisme ne serait plus que partielle, il ne serait plus question de se substituer à lui mais plutôt d'en combattre les abus. On parlera alors de secteur coopératif.

L'idéal d'une société plus égalitaire où les personnes primeraient sur les capitaux n'est pas disparu pour autant, et les coopératives sont toujours d'abord et avant tout des associations qui travaillent à la réalisation de cet idéal en privilégiant un moyen, l'entreprise. Les règles de fonctionnement des coopératives, qu'elles touchent l'association ou l'entreprise, traduisent chacune à leur manière la dimension démocratique. Ces règles invitent autant à la démocratisation de la propriété et de la répartition des trop-perçus qu'à la démocratisation du pouvoir et à celle de l'éducation coopérative. Sans oublier que la coopération repose sur le principe éminemment démocratique du « s'aider soi-même en s'aidant mutuellement ». Nous le constatons, la démocratie coopérative déborde largement la participation aux assemblées générales.

Qu'en est-il du Mouvement Desjardins ? Les périodes de crise économique que nous avons traversées au cours des quinze dernières années nous offrent un excellent champ d'observation pour découvrir la vérité de Desjardins. Une analyse utilisant le modèle dialectique présenté plus haut nous permet de constater que Desjardins n'est pas une entreprise comme les autres, et de remettre ainsi en question de nombreuses affirmations relevant davantage d'une approche spontanée ou impressionniste que d'une démarche scientifique.

Nous découvrons plutôt un Desjardins au caractère ambigu, en ce sens qu'il participe de natures différentes. Certaines de ses décisions s'inscrivent dans la logique d'une rupture au moins partielle avec le capitalisme, tandis que d'autres ne seraient pas répudiées par certains tenants d'un capitalisme dur. Nous pourrions citer de nombreux exemples. Contentons-nous toutefois de quelques-uns. Ainsi, pendant que le mouvement met en place des programmes pour diminuer les effets de la crise sur les membres emprunteurs hypothécaires, quelques caisses ont un comportement discriminatoire envers d'autres membres bénéficiaires de l'assurance-chômage ou de l'aide sociale, en gelant leurs chèques pendant un certain temps. À un autre moment, nous voyons le président du Mouvement collaborer avec les centrales syndicales afin de trouver des moyens de réduire le chômage chez les jeunes, tandis que les dirigeants de certaines caisses populaires font tout pour empêcher la syndicalisation de leurs employés.

Le caractère ambigu de Desjardins s'est en fait toujours manifesté et il ne disparaîtra probablement jamais. Permettra-t-il cependant au Mouvement d'apporter à la solution des difficultés que traverse notre société une contribution aussi importante et aussi originale que pourrait le laisser espérer son enracinement dans l'idéal d'une société plus égalitaire ? Une indication pourrait être fournie par la réaction qu'aura le Mouvement face à un certain nombre de défis qu'il devra relever et que, dans certains cas, il a commencé à relever.

1. L'État-providence a réussi à établir une meilleure répartition des richesses, non pas pour en arriver à une égalité absolue entre les différentes couches de la population, mais pour assurer à chacun les moyens d'une certaine dignité. Tout cela est remis en question par les déficits accumulés des divers paliers de gouvernement et par l'idée de plus en plus affirmée du désengagement de l'État. Nous devons nous attendre à un retour à de très grandes inégalités, à encore plus de pauvreté. Nous savons en effet que depuis une vingtaine d'années seule une augmentation des paiements de transfert a permis la protection du niveau de vie de nombreux individus et familles. La logique du « moins d'État » a déjà imposé plusieurs mesures qui réduisent les paiements de transfert et nous pouvons en constater les premiers effets dévastateurs, en particulier à un moment où le secteur privé semble incapable de créer les conditions qui rendraient ces paiements de transfert moins nécessaires, par exemple en créant plus d'emplois.

Comment réagit le Mouvement Desjardins devant l'augmentation des inégalités dans notre société ? Le discours de son président est très généreux, mais nous sommes parfois surpris par l'orthodoxie capitaliste de certains autres dirigeants, de certains directeurs de caisse populaire ou de certains employés qui ne semblent pas savoir que la coopération s'enracine dans un idéal démocratique et égalitaire.

2. Formellement, nous pouvons parler de la spécificité de Desjardins, qui est évidemment différent des autres institutions financières, mais est-ce que cette différence passe toujours dans sa pratique ? Dans une société où les valeurs capitalistes et individualistes dominent nettement, il s'agit évidemment d'un important défi.

Nous savons par exemple que dans les caisses populaires, la majorité de l'épargne est concentrée dans les mains d'une minorité de membres. Plusieurs d'entre eux sont à l'affût de la moindre variation des taux d'intérêt et prêts à aller ailleurs si on leur offre un peu plus. Quelle marge de manœuvre ont alors les caisses pour accorder à leurs membres emprunteurs des prêts à un taux moins élevé que celui pratiqué par les autres institutions financières ? Cet affrontement entre la logique capitaliste du « s'aider soi-même » et la logique coopérative du « s'aider soi-même en s'aidant mutuellement » se produit aussi parfois lors des assemblées générales lorsqu'il s'agit de distribuer les trop-perçus sous forme de ristournes.

3. Les jeunes constituent un défi particulier pour Desjardins, non seulement parce qu'ils sont souvent chômeurs et qu'il faut les aider à trouver un emploi, mais aussi parce qu'ils ne sont pas forcément attirés par la formule coopérative. Ils ne rejettent pas l'action collective, mais ils préfèrent les réseaux informels de solidarité aux appareils coopératifs.

Nous pourrions établir ici une comparaison avec la religion. Le détachement de l'Église catholique dans l'ensemble de la population québécoise et en particulier chez les jeunes ne signifie pas un rejet de la dimension religieuse. La multiplication des sectes et des religions parallèles prouve plutôt le contraire. L'Église se remet toutefois en question, organise des synodes pour rejoindre les gens à la base et connaître leurs besoins et aspirations. Pourquoi Desjardins ne fait-il pas le même type d'exercice lorsqu'il prépare ses grands congrès d'orientation ? Combien de membres ont été consultés en vue du congrès de 1996 ? Et ce n'est certainement pas en le consacrant principalement à l'avenir de la commission de crédit que l'on intéressera les jeunes, et les moins jeunes, à la formule coopérative.

4. Il ne saurait évidemment être question de participation directe ni d'autogestion dans un mouvement qui compte plus de quatre millions de membres. La délégation est nécessaire. Elle ne fonctionne cependant pas toujours bien chez Desjardins. Le processus comprend plusieurs filtres qui empêchent parfois les besoins et les aspirations de la base de se rendre au sommet ou encore qui les déforment ou les réduisent en cours de route. Est-ce que cela ne serait pas dû au poids de l'appareil, au fait que plusieurs élus du deuxième niveau, les fédérations, et du troisième niveau, la confédération, sont davantage des « apparatchiks » que des représentants de la base ?

Dans une telle perspective, le président représente qui ? Nous avons ici une très belle illustration du caractère ambigu de Desjardins. La pratique nous indique en effet que le président véhicule souvent les préoccupations de la base et des solutions inspirées de l'idéal coopératif d'égalité, mais elle nous révèle aussi que son conseil d'administration lui fixe parfois des balises assez contraignantes. Et pas seulement pour qu'il garde secrète l'orientation de son vote référendaire.

Le président a quand même trouvé le moyen de fournir indirectement des indications assez précises sur ce point. Mais pourquoi n'a-t-il pas répliqué à ces hommes d'affaires qui nous demandaient de rejeter la souveraineté du Québec en affirmant que nous étions « trop petits » et « incapables » ? D'autant plus que l'insulte était double pour les coopérateurs et coopératrices qui ont édifié au Québec un important patrimoine collectif. Est-ce que le conseil d'administration du Mouvement Desjardins était d'accord avec les déclarations du grand patronat capitaliste ?

5. Le caractère inaliénable du patrimoine coopératif est souvent rappelé par les dirigeants. Mais qu'en est-il des filiales qui empruntent la formule capitaliste du capital-actions ? Une caisse populaire ne peut pas être vendue à une banque, mais Culinar, compagnie à capital-actions possédée majoritairement par Desjardins, peut facilement vendre une de ses divisions à des étrangers, par exemple à la compagnie américaine Smucker's. Et qu'en est-il du contrôle des membres dans le cas des filiales ? Ils en sont largement sinon complètement dépossédés.

En guise de conclusion, nous pouvons nous demander si le principal défi qui se pose à Desjardins, défi qui, s'il était relevé, réduirait considérablement l'intensité des autres défis que nous venons d'évoquer, ne serait pas d'augmenter de façon significative le nombre de coopérateurs chez ses membres. Le désenchantement que beaucoup de Québécois vivent actuellement, et que le capitalisme ne semble pas pouvoir alléger, pourrait peut-être trouver son antidote dans l'espérance coopérative. Les coopérateurs, les coopératives et le Mouvement Desjardins pourraient ainsi contribuer au réenchantement du monde.

Vie associative et participation chez Desjardins : anémie démocratique ou démocratie douce ?

Majella Saint-Pierre

Mes activités professionnelles des vingt dernières années au sein du mouvement coopératif m'ont amené à m'interroger et à réfléchir sur le fonctionnement démocratique qui donne sa pleine valeur aux entreprises coopératives. Le sujet est vaste et difficile. Il est vaste comme l'être humain et ses aspirations à maîtriser les outils économiques nécessaires à la satisfaction de ses besoins, mais il est vaste aussi comme les tentations individualistes et les faiblesses qui constituent notre quotidien.

J'aimerais traiter avec vous trois éléments permettant, à mon point de vue, de cerner notre thème de plus près : je parlerai d'abord de la conception de la participation au sein de Desjardins ; j'évoquerai ensuite les pratiques participatives qui sont vécues dans cette institution ; enfin, de ce survol, je suggérerai quelques pistes de recherche qui pourraient contribuer à faire avancer les pratiques de la démocratie dans les organisations coopératives.

À l'heure actuelle, chez Desjardins, il existe plusieurs conceptions de la participation. Certains, peu nombreux et surtout discrets, ne voient dans le fonctionnement démocratique des caisses qu'une tradition coûteuse qu'il faudra bien un jour aussi rationaliser. D'autres, dont l'idée est plus populaire, revendiquent la consultation d'un peu tout le monde dans les caisses avant toute décision des fédérations, des corporations Desjardins ou de la Confédération. Certains autres sont sincèrement malheureux de la faible participation des membres aux assemblées générales et ils déploient beaucoup d'efforts pour l'augmenter. Enfin, d'autres, et probablement les plus nombreux, voient dans l'appareil démocratique de l'entreprise coopérative une soupape qui peut être utilisée en cas de besoin, c'est-à-dire en cas de problèmes de gestion.

Une charte de la participation dans Desjardins

Les travaux préparatoires du quinzième congrès de Desjardins en 1991 nous donnent des indications plus objectives et, en raison du processus suivi, plus représentatives de la conception officielle de la participation dans Desjardins. À cette occasion, le comité du congrès, composé des présidents des fédérations de caisses, à la suite d'une consultation des dirigeantes et dirigeants élus des fédérations et des gestionnaires et professionnels participant aux structures consultatives du Mouvement (à ce moment-là une douzaine de comités de référence avec environ deux cents participants), a publié une *Charte de la participation*. Ce texte codifie, à toutes fins utiles, un certain nombre de concepts assez traditionnels dans l'institution. Cette charte donne de la participation la définition suivante : « Participer, c'est contribuer à la définition des projets communs, assumer pleinement les responsabilités de son état ou de ses fonctions et partager équitablement les résultats de l'action. » Quant aux mécanismes de la participation, ils sont ainsi définis :

> [...] les mécanismes statutaires de la participation dans Desjardins sont notamment les assemblées générales de membres, la délégation d'autorité à des représentants élus et le contrôle de leurs mandats. Mais font aussi partie des moyens de participation et sont abondamment utilisés dans Desjardins, la consultation sous ses différentes formes (écrite, électronique, individuelle, en groupe, etc.), l'avis professionnel de même que toutes les techniques de sollicitation des opinions de ceux qui ont à vivre les conséquences des décisions stratégiques ou à les concrétiser.

Cette description de la participation dans Desjardins rejoint assez bien la définition qu'en donnent mesdames Nicole Giroux et Véronique Fenocchi de l'Université de Montréal dans leur texte intitulé « La participation : une réalité complexe », publié dans la revue *Coopératives et développement* en 1994. On y lit : « La participation est définie ici comme un échange multidimensionnel qui relie entre eux les membres de l'organisation. Le terme participation signifie à la fois faire sa part (contribution), avoir sa part (rétribution), être partie prenante de l'organisation (identification, sentiment d'appartenance) ».

Les conceptions exprimées dans cette *Charte de la participation* rejoignent aussi la pensée traditionnelle des leaders de Desjardins. À ce sujet, on pourra consulter un ouvrage publié lors du congrès de 1991 et intitulé : *Une part active dans le projet Desjardins*. De nombreux textes des présidents et des cadres de la Confédération et des fédérations y sont regroupés.

La participation des membres

Les questions relatives à la vie associative et à la participation chez Desjardins se posent moins sur le contenu du discours officiel, que sur les pratiques démocratiques et participatives de l'institution. Sur cet aspect, le portrait est plus difficile à établir. L'institution est très vaste. Elle est décentralisée et les pratiques y sont fort diversifiées. Il existe tout de même un certain nombre de données sur la participation des membres des caisses dans Desjardins. On connaît par exemple, grosso modo, le nombre de participants aux assemblées générales des caisses populaires et des caisses d'économie. Selon le bilan socio-économique et coopératif de 1994, publié par la Confédération Desjardins, environ 130 000 personnes auraient participé aux assemblées générales. Le tiers des caisses ayant fait des efforts particuliers pour attirer plus de membres à leur assemblée générale aurait obtenu une moyenne de 137 participants par assemblée. On connaît aussi le taux de renouvellement des dirigeantes et dirigeants élus des caisses. Environ 10 % d'entre eux sont remplacés chaque année ; un nouveau dirigeant sur trois serait une femme. Par ailleurs, certains de ces remplacements se font par cooptation, mais on en ignore le nombre exact. Par contre, on connaît précisément les taux de participation des caisses aux assemblées générales de leur fédération, de la Confédération et des sociétés Desjardins. Ces taux dépassent régulièrement les 80 %.

La participation dans les réseaux

Ce qui n'est pas comptabilisé et qui, à ma connaissance, est très peu étudié, c'est le trafic considérable de dirigeants élus et de cadres participant aux nombreux mécanismes consultatifs mis en place par les fédérations et la Confédération. Parallèlement à la vie associative des caisses, Desjardins, comme institution, entretient une très riche vie associative dans ses réseaux. Les assemblées de secteur et de zone, les tournées de consultation des caisses par les fédérations, les comités et groupes de travail de toutes sortes foisonnent. En 1988 par exemple, on en avait dénombré soixante-cinq pour la seule Confédération. C'est donc aussi beaucoup dans ces échanges multidimensionnels qui relient entre eux les membres des collectivités Desjardins, pour reprendre l'expression de madame Giroux, que se vit la participation chez Desjardins.

Comment interpréter ces manifestations de la participation des membres, des élus et du personnel de Desjardins ? Certains, au nom de l'idéal inscrit dans le principe de l'égalité démocratique (un membre = un vote), ne peuvent que diagnostiquer une anémie grave de la participation des membres des caisses. D'autres, en comparant les taux de participation aux assemblées générales à la participation aux affaires municipales ou scolaires, auxquelles les citoyens contribuent par des taxes, considèrent la participation des membres comme relativement satisfaisante. D'autres enfin, pour qui le marché est le véritable chien de garde des intérêts des membres comme usagers, refusent de s'engager dans ce qu'ils estiment être un faux débat. Pour ceux-là, le processus démocratique est un attribut d'image non imitable par la concurrence et dont bénéficie l'entreprise coopérative. Cette conception rejoint un peu la thèse de Jacques T. Godbout, auteur de *La participation contre la démocratie* et de *La démocratie des usagers*.

Le recours à la conception coopérative traditionnelle ne peut permettre de porter un jugement définitif sur la vitalité démocratique de Desjardins, mais il peut aider à mieux cerner certains aspects du débat. Rappelons-en les éléments les plus fondamentaux :

1. La démocratie n'est pas une fin en soi mais un moyen et plus précisément un processus de détermination du bien commun. On ne peut donc la réduire au seul vote. L'information, la consultation et le débat en sont parties intégrantes.
2. En coopération, la démocratie est d'abord un moyen de gouvernement d'une entreprise. Cette entreprise n'existe pas pour faire fructifier un investissement mais pour répondre aux besoins de ses membres, qui sont d'ordre économique, social et personnel.
3. La participation au processus démocratique en entreprise coopérative est aussi un moyen d'éducation par apprentissage dans l'action.
4. La participation coopérative s'exerce par rapport à la propriété, à l'usage, au pouvoir et aux résultats financiers de l'entreprise.
5. Il ne doit pas y avoir de barrière artificielle à la participation. C'est le principe coopératif universel dit de « la porte ouverte » appliqué à la participation.
6. Sauf dans les petites organisations, la démocratie coopérative est une démocratie de représentation. Les élus, même s'ils sont nommés par un groupe, représentent l'ensemble des membres et ont la responsabilité de rechercher le bien commun.
7. Les situations de concurrence, avec lesquelles les coopératives modernes et en particulier les grandes coopératives doivent composer, renforcent les besoins de délégation d'autorité, ce qui nécessite que soient mieux définis les rôles, les responsabilités et les relations entre membres et membres élus et exige une plus grande complémentarité entre les rôles des dirigeants, des gestionnaires et du personnel salarié.
8. En raison de leur mandat de représentation des intérêts des membres et de leurs responsabilités dans la réalisation des finalités de la coopérative, les élus ne doivent pas profiter de leur statut et de leur situation d'autorité dans la coopérative pour tirer des avantages personnels particuliers des activités et des résultats de la coopérative.

Alphonse Desjardins, dans son projet de loi sur les syndicats coopératifs, exprimait fort bien la conception traditionnelle de la participation démocratique dans une coopérative.

> Ici c'est la coopération qui sert d'assises, c'est-à-dire une pensée élevée, un idéal, [...] et pour se rapprocher le plus possible de cet idéal, qui consiste à améliorer moralement et économiquement le sort de ceux qui entrent dans la société, le concours du plus grand nombre de citoyens bien intentionnés, [...] compétents et

> honnêtes n'est pas de trop, si le rouage administratif n'en souffre pas par ailleurs. Or, ne conviendrait-il pas de mettre ces citoyens, sinon tous, du moins une bonne partie d'entre eux, dans une position éminente [...] ? Un groupe de tels citoyens comme directeurs pourraient attirer et retenir de nombreuses adhésions, lesquelles permettraient à la société de faire de rapides progrès [...].

Mais aujourd'hui, dans un contexte de bouleversement de l'environnement des entreprises et des conditions de gestion des ressources humaines, la participation ne peut plus être réservée aux seuls membres et dirigeants des coopératives, et la vie associative ne peut plus emprunter les seuls mécanismes statutaires reconnus par la loi, soit l'assemblée générale et le conseil d'administration. Comme la doctrine coopérative traditionnelle fait peu de place aux règles de fonctionnement des structures de deuxième et troisième niveaux et à la participation des travailleuses et travailleurs, les organisations coopératives modernes ont des difficultés à faire reconnaître plusieurs de leurs pratiques de gestion comme des pratiques participatives nourrissant une vie associative beaucoup plus vaste que la seule participation des membres aux structures traditionnelles.

C'est ici que s'ouvrent de très beaux chantiers pour nos collègues universitaires intéressés par la coopération et l'évolution des organisations coopératives. D'une part, il serait utile d'inventorier les pratiques informelles et non statutaires de participation des salariés dans les organisations coopératives. Il existe plusieurs exemples de planification stratégique de caisses populaires ou de caisses d'économie où dirigeants élus et salariés sont étroitement associés. Cet inventaire devrait s'étendre aux mécanismes de consultation et d'information utilisés par les différents réseaux coopératifs pour associer élus et cadres à leurs décisions stratégiques. Cela pourrait permettre d'évaluer dans quelle mesure la vie associative ne se limite pas à la seule participation des membres et de leurs représentants élus et jusqu'où cadres et employé(e)s contribuent de multiples façons à élaborer les projets de l'entreprise. Cela aiderait à préciser sur quelles décisions d'orientation de l'entreprise, en plus du choix des administrateurs, les membres auraient à se prononcer. Parce que délégation ne doit pas signifier démission et que les décisions stratégiques des entreprises coopératives ne se limitent pas pour les membres aux seules élections. Cela pourrait aussi contribuer à définir par quels moyens reconnaître et légitimer la participation du personnel aux décisions des entreprises. Ces travaux devraient faciliter éventuellement l'adaptation de la *Loi sur les coopératives* qui, actuellement, autorise des membres non-usagers, parmi lesquels des détenteurs de capitaux, à siéger au conseil d'administration des coopératives mais en exclut le personnel.

Il faudrait d'autre part analyser davantage les différences entre les pratiques démocratiques des syndicats et celles des coopératives. La démocratie dans les deux types d'institution y est certes un processus, mais dont la finalité instrumentale n'est pas la même : l'une vise la mobilisation maximale pour un meilleur rapport de force, l'autre les meilleures décisions d'entreprises appartenant aux membres à la fois copropriétaires et usagers. La démocratie coopérative n'est pas d'abord une démocratie de mobilisation (elle peut l'être à l'occasion et c'est le rôle des leaders de le déterminer), mais une démocratie qui cherche des équilibres délicats entre les intérêts des propriétaires et des usagers, entre les producteurs et les consommateurs, entre les élus et les salariés.

En conclusion, je dirai que l'expérience coopérative est jeune, à peine cent cinquante ans. Le caractère révolutionnaire de l'introduction de la démocratie dans des organisations économiques n'a pas fini de faire son chemin. Si la finalité propre d'une entreprise coopérative est de contribuer au développement des personnes en leur fournissant des moyens d'améliorer leurs conditions de vie économique, sociale et personnelle, il faut se demander si cette finalité ne devrait pas s'appliquer indistinctement à tous les participants au projet coopératif, quels que soient leurs statuts et leurs responsabilités. Ma conviction est qu'il faut regarder dans cette direction et y entreprendre des travaux de recherche et de réflexion. Desjardins et d'autres grandes organisations coopératives au Québec et à l'étranger peuvent porter un tel projet. Malgré les imperfections que la vie démocratique peut connaître au sein de l'une ou l'autre de leurs structures, elles disposent déjà de beaucoup d'expériences intéressantes qui ne demandent qu'à être légitimées.

La participation, dans les coopératives en général et dans les caisses en particulier, est donc, à mon sens, beaucoup plus riche et active qu'on le laisse entendre généralement. On ne saurait nier les ratés dans les processus ou dans l'éthique d'une structure ou de l'autre, mais cela ne devrait pas nous amener à discréditer l'ensemble du système ni surtout le modèle coopératif.

Le principal problème, à mon sens, est d'ordre culturel. D'une part le modèle d'entreprise dominant, reconnu socialement, est encore l'entreprise à capital-actions. D'autre part, le modèle de référence pour ce qui est de l'entreprise coopérative est encore la coopérative de consommation et sa domination par les usagers. La pensée coopérative d'aujourd'hui a de la difficulté à intégrer d'autres acteurs et d'autres formes de participation que celles des membres. Il est urgent de compléter notre conception de la participation dans les coopératives et d'en révéler la véritable richesse. Nos concitoyens en ont besoin ; ils cherchent une solution de rechange à la corporation trop souvent sans cœur parce que uniquement centrée sur ses objectifs de retour sur l'investissement. Nous avons un modèle d'entreprise qui pratique une démocratie douce et favorise la participation active. C'est un secret bien gardé. Il est temps de le dévoiler.

Le fonctionnement des organisations et l'exemple du Mouvement Desjardins : une question de culture et de démocratie

Omar Aktouf

L'un des credos les plus tenaces parmi les théories contemporaines du management et du fonctionnement des organisations est la mobilisation des employés et leur *empowerment*. On veut tout simplement, par là, que l'employé se mette à se comporter à son travail avec plus de « sentiment de pouvoir » et de « sentiment d'influence personnelle » sur ce qui se passe dans son organisation. Dit autrement, cela signifie que cet employé se met à agir à son poste de travail à peu près exactement comme s'il travaillait pour lui-même.

Faire de l'organisation et de son fonctionnement un sujet de préoccupation personnelle de tous les employés, voilà un rêve managérial omniprésent depuis la naissance de l'entreprise. Mais ce rêve s'est toujours heurté à une des contradictions séculaires de l'univers économique moderne : le caractère unilatéral du pouvoir de décision, de fixation du taux de profit, de son usage lié au droit de propriété, et le désir de comportement collectif-mobilisé manifesté par les dirigeants à l'égard des employés.

Tout se passe comme si l'on pouvait être, du côté des dirigeants, individualistes et égocentriques-omnipotents et, en même temps, du côté des employés, « communautaristes » animés, si possible avec zèle, du seul souci collectif de l'organisation. C'est cette contradiction, ses fondements et ses origines qui font que toute possibilité réelle d'*empowerment*-participation est d'emblée vouée à l'échec. Car le véritable enjeu n'est pas de « faire prendre » un « changement » en greffant une nouvelle technique managérial ou une autre, mais bel et bien de vivre — et de faire vivre — l'organisation comme une institution démocratique ou non.

Or, lorsque l'on regarde le fonctionnement de nos institutions économiques, en particulier celles dites « libres » et « privées », présentées comme « le » fondement de la démocratie de nos sociétés, de quoi nous rendons-nous compte ? Que, tout à fait paradoxalement, par droit, ces institutions fonctionnent de manière radicalement autocratique ! Nous sommes donc en présence de ce que j'appelle un monarchisme d'entreprise. La société démocratique est censée naître de la somme de ces monarchismes privés !

L'une des tentatives de dépassement de cette contradiction a été le coopératisme. On en sait les échecs, attribuables à de multiples raisons, dont

« l'hostilité » de l'environnement capitaliste-privé dominant n'est sans doute pas des moindres, puisqu'il ne peut qu'y être objectivement réfractaire, sinon opposé.

En dehors des nombreuses autres caractéristiques du coopératisme, ce que prétend être le Mouvement Desjardins, il est à retenir la participation des membres — employés et usagers — à tout ce qui fait la marche de l'institution.

Tout cela est avant-gardiste à plus d'un titre, et le caractère prémonitoire et précurseur de l'idée de base d'Alphonse Desjardins se retrouve dans les deux piliers de la philosophie de démarrage du Mouvement : le membre-employé et le membre-client. N'est-ce pas là ce que l'on met aujourd'hui derrière de pompeuses théories dites de qualité totale, et que l'on découvre, plus d'un demi-siècle après, l'intérêt qu'il y a à associer employés et usagers aux affaires de management ?

Mais les obstacles sont encore bien plus nombreux et plus sournois qu'il n'y paraît. Comment, en effet, les dirigeants (les propriétaires ou leurs représentants) vont-ils du jour au lendemain renoncer, au moins en partie, à tous ces privilèges et ces pouvoirs auxquels les a habitués le monarchisme industriel ? Quelles raisons — sonnantes et trébuchantes — va-t-on donner aux employés de réellement participer ? Y arrivera-t-on par de simples « invitations » à l'*empowerment* ?

L'étonnante initiative d'Alphonse Desjardins est encore et toujours à méditer sous bien des angles. Je n'en mentionnerai ici que trois qui me semblent les plus fondamentaux : celui de la doctrine sociale de l'Église catholique issue de saint Thomas d'Aquin, celui du principe de collégialité de gestion (la composition par les usagers du conseil d'administration des caisses) et, enfin, celui du principe de redistribution des trop-perçus. Combiné au mécanisme d'appropriation collective dérivé de la détention automatique des parts par les membres, tout était réuni pour réussir d'emblée le rêve managérial séculaire de partenariat-complicité entre dirigeants, employés et « clients » !

Pour ce qui est de la doctrine sociale thomiste, je me contenterai de mentionner que si Alphonse Desjardins avait été animé du seul souci — bien anglo-calviniste à l'époque — de « faire de l'argent », le mouvement qui porte son nom n'existerait tout simplement plus aujourd'hui ! Car c'est bien le souci de mettre fin aux taux d'intérêt usuraires et de mettre l'argent à la portée des moins nantis qui a été le moteur fondamental de son combat. Cela ne peut, et ne pouvait, provenir d'une éthique dont le moteur ne serait que l'appât du gain et la multiplication des profits. Voilà une précoce et magistrale leçon de « souci du client » !

Quant à la collégialité de gestion, le principe qui consiste à faire du membre un administrateur-détenteur-de-parts revient à réaliser toutes les conditions des partenariats-maillages tant rêvés par les gourous actuels du management, par les liens au sein de toute communauté entre usagers, membres, employés, dirigeants, etc.

Enfin, le principe de redistribution des surplus ressemble étrangement à ce qui fait, chacun à sa façon, le succès du Japon et de la RFA : clients, employés et dirigeants sont liés par une obligation de transparence et de collaboration. Appliqué à la lettre, ce principe atteindrait, notamment par ses effets internes, ce que l'économiste du MIT Martin Weitzman considère comme la clé de fonctionnement de l'organisation-facteur d'une économie-société en équilibre et en santé : faire de tous les revenus des revenus variables liés aux résultats, pour que l'emploi soit plus fixe et l'économie plus juste et plus stable.

Il est à espérer que le Mouvement Desjardins ne s'éloigne ni dans l'esprit ni dans la lettre de ces trois principes fondamentaux — ce qui est hélas ! fortement à craindre avec la désastreuse vogue actuelle de réingénierie tous azimuts. Il n'est, bien sûr, pas question de nier la nécessité de certaines adaptations, mais ne perdons pas de vue que les principes dont Alphonse Desjardins a doté son mouvement sont ceux-là mêmes qui font cruellement défaut aux entreprises les moins performantes d'aujourd'hui. Non seulement personne n'y gagnerait rien, mais Desjardins y perdrait son âme et ne tarderait pas à y perdre sa place en devenant un simple et cynique *business* bancaire qui, on le sait, n'aurait jamais, en tant que tel, percé la moindre part de marché du temps du regretté Alphonse.

La gestion d'une caisse : entre rupture et continuité ?

Daniel Côté et Jean-Marie Toulouse

Introduction

Dans cette conférence sur Desjardins, nous avons convenu de traiter le thème « la gestion de la caisse : entre rupture et continuité ». Deux tendances retiennent notre attention. D'abord, l'évolution que connaît la caisse. Cette évolution est alimentée par diverses pressions sociales, politiques et économiques. Potentiellement, elle est porteuse d'une mutation de la caisse comme coopérative de services financiers. Puis, l'évolution des organisations dans leur ensemble. Toutes les organisations sont soumises à de fortes pressions qui les obligent à se réinventer. Elles réexaminent leurs avantages concurrentiels, leur capacité d'entreprendre, leur capacité à collaborer avec différents partenaires, à reconnaître les investissements immatériels, à organiser l'apprentissage, etc. Les défis auxquels sont confrontées les organisations modernes sont nombreux, mais il nous semble que la *mobilisation et la gestion par les valeurs*, la recherche de *sens et de signification*, la *passion du client* et la gestion de l'*apprentissage* représentent des défis plus importants que les autres.

Les fondements des organisations modernes sous-jacents aux défis auxquels ces dernières seront confrontées nous permettent d'apprécier différemment les caractéristiques propres aux caisses populaires. Serait-il possible que la caisse, coopérative de services financiers, regroupe l'essentiel des fondements propres aux organisations modernes ? Par ailleurs, l'évolution que connaissent les caisses vient remettre en cause la spécificité même de l'organisation qu'est la caisse. Il y a donc un risque de voir s'effriter les piliers propres à la caisse et nécessaires à son succès futur au moment où elle en a le plus grand besoin. Quel beau défi pour la réingénierie que de remettre en évidence les facteurs de succès de la caisse comme organisation d'avenir.

L'évolution de la caisse populaire

Nous ne voulons pas retracer l'évolution à travers l'histoire du mouvement, mais nous cherchons plutôt à savoir si la nature, la spécificité des caisses les placent en bonne posture pour faire face aux principaux défis que nous avons retenus plus haut.

Rappelons au départ qu'un très fort pourcentage des membres de Desjardins ne sont pas conscients d'appartenir à une coopérative. Soulignons aussi le fait que plusieurs employés ou cadres ignorent dans une grande proportion « ce que ça change », le fait de travailler dans une coopérative.

Il y a plus cependant. Non seulement les principaux acteurs de la coopérative savent peu qu'ils évoluent dans un tel contexte, mais également, lorsque nous cherchons à reconnaître les caractéristiques distinctives, au-delà des valeurs, principes et règles de base, à savoir les pratiques, un large contingent croit que les pratiques de gestion des caisses sont les mêmes que celles des banques. C'est dans cette perspective qu'il nous faut regarder l'évolution de la caisse.

Les facteurs de concurrence qui affectent la caisse populaire

La caisse se voit « concurrencée » dans les différents aspects sur lesquels reposent sa spécificité et ses caractéristiques distinctives. Au-delà de la concurrence sur les marchés (les banques), elle rivalise avec l'État dans sa lutte contre les abus du système économique, elle rentre en concurrence avec les associations et les syndicats comme lieu d'expression des solidarités et elle s'oppose à la révolution managériale en privilégiant l'individu plutôt que le capital. Ces différentes formes de concurrence s'accentuent par l'accélération des changements que nous connaissons et par la nécessité d'emprunter des « réponses d'affaires » aux concurrents du monde bancaire.

S'ajoutent également la complexité croissante de la gestion de la caisse, ce qui laisse le dirigeant bénévole démuni, et les nombreuses pressions de l'État incitant à des comportements économiques basés sur une logique différente. Les critères de décision deviennent donc de plus en plus techniques, d'où la difficulté de plus en plus grande de faire valoir la spécificité coopérative par une grande cohérence entre valeurs et pratiques de gestion. Ces différents facteurs obligent les leaders coopératifs à des arbitrages entre différentes logiques d'action, celle de l'usage bien sûr mais également celle du capital. L'ensemble a malheureusement pour effet de *substituer à la rationalité en valeur une rationalité formelle.*

Il n'est donc pas surprenant que plusieurs n'arrivent plus à reconnaître une coopérative lorsqu'ils en voient une. Ses caractéristiques de base, groupement de personnes (association), activités répondant aux besoins précis de cette association (entreprise), valeurs et règles spécifiques, ne suffisent plus à garantir des actions et pratiques « autres », différentes. D'où cette impression largement répandue que la caisse, c'est comme la banque (!). La caisse est donc de plus en plus obligée de se démarquer en faisant valoir l'organisation autant que le système auquel elle appartient. Appartenir au système coopératif n'est plus une justification suffisante pour assurer la spécificité de l'organisation. La caisse comme organisation doit donc faire valoir sa spécificité davantage par ses pratiques et les arbitrages stratégiques qui résultent de ses choix. Sinon, elle risque de plus en plus de se voir qualifiée de « banque ».

La spécificité coopérative : une peau de chagrin

Face à ce vent de « rupture », que penser de la caisse comme coopérative ? Que retenir de cette praxis coopérative bâtie sur près d'un siècle dans la perspective du prochain millénaire ?

Curieusement, nous pouvons trouver une réponse à cette interrogation fondamentale en regardant ce qui ressort et se présente comme les fondements des organisations d'avenir. Il nous apparaît fort intéressant de revoir ces acquis historiques, et de dégager ce qui nous semble un avantage concurrentiel de Desjardins face aux défis que rencontrent toutes les organisations. Aussi, d'une constatation de *rupture*, pourrions-nous construire une hypothèse de *continuité*.

Desjardins entre rupture et continuité : le défi d'une gestion à inventer

Entre rupture et continuité

La question que nous posons est de savoir si la caisse, coopérative de services financiers, qui a (aura) su « réinventer » sa spécificité par des pratiques différenciées, saura établir plus et mieux les fondements caractéristiques des organisations d'avenir parce qu'elle est une coopérative. Autrement dit, la caisse populaire peut-elle repenser sa spécificité à la lumière de ces fondements et y découvrir une continuité avec son propre code génétique original, celui qu'avait conçu Alphonse Desjardins lui-même ? Si nous pouvions répondre oui à cette question, nous aurions pointé un avantage concurrentiel significatif dont la caisse est porteuse dans cette quête d'une plus grande compétitivité.

Quelques pistes qui mettent en valeur la continuité

Pour répondre à cette question, nous avons réalisé des entrevues auprès de quatre directeurs généraux de caisse. Les entrevues visaient à cerner l'environnement concurrentiel dans lequel évolue chacune de ces caisses. Également, nous voulions savoir comment chacun de ces directeurs généraux comprenait l'apport de la spécificité coopérative à l'avantage concurrentiel de l'entreprise.

Pour mener à bien cette étude exploratoire, nous avons retenu des caisses reconnues pour leur excellente performance financière, mais aussi pour leur approche « coopérative ».

La passion-client

a) Point de vue général

La *passion-client* s'appuie sur une présence physique et spirituelle, selon une expression de Tom Peters, du client dans l'entreprise. Elle vise l'humanisation de la relation avec le client ainsi qu'une régionalisation des produits et pratiques d'affaires pour maximiser l'adaptation aux besoins du client. Elle requiert que toute l'entreprise soit organisée pour écouter le client. Finalement, cette passion-client repose sur un esprit d'entraide entre les employés et de partenariat entre l'entreprise et ses clients.

b) Regards sur la caisse

Dans les caisses visitées, on sent une *présence physique et spirituelle* qui s'exprime par la priorité accordée à l'aspect humain et au conseil plutôt qu'au « business », ainsi que par la connaissance intime du milieu et de ses besoins. Cette présence est amplifiée par le rôle d'ambassadeur des dirigeants, choisis pour leur jugement, leur crédibilité et leur connaissance du milieu.

L'*humanisation* de la relation avec le client s'illustre par la priorité que l'on accorde à la qualité du service, mais plus encore par la qualité de vie du membre et par sa fidélisation par le respect de l'équité dans le traitement des membres. Ici encore, le rôle des dirigeants est d'humaniser la gestion des activités financières et d'introduire diverses considérations sociales dans les dossiers.

Les caisses visitées pratiquent *l'écoute* de diverses façons. D'abord, bien sûr, dans les activités des dirigeants, qui multiplient leur participation à des *focus groups*. Être du milieu, « ça ne s'apprend pas ».

L'entraide entre les employés et les dirigeants ainsi que le partenariat avec les clients sont au cœur de la dynamique des caisses visitées. D'une part, on fonctionne en équipes d'employés responsables et autonomes. D'autre part, l'altruisme et la générosité sont les qualités de base retenues lors de l'engagement des dirigeants. Finalement, on reconnaît au client le statut de propriétaire membre de sa coopérative. Idéalement, que demander de mieux pour concrétiser l'entraide et le partenariat ?

Sans avoir épuisé toute la question, il nous semble évident que les pratiques observées dans les caisses visitées respectent l'esprit des principes nécessaires pour témoigner d'une *passion-client*. Également, lorsque nous les avons interrogés sur les motivations qui les amenaient à ce genre de pratiques, les directeur généraux ont tous invoqué les caractéristiques et la spécificité coopératives de l'organisation.

La mobilisation

a) Point de vue général

La *mobilisation et le rôle clé des ressources humaines* résultent des changements profonds que connaît notre société. Les réactions qu'appellent ces changements se fondent sur la capacité d'initiative des individus. Il est donc essentiel de les mobiliser, et non pas par des incitatifs matériels, qui n'ont qu'une portée limitée. La poursuite des idéaux personnels, la poursuite d'objectifs valorisants, la solidarité, l'intégration sociale, etc. sont des moteurs de mobilisation autrement plus puissants.

b) Regards sur la caisse

La capacité *mobilisatrice* de l'organisation coopérative est largement démontrée dans les cas que nous avons observés. À titre d'exemple, les employés d'une des caisses visitées visent à maximiser son « utilité » pour les membres et réalisent à cette fin des sondages auprès d'eux. La caisse est une organisation qui existe pour les gens, et les employés savent que c'est la qualité des services qui dicte leur comportement. Par exemple, viser à faire sauver un maximum d'impôt aux membres lors de la campagne REÉR, voilà un message très mobilisateur aux yeux des employés.

Également, les ristournes versées au milieu, l'équité comme base décisionnelle, le développement de la collectivité comme raison d'être, voilà autant d'éléments mobilisateurs qui dépassent largement les stricts incitatifs matériels. Les idéaux personnels, l'attraction du groupe, le sentiment de participation élargie, la solidarité et l'intégration sociale sont autant d'incitatifs présents dans les caisses visitées. Selon l'opinion des directeurs généraux interrogés, le fait d'être une coopérative permet d'aller plus loin à ce chapitre.

La signification et la légitimité

a) Point de vue général

La gestion de la *signification et de la légitimité* s'appuie principalement sur la capacité de l'organisation à véritablement faire une différence dans la vie de ses clients.

b) Regards sur la caisse

À la base, la caisse existe pour les gens et par les gens. Potentiellement, aucune institution n'est proche de son monde comme la caisse peut l'être. Les caisses visitées visent à s'engager dans des dossiers « voulus » par la communauté. Les projets sont portés par le milieu, et la caisse y joue un rôle de support, pour que « ça se fasse ».

La capacité d'apprendre

a) Point de vue général

Réinventer les avantages concurrentiels d'une organisation repose sur sa *capacité d'apprendre* plus rapidement que ses rivaux. Quatre niveaux d'apprentissage sont reconnus : l'individu, l'équipe, l'organisation et l'apprentissage client. Devenir une organisation apprenante est donc un enjeu et un défi majeurs pour toute organisation d'avenir. L'apprentissage nécessaire est d'autant plus facilité qu'une organisation peut s'appuyer sur une *passion-client*, sur des incitatifs *mobilisateurs* autres que matériels et monétaires et sur une mission *significative.*

b) Regards sur la caisse

« Desjardins a 1300 façons d'aborder le marché », donc autant d'occasions d'expérience et d'apprentissage. Le besoin de comprendre le marché et la latitude pour le faire, l'imagination, l'originalité et le droit à l'erreur sont les éléments indispensables à l'apprentissage. Nous les avons tous retrouvés dans les caisses visitées.

L'apprentissage repose aussi sur la proximité. Nous soulignions précédemment que la caisse était potentiellement l'organisation la « plus proche de son monde ». « Ce qu'ils ont ne s'apprend pas : être du milieu. » Également, la caisse est suffisamment autonome pour concevoir un plan de formation local, selon ses besoins.

Conclusion

Les coopératives n'ont certainement pas le monopole des pratiques et fondements d'avenir. Là n'était pas notre propos. Nous avons simplement voulu explorer l'idée que, vu ses particularités, la caisse pouvait représenter une source non négligeable d'avantages concurrentiels. En reliant implicitement la spécificité coopérative aux fondements des organisations d'avenir, nous voulions faire ressortir la nécessité de reformuler le discours coopératif en l'ancrant à la fois sur les pratiques et sur les besoins des organisations du futur.

Nous savons cependant que beaucoup de gestionnaires de caisse ne reconnaissent pas l'apport de la spécificité coopérative dans la construction des avantages concurrentiels requis pour relever les défis actuels et à venir. Nous sommes d'avis que cette question mérite d'être analysée très attentivement. Et si l'incroyable force de la coopération existait vraiment...

Les caractéristiques organisationnelles sur lesquelles repose la spécificité coopérative nous semblent porteuses des avantages concurrentiels indispensables à toute organisation d'avenir. La question de savoir si la coopérative est plus avantagée que l'entreprise à capital-actions demeure et mérite d'être largement débattue. Mais il nous semble cependant évident que la caisse recèle un potentiel sous-exploité. La méconnaissance de cette spécificité et l'absence de réflexion systématique sur son incidence sur les pratiques laissent la caisse devenir de plus en plus une banque.

Entre rupture et continuité, nous croyons que tout n'est pas joué. La réingénierie nous semble une fort belle occasion d'encourager le débat sur cette question, débat dont le Mouvement Desjardins ne peut certes pas faire l'économie.

VI

DESJARDINS ET LE DÉVELOPPEMENT ÉCONOMIQUE DU QUÉBEC

Participants

Gilles PAQUET
Bruno RIVERIN
Joël LEBOSSÉ
Jean-Pierre DUPUIS

Desjardins et Québec Inc. : un avenir incertain ?

Gilles Paquet[1]

Les fleurs ne poussent pas plus vite parce qu'on tire dessus.

Laurent Laplante

Introduction

Le Québec a une vieille culture économique néo-corporatiste dont les racines et le feuillage ont été analysés par Clinton Archibald dans son livre *Un Québec corporatiste ?*[2] Que la concertation ait été orchestrée par les acteurs sociaux avant 1960 et par les acteurs politiques après 1960 a fait bien peu de différence. Cette culture économique a constitué un terrain propice au développement du mouvement coopératif tout au long du siècle, et, en retour, le Mouvement Desjardins a contribué à alimenter et à renforcer la concertation socio-économique québécoise — comme dans le tableau d'Escher où deux mains se dessinent l'une l'autre.

Au cours des quarante dernières années, les grands bouleversements externes et internes ont provoqué des réaménagements importants au Québec. Dans une socio-économie dont la bourgeoisie d'affaires était divisée par l'ethnie et où les institutions privées francophones étaient souvent anémiques, toute forme de facilitation de l'agir ensemble a constitué un atout important dans le processus d'ajustement aux réalités nouvelles. Tant la société civile que l'État ont développé des capacités à appuyer, par la concertation et le réseautage, un entrepreneurship privé dont les assises n'étaient pas aussi solides qu'on l'aurait voulu. Tant les sociétés coopératives que les sociétés d'État ont grandi dans ce contexte porteur.

Au début, ces deux mouvements ont tissé leur toile à des niveaux différents : le mouvement coopératif a travaillé depuis le début du siècle dans les micro-communautés, alors que les sociétés d'État ont ambitionné dans les années 1960 d'étendre leur rayonnement à tout le Québec. Ces deux mouvements ont convergé au cours des années 1970 : le Mouvement Desjardins est

1. L'assistance de Marie Saumure et de Dominique Saint-Arnaud a été fort utile.
2. C. Archibald (1983). *Un Québec corporatiste ?*, Hull, Asticou.

devenu un partenaire économique de l'État, et des chantiers communs ont germé. Québec Inc. est la combinaison syncrétique de ces efforts du monde des affaires, de l'État et des grands acteurs de la société civile, comme le Mouvement Desjardins, pour construire un capitalisme à la mesure du Québec — un capitalisme qui vise une place sur l'échiquier mondial mais conserve en même temps une saveur communautaire.

On a beaucoup discuté du modèle de développement québécois qui en aurait résulté. Il semble ressortir des débats que l'avancement fut dans un premier temps substantiel, mais que le syncrétisme s'est effiloché par la suite.

Nous allons chercher les sources et les causes de cet essoufflement dans une combinaison de forces externes et internes qui, non seulement expliquent la déroute de Québec Inc. dans les années 1980, mais encore permettent de prévoir certaines difficultés à venir pour Desjardins, le mouvement et l'entreprise, et pour Québec Inc. : d'abord, le coefficient de solidarité nécessaire pour que ce genre de concertation économie–société–politique s'accomplisse pourrait être affaibli ou devoir être réinventé ; ensuite, nous n'avons pas encore appris à échapper aux pièges d'une seule logique dominante alors que les partenariats réclament justement la réconciliation efficace de plusieurs de ces logiques.

La dynamique et les cultures du capitalisme

Dans sa grande fresque *Civilisation matérielle, économie et capitalisme*[3], Fernand Braudel présente une image de l'économie à trois étages : la vie matérielle de tous les jours, l'économie de marché et l'économie du monde entier avec ses économies-mondes — leurs cœurs, leurs zones intermédiaires et leurs zones périphériques. Au premier étage, on trouve la communauté locale, au second, le marché avec ses filets et ses réseaux où prospère le capitalisme, et au troisième, la coexistence de quelques économies-mondes.

Le Mouvement Desjardins a grandi pendant longtemps au premier étage. Québec Inc. s'est installé directement au deuxième étage dans les années 1970. Et tous les deux ont été bousculés par la dynamique en train de bouillonner au troisième étage. Pendant un moment, il y a eu jonction entre le Mouvement Desjardins (débordant du local vers le national) et Québec Inc. (cherchant à jeter des passerelles entre les régions et secteurs divers du Québec). Mais d'importantes transformations ont fait dérailler leurs projets.

L'impact de la globalisation des marchés et la mise en place de l'ALENA ont rendu les efforts de coopération à la fois plus difficiles et plus importants.

---

3. Fernand Braudel (1979). *Civilisation matérielle, économie et capitalisme*, Paris, Armand Colin.

Québec Inc. s'en est pourtant trouvé affaibli, surtout parce que, par un paradoxe bien expliqué par John Naisbitt[4], plus il y a globalisation, plus les petits acteurs économiques, comme les micro-régions et les grappes industrielles locales, prennent de l'importance.

C'est le cas parce que le processus de création de la richesse en est venu à dépendre de plus en plus de la connaissance, de l'information, des relations entre les choses et les gens plutôt que des choses elles-mêmes. Les agents économiques doivent donc trouver le moyen d'apprendre le plus vite possible les uns des autres, de leurs clients, de leurs fournisseurs, etc. En conséquence, il faut s'assurer que les intervenants puissent *converser effectivement*, que leur conversation soit porteuse d'apprentissage rapide et génératrice de flexibilité et d'innovation[5]. Or cette recherche de flexibilité, de variété, de vitesse d'ajustement et d'innovation continue va contribuer à accélérer un processus de dévolution massive de la gouvernance : pour s'ajuster vite et bien, la structure organisationnelle doit avoir la souplesse nécessaire et la décision doit être entre les mains de ceux qui sont les mieux informés.

La globalisation a aussi engendré une modification du processus de gouvernance. Il y a eu un affaiblissement de l'État-nation : trop petit pour faire la différence au niveau mondial mais trop gros pour s'occuper efficacement des problèmes locaux. Un certain tribalisme régional ou communautaire s'en est ensuivi, et même, dans certains cas, l'émergence d'États-régions mieux capables de définir des stratégies efficaces pour des ensembles microéconomiques ou mésoéconomiques au sein de l'économie mondiale[6].

La spécialisation des sous-régions et la formation de systèmes d'apprentissage technologiques reposent sur des conventions enracinées dans la culture locale. Ces cultures locales de la Silicon Valley en Californie et de la Route 128 près de Boston ont fait la différence entre succès et faillites face aux défis de la globalisation des marchés[7].

Ce double effet de dévolution de la gouvernance et de régionalisation de la production a donné une importance nouvelle au *milieu* : « un ensemble territorial formé de réseaux intégrés de ressources matérielles et immatérielles, dominé par une culture historiquement constituée, vecteur de savoirs et savoir-

---

4. John Naisbitt (1994). *Global Paradox*, New York, Morrow.
5. A.M. Webber (1993). « What's So New About the New Economy ? », *Harvard Business Review*, vol. 71, n° 1, p. 24-42.
6. K. Ohmae (1993). « The Rise of the Region State », *Foreign Affairs*, vol. 72, Spring, p. 78-87.
7. A. Saxenian (1994). *Regional Advantage*, Cambridge, Harvard University Press.

faire, et reposant sur un système relationnel de type coopération–concurrence des acteurs localisés[8] ».

Or, dans les années 1980 et le début des années 1990, Desjardins aussi bien que Québec Inc. ont eu tendance à se donner une vocation de concertation panquébécoise et à vouloir centraliser de plus en plus leur action. Cela n'a pas toujours bien cadré avec les impératifs de régionalisation et de décentralisation que les circonstances nouvelles semblaient favoriser[9]. Quand, plus tard, on a voulu accentuer le « rôle d'agent économique de développement du milieu » de Desjardins (comme le suggérait le 15e Congrès Desjardins) ou quand on a tenté le pari sur les grappes industrielles pour régionaliser les efforts de Québec Inc.[10], on s'est rendu compte que le soubassement socio-culturel et la solidarité nécessaires n'étaient plus au rendez-vous.

Desjardins et le capitalisme communautaire

Desjardins — le mouvement et l'entreprise — a eu une vie mouvementée. Même si le Mouvement Desjardins s'amorce tôt dans le siècle comme une forme de capitalisme communautaire, il va atteindre son maximum de cohérence quand se fera la première jonction — incomplète mais importante — avec le corporatisme social à la fin des années 1930[11]. Ensuite, il y aura consolidation du Mouvement Desjardins et plafonnement jusqu'à ce que, dans les années 1970, il y ait bifurcation ; on verra alors se distinguer deux branches : l'une, construisant sur les coopératives traditionnelles, va choisir le passage au deuxième étage de la structure de Braudel et se donner une saveur corporatiste et nationaliste ; l'autre va s'enraciner au premier étage et chercher à ce niveau un projet alternatif de société.

La première branche, tout en gardant ses fondements dans un capitalisme communautaire, va pousser son engagement nationaliste et chercher dans Québec Inc. à recréer le partenariat manqué dans les années 1930 avec le corporatisme social. C'est un Desjardins qui devient entreprise et qui centralise ses

8. B. Lecoq (1989). *Réseau et système productif régional*, Dossiers de l'IRER, 23.
9. P.P. Proulx (1992). « Vers un nouveau modèle de développement économique : Québec Inc. II », dans C.A. Carrier (dir.). *Pour une gestion efficace de l'économie*. Montréal, Association des économistes québécois, p. 33-46.
10. G. Tremblay (1991). « Vers une société de la valeur ajoutée », Montréal (2 décembre).
11. J.L. Martel (1987). « L'organisation coopérative et les projets de restauration des années 30 au Québec », *Coopératives et Développement*, vol. 18, n° 2, p. 15-38 ; B. Lévesque (1989). « Les coopératives au Québec », *Annals of Public and Cooperative Economics*, vol. 60, n° 2, p. 181-215.

décisions pour pouvoir agir de concert avec les autres grands intervenants. Il y a un ratio nationalisme–coopératisme tel dans ces aventures, que l'on en arrive à dériver vers « des coopératives sans coopérateurs[12] ».

La seconde branche va se développer plus exclusivement sur la solidarité et le capitalisme communautaire des premières heures. Elle va mettre de l'avant un projet autogestionnaire et donner au développement local une nouvelle effervescence. Ses efforts vont porter fruit de manière impressionnante dans certains créneaux, mais son développement va souvent être freiné ou tout au moins ne pas être vigoureusement encouragé par les instances officielles.

La première branche a décidément viré dans la direction d'impératifs strictement économiques et financiers : la convergence des forces 1) de la concurrence sur les places financières et du décloisonnement des activités avec la déréglementation[13], 2) de la nouvelle technologie de communication[14], et 3) des « mauvaises influences » des partenaires affairistes[15], conjuguées à 4) une faible capitalisation et 5) au besoin de tirer des gouvernements le maximum d'avantages fiscaux, a entraîné Desjardins à devenir de plus en plus semblable à une société de capital-actions et à prendre ses distances des impératifs de solidarité qui l'avaient porté depuis ses origines.

Quant à la seconde branche, sa dérive est moins linéaire. Après un sursaut important de solidarité dans la foulée de la récession du début des années 1980, il y a eu relapse avec le repli sur la vie privée et la montée de l'individualisme au milieu des années 1980[16]. Dans le passé plus récent, il y eut une flambée d'intérêt pour l'économie solidaire. Mais il faut vite ajouter que l'économie solidaire est encore engluée dans les petits boulots et le développement local au ras du sol, et que Desjardins a été fort lent à s'engager dans ce « second monde ». La réflexion qui se poursuit dans plusieurs fédérations depuis 1993 sur le nouveau rôle que pourrait avoir Desjardins pour aider les collectivités locales à se prendre en main par des projets concrets n'a pas encore débouché sur une stratégie bien articulée.

---

12. C. Beauchamp (1991). *« Le coopération ambiguë », Coopératives et Développement,* vol. 22, nº 2, p. 45-54.
13. Y. Bélanger (1989). « Desjardins, la coopérative contre l'institution financière : les enjeux de la modernisation », *Coopératives et Développement*, vol. 20, nº 2, p. 31-52.
14. G. Tremblay, M. Beauchamp, M. Saint-Laurent (1991). « Développement technologique et transformations de l'idéologie coopérative chez Desjardins », *Coopératives et Développement*, vol. 23, p. 39-59.
15. M. Belley (1991). « La coopération de l'an 2000 ? », *Coopératives et Développement,* vol. 22, nº 2, p. 33-43.
16. G. Gagnon et M. Rioux (1988). *À propos d'autogestion et d'émancipation*, Québec, Institut québécois de recherche sur la culture.

Desjardins est donc une institution schizophrène. D'une part, c'est un mouvement qui a dégénéré en entreprise. Certains diraient, comme Claude Beauchamp, que Desjardins a été acculturé aux valeurs capitalistes. On a glissé 1) du projet de « faire autrement » à un rôle fonctionnel dans l'ensemble de la société capitaliste, 2) d'une aventure démocratique en quête d'égalité à un projet d'organisation performante, 3) d'une détermination à garder l'infrastructure légère à une organisation lourde et complexe, 4) d'assises profondément participatives à l'hégémonie du pouvoir technocratique[17]. D'autre part, le Mouvement Desjardins s'est élevé malgré lui, puisque sans le vouloir et même parfois sans l'admettre. Sa philosophie de base a germé et donné naissance à un éventail exubérant d'activités de développement local qui vivent maintenant à la périphérie de Desjardins plutôt qu'en son sein.

Rien ne laisse croire que ces deux branches soient en train de converger ou même qu'une réinvention de Desjardins par le truchement d'un nouveau projet mobilisateur puisse permettre d'espérer un Desjardins recadré et intégré en l'an 2000.

Pour ce faire il faudrait : 1) reconnaître la nécessité de mettre en place un nouveau discours coopératif bien adapté aux réalités de l'an 2000 ; 2) prendre conscience du faible degré de contrôle des sociétaires et de la nécessité de corriger cet état de fait si l'on veut que la participation augmente ; 3) prendre acte du traitement fiscal favorable dont bénéficie Desjardins et qui rend certains de ses succès assez artificiels (mais aussi, et pour les mêmes raisons, de la précarité de cette protection)[18] ; et 4) mettre en valeur l'incroyable richesse de maillages verticaux et horizontaux que Desjardins peut construire par une sorte de transversalisation du mouvement coopératif dont il pourrait être le maître d'œuvre[19].

Québec Inc. et le corporatisme temporaire

Le Québec a depuis longtemps un certain goût pour le corporatisme et Québec Inc. est le plus récent avatar de cette aventure corporatiste au Québec. Pourquoi alors parler de « corporatisme temporaire » ? Parce que le corporatisme politique de Québec Inc. offre un modèle de développement dont on peut assez bien

17. C. Beauchamp (1991). *Op. cit.*
18. G. Bélanger et J.L. Migué (1991). « La coopérative : une institution à privilégier ? », dans G. Pelletier (dir.). *Le coopératisme : parasite ou propulseur ?*, Sherbroke, IRECUS, p. 270-284.
19. M. Belley (1991). *Op. cit.* ; J.C. Tarondeau et R.W. Wright (1995). « La transversalité dans les organisations ou le contrôle par les processus », *Revue française de gestion*, vol. 104, p. 112-121.

définir les contours (encore que l'unanimité ne soit pas faite) mais qui n'a pas duré[20]. Au mieux, on peut parler d'une dizaine d'années (de 1976 à 1984).

Voilà qui ne nie pas l'existence de connivences entre les grands partenaires (sociaux, économiques et politiques) tant dans l'avant que dans l'après. Mais, avant de pouvoir se faire le catalyseur d'un corporatisme politique, l'État québécois devait se donner des instruments pour pouvoir collaborer utilement avec ses partenaires. C'est le travail qui sera fait dans les années 1960 et le début des années 1970. Le plus important de ces instruments a été la Caisse de dépôt et placement en 1965. C'est aussi en 1965 que le monde des affaires se donne le Conseil du patronat du Québec. Le Mouvement Desjardins va pour sa part acquérir une gouvernance nouvelle en 1970 en créant la Fédération. Avec l'arrivée du Parti québécois au pouvoir en 1976, les deux derniers ingrédients nécessaires à la concertation sont réunis : la collaboration des syndicats qui, après des combats très durs avec le gouvernement précédent, se sentent des atomes crochus avec le Parti québécois, et une volonté politique du gouvernement Lévesque de faire de l'État le chef d'orchestre de ce concert socio-économique. Le terrain est prêt pour les sommets économiques qui commencent en 1977.

C'est durant cette dizaine d'années que va durer Québec Inc. que l'on va voir émerger « la première génération de grandes entreprises privées proprement québécoises (Bombardier, Provigo, Cascades, Banque Nationale, Lavalin, le groupe La Laurentienne, Métro-Richelieu, etc.) et que s'est concentré et renforcé le réseau coopératif (Mouvement Desjardins, Coopérative fédérée, etc.)[21] ». Mais cette épiphanie des entrepreneurs québécois, leur optimisme excessif dans l'après-récession de 1982, certaines erreurs ou interventions malheureuses de l'État québécois et les nouveaux courants idéologiques libéraux qui balaient l'Occident vont miner les bases de ce modèle de concertation : les entrepreneurs québécois ont désormais l'impression qu'ils peuvent s'en tirer seuls et veulent de ce fait secouer le joug des partenariats avec l'État[22].

Le livre de Jean-Pierre Dupuis[23] propose un constat provisoire à la fois pluriel et nuancé de l'expérience de Québec Inc. L'auteur y fait des références multiples au modèle nippo-rhénan[24] ou au capitalisme communautarien[25],

---

20. J.P. Dupuis (dir.) (1995). *Le modèle québécois de développement économique*, Cap Rouge, Presses Interuniversitaires.
21. Y. Bélanger (1995). dans J.P. Dupuis (dir.). *Op.cit.*, p. 310.
22. Y. Bérubé (1992). « Requiem pour un Québec Inc. », dans C.A. Carrier (dir). *Op. cit.*, p. 51-52.
23. J.P. Dupuis (dir.) (1995). *Op. cit.*
24. M. Albert (1991). *Capitalisme contre capitalisme*, Paris, Seuil.
25. L. Thurow (1992). « Communitarian vs Individualistic Capitalism », *The Responsive Community*, vol. 2, n° 4, p. 24-30.

comme s'il y avait commune mesure entre le soubassement socioculturel du Québec et celui du Japon ou de l'Allemagne. Par un glissement du discours, on est vite amené à assumer présomptueusement qu'il existe ici un soubassement socioculturel suffisamment riche et robuste pour alimenter et supporter la coopération et les partenariats. Tel n'est pas le cas. La solidarité est faible et les partenariats difficiles à forger. De l'avis même des principaux acteurs, comme Yves Bérubé, l'expérience a fait long feu dès 1984[26].

La rupture serait venue d'un virage du gouvernement Bourassa vers une sorte de « nationalisme de marché » qui donne ses coudées franches au secteur privé et désengage le gouvernement québécois après 1985[27].

Pour certains, la récession du début des années 1990 donnera son coup de grâce à Québec Inc. Pour d'autres, cependant, Québec Inc. n'est pas mort ; il est seulement assoupi. Ceux-ci demeurent convaincus que toute économie moderne repose franchement sur la *co-opétition*[28] (c'est-à-dire sur un mélange de coopération et de compétition) et sur une *économie plurielle* donnant toute sa place à l'économie marchande, au secteur public et à l'économie solidaire[29]. C'est donc dans ces deux directions que l'on veut construire la socio-économie québécoise de l'an 2000. Personne ne songerait à nier qu'il s'agisse d'une stratégie raisonnable[30].

Mais ces espoirs d'une renaissance par la voie nippo-rhénane refusent de prendre en considération les fondements socioculturels réels sur lesquels il va falloir construire au Québec. Ces fondements culturels sont très différents de ceux que l'on trouve au Japon et en Allemagne, mais aussi dans d'autres pays occidentaux. On peut distinguer pas moins de sept cultures différentes supportant des variantes distinctes de capitalisme plus ou moins individualiste ou collectiviste[31]. Dans chaque cas, la culture engendre un capitalisme particulier. Or le Québec est nettement marqué au point de l'individualisme nord-américain. Il serait donc naïf de rêver que Québec Inc. puisse, comme l'oiseau Phénix, renaître de ses cendres quand le soubassement socioculturel n'est pas porteur.

---

26. Yves Bérubé (1992). *Op. cit.*, p. 51.
27. Yves Bélanger (1995). *Op. cit.*, p. 33-34.
28. A.M. Brandenburger et B.J. Nalebuff (1996). *Co-opetition*, New York, Currency Doubleday.
29. G. Roustang *et al.* (1996). *Vers un nouveau contrat social*, Paris, Desclée de Brouwer.
30. G. Paquet et J. Roy (1996). *Competition, Cooperation and Co-evolution, Business-Government-Society Relations in Canada* (version III) (mimeo, 217 p.).
31. C. Hampden-Turner et A. Trompenaars (1993). *The Seven Cultures of Capitalism*, New York, Currency Doubladay.

Quant à savoir si le désintérêt du gouvernement Bourassa et la gravité de la récession suffisent à expliquer l'assoupissement de Québec Inc., il nous semble que non. Évidemment, l'initiative de Gérald Tremblay arrive au mauvais moment. La récession gronde. Mais son échec est tellement flagrant qu'il nous semble ne pas être simplement tributaire de la conjoncture. Cette dernière ne saurait expliquer à elle seule la faillite complète du projet de développer une stratégie industrielle construite sur des grappes industrielles. Celles-ci devaient servir de forums de concertation pour toutes les parties intéressées et engendrer localement ces effets de synergie dont on nous disait qu'ils étaient au cœur de l'innovation et de la compétitivité.

Il nous a semblé utile de nous demander s'il ne se pourrait pas que des éléments similaires soient à l'origine de la dérive de Desjardins du mouvement vers l'entreprise et de l'effilochage de Québec Inc. La solidarité est un ingrédient essentiel pour le succès des partenariats. Or, notre soubassement socioculturel est de moins en moins enclin à la solidarité. Se pourrait-il que ce *manque de solidarité* explique les échecs ? Il faut fondre les logiques différentes des partenaires en un faisceau cohérent pour que les partenariats réussissent. Or, les principes de base pour harnacher ces logiques diverses en un faisceau cohérent nous échappent. Se pourrait-il que ce soit l'*incapacité à construire une logique syncrétique* qui ait fait échouer ces divers partenariats ?

Dans les prochaines sections, nous explorerons succinctement ces deux facteurs explicatifs.

L'angle mort de la coopération et de la concertation

L'angle mort est défini dans les dictionnaires comme la partie du terrain qui échappe à notre regard. Or, il semble que l'angle mort pour Desjardins et Québec Inc. soit le manque de reconnaissance de l'importance fondamentale du capital social ou communautaire, du soubassement socioculturel de solidarité nécessaire pour que fleurisse la coopération et que perdure la collaboration entre le gouvernement, les groupes sociaux, le monde coopératif et le monde des affaires.

Au cours des dernières années, l'étude de nombreuses expériences a montré que ce soubassement a des racines profondes. Putnam[32] a documenté les siècles d'expérience commune qui ont construit le capital communautaire dans le Nord de l'Italie ; les diverses cultures du capitalisme répertoriées par

32. R.D. Putnam (1993). *Making Democracy Work*, Princeton, Princeton University Press.

Hampden-Turner et Trompenaars[33] ont chacune un fonds de capital social différent et donnent des valeurs fort différentes à la solidarité.

Ces différences dans le degré de solidarité sont détectables au fil de la presse quotidienne : les mêmes suggestions de rabougrissement des politiques sociales ou d'élimination d'emplois par les grandes sociétés privées ou publiques engendrent démonstrations et protestations violentes en France ; aux États-Unis ou au Canada, elles sont acceptées avec un certain fatalisme. C'est qu'il existe une solidarité sociale plus grande en France, un pays où l'on attribue succès et faillite bien davantage à l'organisation sociale qu'à l'individu, qu'en Amérique du Nord, où l'individualisme règne et où il est facile pour la plupart des citoyens de se convaincre que dans le monde spencerien de la survivance des mieux adaptés, les perdants sont grandement responsables de leur propre sort[34]. Il s'agit de différences dans les habitus attribuables aux différentiels de capital social.

Le capital social (au sens de Coleman[35] et non pas au sens plus strictement financier de Desjardins) est l'ensemble des organisations sociales comme les réseaux, les normes, les conventions, la confiance qui facilitent la coordination et la coopération[36]. Les forces qui ont dans le passé contribué de manière importante à la mise en place de ce *capital social* ont été la famille, l'école et la communauté.

Une déperdition de capital social se traduit, selon Putnam, par un progrès économique plus lent : moins on convivialise, moins on se parle, moins on interagit, moins on est amené à parler d'affaires et à coopérer. Dans une étude longitudinale, Putnam a montré que dans les régions du Nord de l'Italie où la vie communautaire prospère, la vie économique est exubérante ; dans le Sud, où la vie communautaire stagne, l'économie stagne[37]. Or Putnam a aussi constaté qu'aux États-Unis, il y a eu dilapidation du capital social : il y a eu effondrement des associations locales, des associations parents–maîtres, etc. La participation à tous ces groupes a chuté d'un bon quart depuis vingt ans.

Au Québec, cette décapitalisation sociale s'est faite peut-être plus dramatiquement qu'ailleurs à cause de la double pression de l'État keynesien fédéral qui, par ses politiques sociales, a déplacé en partie la vieille solidarité de

33. C. Hampden-Turner et A. Trompenaars (1993). *Op. cit.*
34. L. Thurow (1996). « Can 19th Century Capitalism Work in 2013 ? », *New Perspectives Quarterly*, vol. 13, n° 2, p. 14-17.
35. J.S. Coleman (1988). « Social Capital and the Creation of Human Capital », *American Journal of Sociology*, vol. 94, supplément, p. 95-120.
36. R.D. Putnam (1995). « Bowling Alone : America's Declining Social Capital », *Journal of Democracy*, vol. 6, n° 1, p. 65-78.
37. R.D. Putnam (1993). *Op. cit.*

la société civile, et de l'État québécois qui, en affirmant une présence dramatiquement élargie sur l'échiquier provincial, a contribué à liquider non seulement le pouvoir des anciennes élites mais toute une ribambelle de réseaux enracinés dans l'ancienne société civile[38].

La Révolution tranquille a évacué les vieilles solidarités (famille, religion, etc.) et l'on a cru, pendant un moment, que l'enthousiasme nationaliste à lui seul pourrait fonder une passion fusionnelle de rechange. Cette stratégie a fait long feu. On convient maintenant qu'il va falloir reconstruire une socialité nouvelle sur des liens plus ténus. Or cette socialité nouvelle sera plus difficile à construire qu'on l'aurait pensé et plus fragile qu'on l'aurait espéré. Le référendum de 1980, la récession du début des années 1980 et celle du début des années 1990 ont été des expériences éprouvantes qui ont révélé des faiblesses insoupçonnées dans la société civile, faiblesses qui ont miné jusqu'à un certain point les deux grands mouvements qu'étaient encore Desjardins et Québec Inc.

Cette période d'hibernation de l'affect québécois, de chute du sens de l'*avventura comune* n'est pas unique. Comme tous ses congénères en Amérique du Nord, le Québec a traversé des années durant lesquelles on a détruit nombre de sources anciennes d'intégration sociale sans pouvoir toujours les remplacer par de nouvelles sources viables de socialité. Le résultat a été une dilapidation de la sociabilité spontanée, du capital social de confiance et d'échange social sur lequel on construit les réseaux économiques performants.

Logiques multiples et partenariats

Au centre des activités de Québec Inc. et de Desjardins, il y a avant tout accord de réciprocité. Or, chaque fois qu'il y a partenariat entre agents aux ambitions différentes, il y a possibilité de discorde, puisque, par le truchement de l'entente, chacun poursuit ses propres objectifs selon son esprit. Des partenariats comme ceux que veulent créer Desjardins et Québec Inc. ambitionnent d'aller au-delà de ces égoïsmes parallèles, de bâtir sur des liens de synergie porteurs de productivité accrue mais recherchés aussi pour eux-mêmes.

En anglais, on utilise le mot *bonding* pour désigner, de manière générique, ce genre de liens extra-rationnels par lesquels on se rattache directement à l'Autre affectivement, par lesquels on réduit l'Autre à l'autrui[39] (« ce qui est différent de moi, mais que je peux comprendre, voire assimiler »).

---

38. G. Paquet (1996). « Duplessis et la croissance économique : préliminaires à une analyse », dans *Bulletin d'histoire politique* (à paraître).
39. M. Guillaume (1993). « Spectralité et communication », *Cahiers du LASA*, n° 15-16, p. 74-81 ; J. Baudrillard et M. Guillaume (1994). *Figures de l'altérité*, Paris, Descartes et Cie.

Ces liens ne sont pas vraiment réductibles aux choix rationnels des individus. Ces patterns de *bonding* fondent des dispositions qui engagent les acteurs à choisir des actions qui ne sont pas nécessairement dans leur meilleur intérêt particulier étroitement défini à court terme (patterns d'obéissance à l'autorité, de réciprocité, etc.) et instaurent une *logique sociale*, un ensemble de conventions qui donnent des raisons d'agir qui débordent et marginalisent le cadre des choix rationnels usuels en devenant un *rationale* qui a préséance, une *logique dominante*[40]. Si la logique dominante est robuste, elle va orienter l'adaptation des divers agents dans certaines directions[41]. En ce sens, la logique dominante pense pour nous, impose des classifications, se souvient et oublie pour nous[42].

Or, au cœur même des projets de partenariat que sont Desjardins et Québec Inc., on veut faire cohabiter plusieurs logiques dominantes consubstantiellement différentes.

Ainsi, chez Desjardins, il y a d'abord la logique de la solidarité, mais aussi celle du marché à laquelle on déclare ne pas pouvoir échapper, et puis celle d'un certain corporatisme qui va de temps en temps être une tentation sociopolitique importante[43]. Ces diverses logiques ne se sont pas révélées également robustes. De là certains schismes pour sauver certaines logiques de l'érosion ou de la disparition.

Chez Québec Inc., les multiples logiques différentes des jeux économiques de la concurrence et de la coopération, les logiques politico-sociales du nationalisme et du corporatisme et les logiques plus restreintes des divers intérêts cohabitent difficilement. Dans les meilleurs scénarios, elles se fondent en une logique résultante instable et fragile à moins que celle-ci puisse compter sur une socialité robuste qui encourage la solidarité et est capable de faire sourdre les multiples formes de coopération nécessaires[44].

Dans les deux cas, les diverses logiques ont cherché, et cherchent toujours, des points de réconciliation efficace, mais certaines logiques dominantes

---

40. J. Elster (1989). *The Cement of Society*, Cambridge, Cambridge University Press.
41. C.K. Prahalad et R.A. Bettis (1986). « The Dominant Logic : A New Linkage Between Diversity and Performance », *Strategic Management Journal*, vol. 7, p. 485-501 ; R.A. Bettis et C.K. Prahalad (1995). « The Dominant Logic : Retrospective and Extension », *Strategic Management Journal*, vol. 16, p. 5-14.
42. M. Douglas (1986). *How Institutions Think*, Syracuse, Syracuse University Press.
43. J.L. Martel (1987). *Op. cit.* ; B. Lévesque (1989). *Op. cit.* ; C. Beauchamp (1991). *Op. cit.*
44. R. Hollingsworth (1993). « Variation Among Nations in the Logic of Manufacturing Sectors and International Competitiveness », dans D. Foray et C. Freeman (dir.). *Technology and the Wealth of Nations*, London, Pinter, p. 301-321.

ont commencé de s'affirmer qui pourraient bien menacer l'équilibre précaire de ces institutions telles qu'on les connaît.

Il ne s'agit pas d'un problème nouveau pour les organisations publiques, sociales ou privées. Elles sont continuellement menacées par de telles dysharmonies. Cela ne veut pas dire cependant que plusieurs logiques relevant de natures différentes ne peuvent pas coexister au sein d'une même organisation. Il s'agit de trouver un compromis légitime entre ces différentes logiques. La coordination ne s'établira toutefois pas si chacun reste dans son monde respectif. Le compromis vise un ordre commun qui dépasse les divers « ordres de grandeur » et les différentes normes que veulent imposer les diverses logiques dominantes[45].

En sciences humaines, on commence à peine à examiner ces diverses logiques dominantes (domestique, marchande, industrielle, civique, ou celles qui sont tributaires du monde de la création ou encore des impératifs du renom et de l'opinion) et à imaginer des dispositifs capables de susciter des compromis créateurs entre ces mondes et de donner une certaine stabilité à ces compromis. Il peut s'agir de projets mobilisateurs capables de « bricoler » une logique commune temporaire pour des groupes pourtant motivés par des logiques différentes.

Pour susciter la cohabitation, la coexistence de logiques différentes, il faut évidemment bricoler avec les valeurs et l'éthos de chaque société[46]. Or la réflexion n'a pas encore suffisamment progressé, tant chez Desjardins que dans les corridors de Québec Inc., pour que l'on ait découvert à ce jour des « principes supérieurs communs » porteurs de compromis efficaces ou des dispositifs durables capables de stabiliser ou de maintenir de tels compromis. Il n'est pas impossible dans l'un et l'autre cas que l'on s'y mette et que l'on réussisse, mais on n'en est pas encore là.

Conclusion

Notre propos n'était pas ici de déclarer la partie perdue ni pour Québec Inc. ni pour Desjardins. Nous avons seulement voulu montrer du doigt les blocages importants qui semblent empêcher l'une et l'autre de ces institutions de jouer pleinement leur rôle essentiel. La pleine conscience de ces blocages est en effet au cœur des solutions de sortie de crise.

Quand on a demandé à Francis Crick, le codécouvreur de la structure de l'ADN, pourquoi lui et James Watson avaient réussi dans leurs recherches alors

---

45. L. Boltanski et L. Thévenot (1991). *De la justification*, Paris, Gallimard ; D. Linhart (1994). *La modernisation des entreprises*, Paris, La Découverte.
46. H. Amblard *et al.* (1996). *Les nouvelles approches sociologiques des organisations,* Paris, Seuil.

que tant d'autres savants éminents avaient échoué, il s'est arrêté un moment. Puis il a murmuré : « C'est parce qu'on est devenus conscients de postulats qu'on faisait sans en être conscients. » Comprendre que l'on s'est fermé des avenues de recherche en partant de postulats erronés permet ensuite de procéder autrement. L'avenir de Desjardins et de Québec Inc. dépend de leur capacité à reconnaître certains postulats irréalistes qu'ils peuvent avoir faits sans toujours s'en rendre compte.

Nous avons examiné rapidement dans ce texte deux faux amis : le postulat qui voudrait que notre soubassement socioculturel soit naturellement porteur de collaboration et celui qui voudrait que nous ayions échappé aux pièges de la logique dominante. Dans l'un et l'autre cas, il nous semble que nous en sommes encore au stade du déni au Québec. Nous sommes beaucoup plus individualistes et nord-américains que nous ne l'admettons et notre éthos est peu porté à promouvoir la coopération et la collaboration. De plus, nous sommes encore mal outillés pour forger les armistices entre différentes logiques.

Karl Polanyi, François Perroux, Kenneth Boulding et plus récemment Roustang et son équipe[47] ont proposé une vision tripartite de nos sociétés fondée sur l'échange (l'économie marchande), la coercition (l'économie publique) et la solidarité–réciprocité (l'économie sociale), chacune bien imbriquée dans les autres et dépendant d'elles pour son succès. Dans chaque cas, on a mis au point des échafaudages institutionnels prometteurs de réconciliation efficace et pratique de logiques différentes. C'est dans cette voie que les architectes de nos futures institutions vont devoir progresser.

Seule une révolution culturelle pourra redonner au local sa primauté dans cette exploration. On ne peut plus compter sur un sentiment nationaliste pan-québécois pour alimenter cette quête d'une logique intégratrice. C'est à une conscience régionale qu'il faut aspirer. Certains en voient même les traces en émergence dans les technopoles ; d'autres pensent que Desjardins pourrait, par un sérieux examen de conscience et un vaste retour aux sources, être à l'origine d'un tel rajeunissement et nous forcer à prendre conscience du caractère incontournable de la coopération. À l'intérieur du Mouvement Desjardins, on y pense, on en parle. C'est déjà beaucoup, mais c'est insuffisant. Voilà pourquoi l'avenir demeure fort incertain.

Quant à Québec Inc., la possibilité même de sa renaissance passe évidemment par une réhabilitation de la coopération. Si nous ne savons pas

47. K. Polanyi (1957). « The Economy as Instituted Process », dans K. Polanyi, C.M. Arensberg, H.W. Pearson (dir.). *Trade and Markets in the Early Empires*, Glencoe, The Free Press, p. 243-270 ; F. Perroux (1960). *Économie et société*, Paris, Presses Universitaires de France ; K.E. Boulding (1970). *A Primer on Social Dynamics*, New York, The Free Press ; G. Roustang *et al.* (1996). *Op.cit.*

construire la coopération dans une région ou un secteur, il n'est pas certain que l'on puisse le faire à la dimension de tout le Québec. Qui ne peut le moins ne peut le plus.

Investissement Desjardins et le développement des entreprises québécoises : une contribution financière originale

Bruno Riverin

Autant chez Desjardins que dans des regroupements importants, nous devons déployer les efforts nécessaires pour raviver l'économie des régions. L'économie régionale passe par la concertation, la solidarité et la créativité parmi tous les maillons de la chaîne.

Investissement Desjardins, c'est le « spécialiste » dans l'investissement en capital de développement pour le Mouvement Desjardins. Saviez-vous qu'au moment de sa création, en 1974, Investissement Desjardins était, sinon le seul, pour le moins le principal fonds de capital de risque québécois. Desjardins a donc innové en créant cette société de portefeuille pour répondre aux besoins des PME québécoises. Ce qui confirme que Desjardins est résolument engagé dans le financement de la PME.

En 1980, la part de marché du capital de risque québécois représentait à peine 10 % de l'ensemble canadien alors qu'elle atteint maintenant 50 % et que plus de deux milliards de dollars sont gérés par des sociétés de capital de risque actives au Québec. Voilà une progression spectaculaire sur un aussi court laps de temps qui démontre que l'industrie du capital de risque mûrit au rythme de l'économie québécoise.

Qu'est-ce que le capital de risque (ou le capital de développement) ?

Le capital de risque est une contribution financière originale, car c'est du capital patient non garanti, sans aucune forme de remboursement, dont le rendement est étroitement lié aux risques et aux succès des entreprises en croissance. Il prend la forme d'actions ou d'instruments financiers non garantis comme des débentures ; l'horizon d'investissement est à long terme et l'investisseur appuie la direction de l'entreprise sur le plan stratégique.

Le capital de risque externe s'ajoute au capital-actions de l'entreprise, c'est-à-dire à sa base financière ou, en d'autres termes, à la fondation sur laquelle repose l'édifice que construit l'entrepreneur, et finalement aux fonds générés par l'entreprise. Le tout constitue ensuite l'avoir des actionnaires sur lequel repose la décision des institutions financières d'accorder du financement traditionnel. Le capital des actionnaires a donc un effet multiplicateur important sur les ressources financières disponibles pour les entreprises, particulièrement lorsqu'elles connaissent une forte croissance. Malgré tout, une faible proportion des entreprises profitaient du capital de risque dans le passé car, d'une part, il était méconnu et, d'autre part, les entrepreneurs étaient réticents à partager leur avoir avec des étrangers.

Investissement Desjardins se situe toujours aux premiers rangs des sociétés d'investissement en capital de risque au Québec. Nous sommes maintenant associés à une centaine d'entreprises québécoises. À vrai dire, la mission d'Investissement Desjardins n'a pas beaucoup changé depuis la création de la société il y a plus de vingt ans. Il s'agit toujours d'apporter aux entreprises en croissance du capital patient et un support professionnel stratégique visant à accélérer leur développement tout en stimulant des occasions d'affaires avec le réseau de caisses Desjardins.

Bien sûr, vous conviendrez avec moi que si les capitaux sont désormais plus facilement accessibles aux entrepreneurs, la partie n'est pas gagnée pour autant. En fait, il y a beaucoup plus d'argent disponible que de bons projets. Les investisseurs, même ceux qui œuvrent dans le secteur du capital de risque, font preuve de beaucoup de prudence dans l'allocation de leurs fonds et il est normal qu'il en soit ainsi. L'objectif premier de l'investisseur est de récupérer sa mise de fonds en temps opportun, tout en générant, bien sûr, un rendement appréciable sur les capitaux investis. Donc, il faut appuyer les bonnes entreprises. Mais le problème n'est pas là. Il faut surtout chercher de bons projets, gérés par des entrepreneurs compétents.

Qu'est-ce qui attire les entrepreneurs vers le capital de risque ?

D'après moi, les entrepreneurs sont surtout attirés par :

- le désir de faire croître leur entreprise à un rythme dépassant leurs propres moyens ;
- la permanence accrue que le capital permet à leur entreprise ;
- l'association avec un partenaire de prestige ;
- l'appui professionnel stratégique indéniable ;
- la flexibilité accrue et les nouvelles occasions pour la compagnie ; comme le disait Marcel Dutil, le président de Canam Manac : « Il est toujours plus avantageux de négocier avec un chèque dans sa poche que de déposer une offre conditionnelle à l'acceptation de son banquier » ;
- l'important réseau de contacts ;

— la flexibilité des instruments financiers utilisés sans que l'entrepreneur perde le contrôle de sa compagnie ; et

— la confidentialité, autant au moment de la transaction que dans les années qui suivront.

Le choix de l'entrepreneur

Les hommes d'affaires sont habitués à voir les institutions financières analyser leurs ressources humaines, leurs états financiers et poser toutes sortes de questions. Les entrepreneurs font cependant très rarement l'exercice d'analyser également leurs partenaires financiers potentiels. Dans la perspective d'une association à long terme, qui devient quasiment un mariage, il est essentiel que les deux partenaires se connaissent très bien, d'où l'importance de savoir dès le départ comment bien choisir son partenaire financier, car rien ne sert de discuter de détails très avancés d'une transaction si l'on n'a pas bien vérifié les éléments propres à développer une véritable complicité avec ses partenaires.

Comment un entrepreneur devrait-il choisir un investisseur en capital de risque ?

D'après moi, l'entrepreneur qui choisit un investisseur en capital de risque devrait examiner les éléments suivants :

— l'expertise qu'il a dans ce genre de situation et d'engagement ;

— la capacité financière qu'il a de l'accompagner dans les années qui suivent et son aptitude à effectuer des montages financiers innovateurs et importants ;

— sa réputation, pas seulement ses promesses, mais ses agissements réels ainsi que ses relations avec les compagnies avec lesquelles il est déjà associé ;

— l'ampleur de son réseau de contacts ; est-il local, régional, national ou international ?

— l'équipe qui gère le fonds : y a-t-il suffisamment de profondeur et d'expertise parmi l'équipe de professionnels pour assurer un engagement rentable pour l'entrepreneur dans le futur ?

Ce que Investissement Desjardins peut apporter aux PME

Investissement Desjardins est un associé actif qui vise des participations pouvant aller jusqu'à 49% pour des investissements variant de cent mille dollars à dix millions de dollars.

De plus, Investissement Desjardins apporte aux PME :

— un appui professionnel stratégique avec une équipe de professionnels de l'investissement bien expérimentée ;
— un réseau de contacts très développé, autant au Québec qu'à l'extérieur ;
— le réseau Desjardins, un groupe financier des plus étendus, de grande réputation et des plus diversifiés au Canada ;
— une réputation établie dans l'investissement depuis 1974 ;
— la capacité de réaliser des montages financiers innovateurs, complexes et répondant aux besoins de l'entrepreneur, que ce soit à l'intérieur des différentes composantes de Desjardins ou avec d'autres groupes.

Investissement Desjardins travaille toujours en équipe, avec les entrepreneurs de la PME et ses conseillers actuels, internes et externes. Nous apportons non seulement du capital, c'est notre matière première, mais aussi et surtout de la valeur ajoutée de grande qualité à l'entreprise.

Ces investissements se font généralement dans le but de réaliser une expansion, une modernisation, une acquisition ou une fusion d'entreprises, un rachat par la direction (MBO), un rachat d'actionnaires passifs (LBO), un renforcement de structure financière, une privatisation, etc.

Le profil des entreprises recherchées par Investissement Desjardins

Investissement Desjardins recherche surtout des entreprises :

— dont l'équipe de direction est dynamique, rigoureuse, expérimentée et engagée ;
— qui détiennent un produit ou un procédé à valeur ajoutée, une position concurrentielle favorable, un marché en expansion ou occupent une niche bien définie ;
— qui possèdent un excellent potentiel de croissance et un réseau de commercialisation des produits et services à l'échelle nord-américaine et mondiale ;
— qui ont un plan d'affaires bien défini et structuré, agressif mais réalisable ;
— dont le produit est d'une qualité technique de premier plan et est couvert par la protection de la propriété intellectuelle ;
— qui détiennent une avance sur la concurrence (minimum de douze mois) ;
— dont les entrepreneurs estiment la valeur en étant réalistes, pour éviter de payer un investissement trop cher et de se retrouver à la sortie avec un désinvestissement que l'on devra réaliser à perte. Dans ce cas, une bonne compagnie que l'on paie trop cher devient un mauvais investissement ;

— dont l'équipe de direction est capable de développer l'entreprise même si des ajouts sont souhaitables ou nécessaires à l'équipe ;

— qui sont prêtes à discuter des orientations stratégiques et des principales décisions avec un partenaire financier.

L'économie du futur

Jusqu'à récemment, Investissement Desjardins était active surtout dans le créneau de la moyenne entreprise. À l'image de l'économie, Investissement Desjardins a entrepris de diversifier ses activités et a pris le virage vers des secteurs prometteurs, des secteurs d'avenir où le Québec cherche à se tailler une place enviable. En effet, environ 30 % des investissements québécois en capital de risque vont désormais dans le secteur de la technologie. Au Québec, c'est un secteur en véritable ébullition : pas moins de 75 millions de dollars y ont été investis en 1994, ce qui a permis, avec l'effet multiplicateur qu'entraîne le capital de risque, la réalisation de projets d'au moins 250 millions de dollars pour la même année. Le nombre d'emplois directs et indirects créés est extrêmement important. Bien que les données ne soient pas encore toutes compilées, on note pour 1995 une amélioration de l'activité de ce secteur par rapport à 1994.

De plus, les investisseurs, incluant Investissement Desjardins, ont dans l'ensemble du Québec des portefeuilles qui regroupent environ soixante-quinze entreprises technologiques fort prometteuses tant dans le logiciel, les télécommunications, la santé et l'aérospatiale que dans la biotechnologie. La plupart de ces entreprises n'ont pas encore atteint la maturité et ont besoin d'injections importantes de capital patient. Investissement Desjardins, quant à elle, s'associe de plus en plus à des entreprises technologiques, dont LG Technologies, Technocap, CBCI Télécom, CML Technologies, Systèmes Purkinje et Bio IMRM, pour n'en nommer que quelques-unes. Nous sommes très fiers de ces associations et l'orientation de notre portefeuille d'entreprises vers ce que l'on appelle l'économie nouvelle est résolument engagée.

Conclusion

À la fin de 1995, Investissement Desjardins avait injecté près de 120 millions de dollars dans des entreprises québécoises dans le but de créer ou de maintenir plus de 20 000 emplois, dont 16 000 au Québec. Ce qui m'amène à souligner que le capital de risque est beaucoup plus qu'un simple financement traditionnel. En effet, comme je le mentionnais auparavant, l'argent n'est que la matière première d'un service à grande valeur ajoutée résultant en une véritable association à long terme entre un groupe d'entrepreneurs et un partenaire financier stratégique, solide, expérimenté, dynamique et efficace.

Une bonne transaction de capital de risque est une transaction qui est rentable pour l'investisseur mais également très bénéfique pour l'entreprise et ses actionnaires, et cela grâce à la valeur ajoutée qu'un investisseur comme Investissement Desjardins peut apporter tant par ses réseaux de contacts que par son imagination, son dynamisme et son expertise.

Coopération financière et économie solidaire

Joël Lebossé

Il existe au Québec une forme de coopération financière qui commence à se développer et ne fait pas partie du Mouvement Desjardins. Les instruments financiers qui la composent mobilisent une épargne de « solidarité » ou « d'entraide » venant du milieu ou des abords de sa communauté d'origine pour offrir des solutions de financement à des initiatives rentables pour la communauté locale mais qui ne peuvent aboutir faute d'avoir accès aux sources de crédit habituelles.

Des besoins non couverts

Ici, comme partout dans les pays industrialisés, les distances s'accroissent entre les nouveaux besoins de financement et l'offre des institutions financières, ce qui contribue à élargir des zones d'ombre où l'accès au crédit ou au capital de risque est très difficile, voire impossible.

Cette difficulté d'accès à l'offre de « financement traditionnel » est de celles qui contraignent et freinent considérablement les initiatives économiques porteuses de préoccupations de développement communautaire local. Ces initiatives économiques à « priorité sociale » visent surtout :

— la mise sur pied d'entreprises individuelles ou collectives dont la raison d'être est d'abord, avant la recherche du profit, la création de l'emploi de l'entrepreneur ou des entrepreneurs ;

— la création d'emplois d'utilité sociale, l'offre de services à la population ou l'aide à l'insertion des personnes marginalisées, qui sont généralement portées ou supportées par des organismes communautaires.

Ces entreprises se situent dans la mouvance de ce que l'on appelle aujourd'hui l'économie solidaire. Elles présentent des caractéristiques propres : leur capitalisation, l'organisation interne de leur structure collective (association ou coopérative), le profil professionnel de leurs dirigeants, voire les marchés qu'elles ciblent sont réfractaires aux critères d'analyse traditionnels retenus par les institutions financières pour juger du risque, sans parler de l'insuffisance, voire de l'absence de garanties qu'elles peuvent offrir.

Ces initiatives prennent place dans un contexte de « rationalisation » de l'offre financière. En effet, qu'elle soit bancaire ou qu'elle relève du capital de risque, au cours des quinze dernières années, l'offre financière s'est considérablement éloignée des entreprises considérées comme à risque élevé ou nécessitant un suivi constant et étroit (la création de petites entreprises par exemple). Aussi, le mauvais rapport coût de suivi/rentabilité disqualifie-t-il presque systématiquement auprès des banques les dossiers engageant de faibles montants ou présentant des risques « atypiques ». La tendance veut en effet que les banques s'éloignent durablement des clientèles les moins « performantes ».

Une offre financière de compensation

Beaucoup d'instruments locaux de financement ont poussé sur le sol québécois au cours des dix dernières années. Ils proviennent de programmes publics, d'intervenants financiers ou encore de centrales syndicales et d'opérateurs privés. Ils ciblent dans leur grande majorité la clientèle des petites et moyennes entreprises (PME) en démarrage. Ils fonctionnent selon des considérations assez proches de celles du système bancaire et du capital de risque traditionnel mais en les adaptant toutefois aux réalités locales et régionales.

Pendant la même période, d'autres groupes sociaux ont développé une offre financière nouvelle, destinée aux initiatives porteuses de développement social et économique. Cette offre utilise les mêmes outils que les institutions traditionnelles, mais adapte l'analyse du risque en la centrant sur les notions de viabilité économique et de rentabilité sociale. Aussi, ces systèmes de financement présentent-ils plusieurs caractéristiques originales : ils sont souvent une solution de dernier recours, après le refus des institutions financières sollicitées ; ils s'appuient beaucoup sur un bénévolat mobilisé dans la communauté et déploient force moyens et énergie pour accueillir et bonifier les projets qui leur sont soumis ; ils organisent de la même façon des systèmes d'accompagnement des bénéficiaires en aval de leur intervention ; ils ne facturent que des coûts minimaux, certains prêts sont même octroyés sans intérêt quand cela est nécessaire et justifié ; ils sont en liaison étroite avec les autres intervenants du milieu (développement économique et communautaire) avec qui ils recherchent systématiquement la synergie et la complémentarité.

Cette façon de faire est rendue possible parce qu'ils tirent leurs ressources financières de « produits de placement ou d'investissement » eux aussi très atypiques, souvent (mais pas toujours) conjugués à des dons, à des commandites ou à des subventions. Ces ressources proviennent d'individus, de groupes communautaires, d'organisations à but non lucratif, de fondations, d'institutions religieuses et parfois d'entreprises. Tous acceptent de consacrer une part de leurs liquidités à un fonds d'investissement à double rentabilité : financière d'abord, mais dans des conditions plus modestes que l'offre du marché (intérêt plus bas, liquidités réduites), et parfois assortie d'un avantage fiscal ; mais surtout sociale, car le retour d'investissement attendu est d'abord et avant tout celui des retombées dans la communauté.

C'est le cas, par exemple, de l'Association communautaire d'emprunts de Montréal (ACEM), qui s'inspire de l'expérience extraordinaire de la Grameen Bank au Bangladesh. Ses fonds (350 000 dollars au 31 décembre 1995) proviennent pour l'essentiel de « prêteurs » qui ne reçoivent qu'une rémunération symbolique (0 à 3 %). Leur apport financier est motivé par leur désir de soutenir l'initiative de personnes désirant sortir de la pauvreté en créant leur propre outil d'autonomie économique. Cette expérience est en voie d'être imitée dans la région de Québec.

C'est aussi le cas du Centre d'initiative pour l'emploi dans Lotbinière-Ouest (CIEL), où des résidents de la région et les institutions locales ont « investi » dans un fonds de démarrage aujourd'hui doté de 100 000 dollars pour aider les jeunes à créer leur propre emploi, à en maintenir ou à en développer d'autres et, surtout, intéressés à demeurer dans la région. Ils ne reçoivent aucune rémunération. Un deuxième CIEL vient d'ailleurs de démarrer dans Nicolet-Ouest, créé par le milieu sur le modèle du premier. Trois autres sont en préparation dans les régions avoisinantes et cette initiative semble inspirer de plus en plus de personnes ou de groupes qui veulent se mobiliser dans différentes régions du Québec.

Autre exemple, celui des quelque quinze Cercles d'emprunt, à Montréal, à Québec et bientôt en Outaouais (proches cousins des Tontines africaines et des clubs CIGALES en France), qui mobilisent des fonds auprès des institutions et des organismes communautaires pour permettre à des personnes réputées non solvables de démarrer leur micro-entreprise en leur apportant à la fois soutien moral, appui économique et petits crédits de démarrage.

C'est encore un groupe de cinquante résidents de La Guadeloupe, petite commune de la Beauce, qui ont chacun apporté 2000 dollars et constitué une SPEQ de développement local pour être capables de capitaliser des petites entreprises en démarrage, afin de créer de nouveaux emplois.

C'est peut-être aussi le cas des Sociétés locales d'investissement pour le développement de l'emploi (SOLIDE), quand le capital est constitué pour partie significative des apports d'investisseurs privés et communautaires du milieu.

Collecte de l'épargne et gestion du risque

Ces moyens, très modestes vu l'ampleur des besoins, sont totalement dédiés au développement local, ce qui leur donne une marge d'interprétation du risque. On pourrait croire que, de ce fait, ils peuvent intervenir au-delà des limites qui seraient tolérables pour une institution financière responsable de la sécurité de l'épargne qui lui est confiée. En effet, si les clientèles visées n'obtiennent pas de crédit, c'est qu'elles présentent un risque majeur de délinquance. Il devrait s'ensuivre, en toute logique, un taux de perte financière particulièrement élevé pour ces organismes et leurs bailleurs de fonds.

En fait, c'est exactement le contraire qui se produit ; les taux de délinquance sont particulièrement faibles en regard de l'ampleur du risque théorique : deux mauvaises créances sur quarante pour l'ACEM, une sur la première centaine de crédits dans les cercles d'emprunt, deux sur près de deux cents dans Lotbinière, ce qui est tout à fait comparable aux initiatives de même nature en Europe et aux États-Unis.

La « recette », si recette il y a, se trouve dans la qualité, la proximité de l'accompagnement et le rapport de confiance réciproque qui en résulte, le tout reposant sur la solidarité du milieu. Dans tous les cas, les emprunteurs sont soutenus si des difficultés apparaissent, ce qui facilite grandement la recherche de solutions. Quand par malchance l'expérience échoue, la reconnaissance par l'emprunteur de la confiance qu'on lui a faite et la modestie des montants en cause permettent de trouver des arrangements réalistes pour le remboursement final. Les vocables utilisés par ces organismes pour désigner leur pratique sont d'ailleurs très révélateurs du type de préoccupations qui guident leur démarche. On parle ici de « prêts d'honneur », là d'entraide communautaire, ailleurs de solidarité locale et, partout, de « prise en main ».

Si ces « nouveaux instruments financiers » et une bonne part des fonds locaux de développement ne visent pas exactement les mêmes clientèles et peuvent, de ce fait, apparaître assez différents les uns des autres, leur intervention n'en a pas moins le même objectif fondamental : « combler le vide de l'offre financière pour des projets constituant un apport positif à la communauté ». Leur vocation commune est de faire la « courte échelle » à ces initiatives au départ non finançables, jusqu'à ce qu'elles aient atteint un seuil de crédibilité économique et financière suffisant aux yeux des banques traditionnelles.

Les relations avec le système financier

Les instruments financiers « solidaires » n'ont ni la vocation ni le désir de se situer en marge de l'offre financière traditionnelle. Bien au contraire, ils œuvrent pour s'en rapprocher le plus possible afin de faciliter le relais, quand les projets financés ont pris leur envol. Certains même n'ont pour fonction que d'amener l'emprunteur au seuil d'acceptabilité du système bancaire, en complétant la capitalisation de départ ou en fournissant la garantie manquante, par exemple. Il est donc naturel pour leurs promoteurs de rechercher à créer un véritable partenariat avec les banques de leur milieu. À ce titre, les caisses Desjardins apparaissent comme des partenaires naturels de ces systèmes de financement. Le raisonnement est simple : si la caisse ne peut répondre totalement aux besoins de développement local et communautaire en tant qu'institution financière soumise à des contraintes réglementaires et compte tenu de son obligation de préserver les épargnes qui lui sont confiées (comme le veut sa logique d'entreprise bancaire), la même caisse, en tant qu'acteur de la communauté, a le devoir vis-à-vis de celle-ci d'apporter son appui à toutes les initiatives visant à favoriser son développement et l'amélioration du bien-être collectif (c'est l'image de marque du Mouvement).

Ce n'est donc pas totalement le fait du hasard si dans les expériences évoquées ici on retrace la présence d'une ou de plusieurs caisses qui apportent sous forme de dons ou de prêts une part parfois non négligeable des ressources utilisées par ces « intervenants financiers solidaires ». Cela ne signifie pas pour autant que leur participation ait été spontanée. En fait, sauf pour quelques exceptions où elles étaient les initiatrices, les caisses se sont plutôt montrées prudentes (voire réservées) devant ces projets de fonds locaux, considérés au départ comme amateurs lorsqu'ils étaient modestes ou comme des concurrents potentiels lorsqu'ils étaient ambitieux.

C'est souvent la mobilisation du milieu et le sérieux des initiateurs qui les a amenées à participer (quelquefois très modestement) à ces projets séduisants dans leurs objectifs mais difficilement crédibles du point de vue de la rentabilité. Par la suite, avec la progression des opérations de financement et devant le très faible taux de défaillance, leur participation s'est accrue, engageant des montants qui devenaient de plus en plus importants au fur et à mesure du développement de l'activité du fonds (et de sa crédibilité). De plus, et c'est peut-être l'aspect le plus important, ces caisses ont accepté d'assurer le financement de la deuxième étape de développement des bénéficiaires initiaux des fonds locaux en portant plus d'attention à la qualité de l'accompagnement et de l'analyse du risque encouru.

Conclusion

C'est peut-être l'existence du Mouvement Desjardins qui fait la différence entre les systèmes financiers solidaires québecois et ceux qui se sont développés en Europe et aux États-Unis au cours des vingt dernières années. Partout, tous tentent cet arrimage avec le système financier traditionnel. Mais ils rencontrent beaucoup de difficultés lorsqu'il s'agit d'y intéresser les banques.

En effet, la force de mobilisation d'un milieu dans une commune rurale ou dans un quartier urbain a peu d'impact sur les décisions des directions générales des grandes institutions financières. Imaginez, à titre de comparaison, que les dons et commandites soient de la seule compétence du Service de marketing de la Confédération Desjardins. Il est clair que les critères d'attribution ne pourraient qu'être profondément différents de ce qu'ils sont présentement dans les milieux financiers.

Quand on parle au Québec de la mobilisation du milieu, la caisse y est d'emblée partie prenante, directement touchée qu'elle est par les problèmes de développement local. Comme les liens locaux entre groupes communautaires, animateurs de développement et dirigeants ou professionnels de la caisse sont souvent « tricotés serré », cela simplifie grandement la communication, ce facteur déterminant qui produit un partenariat actif auquel chacun peut contribuer dans l'intérêt de la communauté.

La place et le rôle du Mouvement Desjardins dans le modèle québécois de développement économique

Jean-Pierre Dupuis

Dans ce texte je décrirai le rôle qu'a joué le Mouvement Desjardins dans la construction du modèle québécois de développement économique et la place qu'il y occupe actuellement. D'entrée de jeu, cela exige d'expliquer ce qu'est le modèle québécois de développement économique. Dans un premier temps, je le définirais simplement comme suit : un modèle axé sur la coopération et la concertation entre grandes institutions socio-économiques. À première vue, on pourrait dire qu'il n'y a rien là d'original, puisque plusieurs pays (la Suède, le Japon, l'Allemagne, etc.) fonctionnent ainsi. Ou, pire encore, on pourrait avancer qu'il n'y a pas un tel modèle au Québec, la coopération et la concertation entre institutions étant plutôt faibles. Et, dans un cas comme dans l'autre, on aurait en partie raison.

Il n'y a pas au Québec un modèle de développement aussi défini formellement qu'en Suède ou qu'au Japon par exemple. C'est un fait généralement reconnu[1]. Par contre, il y en a un même s'il est peu défini. Selon les époques et les conjonctures, la coopération et la concertation entre acteurs seront plus grandes et les résultats meilleurs[2]. L'absence d'une plus grande définition formelle s'explique en partie par le statut de minoritaire de la société québécoise, société qui n'a pas le plein contrôle de sa vie politique. À plusieurs époques, les acteurs ont dû se concerter secrètement pour éviter le courroux du gouvernement et des grands entrepreneurs canadiens qui n'apprécient pas le collectivisme de la société québécoise. Ainsi interprétons-nous le refus des hommes d'affaires engagés dans un processus de concertation avec le gouvernement québécois, la Caisse de dépôt et placement, le Mouvement Desjardins et

1. Gilles Paquet (1995). « Québec Inc. : mythes et réalités », dans Jean-Pierre Dupuis (dir.). *Le modèle québécois de développement économique*, Cap-Rouge, Presses Interuniversitaires, p. 7-20.
2. Voir les évaluations faites par Bélanger, Noël, Paquet, Smith et Dupuis, dans Jean-Pierre Dupuis (1995). *Op. cit.*

le Fonds de solidarité de la FTQ « pour identifier et soutenir des entreprises dans les secteurs clés de l'économie du Québec » de s'afficher publiquement comme tels dans les années 1980[3].

Il s'agit aussi d'un modèle profondément marqué par un mouvement d'émancipation économique. En effet, tout au long du XXe siècle, les Canadiens français tentent de reprendre en main l'économie de la province de Québec dominée par des intérêts anglo-américains. Ils essaient différentes stratégies — coopératives et étatistes en particulier — pour constituer une réserve de capitaux permettant un développement économique autochtone. Ce qui donne naissance à des institutions financières qui vont marquer sa socio-économie : la Caisse de dépôt et placement du Québec, le Mouvement Desjardins, le Fonds de solidarité des travailleurs du Québec, la Fondation de la CSN, etc. On peut ainsi caractériser le modèle québécois par l'importance qu'y prennent les acteurs « communautaires » dans l'économie. Il s'agit en effet d'un modèle où les institutions publiques, coopératives et syndicales occupent une place centrale, en particulier dans les institutions financières.

Quels sont la place et le rôle du Mouvement Desjardins dans ce modèle ? Y occupe-t-il une place centrale ? Quel rôle a-t-il joué dans la construction de ce modèle ? Quels types de coopération et de concertation a-t-il établis avec les autres acteurs du modèle (l'État et ses sociétés publiques, les syndicats, certaines entreprises) ? Son rôle a-t-il changé au fil des ans ? Que fait-il actuellement ? Quelles sont les voies d'avenir ? Autant de questions auxquelles je tenterai de répondre dans ce texte.

Les caisses populaires sont à l'origine du modèle.

Fondées pour lutter contre le prêt usuraire et favoriser le développement économique des Canadiens français, les caisses populaires Desjardins deviennent rapidement, dans les premières décennies du XXe siècle, un modèle à promouvoir, la voie par excellence pour sortir du sous-développement économique tout en conservant les traditions de ce peuple. L'Église et les nationalistes seront les premiers à les voir ainsi et à les appuyer de toutes leurs forces. L'Église d'abord qui, depuis l'encyclique papale *Rerum Novarum* (1897), s'est lancée dans les activités temporelles pour soutenir les classes populaires, victimes de la révolution industrielle et du capitalisme. À la recherche d'une troisième voie, entre le capitalisme et le socialisme, l'Église développe une doctrine sociale reposant sur les enseignements chrétiens. La formule des coopératives répond parfaitement à

---

3. Voir Gilles Paquet (1995). *Op. cit.*, p. 10 ; et Alain Noël (1995). « Québec Inc. : Veni ! Vidi ! Vici ?», dans Jean-Pierre Dupuis (dir.). *Op. cit.*, p. 73, note 7.

ses orientations sociales et à son désir de s'engager auprès des classes populaires, comme l'indique Poulin : « Reconnue comme une œuvre sociale catholique au même titre que la tempérance et le syndicalisme catholique, l'association coopérative fournit au clergé un instrument pratique pour la réalisation de ses objectifs sociaux[4]. »

L'Église mettra donc à la disposition des caisses populaires une « véritable armée de militants catholiques » issus « d'organisations comme l'Action sociale catholique, l'ACJC, la Fédération des Ligues du Sacré-Cœur, l'École sociale populaire, les comités diocésains d'œuvres sociales[5] ». Il faut dire qu'Alphonse Desjardins avait dès le départ associé l'Église à son projet en choisissant la paroisse comme assise territoriale des caisses populaires. La première caisse populaire de Lévis a d'ailleurs été lancée avec l'assentiment du clergé local étroitement associé au projet. Cette stratégie sera reproduite par la suite. Ainsi, avant d'aller fonder une nouvelle caisse dans une paroisse, « il voudra d'abord s'assurer que le curé a été informé de l'éventualité de la fondation d'une caisse populaire et qu'il a donné son accord[6] ».

Il s'agit en fait d'un véritable pacte social entre l'Église et la nouvelle institution naissante. La nomination d'Alphonse Desjardins comme membre du Comité permanent de l'Action sociale catholique en 1913 confirme que cette « institution est reconnue comme œuvre sociale et chrétienne[7] ». Si bien que, jusque dans les années 1930, la majorité des officiers du premier conseil d'administration des caisses seront des prêtres[8] ; qu'à partir des années 1920, chaque union régionale pourra compter « sur les services d'un ou deux propagandistes, presque tous ecclésiastiques[9] » ; qu'à quelques reprises l'Église apportera son soutien financier au mouvement des caisses populaires, comme

---

4. Pierre Poulin (1990). *Histoire du Mouvement Desjardins*, tome 1 : 1900-1920 (*Desjardins et la naissance des caisses populaires*), Montréal, Québec/Amérique, p. 228.
5. *Id., ibid.*
6. *Idem*, p. 149.
7. *Idem*, p. 201.
8. « Dans les 160 caisses pour lesquelles nous possédons des renseignements sur l'occupation d'une partie ou de l'ensemble des officiers du premier conseil d'administration [...], nous retrouvons 140 prêtres, dont 114 curés. En tout, 98 caisses ont comme président le curé et 18 autres, un vicaire de paroisse. Dans plus d'une trentaine de caisses, le curé cumule les fonctions de président et de gérant. D'autres prêtres ou curés, au nombre de 26, sont vice-présidents, gérants, secrétaires-gérants ou secrétaires. Au total, les curés et les prêtres gèrent 55 caisses. » (Pierre Poulin, 1990, *op. cit.*, p. 186.)
9. Pierre Poulin (1994). *Histoire du Mouvement Desjardins*, tome 2 : 1942-1944 (*La perçée des caisses populaires*), Montréal, Québec/Amérique, p. 114.

lors des problèmes financiers de la Caisse centrale de Lévis au début des années 1930[10]. De plus, l'Église apportera son soutien aux demandes que le Mouvement adressera à l'occasion au gouvernement québécois, comme lorsqu'il demanda l'établissement d'un service d'inspection gouvernementale pour les caisses[11].

De leur côté, les nationalistes font leur part. Le projet d'Alphonse Desjardins peut compter sur l'appui d'Henri Bourassa et du *Devoir*, qui fera avec plaisir la propagande des caisses. De plus, des économistes comme Bouchette et Montpetit l'appuient également et en parlent abondamment dans leurs écrits. Plus tard, dans les années 1930, la Société Saint-Jean Baptiste et l'Ordre de Jacques-Cartier participent à la fondation de nombreuses caisses populaires[12]. Pour les nationalistes, les caisses populaires représentent un modèle exemplaire dont il faut s'inspirer pour que les Canadiens français s'émancipent et construisent une économie autochtone. Elles sont vues en quelque sorte comme un instrument de libération nationale. En fait, jusqu'à la nationalisation des entreprises privées d'électricité dans les années 1960, et au nouveau rôle économique dévolu à Hydro-Québec, ce sont elles qui vont dominer l'imaginaire de tous ceux « nationalistes ou non » qui veulent développer l'économie du Québec, les caisses populaires étant la preuve que les Canadiens français sont capables de faire leur marque sur le plan économique. À partir des années 1960, elles devront partager ce rôle symbolique avec Hydro-Québec, puis, plus tard, avec des entreprises comme Bombardier, Cascades et Quebecor.

À l'appui de l'Église et des nationalistes, il faut ajouter, à partir des années 1930, celui de l'Union catholique des cultivateurs. L'UCC, par l'intermédiaire de ses cercles d'étude, participe à la création de nombreuses caisses populaires[13]. C'est donc le travail concerté de l'Église, des nationalistes et des agriculteurs de l'UCC qui a permis le décollage des caisses populaires. D'ailleurs, à partir des années 1930, le phénomène des caisses populaires échappe de plus en plus à ses dirigeants pour se fondre dans un vaste mouvement social à deux volets. La coopération et la concertation « dont les caisses sont un exemple probant » deviennent la voie privilégiée par les élites locales à la fois comme solution de rechange au capitalisme en crise et comme moyen d'émancipation économique des Canadiens français. Les questions sociale et nationale se trouvent à se fusionner dans la coopération qui, stimulée par l'exemple des caisses populaires, connaît alors un essor formidable. On assiste en effet à la montée fulgurante des organisations coopératives dans plusieurs

10. *Idem*, p. 136.
11. *Idem*, p. 127.
12. Pierre Poulin (1990). *Op. cit.*, p. 231 ; et (1994). *Op. cit.*, p. 207-208.
13. Pierre Poulin (1994). *Op. cit.*, p. 232.

domaines de l'économie et de la vie sociale : l'agriculture, la consommation, l'habitation, la forêt, les pêches, l'électricité, etc. La coopération s'enseigne dans les collèges, les universités, les chambres de commerce, les paroisses, etc. Il s'agit, bien souvent, davantage d'un moyen que d'une fin en soi, comme le souligne un nationaliste travaillant dans le secteur des coopératives de consommation :

> Je ne suis pas un coopérateur, dans un certain sens. Je suis un nationaliste qui a constaté à un moment donné que le monde canadien-français n'arriverait jamais à prendre son économie en contrôle avec des méthodes capitalistes, donc individualistes [...] ce qu'il fallait, c'était des actions communautaires et collectives[14].

La montée de la coopération est si forte qu'elle supplante même le corporatisme social « très fort en Europe et populaire ici dans certains milieux intellectuels » comme solution à la crise et comme idéologie de développement[15].

Pour canaliser ce mouvement, favoriser la diffusion de la coopération et promouvoir l'intercoopération, les principaux acteurs créent en 1939 le Conseil supérieur de la coopération. Paradoxalement, la Fédération provinciale des unions régionales Desjardins ne deviendra membre de cet organisme qu'en 1959. Pourtant, en 1937, le président de la Fédération, le sénateur Cyrille Vaillancourt, était parmi les principaux promoteurs de la création d'un tel organisme[16]. C'est qu'entre-temps une dispute entre la faction montréalaise et celle de Québec, à propos du caractère non confessionnel du nouvel organisme, a retardé l'adhésion de la Fédération à cette institution[17].

Les caisses populaires sont de plus en plus sollicitées pour participer financièrement au mouvement coopératif en plein développement. Il y a des résistances de leur part ; c'est qu'elles ne sont pas en mesure de répondre à toutes ces demandes tant leurs ressources financières sont limitées ; d'ailleurs, les unions régionales comme la Fédération provinciale recommandent la plus grande prudence aux caisses. Elles font alors l'objet de dures critiques de la part des coopérateurs des autres secteurs d'activité et des nationalistes qui voient en elles un moyen de financer le développement d'organisations (coopératives ou autres). Cette pression des coopérateurs et des nationalistes est une autre raison, selon un leader des caisses, qui expliquerait le refus de la Fédération de joindre les rangs du Conseil supérieur de la coopération.

---

14. Cité dans Jean-Louis Martel et Delmas Lévesque (1991b). *L'évolution du mouvement coopératif québécois 1940-1960*, Montréal, École des HEC, Centre de gestion des coopératives, Cahier de recherche n° 91-5, p. 62.
15. Voir Clinton Archibald (1983). *Un Québec corporatiste ?*, Hull, Éditions Asticou, 429 p. ; François-Albert Angers (1974). *La coopération. De la réalité à la théorie économique. Le monde vivant de la coopération* (tome 1), Montréal, Fides, 226 p.
16. Voir Pierre Poulin (1994). *Op. cit.*, p. 189.
17. *Idem*, p. 297.

> Parmi les réticences de la Fédération des caisses d'adhérer au Conseil de la coopération, il y avait l'idée pour les caisses de se protéger : étant les seules institutions coopératives à disposer de fonds considérables, contre tous les autres secteurs coopératifs dont plusieurs étaient en sérieuses difficultés financières faute de capitalisation suffisante. On craignait d'avoir à faire face à un mouvement concerté pour obtenir des avances des caisses. Ceci aurait été l'équivalent d'acquérir des parts sociales et de prendre le risque du propriétaire, ce que les membres des autres mouvements ne faisaient pas. Les coopératives de crédit doivent prêter contre bonne et valable garantie « en bon père de famille »[18].

Certaines caisses régionales appuieront malgré tout les expériences coopératives locales. C'est le cas surtout de celles de la Gaspésie et du Bas-Saint-Laurent qui vont soutenir fortement les coopératives de pêcheurs et d'agriculteurs[19]. De plus, les leaders du mouvement des caisses populaires, loin d'être insensibles à l'appel des nationalistes pour un développement autochtone, trouveront une façon de répondre à ces pressions en mettant sur pied l'Assurance-vie Desjardins[20].

L'idée est simple et fera école au mouvement des caisses ; pourtant il fallait y penser. Il s'agit de combiner les intérêts des caisses et de leurs sociétaires à ceux de la société québécoise dans son ensemble. Avec le dossier de l'assurance, le mouvement trouve un terrain idéal d'action et de compromis. En effet, l'assurance est pointée dans les années 1930, notamment par suite de l'ouvrage *Mesure de notre taille* de Victor Barbeau publié en 1936, comme un des secteurs à reconquérir pour les Canadiens français. Il s'agit d'un secteur important, qui concentre les capitaux, contrôlé principalement par des intérêts anglo-saxons. Le Bloc populaire reprendra cette idée « et combien d'autres qui referont surface lors de la Révolution tranquille ! » dans son programme de fondation de 1942.

À la même époque, un petit groupe d'étudiants et de professeurs réunis autour de l'École des sciences sociales de l'Université Laval discutent de la création d'une compagnie d'assurance-vie canadienne-française. Parmi eux, on retrouve le père Georges-Henri Lévesque, fondateur de l'École des sciences sociales, Georges Lafrance, surintendant du Service des assurances de la province de Québec, Albert Côté, gérant de la caisse populaire d'un quartier

---

18. Cité dans Jean-Louis Martel et Delmas Lévesque (1991b). *Op.cit.*, p. 90.
19. Pierre Poulin (1994). *Op. cit.*, p. 270.
20. Ce qui suit sur l'histoire de la création de compagnies d'assurance-vie canadiennes-françaises, et surtout sur celle de Desjardins, est tiré de Laville (1971). « L'Assurance-vie Desjardins, 1948-1968 », Québec, Université Laval (mémoire de maîtrise en histoire), 165 p.

ouvrier de Québec, et Eugène Bussières, secrétaire du Conseil supérieur de la coopération. Ils décident de travailler à la fondation d'une entreprise de ce type. Ils fixent certains critères :

> Cet organisme devrait être strictement canadien-français, être dévoué au mieux-être économique des francophones du Québec et même du Canada, adhérer autant que possible à l'idéologie coopérative et, bien sûr, détenir suffisamment de capitaux. Comme seul le Mouvement Desjardins semble correspondre à ces conditions, Albert Côté est délégué auprès des administrateurs du Mouvement pour les convaincre de réaliser le projet[21].

Toute cette mouvance nationaliste autour du secteur des assurances entraîne la création de deux compagnies d'assurance-vie en 1938, La Survivance et La Laurentienne. Le déclenchement de la Seconde Guerre mondiale arrête le processus de création d'entreprises d'assurances, bien que les discussions se poursuivent comme on l'a vu un peu plus haut. Les administrateurs du mouvement des caisses populaires ont pris connaissance de la demande d'Albert Côté et du groupe de l'École des sciences sociales et « se laissent facilement convaincre de l'importance des assurances-vie[22] ». L'intérêt des administrateurs pour la création d'entreprises d'assurance-vie s'était manifesté bien avant cette demande puisque Cyrille Vaillancourt lui-même, directeur de la Fédération provinciale, avait été un des membres fondateurs de La Laurentienne.

Par contre, les administrateurs choisissent de créer d'abord une société d'assurance générale permettant d'offrir un service aux cultivateurs et aux caisses rurales qui ont de la difficulté à obtenir de l'assurance « contre le feu, le vol, les détournements de fonds, etc.[23] ». Cette entreprise, la Société d'assurance des Caisses populaires, verra le jour en 1944. La création d'une compagnie d'assurance-vie suivra en 1948. Elle s'appuie sur différentes raisons pratiques et idéologiques. Cette entreprise permet de jouer un rôle irremplaçable dans l'émancipation économique des Canadiens français, d'étendre l'influence de la coopération, de fournir de l'assurance au meilleur prix possible aux sociétaires et d'offrir à ces derniers une police d'assurance-vie lorsque les caisses leur consentent un prêt hypothécaire[24].

Cette décision permet, on le voit bien, au Mouvement des caisses populaires Desjardins de répondre à sa façon aux revendications des coopérateurs et des nationalistes, tout en desservant bien les caisses et leurs sociétaires. Le Mouvement crée une institution qui drainera l'épargne des Canadiens français et la mettra au service de la collectivité en lui offrant différentes assurances

---

21. Laville (1971). *Op. cit.*, p. 43.
22. *Id. Ibid.*
23. *Id. Ibid.*
24. *Idem*, p. 46.

innovatrices comme l'assurance familiale[25]. Il élargit le champ d'action des caisses au sein du mouvement coopératif. Et il offre davantage de services aux caisses et aux sociétaires. Voilà une formule gagnante que reprendra souvent le Mouvement Desjardins par la suite. Une façon originale de satisfaire, en partie du moins, nationalistes et coopérateurs.

À travers ces exemples, on voit un modèle d'action prendre forme dans le monde canadien-français. Tout d'abord, il y a les acteurs catholiques et nationalistes qui mettent leur force derrière une nouvelle institution naissante : la caisse populaire. Puis, des individus du milieu universitaire, du gouvernement du Québec et du monde coopératif, qui se rencontrent de plus en plus souvent, invitent les administrateurs des caisses à fonder des entreprises d'assurances. L'État, en concertation avec l'Église et certains leaders nationalistes, participe de plus en plus au mouvement. Par exemple, le premier ministre Taschereau instaurera le service d'inspection générale demandé par les caisses populaires après avoir consulté l'évêque de Montréal[26]. L'État offrira du crédit agricole aux agriculteurs dès 1936 en collaboration avec les caisses populaires[27]. Le gouvernement Duplessis appuiera de toutes ses forces le projet de loi 176 visant à créer une entreprise d'assurance-vie Desjardins, y compris un article controversé qui donnerait un avantage concurrentiel indéniable aux caisses en leur permettant de vendre de l'assurance au comptoir, sans intermédiaire[28]. Et l'on pourrait citer encore de nombreux exemples de collaboration. Ce que l'on voit finalement, c'est la coopération et la concertation s'étendre et devenir un mode de fonctionnement, ce que certains ont appelé un modèle corporatiste[29]. C'est en fait l'émergence d'un modèle québécois de développement : une coopération et une concertation assez larges d'acteurs sur des cibles précises visant l'émancipation et le développement économiques des Canadiens français.

---

25. Laville souligne que, dans les années 1950, il y a 11 000 familles de dix enfants et plus au Québec contre 2000 seulement en Ontario pourtant plus populeux. Les administrateurs de l'Assurance-vie Desjardins constatent que ces familles peuvent difficilement jouir d'une protection adéquate à l'époque. Ils mettent donc sur pied une assurance adaptée à leurs besoins. Pour plus de détails voir Laville (1971). *Op. cit.*, p. 83-87.
26. Voir Pierre Poulin (1994). *Op. cit.*, p. 127.
27. Le président de la Fédération des caisses sera d'ailleurs nommé président de l'Office de crédit agricole, le nouvel organisme créé par le gouvernement du Québec pour offrir ce service. Voir Pierre Poulin (1994). *Op. cit.*, p. 249.
28. Malgré l'appui de Duplessis, l'article 14 sera finalement abandonné tant les pressions du milieu des assurances sont fortes. Là-dessus, Voir Laville (1971). *Op. cit.*, p. 45-64.
29. Voir Clinton Archibald (1983). *Op. cit.*

Les caisses populaires ont servi de ferment au mouvement coopératif et au développement de ce modèle de développement basé sur la coopération et la concertation ; par contre, elles n'en ont pas assumé le leadership ; ce sont plutôt les syndicats coopératifs qui vont pousser le plus loin la mise en œuvre de ce modèle durant les années 1930-1950[30].

La consolidation du modèle et le rôle qu'y joue le Mouvement Desjardins

Dans les années 1950, il devient évident pour nombre de nationalistes ayant misé sur les coopératives que ces dernières ne suffisent pas pour prendre le contrôle de l'économie. Pour eux, il faut passer du contrôle de l'épargne au contrôle des entreprises, ce que ni le mouvement des caisses populaires ni les autres coopératives ne sont en mesure de faire. Cette analyse est partagée par de nombreux coopérateurs. L'échec de la tentative de prise de contrôle de l'Industrielle par l'Assurance-vie Desjardins en 1961 illustre bien cette faiblesse. Cette entreprise, sous le contrôle de Jean-Louis Lévesque, risque alors de passer dans les mains d'intérêts américains. Après des discussions avec les gouvernements fédéral et provincial, l'Assurance-vie Desjardins croit bien être en mesure d'acquérir cette entreprise. Mais, devant les nouvelles demandes de Lévesque, le coût apparaît trop élevé et l'Assurance-vie Desjardins se retire penaude du dossier en 1961[31].

Le monde de la coopération et les caisses populaires vont cependant servir, dans les années 1950, de modèle à la création d'organisations qui, comme la Corporation d'expansion financière (Corpex) et la Société nationale de gestion, ont comme projet de favoriser la prise de contrôle des entreprises. En effet, ces organisations fonctionnent très souvent selon des principes coopératifs (comme celui d'un homme : un vote). Ces expériences ne réussissent pas davantage, comme l'explique un gestionnaire du secteur des caisses populaires et membre fondateur de la Société nationale de gestion.

> Nous étions trois cents Canadiens français environ qui pensaient [*sic*] sauver la nation canadienne-française. Nous avons investi un million de capitaux dans la compagnie. L'argent a servi à acheter trois compagnies en difficulté financière pour garder le contrôle au Canada français. Elles ont failli en quelques mois et nous avons tout perdu[32].

---

30. Voir Jean-Louis Martel et Delmas Lévesque (1991a). *L'évolution du mouvement coopératif québécois, 1920-1940*, Montréal, École des HEC, Centre de gestion des coopératives, Cahier de recherche n° 91-4, août, 61 p. ; et (1991b) *Op. cit.*
31. Voir Laville (1971). *Op. cit.*, p. 115-119.
32. Cité dans Jean-Louis Martel et Delmas Lévesque (1991). *Op. cit.*, p. 105.

Devant l'échec de ces expériences lancées dans les années 1950, les acteurs se tournent vers l'État pour que celui-ci passe à l'action. La création du Conseil d'orientation économique du Québec (COEQ) en 1961 et surtout celle de la Société générale de financement (SGF) en 1963 concrétisent cette nouvelle orientation. Le COEQ a une double mission. D'abord il doit « donner des conseils sur les programmes à adopter pour préparer un plan global de développement du Québec, et ce à long terme. Ensuite, il peut, soit de sa propre initiative, soit à la demande du gouvernement, faire des recommandations sur toute mesure économique[33]. »

Le principal mérite du COEQ sera de « provoquer un bouillonnement d'idées dont plusieurs ont réussi à faire leur chemin par la suite et à déboucher sur des initiatives gouvernementales[34] ». La SGF est née de ce bouillonnement d'idées. Elle avait pour mission d'aider les entreprises québécoises à se développer en leur donnant accès à du capital. Ce qu'elle fera avec assez de succès.

Le Mouvement Desjardins va participer activement à la création, au fonctionnement et, parfois même, au financement de ces différentes organisations mises sur pied par l'État. Il aura, par exemple, trois sièges au conseil d'administration du COEQ et trois, puis quatre sièges à celui de la SGF ; le tiers du capital initial de la SGF proviendra de la Fédération des caisses populaires (le reste du gouvernement du Québec et d'une émission publique)[35]. Il deviendra un partenaire privilégié du gouvernement québécois dans les projets de développement durant les années 1960-1980 : collaboration financière à des projets d'investissement, construction de Place Desjardins, relance économique au moyen de projets d'habitation, etc. Présentons quelques-uns des projets.

Il y a d'abord la collaboration entre institutions financières dans des projets de développement économique : « La Caisse de dépôt et placement investit par exemple dans Investissement Desjardins alors que la Caisse centrale Desjardins achète des obligations d'épargne du Québec et offre des services aux entreprises et institutions québécoises[36]. »

Le Mouvement Desjardins participe aussi dans les années 1980, par la Société d'investissement Desjardins créée en 1971, aux décisions de soutenir

---

33. Clinton Archibald (1983). *Op. cit.*, p. 188.
34. Parenteau, cité dans *idem*, p. 189.
35. Yvan Rousseau et Roger Levasseur (1995). *Du comptoir au réseau financier. L'expérience historique du Mouvement Desjardins dans la région du centre du Québec, 1909-1970*, Montréal, Boréal, p. 281.
36. Benoît Lévesque et Marie-Claire Malo (1995). « Un nouveau Desjardins à l'ère de la globalisation : législation et pratiques coopératives dans les caisses d'épargne et de crédit », dans Alberto Zévi et José Luis Monzùn Campos (dir.). *Coopératives, marchés, principes coopératifs*, Bruxelles, De Boeck Université et Ciriec, p. 261.

financièrement des entreprises francophones dans ce que l'on juge être des secteurs clés de l'économie du Québec, comme Canam Manac, Cascades, Provigo, etc. ; ce que Alain Noël appelle les entreprises de Québec Inc., c'est-à-dire des entreprises dont le financement en capital a été assuré après concertation entre grands acteurs institutionnels des secteurs privé, public et coopératif.

> [...] les entreprises de Québec Inc. sont toutes issues de la concertation institutionnelle. Toutes ont fait l'objet de discussions systématiques impliquant tour à tour la Caisse de dépôt et placement du Québec, le Mouvement Desjardins et le Fonds de solidarité des travailleurs du Québec, et souvent aussi la Société de développement industriel, la Banque Nationale du Canada et sa filiale Lévesque, Beaubien, Geoffrion, ainsi que des firmes de services professionnels comme Raymond, Chabot, Martin, Paré et associés ou Steikeman Elliot[37].

Au début des années 1990, le Mouvement Desjardins participe, avec la Caisse de dépôt et placement et des partenaires syndicaux, à la création de Sociétés régionales d'investissement et de Sociétés locales d'investissement[38]. L'objectif cette fois est d'encourager la création d'entreprises de toutes sortes dans les différentes localités et régions du Québec. On a constaté que de nombreuses localités et régions vivaient un sous-développement chronique et que l'absence de capitaux empêchait l'initiative privée de s'exprimer pleinement.

Le projet de Place Desjardins a pris forme dans les années 1960. Il s'agissait de « promouvoir la vocation économique et sociale de Desjardins [et] d'assurer une présence physique remarquée dans la métropole[39] ». C'est une société publique, la Société de développement immobilière du Québec, qui est partenaire du Mouvement Desjardins dans la fondation de Place Desjardins Inc. Au moment de la fondation, la SODEVIQ détient 49 % des actions, la Fédération de Montréal et de l'Ouest-du-Québec 36,3 % et le reste est détenu par d'autres institutions Desjardins[40].

Au début des années 1980, le Mouvement Desjardins s'associe au programme Corvée-Habitation du gouvernement du Québec pour relancer l'économie par des projets d'habitation. Ce programme fait suite à une décision prise

---

37. Alain Noël (1995). *Op. cit.*, p. 72.
38. Voir Benoît Lévesque, Marguerite Mendell et Solange Van Kemenade (1995). « Les fonds de développement : un instrument indispensable pour le développement régional, local et communautaire », dans Serge Côté *et al. Et les régions qui perdent... ?*, Rimouski, GRIDEQ-GRIR, département de géographie de l'UQAM, p. 253.
39. Odette Grondin (1988). *L'implication du Mouvement Desjardins dans l'immobilier*, Montréal, Université du Québec à Montréal, Chaire de coopération Guy-Bernier, Cahier nº 1088-013, p. 47.
40. *Idem*, p. 52.

lors du Sommet économique tenu en avril 1982 pour relancer l'emploi. Le programme est fait en collaboration avec des partenaires du milieu syndical, des entrepreneurs de la construction, des institutions financières et des municipalités. Au départ, le Mouvement Desjardins est la seule institution financière prête à investir des sous dans ce programme visant à construire plus de 50 000 nouveaux logements ; les autres partenaires financiers suivront par la suite. En 1982, le Mouvement s'est aussi engagé dans deux autres programmes d'habitation du gouvernement du Québec, soit Logipop et Loginove qui « visent à supporter la rénovation domiciliaire des individus, des organismes sans but lucratif et des coopératives[41] ».

Le Mouvement Desjardins ne se contente pas d'être un partenaire de l'État dans des projets économiques ; il va lui-même passer à l'action avec l'acquisition d'entreprises québécoises comme La Sauvegarde en 1962, la Sécurité et la Fiducie du Québec en 1963. Il continue ce faisant la stratégie entreprise lors de la mise sur pied de l'Assurance-vie Desjardins : élargir la gamme de ses produits tout en satisfaisant les revendications des nationalistes. À preuve, ce témoignage de Gaudiose Hamelin, alors à l'Union régionale de Montréal, à propos de l'achat de La Sauvegarde :

> Quand on a acheté La Sauvegarde, monsieur Ducharme vieillissait, d'ailleurs il est mort quelques mois plus tard. Nous voulions éviter que ça passe en des mains étrangères. C'était un geste concret pour le Québec, pour garder le contrôle chez nous[42].

Cette stratégie se transforme légèrement dans les années 1970 avec la création, en 1971, de la Société d'investissement Desjardins (SID) et celle, en 1975, du Crédit industriel Desjardins qui ont pour but de soutenir ou d'acquérir des parts dans des entreprises québécoises en croissance ou au fort potentiel de croissance. Il ne s'agit plus uniquement d'offrir de nouveaux services par l'acquisition d'entreprises, mais aussi de faire fructifier les avoirs des membres par des investissements judicieux dans les entreprises d'ici. On satisfait donc plus encore les revendications des nationalistes du point de vue du développement économique. Par exemple, les premiers investissements de la SID se feront dans des entreprises comme Sico, Vachon et Québecair qui auront leurs heures de gloire à l'époque. Alfred Rouleau, le président du Mouvement Desjardins qui a largement participé à l'élaboration de cette stratégie, proposait de l'étendre encore davantage en 1980 :

> Il est temps que les Québécois, par leurs épargnes, prennent le contrôle de leur économie. La façon infaillible de garder les sièges sociaux au Québec, c'est de les

---

41. *Idem*, p. 52.
42. Gaudiose Hamelin (1992). Entretien avec Gaudiose Hamelin, Montréal, École des HEC, Centre de gestion des coopératives, Cahier de recherche n° 92-16, p. 45.

> acheter ! [...] Il faut discrètement s'entendre pour acheter, à deux, à quatre, à six, des blocs d'actions, prendre le contrôle des conseils d'administration [...] placer les nôtres à la tête des compagnies et même des consortiums. La concertation peut servir à répartir les risques [...][43].

Durant toutes ces années, le Mouvement continue aussi de répondre aux pressions des coopératives et à celles, plus nouvelles, des syndicats. En effet, dans les années 1960, les pressions sont fortes de la part de ces organisations. C'est la dimension sociale, plutôt que nationale, qui ressort des demandes de ces acteurs. Ils rappellent aux administrateurs du Mouvement Desjardins les objectifs de départ d'Alphonse Desjardins, entre autres celui d'aider les plus démunis[44]. Le Mouvement répondra partiellement à leurs demandes en s'associant à eux pour créer et financer des magasins coopératifs (les Cooprix) et des coopératives d'habitation (la Fédération Co-op-Habitat) en milieu urbain. Par exemple, le Mouvement Desjardins prête « à Co-op Habitat un milllion et demi de dollars pour permettre le démarrage de la réorganisation des coopératives d'habitation[45] ». Les coopérateurs comme les syndicalistes peuvent y trouver leur compte : d'une part, cela consolide et étend la coopération dans les secteurs de la consommation et de l'habitation en milieu urbain et, d'autre part, cela permet d'offrir des logements et des produits d'alimentation à des prix raisonnables à des ouvriers (syndiqués et non syndiqués).

Ces relations de collaboration entre le Mouvement Desjardins et les milieux coopératifs et syndicaux se reproduiront par la suite malgré des hauts et des bas. En effet, les nouvelles coopératives des années 1970, animées très souvent par des jeunes issus du mouvement contre-culturel, sont à couteaux tirés avec le mouvement coopératif traditionnel et le Mouvement Desjardins. Ces derniers refusent de les soutenir financièrement ou de les aider d'une quelconque manière. Les projets de société des deux générations sont tellement différents qu'ils rendent les collaborations très difficiles : c'est que les plus vieux, porteurs d'un projet de nationalisme économique teinté d'un vieux fond de conservatisme, perçoivent les plus jeunes, porteurs d'un projet alternatif de société, comme des révolutionnaires plus ou moins responsables[46]. Par ailleurs, les

---

43. Cité dans Clinton Archibald (1983). *Op. cit.*, p. 277.
44. « Desjardins se donne comme tâche de trouver "les moyens propres à assurer le bien-être matériel des classes populaires si rudement atteintes par le jeu des intérêts égoïstes dont la puissance est multipliée par de savantes concentrations". » (Pierre Poulin, 1990, *op. cit.*, p. 82.)
45. Yves Hurtubise (1983). « Autogestion dans les coopératives d'habitation au Québec », Paris, École des Hautes Études en Sciences sociales (thèse de doctorat), p. 137.
46. Sur ces deux générations, voir Benoît Lévesque (1993). « Les coopératives au Québec : deux projets distincts pour une société ? », dans N. Bàrdos-Féltoronyi *et al.*

tentatives souvent réussies de syndiquer le personnel des caisses dans les années 1960 et 1970[47], combinées à la radicalisation des syndicats sur le plan politique et social qui culmine avec le Front commun de 1972, ont rendu les relations plus difficiles entre les deux milieux. Les collaborations se font plus rares. Un leader syndical rend bien compte du climat de l'époque en parlant de la position d'Alfred Rouleau qui était alors le président du Mouvement :

> Il était plus ouvert que les autres dirigeants mais il n'était pas prêt à embarquer [dans les projets des syndicats]. Laurin [responsable du développement coopératif à la CSN] lui disait : « Si vous êtes prêts on trouvera bien les moyens par la suite, avec toutes vos ressources il sera facile de trouver les solutions. » Mais Laurin faisait peur à Rouleau. En fait, Rouleau était pris en sandwich. D'un côté, la logique du Mouvement Desjardins se rapprochait de plus en plus de la logique conservatrice des autres institutions financières et, de l'autre, il n'était pas sûr que le projet social du mouvement syndical corresponde au sien[48].

Il faut attendre les années 1980 pour que les positions radicales se dissipent et que de nouvelles collaborations prennent place, comme celle entre les anciennes et les nouvelles coopératives.

> En 1989, le Mouvement a conclu des ententes de coopération avec cinq groupes coopératifs québécois, soit la Fédération des coopératives en milieu scolaire, la Conférence des coopératives forestières, la Fédération des coopératives funéraires, la Fédération des coopératives de travail et la Confédération des coopératives d'habitation[49].

Du côté syndical, on peut souligner le recours au Mouvement lors de la création du Fonds de solidarité. C'est ce que rappelait Louis Laberge, président de la Fédération des travailleurs du Québec : « Ainsi, lorsque nous avons créé le Fonds de solidarité, c'est sans aucune hésitation que notre centrale a fait appel à une entreprise du groupe Desjardins, en l'occurrence la Fiducie du Québec, pour mettre sur pied et administrer le service d'actionnariat dont nous avions besoin[50]. »

(dir.). *Coopération, défis pour une démocratie économique*, Bruxelles, Éditions Vie Ouvrière, p. 69-95.

47. Voir Benoît Lévesque (1991). « Coopération et syndicalisme. Le cas des relations de travail dans les caisses populaires Desjardins », *Relations industrielles*, vol. 46, n° 1, p. 13-43.
48. Cité dans Jean-Louis Martel, Jean-Pierre Dupuis et Delmas Lévesque (1991). *L'évolution du mouvement coopératif québécois, 1960-1970*, Montréal, École des HEC, Centre de gestion des coopératives, août, p. 56.
49. Benoît Lévesque et Marie-Claire Malo (1995). *Op. cit.*, p. 263.
50. Louis Laberge (1990). Témoignage publié dans *Forces*, n° 91, p. 65.

Il n'est pas surprenant alors de voir par la suite le Fonds de solidarité travailler main dans la main avec le Mouvement Desjardins pour soutenir les entreprises québécoises (voir plus haut sur Québec Inc.).

Les années 1960 voient ainsi se consolider un modèle québécois de développement économique qui a pris naissance dans les années 1930, voire dès les premières décennies de ce siècle, avec la concertation des acteurs catholiques et nationalistes pour la création et la diffusion de la formule des caisses populaires. Ce modèle repose sur la coopération et la concertation entre acteurs institutionnels et organisationnels pour l'émancipation et le développement économiques des Canadiens français. Les caisses populaires ont joué un rôle important « symbolique dans un premier temps, organisationnel et financier par la suite » dans l'élaboration de ce modèle propre au Québec. La structuration du Mouvement Desjardins et la centralisation de son fonctionnement permettent, dans les années 1960 et 1970, une autonomie décisionnelle et financière plus grande pour ses dirigeants. Ils s'en servent pour participer, avec le gouvernement du Québec, les centrales syndicales et d'autres, à l'émancipation et au développement économiques de la société québécoise. Leur coopération et leur concertation de plus en plus fréquentes au niveau national donnent le modèle québécois de développement économique.

Conclusion

Le bilan des actions entreprises suivant les objectifs d'émancipation et de développement économiques par les acteurs du modèle depuis plus de soixante ans est assez positif. En effet, la plupart des observateurs et des acteurs reconnaissent qu'il y a eu une reprise en main de leur économie par les francophones, bien qu'il y ait des secteurs où le contrôle reste faible (mines et forêt par exemple). Cette reprise en main s'est d'abord manifestée par la constitution d'une réserve de capitaux au sein de nouvelles institutions comme le Mouvement Desjardins, la Caisse de dépôt et placement et le Fonds de solidarité de la FTQ. Ces capitaux ont été mis à la disposition des entrepreneurs québécois pour soutenir le développement et la croissance de leurs entreprises (privées comme coopératives), ce qui a permis de créer de toutes pièces une classe de grands entrepreneurs et de grandes entreprises francophones. Cette reprise en main s'est aussi traduite par une meilleure exploitation des ressources naturelles comme l'hydro-électricité, la forêt, les mines, etc. Le rôle des entreprises d'État (Hydro-Québec, Soquem, Rexfor, etc.) a été ici aussi déterminant.

Il n'en reste pas moins que depuis le milieu des années 1980, des débats[51] ont lieu sur la solidité de cette reprise en main et sur les instruments créés, sur

51. Voir Jean-Pierre Dupuis (dir.) (1995). *Op. cit.*

l'efficacité des performances économiques du modèle québécois dans la lutte au chômage, le contrôle des finances publiques et le développement régional, et sur la nécessité de conserver un État interventionniste. Certains analystes[52] et acteurs (le Parti libéral du Québec, le milieu des affaires) prônent, souvent depuis longtemps, un désengagement de l'État parce qu'ils considèrent que la reprise en main économique des francophones est solide[53]. Selon eux, le problème des finances publiques est actuellement plus important puisqu'il paralyse l'économie, entraînant un chômage élevé. D'autres analystes[54] et d'autres acteurs (le Parti québécois, le mouvement syndical), tout en reconnaissant l'existence d'un problème dans les finances publiques, souhaitent garder un État assez interventionniste parce qu'ils jugent la reprise en main économique faible et le nouveau contexte de mondialisation menaçant pour elle et pour l'emploi.

Dans les faits, ces débats ont progressivement entraîné un changement d'attitude et de comportement chez les derniers gouvernements québécois. L'État intervient différemment, plus en accompagnateur, en partenaire et en conciliateur qu'en acteur tout-puissant. Son action vise de plus en plus les finances publiques, alors que la majorité des autres acteurs pointent davantage la question de l'emploi et du développement local et régional. L'État est en fait en train de perdre le leadership qu'il exerçait depuis le début des années 1960 dans le modèle québécois de développement économique. Aussi, est-on en droit de se demander si la préoccupation pour l'emploi et le développement local et régional ne participe pas à redéfinir le modèle en l'axant sur les acteurs locaux et régionaux et à inverser la problématique du développement des dernières décennies (du bas et des régions plutôt que du haut et du centre).

Qu'en est-il du rôle du Mouvement Desjardins dans ce nouveau contexte ? En fait, il est un des grands acteurs institutionnels à avoir déjà pris le virage vers l'emploi et le développement local et régional. Position qu'il avait clairement exprimée lors des travaux de la Commission Bélanger-Campeau sur l'avenir constitutionnel du Québec lorsqu'il proposait de « redonner aux collectivités locales et régionales leurs pleine capacité d'action[55] ». Sur le terrain, des

---

52. Pierre Arbour (1993). *Québec Inc. et la tentation du dirigisme*, Montréal-Paris, L'Étincelle Éditeur, 165 p. ; Michael R. Smith (1995). « L'impact de Québec Inc., répartition des revenus et efficacité économique », dans Jean-Pierre Dupuis (dir.). (1995). *Op. cit.*, p. 39-66.
53. Là-dessus voir le rapport Fortier commandé par le gouvernement libéral élu en 1985 : Gouvernement du Québec (1986). *Privatisation de sociétés d'État, orientations et perspectives* (rapport Fortier), Québec, ministère des Finances, février.
54. Yves Bélanger (1995). *Op. cit.* ; Alain Noël (1995). *Op. cit.*
55. Mouvement Desjardins (1990). *L'avenir politique et constitutionnel du Québec*, mémoire présenté à la Commission sur l'avenir politique et constitutionnel du Québec, novembre, p. 33.

caisses populaires participent à la création de fonds de développement locaux, tandis que des fédérations et la Confédération, « par le biais d'Investissement Desjardins », créent des Sociétés régionales d'investissement (Laval-Laurentide-Lanaudière et Abitibi-Témiscamingue en 1994) ou y injectent des fonds (comme au Saguenay-Lac-Saint-Jean)[56]. Le Mouvement Desjardins le fait avec des partenaires comme la Caisse de dépôt et placement et le Fonds de solidarité des travailleurs du Québec. Ces actions en faveur de fonds d'investissement locaux et régionaux illustrent bien le nouvel objectif poursuivi par les acteurs du modèle.

En conclusion, on pourrait simplement dire que le Mouvement Desjardins a marqué profondément la société dans laquelle il œuvre, comme il a été marqué par elle. L'Église et les nationalistes dans les premières décennies, les politiciens et les technocrates dans les années 1960, ont tour à tour joué un rôle important dans son évolution. En fait, il a été très influencé par les projets et les pressions des différents acteurs socio-économiques du Québec. Si bien qu'il apparaît aujourd'hui comme une organisation complexe aux multiples identités : entreprise offrant des services concurrentiels, institution symbolisant la réussite des Québécois, acteur socio-économique se portant à la défense des intérêts du Québec, mouvement social assoupi au potentiel de changement immense.

La gestion de ces diverses identités reste le plus grand défi des dirigeants du Mouvement Desjardins. Par contre, c'est cette diversité des identités qui lui donne une place si importante au sein du modèle québécois de développement économique : il y représente tant de personnes et d'intérêts. Cette importance sera d'autant plus grande dans l'avenir que l'État, de plus en plus endetté, va y jouer un rôle moins grand. Ce sont des institutions comme le Mouvement Desjardins et le Fonds de solidarité qui seront appelées à prendre plus de place, tant au plan social qu'au plan économique. Le Mouvement répondra à sa façon à ses nouveaux défis, comme il l'a fait si souvent dans le passé, en agissant à la fois dans l'intérêt de ces différentes composantes et dans celui de la société québécoise dont il est une des institutions importantes.

---

56. Mouvement Desjardins (1994). *Rapport annuel*, vol. 2., p. 40.

VII

LE RAYONNEMENT À L'EXTÉRIEUR DU QUÉBEC

Participants

Ghislain PARADIS
Mauro-F. MALSERVISI
Guy ROBINSON
Guy BÉLANGER
Bruce THORDARSON

Desjardins dans le monde : une présence modeste mais significative

Ghislain Paradis

Ça se passait il y a quelques années. Je descends de l'avion dans un endroit où je vais pour la première fois. Les formalités d'usage effectuées, on m'invite à monter dans un véhicule qui me conduira à l'hôtel. Le conducteur, un jeune permanent du mouvement coopératif local, après les questions habituelles sur le voyage, me demande : « Dites-moi, la maison d'Alphonse Desjardins à Lévis est bien sur la rue Mont-Marie ? » Je sursaute, étonné de me faire poser une question que l'on entendrait plutôt d'un dirigeant de caisse Desjardins ici au Québec. Car j'étais à ce moment-là à Davao, ville située dans l'île de Mindanao, à deux heures d'avion de Manille, capitale des Philippines. Je venais de faire plus de vingt heures d'avion ; j'étais à l'autre bout du monde, et je me fais demander ce qu'un taxi de la ville de Québec pourrait demander à un piéton de Lévis. J'apprends qu'il a fait, à l'invitation de nos amis coopérateurs anglophones du Canada, un séjour de formation à Antigonish en Nouvelle-Écosse et que, durant cette formation, il s'est rendu à Lévis pour faire son « pèlerinage » : « Vous savez, me dit-il, nous venions de dix pays, et tous nous voulions nous rendre à Lévis. »

Depuis, j'ai eu plusieurs expériences analogues me confirmant que Desjardins est bien connu dans le monde. Beaucoup d'étrangers vous diront qu'ils admirent ce système qui est appuyé sur un cadre légal et réglementaire optimum, qu'ils envient ce réseau qui fait montre d'un taux exceptionnel de pénétration de son marché et d'un rayonnement admirable dans sa communauté, qui allie intégration et décentralisation et qui a su se développer et croître tout en restant fidèle à ses principes coopératifs.

C'est en partie à cause de ce regard admiratif que la présence de Desjardins a depuis longtemps été sollicitée dans les mouvements coopératifs internationaux. Desjardins a répondu à l'appel. Il est actif dans l'Union Raiffeisen internationale, dans la Confédération internationale de crédit populaire et dans l'Alliance coopérative internationale, plus spécifiquement dans l'Association internationale des banques coopératives (AIBC). Desjardins joue un rôle très apprécié dans ces organisations et y délègue des représentants de premier ordre. Monsieur Yvon Daneau, maintenant à la retraite, a occupé pendant trois ans, à la fin des années 1980, le poste de vice-président de l'Alliance coopérative internationale. Il partage avec quelques-uns le crédit de l'entrée de la Chine au sein de l'Alliance. Monsieur Jocelyn Proteau, président de la Fédération de Montréal et de l'Ouest québécois, préside depuis plus d'un an la Confédération internationale de crédit populaire, organisme regroupant les banques coopératives supportant la petite et moyenne entreprise ; enfin, le président de Desjardins, monsieur Claude Béland, vient d'être élu membre du conseil d'administration de l'ACI et président de l'International Cooperative Banking Association, organisme qui regroupe la majorité des banques coopératives du monde entier. Dans les cas de messieurs Béland et Proteau, c'est la première fois que des Nord-Américains occupent ces postes. En outre, monsieur Béland est le premier francophone à assumer cette responsabilité.

Au plan de la coopération technique, par l'entremise de sa filiale Développement international Desjardins (DID), Desjardins se situe également dans le peloton de tête au plan mondial. DID, fondée il y a vingt-cinq ans, est présente dans vingt-cinq pays. Disposant d'un budget prévisionnel de près de vingt millions de dollars pour la présente année, cette organisation offre des services d'assistance technique dans tous les secteurs des coopératives financières. Après avoir donné la priorité au secteur bancaire, DID a commencé à s'intéresser au secteur des assurances et des fonds de pension. Ses prestations touchent autant la législation, l'ingénierie et l'informatique bancaires, que le crédit rural, la vérification ou la formation. Ses incursions en Afrique il y a vingt-cinq ans, en Amérique latine il y a plus de quinze ans, en Asie il y a sept ans et en Europe de l'Est il y a cinq ans confirment le rôle pionnier de cette organisation, non seulement ici au Canada, mais également dans le monde.

Donc, au plan de la représentation et de la coopération technique, Desjardins est parmi les leaders du mouvement coopératif international. Il serait très facile de documenter davantage cette assertion. Passons plutôt aux activités internationales que Desjardins réalise en tant qu'institution financière. Sur ce plan, il faut être plus modeste. Il y a évidemment notre approvisionnement en fonds sur les marchés internationaux où les résultats sont bons. Plus de deux milliards de dollars de nos fonds, que nous recyclons en différents produits financiers au Québec, proviennent de l'étranger. Notre expérience sur ce plan est positive. À chaque fois que ce marché est sollicité, il répond bien. Ce jugement positif des marchés internationaux n'a rien à voir cependant avec notre performance sur la scène internationale. Ce marché, on le sait, base son jugement sur celui des agences de cotation qui donnent une cote de premier ordre à Desjardins. Pourquoi ? En raison de la santé financière de l'ensemble du réseau et de sa capacité de réaction en cas de difficulté ; en raison donc de sa performance surtout ici au Canada, dans son marché intérieur, ce que nos collègues de la Caisse centrale Desjardins savent mettre en évidence de façon magistrale.

Aux autres chapitres, Desjardins est à l'image du Québec : il commence à s'éveiller à la dimension internationale. Évidemment, au plan des services financiers et d'assurance aux voyageurs, nous offrons tous les services modernes dont nous pouvons avoir besoin. Même au plan des assurances, j'oserais dire que la qualité de nos services est au-dessus de la moyenne de l'industrie. Pour la clientèle d'affaires, des nuances sont indiquées.

Notre proximité avec le vaste marché américain nous a épargnés par ailleurs pendant longtemps de l'obligation de développer des affaires dans d'autres pays et d'autres continents. Et même avec les États-Unis, une fois soustraites les exportations faites par les grandes entreprises, où Desjardins est peu présent, la performance du Québec, dans les PME par exemple, est relativement faible. Nous constatons donc que notre économie doit vivre avec les inconvénients de ses avantages. Et ceci détermine, on le comprendra bien, l'engagement des institutions financières de notre milieu, dont Desjardins, dans les services financiers internationaux. Les PME québécoises exportent peu ; ça s'améliore, je le sais, mais ça ne fait que commencer. Donc, au plan des services bancaires internationaux pour les entrepreneurs, le volume d'affaires est faible. De plus, Desjardins n'est pas parmi les premières institutions dans ce domaine. Je reviendrai sur cette question.

Au plan des investissements internationaux, notre engagement est aussi faible. Investissement Desjardins (ID) a une mission québécoise, rappelons-le. Il peut prendre une participation dans une firme du Québec qui voudrait, par exemple, consolider son capital avant d'investir à l'étranger ; ID cependant ne peut se porter acquéreur d'actions d'une entreprise étrangère, même si cette entreprise était majoritairement possédée par des intérêts québécois. Une exception : une participation minime dans les Fonds Épargne Développement (Caisses d'épargne Écureuil de France) et Siparex Provinces de France afin de faciliter l'accès au marché européen pour ses entreprises en portefeuille.

Le contrôle de la compagnie d'assurance-vie Laurier et l'achat du Groupe La Laurentienne qui contrôlait la compagnie d'assurance-vie Impérial ont projeté Desjardins sur la scène canadienne et étrangère dans ce secteur. Les récentes ventes de filiales en Angleterre et aux États-Unis mettent cependant en évidence la priorisation par le Groupe Vie du marché canadien, du moins au plan de l'approche traditionnelle. C'est beaucoup plus au plan de la banque-assurance et dans d'autres domaines que le Groupe Vie Desjardins-Laurentienne a l'intention d'assurer sa présence en dehors du Canada.

On le voit, le déploiement international de Desjardins, quoique de qualité, n'est pas à la hauteur de sa force au Québec. Un coup de barre est indiqué et ça, Desjardins le sait. Même le fait qu'il soit centré sur la réalité québécoise l'oblige à préciser le positionnement désiré au plan international. Permettez-moi quelques réflexions à ce sujet.

La stratégie internationale de Desjardins s'articulera à partir de ses forces dans son marché national. Dans le domaine des services financiers aux particuliers, les produits et services offerts sont de qualité et les parts de marché, substantielles. On parle ici de services de convenance qui demandent convivialité, efficacité, accessibilité et bas prix. Desjardins, déjà relativement bien positionné dans ce marché, continuera son expansion.

Au plan des services financiers aux entreprises et des investissements industriels et commerciaux, un plan d'attaque est à se mettre en place. Et le tout partira de la caisse Desjardins, de la base. Notre présence auprès des entreprises exportatrices demande d'être accrue. On y arrivera en renforçant la qualité des ressources humaines à chacune des étapes du processus de prestation de service, en accélérant notre processus de prise de décision, en nous spécialisant dans certains marchés (nous ne pouvons développer et conserver une expertise dans vingt à trente pays), en mettant en synergie plusieurs composantes de Desjardins pour développer ces marchés (relier financement et investissement apparaît prometteur), et en développant des relations très étroites avec des institutions financières à l'étranger.

La Caisse centrale Desjardins a un réseau de correspondants composé de 450 institutions situées dans soixante-dix pays. En outre, l'une ou l'autre des composantes de Desjardins a signé au cours des dix dernières années des ententes de collaboration avec plusieurs établissements étrangers. Citons la DG Bank en Allemagne, le Crédit Agricole de France, le Crédit Mutuel de France, les Banques populaires de France, d'Espagne, du Maroc, la Banque Hapoalim d'Israël, sans oublier les ententes avec la Canadian Cooperative Credit Society (CCCS) et la US Central Credit Union. Il faut optimiser ces ententes, les entretenir, les développer, les pousser à leurs limites. Il nous faut donc être très sélectifs et, une fois les choix faits, investir ressources humaines et financières pour exploiter tout le potentiel de ces alliances.

Dans le domaine des assurances, le marché québécois et canadien présente encore, même s'il est bien couvert, des possibilités de développement. Le vieillissement de la population et le retrait de l'État de certains programmes sociaux offriront des occasions intéressantes. Des capitaux seront donc nécessaires pour tirer avantage de cette situation. Néanmoins, le besoin d'assurance est très fort dans beaucoup d'économies naissantes. De plus, on peut noter la mise en place de fonds de pension dans plusieurs pays du Sud, notamment ceux de l'Amérique latine. Cette nouvelle donne offre des occasions d'affaires très intéressantes nécessitant des mises de fonds relativement faibles. Desjardins aura à se définir par rapport à ce nouvel environnement dont il pourrait tirer grandement profit étant donné sa grande expertise dans la bancassurance et dans la gestion de fonds de pension.

Bref, et je termine là-dessus, Desjardins doit accompagner et même devancer ses membres qui entretiennent des relations avec l'étranger. Il doit renforcer sa présence auprès des PME exportatrices. Il doit analyser sérieusement des occasions d'affaires qui se pointent dans ses secteurs d'excellence dans plusieurs pays du Sud. S'attaquer à un tel enjeu implique leadership et vision, renforcement de ses positions auprès des PME et mobilisation de tous les acteurs, avant tout les caisses de base et les chefs de certaines composantes. Je suis convaincu que la croissance ou même le maintien de ses parts dans son marché traditionnel passe nécessairement par le renforcement de ses positions au plan international. Une représentation internationale, même de qualité, et une coopération technique, même si elle est de premier ordre, ne peuvent pas à long terme configurer et constituer la personnalité internationale d'une institution financière moderne, même si celle-ci vise d'abord un marché interne.

Desjardins en Afrique : interventions pour un développement durable

Mauro-F. Malservisi[1]

Desjardins, une entreprise et un mouvement ? renvoie aux dimensions économiques et sociales de la formule coopérative. Cette formule, dit-on, est appropriée aux pays en développement où les gens pratiquent, dans le quotidien, des valeurs semblables aux valeurs coopératives. Face aux échecs qu'ont connus les coopératives dans plusieurs pays d'Afrique après leur indépendance, comment peut-on qualifier et apprécier l'approche d'intervention mise de l'avant par Desjardins dans cette région du monde ? Comment se compare-t-elle à celle proposée par d'autres organisations étrangères ?

Une diversité de joueurs, des approches variées

Des coopératives d'épargne et de crédit aux systèmes de crédit solidaire en passant par les projets à volet crédit animés par les ONG, les caisses villageoises d'épargne et de crédit autogérées et les formules modernes de tontines, on observe un fourmillement d'opérations, d'approches, d'opérateurs du Nord et du Sud, de bailleurs de fonds et une diversité de configurations de systèmes financiers d'un pays francophone à un autre. C'est dans ce bouillonnement d'activités que Desjardins inscrit son action en Afrique francophone. Sa contribution spécifique constitue une réponse au débat sur la pertinence de modèles alternatifs de mise en place de systèmes d'épargne et de crédit à logique coopérative dans cette partie du monde. Ce débat tourne autour d'un certain nombre de dichotomies opposant des points de vue qui peuvent être formulés ainsi :

— Faut-il répondre ad hoc à des demandes du milieu en suivant des préoccupations d'ordre caritatif ou planifier les interventions selon une démarche rigoureuse fondée sur une analyse des facteurs permettant une haute probabilité de pérennisation des moyens mis en place ?

1. Ce texte est extrait d'une recherche sur les expériences d'implantation de systèmes d'épargne et de crédit de type coopératif en Afrique francophone. Danièle Bordeleau, de l'UQAM, Max Téréraho, de l'UQAM, et Clément Wonou, du CIDR au Mali, collaborent à cette recherche.

— Faut-il transférer un modèle en l'adaptant ou appuyer des actions essentiellement locales en visant l'intégration de pratiques informelles plus ou moins traditionnelles ?

— Faut-il donner la priorité à l'épargne ou bien au crédit ?

— Faut-il donner la priorité au monde rural ou bien au monde urbain ?

Des compétences reconnues et recherchées

L'examen rétrospectif des interventions de Desjardins en Afrique est focalisé sur la stratégie coopérative de sa filiale spécialisée dans les services-conseils en matière de coopération internationale au développement. Dénommée DID (Développement international Desjardins) depuis une année, elle a été fondée en novembre 1970 sous la raison sociale de CIDR-Canada (Compagnie internationale de développement régional ltée). Elle devait devenir la SDID (Société de développement international Desjardins) en 1980 et passer, en 1985, du statut de société à capital-actions à celui d'organisme sans but lucratif. Elle associe aujourd'hui la Confédération Desjardins et ses fédérations, la Coopérative fédérée de Québec et l'Université Laval.

Présente dans plus de vingt-cinq pays, DID prétend être au Canada et dans le monde :

> l'une des plus importantes sociétés d'intervention associées au développement d'entreprises coopératives et de réseaux coopératifs principalement dans le domaine de l'épargne et du crédit et de la bioalimentation. En la matière, on la compte également parmi les sociétés qui ont le plus d'expérience dans la sélection, la préparation et l'encadrement d'experts appelés à réaliser des mandats à l'étranger[2].

DID réalise des mandats pour divers bailleurs de fonds. L'Agence canadienne de développement international est son principal pourvoyeur, avec des subventions qui, en 1995, représentaient 80 % du chiffre d'affaires, le reste émanant du ministère québécois des Affaires internationales, du ministère des Affaires extérieures du Canada, des gouvernements étrangers et de différentes agences multilatérales dont la Banque mondiale.

Les dernières années (1993 à 1995) témoignent d'une tendance au recentrage des activités sur le secteur financier, qui accapare désormais 80 % des projets, au détriment du secteur bioalimentaire. Malgré le remarquable essor enregistré par les interventions de DID sur les autres continents, l'Afrique mobilise encore, pour sa part, 60 % des budgets.

---

2. Mouvement Desjardins (1992). *Rapport annuel*, p. 16.

Repères pour les interventions de DID en Afrique francophone

Entreprise novice sur le terrain de la coopération internationale au développement, la première décennie de développement aura été consacrée à l'apprentissage organisationnel permettant de jeter les bases d'un déploiement international futur d'envergure.

Dans les années 1980, plutôt que d'organiser les sociétés rurales du monde en développement, la SDID se limite à soutenir la création d'entreprises et d'institutions communautaires, plus précisément des coopératives dans les secteurs financier et bioalimentaire. L'appui aux coopecs est alors axé sur la consolidation des réseaux créés en Afrique durant la décennie précédente. On s'attache surtout à la mise en place des instruments de gestion des caisses locales ainsi qu'à la mise au point et au renforcement organisationnel des structures de deuxième et troisième degrés. La participation à l'élaboration de législations coopératives nationales et régionales plus appropriées devient une priorité au même titre que la mobilisation de l'épargne et la rentabilité des caisses. On commence aussi à mettre l'accent sur les caisses urbaines à l'intérieur d'un plan directeur de développement du réseau.

Toujours à l'avant-garde de l'innovation dans son domaine, la SDID inscrit sa stratégie de développement des années 1990 à l'enseigne du développement durable. Sa mission exprime à la fois l'adhésion à l'approche du développement durable et l'extension de ses activités aux secteurs des organisations non coopératives et non agricoles tels la micro-entreprise, la transformation, l'artisanat utilitaire, les ONG.

> La SDID privilégie une approche visant le développement durable en mettant l'accent, entre autres, sur la constitution d'une relève locale. Son action s'inscrit dans les orientations destinées à la construction d'un capital financier autochtone, au renforcement de l'entrepreneuriat et à l'autosuffisance alimentaire[3].

Les dimensions du développement durable selon l'approche de DID

La place de la coopec dans le modèle de développement durable

L'application du concept de développement durable dans le monde coopératif s'est traduite, chez DID, par la définition de l'entreprise coopérative comme le véhicule des valeurs démocratiques et de respect des droits de la personne. Par ailleurs, la démarche de rationalisation de ses interventions dans les coopecs africaines a conduit DID à redéfinir la coopérative comme une entreprise

3. Mouvement Desjardins (1990). *Rapport annuel*, p. 14.

reposant sur une stratégie concurrentielle saine de rentabilité des caisses permettant d'atteindre l'autonomie financière du réseau.

La réconciliation de ces deux vocations potentiellement conflictuelles (coopérative et entreprise) est censée se réaliser par la recherche de synergies entre la coopec et les autres projets existant, particulièrement ceux touchant le secteur financier. Ainsi, DID a dévolu à la coopec du monde en développement les tâches de :

— jeter un pont entre les structures traditionnelles d'épargne et diverses institutions financières modernes ;
— rééquilibrer les rapports entre la ville et la campagne ;
— sortir de l'isolement des milliers d'acteurs économiques ;
— promouvoir un marché intercoopératif aux plans régional, national et international.

Le concept de développement durable pour les pays en développement oppose au paradigme dominant du « développement à crédit », c'est-à-dire financé de l'extérieur par l'aide internationale au développement, celui du « développement autofinancé et autogéré à partir des ressources internes ». Le développement durable suit un processus d'accumulation de l'épargne intérieure. L'absence d'une telle épargne intérieure a longtemps été le postulat de base du modèle de « développement à crédit ». Elle justifiait le recours à l'aide extérieure pour briser le « cercle vicieux de la pauvreté » : pas d'épargne, pas d'investissement, pas de revenu, pas d'épargne.

Les évaluations des coopecs africaines de la fin des années 1980 ont montré que l'épargne intérieure, plus particulièrement rurale, existe et est bel et bien mobilisable. Il n'est donc pas étonnant que le nouveau modèle de développement durable place les systèmes d'épargne et de crédit à logique coopérative au centre du processus.

En bref, la gestion coopérative de l'épargne et du crédit est privilégiée parce que, lorsqu'elle est réussie, elle incorpore implicitement d'autres dimensions repères d'un processus de développement durable pour l'Afrique telles que :

— la démarginalisation des secteurs agro-alimentaire et informel ;
— la promotion de la femme ;
— la valorisation de l'initiative privée et l'apprentissage de la démocratie ;
— le contrôle décisionnel et la maîtrise du fonctionnement des organisations et du processus d'accumulation.

La coopérative, véhicule des valeurs démocratiques et de respect des droits de la personne : la démarche économique, un préalable

DID considère que la coopérative est, par nature, le lieu concret du développement et de l'exercice des valeurs et droits démocratiques. « Une population engagée et entreprenante constitue l'une des bases fondamentales d'une démocratie à base élargie et durable[4]. » La législation et la réglementation des réseaux implantés, la formation de leaders, la mobilisation du membership, la participation des femmes et la mise en place d'entreprises privées possédées par les citoyens sont autant de moyens déployés par DID pour la consolidation des processus démocratiques.

En la matière, DID se démarque du style dirigiste et contrôlant des Européens dont le Centre international du crédit mutuel — avec lequel DID se trouve en partenariat pour la réhabilitation des CREP ivoiriennes — en privilégiant la consultation, la décentralisation, la participation des bénéficiaires de l'intervention et la décision par consensus. Ce style particulier d'intervention fonde le processus interactif et itératif utilisé dans l'élaboration de la législation nationale et régionale de l'épargne-crédit coopérative. Des séminaires régionaux et nationaux sont organisés à toutes les étapes du processus d'élaboration de la législation afin de permettre aux utilisateurs de s'approprier la démarche et de trouver une solution acceptable pour l'État et les individus. De cette façon, croit-on, il devient clair que la coopérative n'est plus un projet étatique qui est là pour « organiser la production plutôt que les individus ». En même temps, ces individus obtiennent la chance de comprendre que si la coopérative se confond maintenant plus avec l'initiative privée qu'avec le socialisme, l'État garde quand même le devoir d'assurer la protection des épargnants qui font affaire avec des institutions financières.

Quant à la participation des femmes, elle constitue un fait réel en progression. Par exemple, tous les gérants de caisse de la province du Yatenga au Burkina Faso étaient, en 1994, des femmes[5]. Le pourcentage de femmes dirigeantes pour l'ensemble du Burkina Faso et du Mali s'élevait respectivement à 21 % et à 22 % en septembre 1995, alors que chez Desjardins 19 % des postes de direction générale étaient occupés par des femmes. Les femmes recevaient, toujours en septembre 1995, 32 % et 35 % du crédit octroyé par les réseaux burkinabé et malien (48 % en mars 1995) avec un membership féminin de l'ordre de 28 % et de 34 % respectivement.

---

4. Entretiens réalisés par l'auteur.
5. DID. *Coup d'œil sur 1994*, Lévis.

La coopec, pont entre les structures traditionnelles et diverses institutions financières modernes

Dès les débuts de son intervention en Afrique (Burkina Faso) jusqu'aux premières années de la décennie 1980, DID a soutenu la création de caisses populaires en organisant des séances d'animation et de sensibilisation des groupements villageois. L'intervention de DID s'inscrivait alors dans un modèle d'assistance technique couvrant non seulement les coopératives d'épargne et de crédit, mais aussi l'organe étatique d'encadrement du mouvement coopératif, la Direction de l'action coopérative dans le cas du Burkina Faso. L'intervention était alors centrée sur la sensibilisation des paysans à l'approche coopérative, l'apprentissage de la nature et du fonctionnement d'une coopec par les dirigeants et le personnel des caisses. En fait, la coopec était conçue comme un instrument de transformation des pratiques organisationnelles traditionnelles et de mobilisation des masses au développement. Le mélange décousu de pratiques traditionnelles et de gestion financière moderne, d'auto-organisation et de dirigisme étatique a contribué à la formation de réseaux de coopecs trop fragiles pour résister au laxisme, à la corruption, à la concussion et à l'inefficacité organisationnelle qui ont conduit à ce qui est à considérer comme un échec au Cameroun et, en partie, au Zaïre.

Plus récemment donc, DID a renoncé à un tel concept implicite de « la coopec projet » en refusant l'arbitrage théoriquement postulé dans les ouvrages entre le transfert d'un modèle adapté et un modèle d'organisation issu des valeurs, des pratiques et des formes organisationnelles traditionnelles. Plutôt que de compter sur le retour aux pratiques socioculturelles traditionnelles encore aujourd'hui à la mode chez les promoteurs des « coopecs alternatives », DID propose une coopec rentable à court et à long terme et un réseau de caisses financièrement autonomes et concurrentielles sur le marché qui sert d'intermédiaire financier proche et accessible pour tous les agents économiques dont les groupements informels et traditionnels (clubs d'épargne).

DID se positionne donc comme un agent du changement, ce qui contraste avec l'approche d'intervention « indirecte » d'exploitation des structures traditionnelles laissées intactes, approche privilégiée par les ONG non financières européennes et héritée des pratiques du temps de la colonisation. Ces organisations semblent utiliser les concepts de solidarité et de cohésion sociales en les confondant avec la pression sociale. On sait que l'usage, pendant la colonisation, de la solidarité dans la contrainte pour réaliser des œuvres de développement, en elles-mêmes grandioses, a eu des effets néfastes sur le comportement sociopolitique des Africains. Il ne serait ainsi pas étonnant de voir ces systèmes d'épargne et de crédit dits alternatifs connaître des reculs et même disparaître à terme avec les projets dans lesquels ils sont incorporés.

La coopec, la mobilisation de l'épargne avant tout : gage d'autonomie et garantie de la pérennité

DID, dans son redéploiement stratégique des années 1980, confirmé par son adhésion à l'approche de développement durable au cours des années 1990, a fait de la collecte de l'épargne la priorité de la coopec. Ainsi, décider s'il est préférable de partir de l'épargne ou du crédit constitue un autre faux débat sur lequel se fonde l'opposition entre les coopecs orthodoxes (type Desjardins, Crédit mutuel, etc.) et les systèmes d'épargne et de crédit alternatifs (type CIDR, IRAM, etc.). Seuls les systèmes qui ne prétendent pas devenir ni rester des institutions coopératives de type bancaire peuvent se permettre de rendre l'épargne accessoire pour autant qu'ils vivent de crédits externes. Pour les partisans de l'approche coopérative, c'est le processus de mobilisation de l'épargne et surtout le fait que l'obtention du crédit soit conditionnée à celle-ci qui font du système une véritable coopérative d'épargne et de crédit et garantissent, à long terme, sa viabilité autonome.

Outre la tendance à la baisse rapide du rapport crédit/épargne observée dans les coopecs alternatives (de 119 % à 66 % jusqu'à la troisième année dans l'Oudalan, au Burkina Faso, par exemple), l'épargne obligatoire prélevée sur les crédits octroyés n'induit pas de l'épargne libre. En bref, l'autonomie et la survie des systèmes basés sur le « crédit-cadeau » sont définitivement peu envisageables face à l'emprise technique et financière des structures d'encadrement des projets. Dans le cas de DID, la ligne de conduite, suivie dans la pratique, consiste à couper le lien financier avec le réseau appuyé dès que le niveau de développement de celui-ci le permet.

> L'intervention de DID se situe moins à la base, mais davantage au deuxième et au troisième niveaux. L'appui, contrairement à d'autres bailleurs de fonds, n'est pas principalement financier [DID n'amène généralement pas de fonds de crédit ou de garantie]. Il intervient sur l'amélioration du processus de gestion coopératif par la mise à contribution d'une assistance technique appuyée par le Mouvement Desjardins[6].

La coopec, instrument de rééquilibre des rapports ville–campagne

Face au problème décrié de ponctionnement de l'épargne rurale par la ville et le secteur dit moderne, DID n'a pas opté pour une démarche privilégiant les populations rurales au détriment du monde urbain, comme le prônent et le pratiquent les « coopecs alternatives ». Pour DID, le rééquilibrage des rapports ville–

6. Entretiens réalisés par l'auteur.

campagne en Afrique a été conçu à la fois comme un résultat et comme un moyen de pérennisation des réseaux de coopecs.

Face au faible taux de transformation de l'épargne en crédit, provenant notamment du problème de recouvrement, DID a réagi par une extension stratégique au monde urbain. Celui-ci était censé absorber l'importante épargne rurale mobilisée tout en permettant de faire croître de plus belle et surtout de rentabiliser les opérations de collecte de l'épargne. DID a installé ses caisses dans des pôles d'échange entre villageois et entre villageois et citadins et des comptoirs de service dans des centres plus petits mais qui le justifiaient par un volume d'activité commerciale suffisant. Le repère est, précise-t-on à DID, la « place d'affaires et non le village. Les gens déposent l'argent après le marché quotidien ou hebdomadaire. »

De toute façon, fait remarquer un cadre supérieur de DID, « le processus d'urbanisation de ces pays est irréversible et souhaitable jusqu'à un certain point, la question revenant alors à assurer un accompagnement adéquat à cette urbanisation ». Cependant, DID ne semblait pas, il y a deux ou trois ans, parvenir à accroître sensiblement le taux de transformation de l'épargne dans ce mode postulé de rééquilibrage des rapports ville–campagne. L'ouverture des caisses urbaines avait plus servi la fonction épargne que la fonction crédit. En effet, la SDID notait, en 1993, une croissance beaucoup plus importante et rapide de l'épargne urbaine que de l'épargne rurale et constatait qu'il n'y avait, par ailleurs, qu'une faible partie de l'épargne qui était retournée dans l'économie sous forme de crédit.

Les données plus récentes font état d'un rapport crédit/épargne encore bas mais d'un progrès remarquable si l'on considère, par exemple, qu'il est passé au Burkina Faso de 12 % à la fin des années 1980 à 36 % en 1995 (un peu plus de 25 % au Mali).

Les propos suivants, recueillis auprès de gestionnaires de DID, résument assez bien leur point de vue sur le débat épargne urbaine–épargne rurale :

> Il n'est pas vrai de dire que l'on privilégie la ville à la campagne, on met les gens en réseaux. [...] Tout le monde n'a pas de besoins de crédit, n'épargne pas en même temps, il [le monde rural] fonctionne par cycle. [...] En ville, les flux sont plus réguliers. [...] Il devient alors possible de financer les besoins agricoles par les flux urbains [...] d'où le lien et la synergie sont créés lorsque les gens sont conscients qu'ils sont en réseau et non quand ils sont pris isolément[7].

7. Entretiens réalisés par l'auteur.

La législation, instrument de concurrence et de pérennisation des coopecs africaines

Le renforcement des réseaux de caisses commande celui du cadre institutionnel réglementaire dans lequel ils agissent, tant au plan national qu'au plan régional. Chez DID, on dit vouloir sortir de l'isolement des milliers d'acteurs économiques engagés dans les systèmes d'épargne et de crédit, particulièrement dans ceux à logique coopérative, mais le cadre législatif devient facilement une barrière à l'entrée des réseaux bénéficiaires de son appui. Cette législation élimine de fait un bon nombre de concurrents pour le moins déloyaux qui n'obéissent pas aux règles restrictives communes de gestion bancaire ou coopérative.

Outre l'effet pérennisant du processus suivi pour mettre sur pied la réglementation, la législation elle-même se veut un instrument de pérennisation des coopecs en les faisant passer de l'informel, auquel elles ont toujours été assimilées, à un statut d'institutions financières de proximité à fonctionnement coopératif.

Fait très marquant illustrant le succès de DID, elle a su transformer sa participation à l'élaboration de législations nationales ou régionales des coopecs en occasion d'affaires. Plus encore, ses premiers projets en la matière ont été réalisés, contre toute attente, en Afrique de l'Ouest, une zone d'échange plutôt étroitement liée à la France, pour ne pas dire une chasse gardée de cette dernière. Depuis 1992, DID agit comme consultante dans la réglementation des mutuelles d'épargne et de crédit de l'Union économique et monétaire ouest africaine (sept pays). Elle était déjà à l'œuvre au Sénégal en 1989.

L'intercoopération, outil stratégique de développement et de pérennisation des réseaux

Dans les termes de la coopération au développement international, la promotion d'un marché intercoopératif mondial, donc l'établissement de relations entre les réseaux nationaux et les réseaux régionaux et internationaux de coopecs, vise, pour DID, l'amélioration de l'équité dans les échanges Nord–Sud. Dans les faits, l'intercoopération a été, en tout cas dans les premières années de DID en Afrique, plutôt ponctuelle, peu systématique et surtout mise à contribution pour remédier à la faiblesse initiale de DID, à sa méconnaissance relative du terrain de la coopération internationale.

L'intercoopération est par la suite devenue plus stratégique : elle vise à combler la carence interne en ressources spécifiques et engage toujours plus d'institutions publiques, parapubliques et privées capables d'assurer des collaborations durables, et surtout de plus en plus de composantes du Mouvement Desjardins.

Le jumelage a été privilégié comme instrument de pérennisation des échanges entre les institutions canadiennes et les institutions africaines. L'idée de maillage régional des réseaux de coopecs de l'Afrique de l'Ouest a été introduite au début des années 1990 lorsque DID a réussi à convaincre l'ACDI de ne pas intervenir dans les pays sur une base seulement individuelle mais aussi sur une base régionale. Des relations d'échange existent également entre les réseaux de l'Afrique de l'Ouest et ceux de l'Afrique centrale[8].

Quelques éléments d'incertitude

Le processus de pérennisation des organisations mises en place par DID en Afrique s'amorce dans les années 1980. Une planification stratégique plus rigoureuse, intégrant la caisse dans un plan directeur de développement d'un réseau autonome, dicte dorénavant les interventions. Mais c'est le début des années 1990 qui marque l'intégration systématique du concept de développement durable dans la démarche d'appui à la création et à la consolidation de réseaux de coopecs en Afrique de l'Ouest.

Deux principaux instruments de pérennisation sont privilégiés, les autres dimensions du développement étant prises pour des dérivés naturels d'un processus bien pensé et fonctionnel. Aux niveaux microéconomique et mésoéconomique, la rentabilisation la plus rapide possible de la caisse et du réseau est censée permettre de rompre avec la mentalité qui, jusqu'à il y a à peine cinq à dix ans, faisait de ces derniers un « projet de développement duquel on cherche à profiter tant qu'il est là ». Au niveau macroéconomique, on vise un cadre réglementaire adéquat, c'est-à-dire une loi spécifique aux coopecs, qui fait de celles-ci d'abord des institutions offrant des services bancaires, leur impose des ratios protecteurs par rapport aux banques ordinaires et balise leur cadre institutionnel.

Dans ce sens, DID se distingue des opérateurs européens qui implantent des coopecs-projets financées à même les fonds étrangers de développement rural et dont les mécanismes de régulation relèvent, du moins théoriquement, de pratiques informelles plus ou moins traditionnelles. Elle se veut également distincte aussi bien de ces derniers que du CICM (Centre international du crédit mutuel) par son approche consultative et décentralisante qui s'oppose au dirigisme centralisant.

On comprendra qu'il est encore trop tôt pour juger des résultats de cet effort systématique de pérennisation qui date de cinq ans. Nous avons pu relever des faits encourageants pour DID du point de vue des inputs : la croissance de l'épargne et du crédit, le taux de recouvrement, le taux de rentabilité et de

---

8. DID (1995). *Fonds de programmes 93-96 ACDI/CISD, rapport sémestriel*, Lévis.

capitalisation des coopecs, des projets de développement rural encore en activité depuis une vingtaine d'années. Mais il n'en demeure pas moins qu'il subsiste des zones d'incertitude qui doivent préoccuper les responsables de DID.

DID semble être quelque peu à la remorque des orientations de la politique d'aide au développement du gouvernement canadien, étant donné que son financement lui vient presque exclusivement de l'ACDI. L'horizon temporel d'un gouvernement pouvant correspondre au seul mandat électoral, il y a lieu de se demander si l'approche de DID est elle-même « pérennisable ». On peut en effet établir un lien de causalité entre le changement stratégique de DID et celui de l'ACDI dans les vingt-cinq années d'intervention de Desjardins en Afrique.

Au cours des années 1970, les interventions de DID, tout comme celles du Canada, étaient fondées sur la solidarité. Vint ensuite, dans les années 1980, la politique des projets convergents de l'ACDI, qui s'est traduite, chez DID, par un engagement massif dans les domaines autres que financier et dans l'idée de synergie entre projets.

Dans les années 1990, les problèmes socio-politiques au Rwanda et au Zaïre, entre autres, forcent un retrait du Canada et de DID qui équivaut, en 1992-1993, à une perte de quelque 25 % des activités de DID . Le Canada et DID se tournent alors du côté de l'Afrique de l'Ouest et de Madagascar, régions vers lesquelles, affirme-t-on chez DID, on n'aurait probablement jamais envisagé une éventuelle expansion. En même temps, l'ACDI se montre « frileuse » et se retire des projets de développement rural. Alors que l'autosuffisance alimentaire faisait explicitement partie de la formule de développement durable de DID, celle-ci est plutôt forcée de recentrer ses activités dans le secteur financier. Il n'y a donc pas lieu d'inférer a priori une relation entre le retrait de DID et l'autonomie des projets.

L'effet pérennisant des législations dépendra évidemment du sort que voudront leur réserver les Africains. L'histoire postcoloniale de ces pays révèle qu'il s'installe assez fréquemment une distance entre les textes juridiques et la pratique. Le pari de DID, de voir ces lois et règlements respectés, repose sur le processus de leur élaboration qui privilégie la consultation et la participation de leurs utilisateurs, c'est-à-dire l'État et les caisses. « Les Africains de l'Ouest se comporteront-ils comme des Québécois de 1900-1910 ? Est-ce que les Africains passeront à côté ? En tout cas, on pense avoir réussi à produire une loi plus incitative d'entrer dedans que coercitive. » Or, ni la complicité entre DID et l'État canadien, ni le caractère de juridiction à géométrie variable que revêt cette législation en Afrique de l'Ouest, à cause du compromis avec le CICM et les autres agents européens, ne sont de nature à écarter la confusion et à distinguer les interventions de DID des autres projets d'aide au développement.

DID finance souvent à 100 % et assiste techniquement les structures de deuxième et troisième degrés des réseaux de coopecs qu'elle appuie. Dans ces circonstances, il y a lieu de se demander si la rentabilité des caisses, factuellement en progression significative, n'est pas à ce point associée à cette présence de DID à des échelons supérieurs qu'elle disparaîtrait à son départ. Enfin, même si l'on restait d'accord sur le fait que la gestion financière et coopérative fait partie du « patrimoine technologique de l'humanité », l'appropriation effective du modèle Desjardins par les Africains de l'Ouest est une question d'évaluation qualitative sur le terrain. Une telle évaluation était hors de notre portée, mais il y a lieu, par exemple, de se demander si un troisième niveau est vraiment nécessaire compte tenu de la grandeur d'un pays comme le Burkina Faso, pour ne mentionner que celui-là.

La Fédération des caisses populaires acadiennes : un exemple de changement organisationnel

Guy Robinson

Introduction

Peu marquée à l'origine, l'influence du Mouvement Desjardins au sein du Mouvement coopératif acadien (MCA) s'est intensifiée dès les années 1950 ; puis de façon encore plus significative au cours des décennies suivantes, principalement avec le processus d'informatisation du réseau des caisses populaires acadiennes et son intégration au système Desjardins.

Cette présence demeure toujours sensible. L'entente d'affiliation au Mouvement Desjardins (1990), la coopération en vue de l'introduction des nouvelles technologies de l'information et des communications, ainsi que l'expertise fournie par le Groupe de consultation de la Fédération des caisses populaires et d'économie Desjardins en matière de restructuration de la Fédération des caisses populaires acadiennes (FCPA), en sont des exemples récents.

Conformément aux souhaits des organisateurs du colloque, nous centrerons notre communication sur la double dimension « entreprise » et « mouvement » : nous soulignerons que la finalité du changement organisationnel amorcé en 1994 au sein de la Fédération des caisses populaires acadiennes (FCPA) et du Mouvement coopératif acadien (MCA) est précisément d'atténuer, voire de résoudre d'une manière pragmatique et bénéfique les tensions qui existent entre les deux dimensions, ces tiraillements qui se manifestent entre les exigences d'un fonctionnement démocratique et la performance des entreprises, entre les demandes relevant de l'économie sociale et le défi de la compétitivité à l'ère de l'information et de la mondialisation.

Voici les quatre principaux points que nous traiterons brièvement. D'abord, il sera question du Mouvement coopératif acadien et de sa situation dans les années 1990. Ensuite, nous décrirons les principaux facteurs à l'origine du processus de changement de la Fédération des caisses populaires acadiennes et du Mouvement coopératif acadien. Puis nous parlerons de la gestion du renouveau. Enfin, nous ferons un rapide survol des premiers résultats de la démarche de changement.

La situation dans les années 1990

Dans cette première partie, nous préciserons quelle était la situation du Mouvement coopératif acadien et de la Fédération des caisses populaires acadiennes au début des années 1990, c'est-à-dire avant l'introduction de la démarche de changement organisationnel. Trois éléments sont significatifs à cet égard : le territoire et la population visés, la structure du Mouvement coopératif acadien et la structure de la Fédération des caisses populaires acadiennes.

Le territoire et la population

Le territoire desservi comporte essentiellement les secteurs du Nouveau-Brunswick et de l'Île-du-Prince-Édouard où se trouvent concentrés les quelque 240 000 francophones vivant dans ces deux provinces. Cette population acadienne, qui représente moins de 35 % de la population totale du Nouveau-Brunswick, est regroupée dans une cinquantaine d'administrations municipales, c'est-à-dire 20 % des municipalités du Nouveau-Brunswick.

Du point de vue de la Fédération des caisses populaires acadiennes, on note que 80 % de ces Acadiens et Acadiennes sont sociétaires de l'une des quatre-vingt-six caisses populaires réparties dans les cinq secteurs géographiques suivants : Madawaska–Victoria, Gloucester–Restigouche, Gloucester, Kent et Westmorland–Île-du-Prince-Édouard.

Dans *Une force qui nous appartient : la Fédération des caisses populaires acadiennes*, Jean Daigle souligne la grande réussite des coopératives d'épargne et de crédit en Acadie. Il attribue ce succès à de nombreux facteurs : il voit dans la formule coopérative une forme d'organisation sociale et économique adaptée à un milieu minoritaire ; il constate que les Acadiens et Acadiennes l'utilisent comme outil de préservation de leur identité, comme moyen de promouvoir les intérêts d'une population assujettie à des forces qu'elle croit ne pas pouvoir contrôler et comme moyen de favoriser son épanouissement socio-économique et culturel.

La structure du Mouvement coopératif acadien

La structure du Mouvement coopératif acadien constitue le deuxième élément de la situation au début des années 1990. La figure 1 permet d'illustrer cette structure tout en donnant des renseignements et chiffres sur les membres, les bénévoles, les caisses populaires, les coopératives et l'effectif de la Fédération des caisses populaires acadiennes.

Bref, en 1993, le Mouvement coopératif acadien comporte sept organisations centrales et deux organisations associées. Avec un effectif total de 129 personnes, les sept organisations centrales sont alors la Fédération des caisses populaires acadiennes (FCPA), le Conseil acadien de la coopération (CAC), la Société d'investissement du Mouvement acadien (SIMA), l'Office de stabilisation (OS), le Fonds de bourse (FB), l'Institut de coopération acadien (ICA) et la Société d'assurance des caisses populaires acadiennes (SACPA). Quant aux organisations associées, ce sont les Services unis de vérification et d'inspection (SUVI), avec un personnel de quinze membres, et la Chaire d'études coopératives (CEC) rattachée à l'Université de Moncton.

Vu la taille relativement petite du Mouvement (quatre-vingt-six caisses et trente-deux coopératives regroupant respectivement 185 000 et 35 000 membres), de la Fédération et de ses sociétés affiliées, les différentes entités du Mouvement sont reliées de manière à assurer le partage des frais. Elles fonctionnent donc comme de petites entreprises et, par des ententes de service, chacune achète les services d'autres entités.

Figure 1
Mouvement coopératif acadien : structure 1993

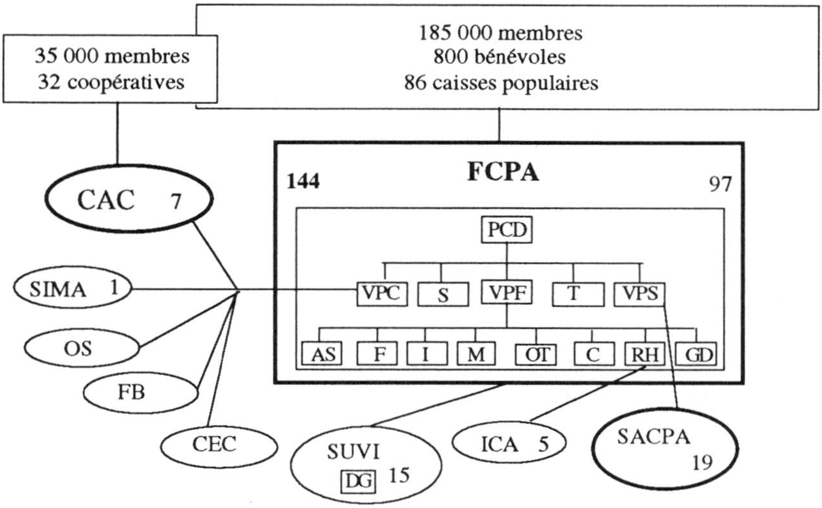

35 000 membres
32 coopératives

185 000 membres
800 bénévoles
86 caisses populaires

FCPA 144 97

PCD

VPC S VPF T VPS

AS F I M OT C RH GD

CAC 7

SIMA 1

OS

FB

CEC

SUVI DG 15

ICA 5

SACPA 19

La structure de la Fédération des caisses populaires acadiennes

Le troisième élément constitutif de la situation au début des années 1990 est l'organisation qui chapeaute les organisations centrales du Mouvement coopératif acadien. Il s'agit de la Fédération des caisses populaires acadiennes (FCPA) qui assume la permanence du Mouvement avec un effectif de près de 150 personnes.

Figure 2
Fédération des caisses populaires acadiennes : structure 1993

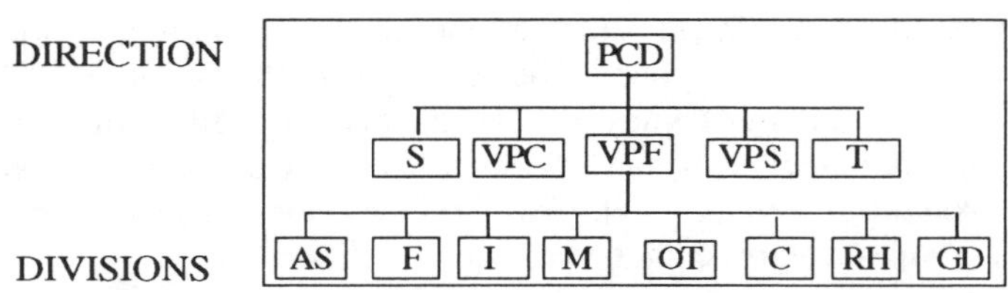

La figure 2 reproduit l'organigramme de cette instance centrale. Sa direction comprend le président et chef de la direction (PCD), le vice-président du Conseil acadien de la coopération (VPC), le vice-président de la Fédération (VPF), le vice-président de la SACPA (VPS), le secrétaire (S) et le trésorier (T). Quant à l'effectif, il est regroupé dans les huit divisions suivantes : Approvisionnement et services (AS), Finance (F), Informatique (I), Marketing (M), Opérations techniques (OT), Comptabilité (C), Ressources humaines (RH) et Gestion documentaire (GD).

Notons au passage l'existence d'une structure par fonction ainsi que l'utilisation de l'appellation « division » dont l'impact organisationnel a été un cloisonnement relatif ainsi que l'allégeance des membres du personnel à la division de l'une ou l'autre des organisations centrales, celle naturellement à laquelle ils étaient rattachés.

Les facteurs de changement

Après avoir cerné globalement la situation du Mouvement coopératif acadien au début des années 1990, nous pouvons aborder le deuxième point de notre exposé : les facteurs externes et internes qui sont à l'origine des changements majeurs décidés au cours des dernières années.

Les facteurs externes

La figure 3 aide à recenser d'un coup d'œil l'ensemble des facteurs externes qui agissent sur le Mouvement coopératif acadien des années 1993-1994.

Figure 3
Les facteurs externes

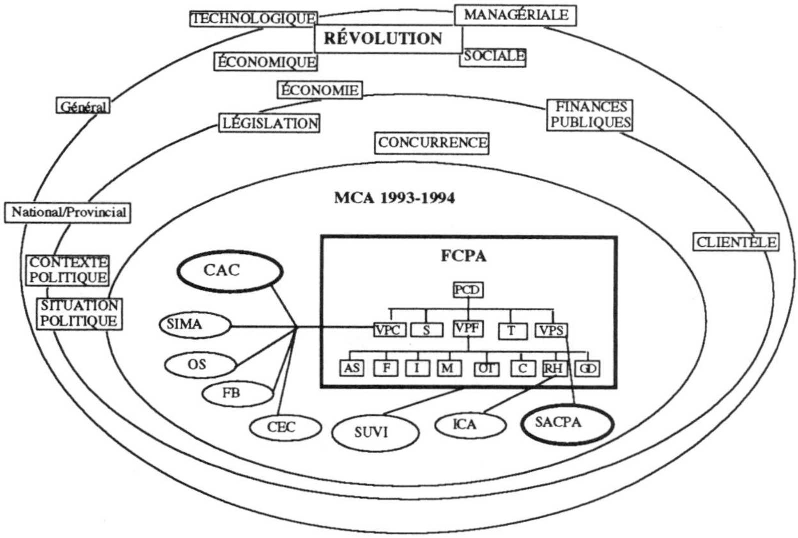

Favorisant le changement, le forçant parfois ou encore le freinant, ces facteurs externes appartiennent soit à l'environnement général, soit à l'environnement national et provincial.

Dans l'environnement général, ce sont principalement les effets des quatre grandes révolutions qui retiennent l'attention : la révolution technologique ou toutes les incidences de l'utilisation des nouvelles technologies de l'information et des communications sur la conduite des affaires et la gestion des organisations ; la révolution économique marquée par le décloisonnement des économies, la mondialisation des marchés et la financiarisation ; la révolution sociale notamment caractérisée par la disparition de la sécurité d'emploi et l'apparition de nouvelles façons de travailler ; enfin, la révolution managériale avec l'applatissement des pyramides organisationnelles, les vagues de réduction de l'effectif, la réingénierie des processus, etc.

De nombreux facteurs relevant de l'environnement national et provincial ont également joué. Il s'agit notamment de combinaisons de pressions découlant de la situation sociale dans la région (chômage chronique), du contexte politique de l'heure (incertitude relative à l'avenir du Canada), de la législation, de l'économie, de la concurrence, de l'état des finances publiques ainsi que des exigences de la clientèle.

Les facteurs internes

Figure 4
Les facteurs internes

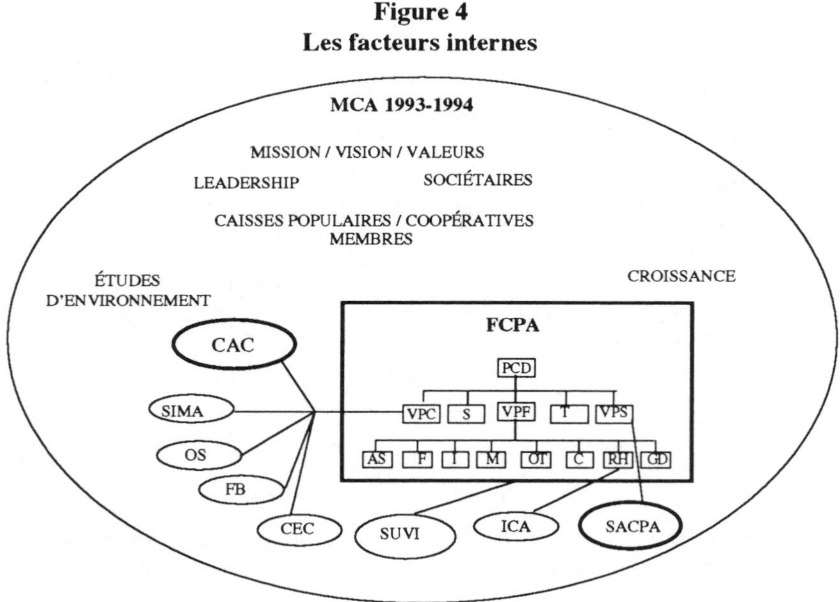

Pour ce qui est de la mission, de la vision et des valeurs, il faut surtout souligner les exigences du fonctionnement démocratique du Mouvement, les exigences de son rôle socio-économique, les exigences de son rôle dans le maintien et le développement de l'identité acadienne ainsi que les exigences des valeurs coopératives. Un autre groupe de facteurs internes importants touchent le leadership : il s'agit notamment de l'entrée en fonction d'un nouveau président et chef de la direction, Gilles Lepage, et, dans ce sillage, des nombreuses incidences du réaménagement de l'effectif de la Fédération. Les attentes et demandes des sociétaires ainsi que des caisses populaires et coopératives membres des assemblées décisionnelles du Mouvement sont également significatives, notamment en ce qui a trait au développement de nouveaux produits et services et aux conséquences organisationnelles et fonctionnelles. Dans l'environnement du processus de renouveau organisationnel, montrant les dangers et les occasions du moment, nous trouvons aussi les analyses, résultats et recommandations d'études commandées relatives au contexte interne et externe du Mouvement.

Les pressions sur la structure opérationnelle découlant de la forte croissance du Mouvement coopératif acadien, surtout à partir des années 1980, figurent également au nombre des déclencheurs internes du changement organisationnel. Les données suivantes permettent de bien illustrer cette croissance rapide. Soulignons d'abord que les actifs des caisses populaires ont triplé en moins de quinze ans, passant de moins de 400 millions de dollars en 1980 à près de 1,4 milliard de dollars en 1995. Un deuxième indicateur de la croissance est le nombre des sociétaires répartis dans les quatre-vingt-six caisses populaires acadiennes : de moins de 100 000 en 1970 à plus de 200 000 depuis 1990. Troisième indicateur que nous retenons, l'effectif de la permanence du Mouvement, la Fédération des caisses populaires acadiennes, qui est passé de cinquante personnes en 1980 à 150 personnes en 1990.

La gestion du renouveau

Nous pouvons soutenir que c'est sous les effets conjugués des facteurs internes et externes que les dirigeants du Mouvement coopératif acadien ont réalisé que le statu quo était synonyme de déclin rapide, voire de disparition de la capacité de poursuivre les objectifs socio-économiques du Mouvement. Un virage important s'imposait alors. Un processus et des mécanismes ont donc été mis en branle.

Quatre éléments majeurs doivent être soulignés ici, à savoir : les acteurs clés du processus de changement, la stratégie dominante, les cibles du changement et les outils de gestion du changement.

Figure 5
Le cercle des acteurs

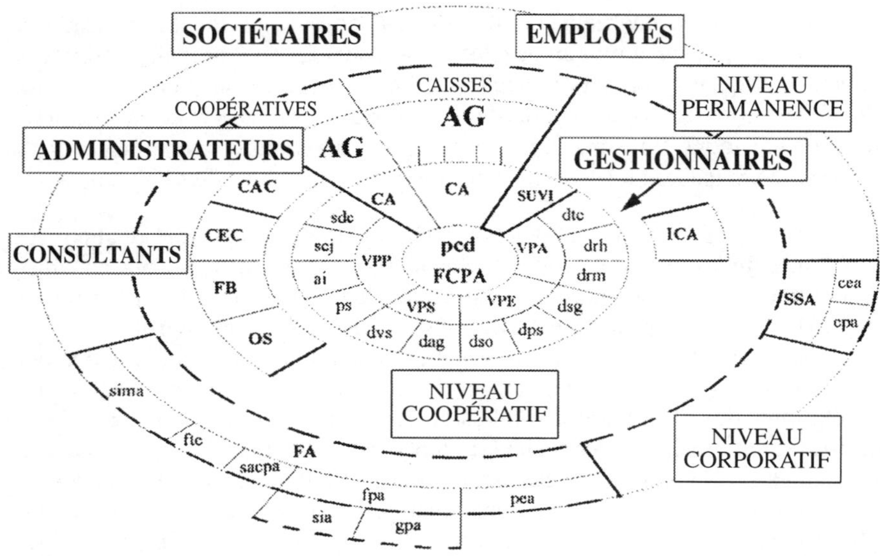

Les acteurs clés

La figure 5 présente le cercle des acteurs du Mouvement coopératif acadien, ce qui nous aide à situer ceux qui jouent un rôle majeur dans le processus de changement.

En premier lieu, nous trouvons les sociétaires, les administrateurs des caisses populaires et des coopératives, les membres des assemblées décisionnelles ainsi que les membres des conseils d'administration des différentes entités du Mouvement coopératif acadien. Un deuxième groupe d'acteurs significatifs comprend à la fois les gestionnaires des caisses populaires et coopératives et les employés de la Fédération et des différentes organisations centrales du Mouvement. Une troisième catégorie d'acteurs comprend les membres de la direction du Mouvement, à savoir le président et chef de la direction ainsi que les différents vice-présidents. Une dernière catégorie d'acteurs importants dans le processus de changement regroupe les consultants externes dont les services ont été retenus pour la conception et l'implantation des différentes étapes du processus de renouveau.

La stratégie dominante

Compte tenu de la nature du mouvement coopératif et dans le but d'assurer une adhésion réelle au processus de renouveau organisationnel, la démarche retenue par les dirigeants est essentiellement participative. Aux différents moments critiques et par divers moyens allant du sondage aux sessions de travail, les sociétaires, les gestionnaires et les employés sont donc engagés, soit à titre personnel, soit en leur qualité de membres de conseils d'administration, de comités consultatifs, d'assemblées régionales ou d'assemblées générales.

Les cibles du changement

Les cibles du changement organisationnel constituent la troisième dimension du processus de gestion du renouveau.

La culture organisationnelle

Il s'agit de passer d'une culture axée sur les fonctions et les tâches à une culture centrée sur la clientèle.

La mission, la vision et les valeurs organisationnelles

La nouvelle mission est l'amélioration de la qualité de vie des membres du Mouvement et la contribution à l'autosuffisance socio-économique de la collectivité acadienne du Nouveau-Brunswick, dans le respect de son identité linguistique et de ses valeurs coopératives. La vision retenue est la suivante : devenir d'ici l'an 2000 le principal pourvoyeur de services financiers de la collectivité acadienne du Nouveau-Brunswick, par un réseau de caisses authentiquement coopératives de même qu'un réseau corporatif au décloisonnement poussé qui réponde bien aux besoins des membres sociétaires. Quant aux valeurs, elles demeurent inchangées : la solidarité, l'égalité, l'équité, la fierté d'appartenance et le respect.

Le processus de décision et le leadership

La modification du processus de décision et de leadership en vue de la meilleure adéquation possible aux besoins présents et futurs constitue l'un des principaux objets de la démarche de révision des macrostructures et microstructures.

Les communications internes et externes et les ressources humaines

Ces éléments, qu'il importe de former sur mesure, sont également des cibles prioritaires du processus de renouveau organisationnel.

Les outils de gestion du changement

Dans le but d'assurer le succès de la démarche de renouveau organisationnel et la durabilité des transformations apportées, la direction du Mouvement coopératif acadien a recours à toute une panoplie d'outils de gestion du changement.

La consultation et la participation (1994-1996)

Il s'agit de séries de sondages réalisés auprès des cadres, des employés, des caisses et des membres depuis 1994. L'effort de consultation et de participation est aussi sensible dans les conseils d'administration, les comités consultatifs, les équipes de réalisation, les tournées de consultation, les assemblées régionales, les assemblées générales et les sessions de travail de professionnels.

La planification stratégique (1996-1998)

Le tout premier exercice de planification stratégique du Mouvement coopératif acadien a été réalisé dans le but, d'une part, d'assurer l'adaptation aux nouveaux besoins des sociétaires actuels et potentiels et, d'autre part, d'assurer la capacité de développer les produits et services répondant aux nouvelles attentes des clientèles. Cet exercice a conduit à la révision des structures (1994-1995), de manière à passer d'une structure interne par fonction (division) à une structure centrée sur le membre (client) et ses besoins, et à l'adoption, en 1994, de la démarche qualité, dont l'un des principaux objectifs est d'assurer la fidélisation de la clientèle.

La formation et le perfectionnement (1994-)

Le Mouvement coopératif acadien a offert à ses employés, à ses gestionnaires et à ses administrateurs des cours (planification stratégique, démarche qualité) et des sessions de formation.

Les services conseils externes (1994-)

La direction du Mouvement coopératif acadien a jugé souhaitable de maximiser les possibilités de réussite des changements apportés en retenant des services-conseils externes. Il a fait appel, à titre d'exemples, au Groupe de consultation de la Fédération des caisses populaires et d'économie Desjardins (1994-1995), au Groupe CFC (1994-1996) et au sociologue Pierre Poulin (1994).

Les résultats

L'implantation des changements suivant son cours, nous ne pouvons encore parler que de résultats anticipés et de premiers résultats obtenus.

Les résultats anticipés

Dans son plan stratégique 1996-1998, la Fédération des caisses populaires acadiennes définit clairement les résultats qu'elle attend de la démarche de renouveau :

— une offre de services de qualité complète, avec un bon rapport coût-bénéfice, répondant aux besoins des membres ;
— l'équilibre financier entre croissance, rentabilité et capitalisation, qui doit être vu comme une condition essentielle à la réalisation de la mission ;
— la compétence et le professionnalisme des employés et des administrateurs, qui doivent être vus comme la clé du succès ;
— l'identité coopérative et acadienne de la caisse populaire, qui doit être vue comme la différence fondamentale, et
— l'efficacité organisationnelle, qui doit être vue comme la preuve de la compétitivité.

Les premiers résultats obtenus

Les premiers résultats obtenus depuis le début de la démarche de renouveau organisationnel peuvent se résumer en quatre points principaux :

— le plan stratégique 1996-1998 : maintenant adopté, il s'incarne progressivement avec l'appui de plans opérationnels et de tableaux de bord ;
— le développement organisationnel, dont les progrès sont déjà significatifs : nouvelle image corporative et nouveau logo, création de nouvelles corporations, développement de nouveaux produits et services, partenariats, notamment avec NBTel et Énergie Nouveau-Brunswick, nouveaux locaux additionnels ;

— la démarche qualité : en cours d'implantation au sein de la Fédération des caisses populaires acadiennes et éventuellement complétée par des ententes de service internes et externes, ce qui contribue aussi au décloisonnement opérationnel ;

— la structure opérationnelle : les principales décisions ayant été prises par les instances responsables, la structure par fonction (figure 2) fait place à une structure adaptée aux besoins des clientèles internes et externes (que la figure 6, organigramme dynamique non officiel, et le tableau 1 nous aident à illustrer), une nouvelle structure qui facilite l'unité de direction et la rationalisation du processus de décision tout en permettant le décloisonnement et une répartition encore plus efficace et efficiente des ressources organisationnelles, une structure qui fait mieux la distinction entre Mouvement et Entreprise en créant un bras corporatif distinct du bras coopératif.

Figure 6
La structure opérationnelle du Mouvement coopératif acadien

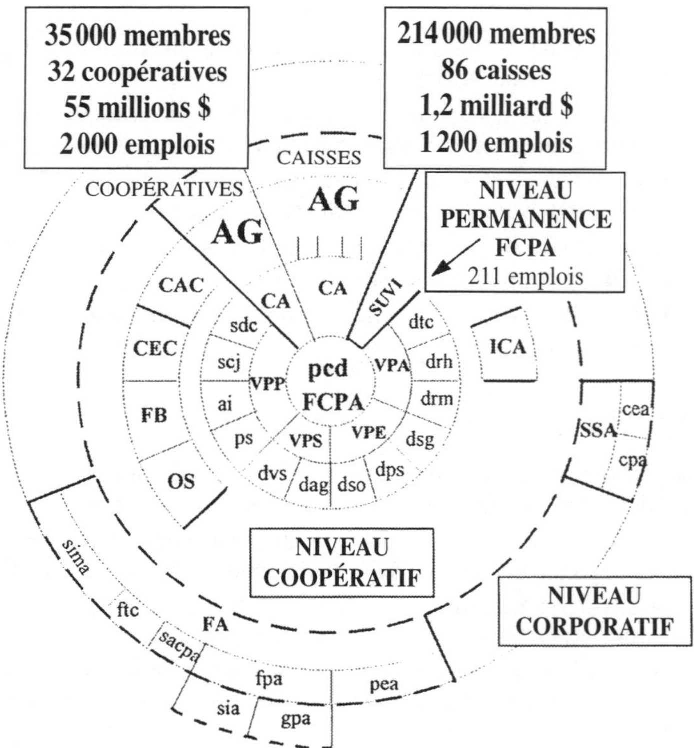

Conclusion

Pour conclure, les questions qui se posent au Québec sont notamment les suivantes. À l'heure de la mondialisation, malgré ses 1400 caisses, ses cinq millions de membres, ses 19 000 dirigeants et dirigeantes et ses quatre-vingts milliards de dollars d'actifs, le Mouvement–Entreprise Desjardins se retrouve-t-il trop petit et trop centré sur le marché domestique pour s'imposer parmi les institutions financières les plus grandes de ce monde ? Peut-il continuer à être une entreprise financière pas comme les autres ?

En Acadie, avec seulement quatre-vingt-six caisses, 200 000 membres, 800 dirigeants et dirigeantes et un milliard et demi de dollars d'actifs, les mêmes interrogations existentielles prennent un ton plus dramatique. Le Mouvement coopératif acadien est-il simplement trop petit pour survivre face à l'intensification de la concurrence locale, nationale et mondiale ? Peut-il continuer de s'épanouir comme force économique au service de la collectivité acadienne et de ses membres ?

Toute la démarche de renouveau organisationnel entreprise depuis l'entrée en scène de Gilles Lepage comme président et chef de la direction du Mouvement coopératif acadien a pour objet de doter ce Mouvement des moyens qui lui permettront de s'assurer la fidélité continue de sa clientèle. Planification stratégique, restructuration, image corporative, démarche qualité, bras corporatif, nouveaux produits et services : ce sont là autant de facettes de la stratégie de survie et de croissance présentement déployée par le Mouvement coopératif acadien.

Tableau 1
Mouvement coopératif acadien : sigles, désignations, effectif et clients

							Clients	
MCA	FCPA	COOP	CORP	Désignation	Effectif		MCA	EXT
AG				Assemblée générale (caisses populaires et coopératives)				
CA				Conseil d'administration (caisses populaires et coopératives)				
MCA				Mouvement coopératif acadien				
FCPA				Fédération des caisses populaires acadiennes				
COOP				Niveau coopératif				
CORP				Niveau corporatif				
EXT				Extérieur au MCA				
	P			**Présidence**	2	**2**		
	VPP			**Vice-présidence planification et affaires coopératives**	2	**9**		
	SDC			Service de développement coopératif	1		X	X
	SCJ			Service corporatif et affaires juridiques	4		X	
	AI			Affaires internationales			X	
	PS			Planification stratégique			X	
		CAC		Conseil acadien de la coopération ltée	1		X	X
		CEC		Chaire d'études coopératives				X

Tableau 1 : Mouvement coopératif acadien : sigles, désignations, effectif et clients (suite)

MCA	FCPA	COOP	CORP	Désignation	Effectif		Clients MCA	Clients EXT
		FB		Fonds de bourses				X
		OS		Office de stabilisation			X	
			SIMA	Société d'investissement du Mouvement acadien ltée	1			X
	VPS			**Vice-présidence SACPA**	2	**35**		
	DVS			Direction ventes et services			X	X
	DAG			Direction assurances générales				X
			FA	Financière Acadie inc.				X
			SACPA	Société d'assurance des caisses populaires acadiennes	19		X	
			FPA	Fonds de placement Acadie inc.	3			
			GPA	Gestion de placement Acadie inc.				X
			SIA	Services d'investissement Acadie inc.				X
			FTC	Franchises The Cooperators	11			
	VPE			**Vice-présidence exploitation**	1	**53**		
	DSO			Direction soutien aux opérations	16		X	
	DPS			Direction produits et services aux membres	9		X	
	DSG			Direction services à la gestion	16		X	
			PEA	Prêts étudiants Acadie inc.	11			

Tableau 1 : Mouvement coopératif acadien : sigles, désignations, effectif et clients (suite)

MCA	FCPA	COOP	CORP	Désignation	Effectif		Clients MCA	Clients EXT
	VPA			**Vice-présidence administration**	2	**96**		
	DRM			Direction ressources matérielles et services	20		X	
	DRH			Direction ressources humaines et informatique	24		X	
	DTC			Direction trésorerie et comptabilité	26		X	
		ICA		Institut de coopération acadien inc.	6		X	
			SSA	Société de services Acadie inc.				X
			CAP	Centre d'enregistrement Acadie inc.	2			X
			CP	Centre de paiements Acadie inc.	16			X
	SUVI			**Services unis de vérification et d'inspection**	16	**16**	X	
				TOTAL DE L'EFFECTIF		**211**		

L'internationalité du projet d'Alphonse Desjardins

Guy Bélanger

L'une des caractéristiques fondamentales du modèle des caisses populaires élaboré par Alphonse Desjardins réside dans son internationalité. J'en retracerai ici les principales manifestations.

Un projet à l'épreuve de la coopération internationale

En 1897, lors d'un débat au Parlement fédéral sur les pratiques usuraires, Alphonse Desjardins prend conscience de l'ampleur du problème. L'année suivante, il met la main sur un ouvrage de Henry William Wolff, *People's Banks*, qui dresse un inventaire des systèmes d'épargne et de crédit populaires implantés en Europe. Disposant enfin d'un outil pour cerner cette réalité sous tous ses angles et désireux d'en savoir plus, Desjardins se met en relation avec l'auteur qui est aussi président de l'Alliance coopérative internationale.

Wolff lui apporte volontiers sa collaboration et s'empresse de lui transmettre les coordonnées des principaux coopérateurs européens. De fil en aiguille, Desjardins ouvre une véritable enquête sur la coopération à l'échelle internationale. Il entre ainsi en contact, entre 1898 et 1900, avec une dizaine de représentants du mouvement coopératif en France, en Italie, en Belgique et en Suisse, pour obtenir des renseignements supplémentaires.

Après trois années de recherche et d'étude, Alphonse Desjardins fonde, en 1900, sa première caisse populaire à Lévis. Son modèle est une synthèse originale de quatre systèmes d'épargne et de crédit populaires répandus en Europe : la caisse d'épargne, la banque populaire Schulze, la caisse de crédit Raiffeisen et, surtout, la banque populaire Luzzatti. Desjardins tient également compte de l'expérience et de l'environnement nord-américains pour définir ce type nouveau d'institutions et bien l'adapter au contexte québécois et canadien.

Voilà pour l'histoire officielle qui ne représente, en l'occurrence, qu'un exposé sommaire des filiations internationales du modèle des caisses. Pour illustrer mon propos, j'énumérerai les principaux courants d'influence, portant chacun le nom de leurs initiateurs, et j'esquisserai leurs filiations respectives. Les deux grands courants ont le même point de départ, l'Allemagne, où se départagent Schulze et Raiffeisen. Ils transitent en Italie, par l'intermédiaire de Luzzatti et de Wollemborg. Et ils aboutissent en France, influençant Rayneri, Rostand et Durand.

De l'Allemagne, le premier courant va de Schulze vers l'Italie, à Luzzatti, et vers la France, à Rayneri et à Rostand. De l'Allemagne encore, le second courant va vers l'Italie, de Raiffeisen à Wollemborg, et de Wollemborg, vers la France, à Durand. Il importe de rappeler que Desjardins n'est jamais entré en relation avec les Allemands Schulze et Raiffeisen. Et sa correspondance avec les Italiens Luzzatti et Wollemborg se limite à quelques lettres seulement. En bref, l'influence des Allemands et des Italiens sur Desjardins est, en bonne partie, purement livresque.

Dans la pratique, le maître à penser d'Alphonse Desjardins est l'Anglais Wolff qui lui permet de déployer un imposant réseau de correspondance et de se familiariser avec des expériences coopératives aux quatre coins du monde. Outre Wolff, les principaux correspondants de Desjardins seront les Français Rayneri et Durand qui se distinguent par leur expérience technique[1].

Tous les coopérateurs de l'Hexagone contactés par Desjardins, sauf le dissident Durand, remplissent des fonctions de direction au sein du Centre fédératif du Crédit populaire en France, une association d'étude, de propagande et de groupement des banques populaires. La correspondance érudite de Desjardins ne tarde pas à lui donner une notoriété. Dès 1899, il doit décliner une invitation du Centre fédératif à siéger au comité de patronage du Congrès international du Crédit populaire et agricole qui se tiendra à l'occasion de l'Exposition universelle de Paris en 1900[2].

Quoi qu'il en soit, Alphonse Desjardins n'est pas le seul promoteur de la coopération de crédit au Québec. Simultanément, le député conservateur de Wolfe à l'Assemblée législative, Jérôme-Adolphe Chicoyne, s'y intéresse lui aussi. Cependant, les deux hommes ne sont pas sur la même longueur d'onde. Alors que Chicoyne est un partisan du système Raiffeisen-Durand, Desjardins élabore un modèle original se rapprochant davantage des banques populaires italiennes et françaises. En conséquence, ils se retrouvent au cœur du débat de fond qui vient de diviser le mouvement coopératif de crédit en France. En effet, le courant des banques populaires et celui des caisses de crédit sont séparés depuis 1893, alors qu'un groupe de caisses dirigé par Louis Durand a fait scission du Centre fédératif du Crédit populaire, pour se regrouper au sein de

---

1. AUL, Fonds Albert-Faucher, Albert Faucher, *Profil du fondateur, 1900-1920* [texte inédit], version non revue ni corrigée, juillet 1980, p. 36.
2. CCPED, Fonds Alphonse-Desjardins, Maurice Dufourmantelle à Alphonse Desjardins, 10 mai 1899 ; « Congrès à l'Exposition de Paris », *La Presse*, 9 septembre 1899, p. 7.

l'Union des caisses rurales et ouvrières françaises[3]. Mais Desjardins parviendra à puiser aux sources auprès de tout un chacun, sans s'échouer sur les écueils idéologiques qui divisent le coopératisme européen en autant d'écoles.

Un intellectuel

Sur le plan intellectuel, Alphonse Desjardins recherche des solutions dans les réformes proposées par le catholicisme social. Il s'appuie sur la doctrine sociale de l'Église, énoncée par le pape Léon XIII dans son encyclique *Rerum Novarum* (1891). Il s'inspire aussi fortement des écrits du sociologue français Frédéric LePlay et d'autres auteurs rattachés à son école de pensée.

Desjardins est un lecteur assidu de nombreux périodiques, journaux et livres, surtout des États-Unis, de France, d'Angleterre et de Belgique. En ce qui concerne les périodiques et les journaux, ses préférences vont à la presse financière des États-Unis et d'Angleterre, spécialement le *Bankers'Magazine* de New York. Il lit très régulièrement des revues françaises comme la *Revue des deux mondes* et *La Réforme sociale*.

Quant aux livres, Desjardins commande des ouvrages spécialisés parfois introuvables au Québec, voire au Canada et en Amérique du Nord. Sa bibliothèque personnelle, qui contient près de mille livres à sa mort, renferme surtout des ouvrages concernant l'économie sociale et les études coopératives. L'auteur préféré de Desjardins est Henry Wolff. De France, il dévore les écrits sur la coopération signés par des auteurs comme Charles Gide et Eugène Rostand. Du côté belge, il s'intéresse de près aux travaux de Max Turmann. Il fréquente aussi des économistes et des penseurs sociaux, tels Alfred Fouillée, Edwin Pratt et Horace Plunkett[4].

La participation de Desjardins à l'Alliance coopérative internationale

Par l'intermédiaire de Henry Wolff, Alphonse Desjardins porte rapidement son attention sur les activités de l'Alliance coopérative internationale (ACI).

---

3. CCPED, Projet historique Albert Faucher, *Procès-verbaux du Centre fédératif du Crédit populaire en France [copies]*, 1889-1895 ; Francis Corvaisier (1975). *Naissance et développement de l'Union des Caisses Rurales et Ouvrières Françaises. Action du clergé et influence religieuse, 1893-1903*, École Pratique des Hautes Études, juin, p. 8-59.
4. Pierre Poulin (1990). *Histoire du Mouvement Desjardins,* tome I : *Desjardins et la naissance des caisses populaires, 1900-1920*, Montréal, Québec/Amérique, p. 71-81.

En 1902, l'ACI tient son congrès à Manchester en Angleterre, mais Desjardins ne peut y assister. En lieu et place, il rédige un bref rapport sur la situation de la coopération au Canada, qui sera publié dans le compte rendu officiel du congrès. Ainsi, l'une des premières publications connues de Desjardins sur son projet de caisse populaire est destinée à un auditoire international[5].

Par un heureux concours de circonstances, lord Earl Grey cumule, à compter de 1904, les fonctions de président honoraire de l'ACI et de gouverneur général du Canada. Soucieux d'obtenir son appui, Desjardins sera lui-même membre de l'ACI de 1904 à 1910. Effectivement, lord Grey s'associera aux efforts, toutefois infructueux, de Desjardins pour l'obtention d'une reconnaissance juridique des coopératives par le gouvernement fédéral.

En fin de compte, c'est l'Assemblée législative du Québec qui adopte, en 1906, la *Loi sur les syndicats coopératifs*. Curieusement, cette législation permettra de renouer avec les racines internationales du mouvement coopératif. En effet, elle favorise non seulement l'essor des caisses populaires, mais encore la floraison parallèle de sociétés coopératives au sein de la communauté juive et parmi les immigrants d'Europe de l'Est[6]. Rien d'étonnant à ce que le modèle des caisses porte les traces de traditions européennes. Mais les adversaires de Desjardins n'hésiteront pas à contester le bien-fondé de cette internationalité. Dans son rapport annuel de 1915, la Banque Nationale affirme péremptoirement que : « L'importation dans notre Province de systèmes européens n'a pas sa raison d'être, car nos banques remplissent ici ce pourquoi ces organisations existent en Europe[7]. »

Les liens de Desjardins avec la France et les États-Unis

Comme nous l'avons vu, Alphonse Desjardins a su tirer profit de ses liens avec la France dans l'élaboration de son modèle des caisses. Cette influence française occupe une place importante dans ses lectures et ses sources d'inspiration. À cet égard, elle ressort particulièrement dans ses contributions aux périodiques tels *Le Mouvement social* et *L'Année sociale internationale*, publiés par l'Action

5. Alphonse Desjardins (1902). « Canada. Rapport de M. Alphonse Desjardins », dans *Compte rendu officiel du cinquième congrès de l'Alliance Coopérative Internationale*, Londres, Alliance Coopérative Internationale, p. 168-171.
6. Jean-Marie Fecteau, avec la collaboration d'Isabelle Dupuis (1989). *L'émergence de l'idéal coopératif et l'État au Québec, 1850-1914*, Montréal, Chaire de coopération, Université du Québec à Montréal, p. 60-62 et 82-85.
7. Rodolphe Audette et Napoléon Lavoie (1915). « La Banque Nationale. Cinquante-cinquième rapport annuel », Ottawa, *Le Temps*, 12 juin, p. 6.

populaire de Reims. Mais Alphonse Desjardins tirera ses principales leçons de l'expérience coopérative française en suivant de près les activités du Centre fédératif du Crédit populaire[8].

Desjardins exercera aussi, quoique plus tardivement, une grande influence aux États-Unis. De 1908 à 1912, il fait cinq tournées de conférences et de fondations dans quatre États américains. Au Massachusetts et à New York, il joue même un rôle de conseiller auprès des gouvernements et collabore à la rédaction de projets de loi qui seront présentés pour favoriser l'établissement de *credit unions*. Il profite également de ces voyages pour fonder neuf caisses populaires dans les centres franco-américains de la Nouvelle-Angleterre[9].

Épilogue

Entré dans la voie de la modernisation dans les années 1950, le Mouvement Desjardins peut, avec l'accroissement de son volume d'affaires, se lancer dans la coopération au développement en Afrique et en Amérique latine. Dans les années 1950 et 1960, ces relations se sont structurées petit à petit, notamment avec la création d'associations internationales et l'organisation de congrès. On assiste également à des initiatives plus complexes comme l'accueil, par l'Institut coopératif Desjardins, de stagiaires originaires d'Asie, d'Afrique et d'Amérique latine. Cela mènera à la fondation, en 1970, de la Compagnie internationale de développement régional, devenue par la suite Développement international Desjardins.

Conclusion

Le projet d'Alphonse Desjardins s'inscrit dans le grand courant d'opinion porté par la petite bourgeoisie dans les pays industrialisés au tournant du siècle. Il sera, par son ampleur et son succès, un indice important de la spécificité de la voie québécoise en matière de développement capitaliste.

Certes, le Mouvement Desjardins a tardé à suivre l'exemple de son fondateur. Néanmoins, il a assumé son caractère international au même rythme que l'ensemble de la société québécoise. Rien ne sert, dans cette perspective, d'opposer irrémédiablement la dualité entre le mouvement et l'entreprise au sein de Desjardins ; il vaut mieux chercher à comprendre cette quête, toujours inachevée, d'un équilibre entre le coopératisme et la rentabilité financière.

---

8. Guy Bélanger (1994). « Alphonse Desjardins : ses liens avec la France », *La Revue Desjardins*, vol. 60, n° 5, p. 22-23.
9. P. Poulin (1990). *Op. cit.*, p. 265-285.

Le Mouvement Desjardins et ses influences extérieures

Bruce Thordarson

Mon point de départ sera le mouvement coopératif international, ses forces et ses faiblesses, afin d'indiquer l'importance du rôle que joue actuellement le Mouvement Desjardins.

Dès la fondation de l'Alliance coopérative internationale (ACI), en 1895, ses membres ont toujours cherché à établir des rapports commerciaux entre les coopérateurs des différents pays pour leur avantage réciproque. Aujourd'hui cette tendance est particulièrement forte dans le secteur financier, où banques coopératives aussi bien que mutuelles et coopératives d'assurances sont à la recherche de partenaires et d'« alliances stratégiques ».

À l'intérieur du réseau de l'ACI, les membres se sont donné certaines structures spécialisées — d'abord des comités, aujourd'hui plutôt des organisations ou des fédérations — afin de regrouper les entreprises coopératives de la même famille. C'est pourquoi le comité bancaire de l'ACI, aujourd'hui appelé l'Association internationale de banques coopératives, a pu faciliter, au cours des années, des contacts et des connaissances qui ont souvent abouti à des relations commerciales.

Pour la première fois dans son histoire vieille de soixante-dix années, cette association est aujourd'hui présidée par un non-Européen, plus précisément par monsieur Claude Béland. Son élection l'automne dernier, lors du Congrès centenaire de l'ACI, était aussi symbolique qu'historique. Les banques coopératives en Europe, quoique toujours très influentes, ne sont plus les seules à jouer un rôle international d'importance. Du Japon, de l'Inde, de l'Argentine et même du Kenya, arrivent des banques coopératives qui jouent un rôle important dans leurs pays et qui sont prêtes à établir des relations commerciales avec leurs homologues européennes, et même entre elles.

En symbolisant ce rassemblement international, l'élection de monsieur Béland devrait servir aussi à renforcer les liens avec les membres de l'Union internationale Raiffeisen. Formée de grandes banques européennes inspirées de la tradition de Friedrich Wilhelm Raiffeisen, ses institutions n'ont pas toujours été proches d'autres secteurs coopératifs en Europe ni ailleurs. Comme le Mouvement Desjardins partage cette même tradition Raiffeisen, et entretient déjà de bonnes relations d'affaires avec plusieurs de ses membres, on peut espérer que l'intégration du secteur financier du mouvement coopératif va se renforcer.

Le fait que ces diverses organisations financières travaillent ensemble au plan international ne s'explique pas seulement par leurs besoins économiques, mais aussi par leur philosophie commune. Le Mouvement Desjardins est l'un des meilleurs exemples du monde d'un système coopératif qui a progressé non pas malgré ses valeurs mais justement à cause de ses valeurs. Vu de l'extérieur, il paraît évident que le Mouvement Desjardins reflète ses origines philosophiques dans son engagement communautaire au Québec, aussi bien que dans ses activités internationales.

Comme membre indirect de l'ACI (à travers le Conseil de la coopération du Québec et le Conseil canadien de la coopération), le Mouvement Desjardins a beaucoup contribué à la révision des principes coopératifs, processus qui s'est terminée l'année dernière. L'introduction d'un nouveau septième principe — sur la responsabilité communautaire — était inspirée par le désir de certains mouvements puissants, comme Desjardins, de voir cette préoccupation quotidienne reflétée dans les principes officiels du mouvement coopératif international.

On pourrait penser que ce rôle influent du Mouvement Desjardins sur la scène internationale est particulièrement approprié quand on se rappelle l'influence de la coopération internationale sur les origines du Mouvement Desjardins. Il est bien établi que monsieur Alphonse Desjardins a été très largement inspiré par les expériences des banques Raiffeisen et par toute l'information sur les banques coopératives européennes qui lui a été transmise par le premier trésorier de l'Alliance coopérative internationale.

Ayant bénéficié de cette solidarité coopérative internationale, c'est maintenant le tour du Mouvement Desjardins d'apporter sa propre contribution, comme il le fait notamment par le travail méritoire de Développement international Desjardins (DID). Et l'une des heureuses réalités de cette réciprocité coopérative est que, en mettant à contribution son expertise et son savoir-faire, le Mouvement Desjardins continue à en tirer profit.

Si vous permettez, j'ajouterai une dernière réflexion. Parmi les grands problèmes du mouvement coopératif international, il y a aujourd'hui le fait que le modèle capitaliste semble avoir gagné partout dans le monde. Devant la défaite évidente du système communiste, et face à un scepticisme croissant vis-à-vis de l'économie publique, la supériorité du capitalisme semble évidente, tout au moins selon les mass-media, malgré les petites voix coopératives qui s'élèvent ici et là pour dire que bien d'autres formes d'entreprises peuvent exister et cohabiter dans les économies modernes.

La meilleure manière de faire valoir cette position est de montrer le lien direct qui existe entre la philosophie coopérative et la réussite économique. Loin d'être réservée à l'usage des populations minoritaires ou marginalisées, la formule coopérative a le potentiel de devenir majoritaire lorsqu'elle est bien appliquée, comme au Japon, en Scandinavie, au Pays basque et au Québec. Il me semble donc que cette démonstration de réussite coopérative est la meilleure contribution que le Mouvement Desjardins puisse apporter au mouvement international pendant cette période de difficulté économique généralisée. Et je peux vous avouer que nous nous en servons souvent.

VIII

UNE CERTAINE IDÉE DE LA PERSONNE ET DE LA SOCIÉTÉ

Participantes et participants

Mgr Bertrand BLANCHET
Gabrielle LACHANCE
Nicole SAVOIE
Nicole GIROUX
Clément GUIMOND
Michel DORAY

Les valeurs chrétiennes et la coopération

Mgr Bertrand Blanchet

Le présent sujet me tient beaucoup à cœur, à la fois comme Québécois et comme évêque. Mais une précision s'impose d'abord quant au concept de « valeurs chrétiennes ». Dans la réalité, l'ensemble de ces valeurs sont aussi des valeurs humaines. Quelqu'un disait : les valeurs humaines, ce sont des valeurs chrétiennes en habit de semaine. Elles nous viennent largement de la grande Tradition judéo-chrétienne qui a marqué la civilisation occidentale. Quelques-unes d'entre elles peuvent être considérées comme plus spécifiquement chrétiennes. Je pense à l'amour des ennemis, le pardon « soixante-dix fois sept fois », le service des autres jusqu'au don de sa vie. Et encore... Plus formellement, une valeur devient chrétienne pour une personne quand elle la relie de façon consciente à la manière dont Jésus-Christ l'a proposée et l'a vécue.

Une complicité

D'entrée de jeu, il faut reconnaître une étroite complicité entre les valeurs chrétiennes et la coopération. La manière dont le Mouvement Desjardins est né l'atteste clairement. D'une part, Alphonse Desjardins ne cachait pas les principes chrétiens qui l'animaient. D'autre part, le clergé du temps a vite reconnu que la coopération pouvait se révéler une façon concrète de traduire les valeurs de l'*Évangile*. Et il a apporté au Mouvement un soutien et un encouragement qui lui étaient bien nécessaires.

Un sociologue affirme que le couple « coopération–religion » relève « d'une logique de l'ambiguïté[1] ». Il est vrai que la coopération n'a pas de référence obligée à la religion. Mais si l'une et l'autre partagent la même vision de l'être humain et de sa place dans la société, est-ce que cette « ambiguïté » est vraiment problématique ? Car il n'y a pas de coopération sans une certaine conception de l'être humain, de sa vie personnelle et collective. Tout comme il n'y a pas d'économie sans une conception, avouée ou non, de l'être humain et de la vie en société. Afin de mieux saisir cette conception de l'être humain qui sous-tend la coopération, je crois utile de la comparer à celles qui sous-tendent le

1. Claude Beauchamp (1993). « Défis et enjeux de la coopération québécoise », dans *La question sociale hier et aujourd'hui*, Sainte-Foy, Presses de l'Université Laval.

socialisme et le capitalisme. Ces diverses conceptions constituent une recherche concrète de ce qui convient le mieux à l'être humain et lui permet de grandir en humanité.

Personnellement, je suis encore étonné de constater combien il a fallu de temps pour que l'Église catholique accepte certaines formes de socialisme. Car, pour une large part, l'idéal du socialisme est aussi celui de l'*Évangile* : mise en commun des richesses, réduction de l'écart entre les classes sociales, etc. Historiquement, il faut le dire, certaines formes de socialisme radical comme le communisme faisaient la promotion de l'athéisme et de la lutte des classes, ce qui les rendait inacceptables à l'Église. Mais la conception de la personne qui inspire les socialismes radicaux présentait aussi plusieurs lacunes : risque de perte d'autonomie, de sens de l'initiative et de la créativité, omniprésence d'un État sans respect pour le principe de subsidiarité, risque de disparition de la propriété privée, etc. En somme, la liberté personnelle était en cause, et la liberté a des harmoniques profondes avec la dignité de la personne humaine. On me dira : les premières communautés chrétiennes que nous décrivent les *Actes des apôtres* (2,42) ne vivaient-elles pas une forme de socialisme ou de communisme ? On y vendait ses biens et l'on mettait tout en commun. Ce qu'il faut louer, je crois, c'est le « Voyez comme ils s'aiment », c'est-à-dire l'esprit qui animait ces communautés. Soyons plus réservés à l'égard des moyens qu'elles ont pris. Quelques années plus tard, saint Paul organisait des collectes en Asie Mineure et en Grèce pour venir en aide à cette communauté de Jérusalem.

Quant au libéralisme ou au néolibéralisme sous sa forme de capitalisme, il véhicule une conception de la personne que nous connaissons bien : un attachement jaloux aux libertés individuelles, le respect de l'autonomie personnelle, le sens de l'initiative et de la créativité, la réduction de la place de l'État, la mise en valeur de la propriété privée, etc. Mais les conséquences de telles conceptions sur la société sont désastreuses. C'est la loi du plus fort sinon la loi de la jungle ; l'écart entre riches et pauvres tend à se creuser davantage, les pauvres sont marginalisés, voire exclus de la vie sociale.

Lacordaire disait : « Entre le riche et le pauvre, entre le fort et le faible, c'est la liberté qui opprime et c'est la loi qui affranchit. » La loi affranchit parce qu'elle protège le faible et redistribue la richesse collective. Mais ne pourrait-on pas dire également que la coopération affranchit ? Car elle aide le faible et le pauvre grâce à une mise en commun de leurs avoirs et de leur énergie.

D'autant plus que, pour le mouvement coopératif — et déjà dans ses origines à Rochdale —, la personne est première, comme dans le libéralisme. Mais ici, quel que soit son avoir, un homme a un vote et une parole de participation à part entière. Sur ce point, la complicité avec les valeurs de l'*Évangile* est évidente. Le concile Vatican II les traduit en disant que, parmi les êtres de la création, l'être humain est le seul à être voulu pour lui-même. Il ne peut donc jamais être utilisé comme un moyen, par exemple au service de l'économie. Jésus disait : « Que sert à l'homme de gagner l'univers s'il perd son âme ? » Perdre son âme, non seulement dans l'au-delà mais ici et maintenant dans la compétitivité, la consommation, la recherche de pouvoir, la fascination de l'avoir, l'égoïsme, etc.

La coopération ouvre sur la solidarité. Elle vise donc l'idéal du socialisme tout en évitant le piège de l'individualisme libéral. Desjardins savait bien qu'en les invitant à mettre leur argent en commun, c'était d'abord des personnes qu'il mettait ensemble. Il les conviait à sortir de leur individualisme et de leur méfiance les unes à l'égard des autres. Ici encore, les harmoniques avec les valeurs de l'*Évangile* résonnent admirablement. Dans l'*Évangile*, lorsque quelqu'un rencontre Dieu, il est renvoyé à ses frères et à ses sœurs. La religion chrétienne invite à passer de l'absolu de Dieu à l'absolu de l'être humain, rien de moins. C'est ce que dit le grand commandement de la charité (la solidarité étant en quelque sorte l'habit de semaine de la charité) : « Tu aimeras le Seigneur ton Dieu de tout ton cœur [...]. Tu aimeras ton prochain comme toi-même. » Je vous avouerai personnellement que, pendant un bon moment, je n'ai pas été très impressionné par ce « comme toi-même »... jusqu'au jour où j'ai réalisé que c'était une invitation à reconnaître, dans l'autre, ma propre humanité. Ce jour où, comme le bon Samaritain de l'*Évangile*, je reconnais ma propre humanité dans la personne démunie ou exclue, rien n'est plus comme avant.

Un mouvement

À cette vision de la coopération, Alphonse Desjardins a ajouté un élément qui ne lui est probablement pas essentiel mais qui constitue une pierre d'assise de l'*Évangile* : le souci des pauvres, la solidarité avec les personnes marginalisées ou exclues. Nous savons bien d'ailleurs que les personnes rassemblées par Alphonse Desjardins étaient de petites gens exclues du système capitaliste du temps. Comment réagirait-il aujourd'hui devant les nouveaux pauvres de notre temps : les jeunes dont l'avenir aura rarement été aussi précaire ; les sans-emploi, si vite condamnés à la marginalisation ; les jeunes couples qui, ayant décidé d'avoir des enfants, forment les nouveaux aventuriers de notre fin de siècle ? Sans doute serait-il heureux et fier des réalisations financières actuelles qui ont, à coup sûr, dépassé toutes ses prévisions et son espérance. Desjardins est une magnifique institution mais comment va-t-elle demeurer un mouvement ?

Permettez-moi ici un parallèle avec le christianisme. Le christianisme s'est institutionnalisé, en plusieurs dénominations différentes. Pour sa part, l'Église catholique du Québec regroupe encore une majorité de Québécois. Ceux-ci le disent à l'heure des statistiques et aux grands moments de la vie, particulièrement lors des rites de passage. Mais nous savons le danger qui guette toute institution : le raffermissement de ses structures, l'attachement à une tradition et à des acquis, le renforcement des appartenances, souvent une certaine frilosité face à l'avenir. Le théologien colombien Pablo Richard dit que l'Église des pays industrialisés a misé sur l'acculturation de la foi à la culture moderne mais que, dans l'ensemble, elle n'a pas très bien réussi. Par ailleurs, l'Église de l'Amérique latine est partie de la condition des pauvres et elle a cherché avec eux une voie de libération. Elle en a reçu un souffle nouveau.

Il faut répéter l'affirmation du Concile Vatican II : « L'avenir est à ceux qui auront su donner aux générations d'aujourd'hui des raisons de vivre et d'espérer[2]. » Le christianisme doit donc retrouver sa dynamique de libération. Car les valeurs même les plus riches comme la primauté de la personne et la solidarité risquent vite l'affadissement si elles ne sont pas investies dans des luttes pour la dignité humaine. L'Église rejette le socialisme doctrinaire et l'idéologie néolibérale mais elle n'a pas de modèle de société précis à proposer. Ce qu'elle peut faire de mieux et de plus évangélique, c'est probablement d'aider les gens à se mettre debout et ensemble pour voir comment ils peuvent se soutenir mutuellement, affronter le gâchis d'une économie néolibérale, totalitaire, chercher des solutions leur permettant d'éviter l'exclusion et de garder espérance. Or, l'espérance, elle est déjà là quand des personnes se tiennent debout et, ensemble, réaffirment leur dignité. Pour ma part, comme pasteur, j'interpelle toutes mes communautés chrétiennes à peu près en ces termes : que faites-vous pour empêcher la marginalisation et l'exclusion des plus démunis parmi vous ?

Je propose l'hypothèse suivante : l'entreprise Desjardins demeurera un mouvement, c'est-à-dire un organisme doté d'une volonté de transformation sociale, dans la mesure où elle saura, elle aussi, donner une espérance à tous les blessés de la vie. Mon intuition me dit que ce ne sont pas d'abord les personnes possédant un compte rondelet dans leur caisse populaire et toutes les assurances d'une retraite dorée qui vont redonner du souffle au Mouvement Desjardins. Ce ne sont pas les sociétaires qui n'éprouvent aucun besoin d'assister aux assemblées annuelles, sûrs que leurs avoirs sont bien administrés, qui vont se préoccuper d'esprit coopératif. En ont-ils vraiment besoin ? Les nombreux efforts d'éducation à la coopération ne modifieront guère l'état d'esprit de ceux qui dorment tranquilles. Quant aux plus démunis, c'est autre chose.

À mon sens, Desjardins demeurera un mouvement dynamique dans la mesure où il trouvera une place, dans ses rangs, pour les nouveaux pauvres de notre société : les jeunes, les sans-emploi, quantité de jeunes couples, etc. Je dis bien « dans ses rangs » et pas seulement par le biais d'une ristourne annuelle de la caisse en faveur de certains groupes communautaires. Voilà une « façon de

---

2. Vatican II (1966). *L'Église dans le monde de ce temps*, n° 31, 3, Fides.

faire autrement », comme on aime bien le dire chez Desjardins ; voilà un projet de rechange crédible, susceptible de redonner espérance à tant de personnes qui ne savent plus très bien ce qui leur reste. Je le répète : l'avenir est à ceux qui sauront, dans notre monde difficile, donner aux gens une espérance ! Cela me paraît aussi vrai pour Desjardins que pour le christianisme. Pour avoir entendu et lu plusieurs responsables du Mouvement Desjardins, j'ai confiance dans les capacités de ressaisissement qui existent en eux et dans l'institution coopérative. Et mon souhait est que les personnes sensibles aux valeurs chrétiennes soient aux premiers rangs pour relever pareil défi.

Je termine en citant Jacques Proulx, l'initiateur des États généraux du monde rural, dont Desjardins a signé la déclaration finale. Le monde rural aussi veut demeurer en mouvement. En définitive, dit-il, la déclaration du monde rural est notre engagement moral à changer le monde. Je n'ai pour ma part encore rien trouvé de mieux à faire parce que : « Le monde est une baraque sens dessus dessous qu'il nous faudra remettre d'aplomb et d'équerre à coup d'amour et de tendresse[3]. » Belle utopie ! direz-vous. Ma définition de l'utopie : une ligne d'horizon, jamais atteinte mais qui aide à se mettre en marche et à demeurer « en mouvement ».

---

3. Jacques Proulx (1993). « Tant vaut le village, tant vaut le pays », dans *La question sociale hier et aujourd'hui*, Presses de l'Université Laval.

Les valeurs chez Alphonse Desjardins

Gabrielle Lachance

Introduction

La nature d'une institution peut se définir comme l'ensemble des caractéristiques qui lui sont propres et fondamentales. À cet égard, les valeurs et les idéologies en sont indéniablement les principaux éléments et elles deviennent des instruments privilégiés pour expliquer des tendances qui peuvent être constatées dans l'orientation passée, présente et future d'une institution.

Le discours d'Alphonse Desjardins

Il est intéressant de noter que la détermination de la nature des caisses populaires a été la principale préoccupation d'Alphonse Desjardins. Il a souvent rappelé les valeurs qui devaient inspirer l'action coopérative. D'une façon toute particulière, il s'est employé à expliquer les principes rochdaliens — ce système de valeurs qui a façonné l'idéologie coopérative — et ce qu'était dans la pratique une coopérative d'épargne et de crédit. Pour lui, « le procédé éducatif reste le facteur par excellence du succès définitif, et c'est par lui que l'on devra toujours commencer[1] ».

En ce qui concerne les valeurs qui orientent l'action coopérative, Alphonse Desjardins a dû avant tout insister sur l'association pour contrecarrer « l'esprit d'individualisme, d'isolement regrettable dont [les] populations rurales [étaient] si profondément pénétrées[2] ». Il a invité à l'entraide, à la solidarité, à l'action collective basée sur une démocratie assurant une égale participation des membres. Cette action collective, il a voulu qu'elle naisse, non pas de l'action gouvernementale — qu'il qualifiait d'« affaiblissante tutelle [...] qui habitue à ne plus compter sur soi-même[3] » —, mais de « la pure initiative individuelle et

1. Cyrille Vaillancourt et Albert Faucher (1950). *Alphonse Desjardins, pionnier de la coopération d'épargne et de crédit en Amérique*, Lévis, Éditions Le Quotidien Ltée, p. 219.
2. *Idem*, p. 159.
3. *Idem*, p. 145.

collective, si belle, si féconde et si puissante[4] ». C'est le *self-help* ou, si l'on préfère, l'aide-toi toi-même, la valeur qui se trouve au centre de son discours. Il a fait appel au sens de la responsabilité sociale pour « répartir sur le grand nombre le risque de quelques-uns[5] », au dévouement social qui pousse « à consacrer quelques heures de son temps[6] » à son semblable, à la confiance mutuelle, à l'honnêteté « sur le terrain purement économique[7] ». Il a aussi fait voir les bienfaits de la sécurité sociale « fondée sur les vertus chrétiennes du bon citoyen[8] » et de la liberté dans le sens d'une conquête de sa « pleine indépendance[9] ».

Alphonse Desjardins était convaincu que la coopération donnerait aux individus la possibilité de s'approprier le sens de leur existence en société et de maîtriser leurs pratiques sociales. Pour lui, la coopération d'épargne et de crédit, en plus de contrecarrer un système économique déficient et d'assurer aux plus pauvres du crédit à bon marché, procurait l'indépendance économique. S'étant inspiré directement de la formule rochdalienne, il en a retenu tous les principes avec ce qu'ils contenaient de valeurs sur le plan de la démocratie, de la justice distributive et de la prise en charge individuelle et collective.

Le discours et les pratiques du fondateur aujourd'hui

Ce discours — et les valeurs qu'il véhicule — est-il toujours pertinent aujourd'hui ? Et qu'en est-il de la pratique coopérative chez Desjardins ? Commençons par le discours. Certes, les mots « solidarité » et « participation » acquièrent une résonance tout à fait actuelle. Alors que la pauvreté augmente, le partenariat et le bénévolat ne deviennent-ils pas une façon moderne de dire l'entraide ? Et tandis que se multiplient les sommets socio-économiques pour trouver des solutions au chômage grandissant, ne fait-on pas de plus en plus appel à l'initiative individuelle et collective ainsi qu'à l'auto-développement ? Ne sent-on pas, comme au début du siècle, le besoin de développer le sens de la responsabilité sociale[10] et l'honnêteté économique ?

Si, comme nous venons de le constater, les valeurs prônées par le fondateur demeurent de mise, le contexte dans lequel elles sont vécues aujourd'hui diffère grandement.

---

4. *Idem*, p. 158.
5. *Idem*, p. 187.
6. *Idem*, p. 81.
7. *Idem*, p. 85.
8. *Idem*, p. 84.
9. *Idem*, p. 158.
10. La responsabilité communautaire vient d'être déclarée septième principe coopératif.

Et qu'en est-il de la pratique aujourd'hui ?

Conçues, à l'origine, comme une nouveauté dans le milieu bancaire, les caisses populaires, et le Mouvement qu'elles ont suscité, continuent de subir l'influence des forces ambiantes capitalistes (néolibérales). Toutefois, même en s'éloignant quelque peu de la perspective associationniste, le Mouvement est demeuré dans l'ensemble un bastion de la coopération au Québec. Cela n'exclut pas pour autant un regard critique.

En 1996, comment le Mouvement Desjardins se démarque-t-il des autres institutions financières ? Dans une société où les rapports financiers et commerciaux sont mondialisés, une société où, sur le plan économique, le capitalisme est roi, les valeurs coopératives peuvent-elles, comme au début du siècle, apporter des solutions différentes ?

Soulignons ici deux points qui mériteraient d'être considérés plus particulièrement par les dirigeants du Mouvement.

L'aide aux plus démunis

Une partie du succès des caisses populaires Desjardins peut être attribuée au fait qu'elles ont été, à l'origine, une réponse adaptée aux situations du milieu et aux personnes visées par le projet. La constitution d'un capital financier en vue d'offrir dans l'immédiat du crédit à bon marché aux plus démunis devait permettre à la longue le développement d'un réseau d'institutions capables de répondre à d'autres nécessités économiques et sociales. Ce projet initial, comment est-il vécu aujourd'hui ? Si, dans son expansion, le Mouvement des caisses Desjardins a su répondre aux besoins de ses nouvelles clientèles mieux fortunées, il semble avoir négligé celles qui devraient être encore au cœur de ses préoccupations : les plus *démunis*. En effet, qu'en est-il du crédit à bon marché pour les chômeurs, les assistés sociaux et les sans-abri ? Il ne s'agit pas ici d'aide asservissante mais plutôt d'un appui aux initiatives communautaires au même titre que celui que l'on donne aux très petites entreprises.

La justice distributive

Par ailleurs, le Mouvement Desjardins peut-il encore contrecarrer les déficiences du système économique prépondérant, qui accentue les inégalités sociales ? Pourtant, nous avons vu qu'une des valeurs chères au fondateur était la justice distributive. La ristourne au prorata des transactions et l'intérêt limité sur le capital social, qui sont de moins en moins considérés comme des principes coopératifs, ne pourraient-ils servir de base à l'appui de nouveaux projets et de nouvelles solidarités ?

La force de la coopération

Dans les caisses populaires Desjardins, les valeurs coopératives font contrepoids aux valeurs capitalistes sur des points majeurs. À l'association des capitaux et à un fonctionnement basé sur le capital (une action : un vote), elles opposent une association de personnes et un fonctionnement démocratique basé sur l'individu (une personne : un vote) ; à la libre concurrence, elles opposent l'intercoopération ; à l'accumulation du capital, la distribution des trop-perçus ; à une finalité économique et à une vision matérialiste et individualiste, une finalité sociale et une vision humaniste et solidaire du développement.

Un défi qui demeure

Les valeurs coopératives demeurent-elles toujours en puissance ? Aujourd'hui, le Mouvement des caisses Desjardins se trouve au carrefour de deux voies opposées tant dans leur origine que dans leur point d'arrivée : la coopération et le capitalisme. Sa mission, qui consiste globalement à améliorer le sort social des membres et à mettre l'argent au service de la personne, diffère de la mission conférée initialement à la banque : surveiller les intérêts des entreprises et leur assurer un profit aussi élevé que possible.

Alors que notre société est en mal d'un nouveau contrat social — car c'est quand les horizons sont bloqués que naissent de nouveaux rêves —, le Mouvement Desjardins devrait pouvoir présenter à ses membres un projet capable de soutenir des objectifs précis et de susciter chez les individus un engagement personnel en vue d'un bien collectif. Dans tout cela, il ne devra pas oublier que, pour réussir, il faudra passer par « le procédé éducatif » et utiliser, en plus de son réseau de membres, les réseaux scolaires et les médias. C'est principalement par l'éducation coopérative que l'on pourra développer le sens de la solidarité indispensable au partage de finalités axées sur les personnes et leurs communautés. Voilà le défi qui se pose au Mouvement Desjardins et qu'il doit relever rapidement s'il veut conserver sa pertinence.

Le discours sur le changement : une comparaison entre une coopérative et une entreprise privée

Nicole Savoie et Nicole Giroux

Introduction

La recherche et la réflexion sur les coopératives tendent à mettre l'accent sur les spécificités de ce type d'organisations par rapport aux entreprises privées. La finalité, les valeurs, les règles internes de fonctionnement, l'encadrement législatif sont souvent présentés comme les traits distinctifs de ces organisations. Malgré ces différences, il leur est souvent reproché de ressembler de plus en plus à leurs concurrents capitalistes dans leur orientation stratégique, dans leur mode de gestion ou dans leur approche marketing. Les pratiques des coopératives sont-elles réellement distinctes et peuvent-elles vraiment l'être ? Dans un environnement où la technologie impose ses usages, où les individus réclament un accès égal à des produits standard et fiables, il devient de plus en plus difficile pour les coopératives comme pour les entreprises privées de présenter une image distinctive, d'affirmer une identité spécifique, d'inventer des façons de faire originales.

Pour répondre à la question difficile de la différence, il faudrait pouvoir confronter de manière systématique les activités de ces deux types d'organisations. Malheureusement, il existe trop peu d'études empiriques comparant les pratiques des coopératives et celles de leurs concurrents dans les secteur privé ou public de sorte que, sur le terrain, dans le quotidien, l'évaluation de la spécificité coopérative relève surtout de l'expérience individuelle et de l'anecdote.

Dans cette étude, nous avons tenté de voir si les pratiques discursives d'une organisation pouvaient varier selon la nature et la finalité de celle-ci. À partir de notre champ disciplinaire, la communication organisationnelle, nous nous sommes demandé si les messages émis au nom de l'organisation et visant à informer et à mobiliser les employés étaient similaires dans les entreprises privées et dans les coopératives.

Nous avons choisi de centrer notre étude sur les messages annonçant et expliquant le changement dans les journaux internes de deux entreprises du secteur financier au Québec : la Banque Nationale (BN) et La Fédération des caisses populaires Desjardins de Montréal et de l'Ouest-du-Québec (FMO) qui est une composante du Mouvement Desjardins, un réseau de coopératives de services financiers. Nous avons privilégié les messages sur le changement parce que le changement est aujourd'hui une réalité incontournable des organisations, parce que sa réalisation nécessite la mobilisation des employés et parce que le changement est un révélateur de la dynamique interne de l'organisation. Nous avons sélectionné le journal d'entreprise comme média parce qu'il est répandu dans les organisations où il occupe une part de plus en plus importante dans les stratégies internes de communication[1]. De plus, le journal d'entreprise est généralement accessible à l'observateur externe.

Dans cet article, après avoir présenté un bref aperçu de la teneur des ouvrages portant sur le changement et sa communication, nous décrirons la méthodologie de cueillette et de traitement du corpus. Par la suite, nous présenterons et analyserons de façon comparative les résultats pour faire ressortir les principales similarités et différences dans les pratiques discursives des deux organisations à l'étude.

La communication du changement

Le changement peut prendre diverses formes. Il peut toucher les fondements mêmes de l'action de l'organisation : sa finalité, sa mission, sa stratégie. Il peut aussi toucher ses capacités et modalités d'action comme sa technologie, sa structure, ses règles de fonctionnement, sa culture. Il peut affecter toute l'organisation ou une portion de celle-ci. Le changement peut se traduire par une différence minime ou importante par rapport à la situation antérieure. Il peut s'insérer dans la continuité, être complémentaire ou marquer une rupture profonde avec le passé[2].

Dans les ouvrages, le changement est tantôt décrit comme un événement ponctuel, tantôt comme un processus. Dans une perspective déterministe, le changement est généré par des forces extérieures à l'organisation auxquelles il faut s'adapter sous peine de disparaître ; dans une perspective volontariste, le changement est le fruit des intentions des membres de l'organisation. En ce cas, ce peut être un changement dirigé et orchestré par les responsables au sommet

1. N. Savoie (1994). « Le journal d'entreprise : outil stratégique majeur dans l'atteinte des objectifs organisationnels dans les actes du Colcor », *Les rôles du communicateur dans les communications internes de l'entreprise,* Montréal, Université de Montréal, p. 151-164.
2. P. Gagliardi (1986). « The Creation and Change of Organizational Cultures : a Conceptual Framework », *Organization Studies*, vol. 7, n° 2, p. 117-134.

ou encore être le résultat des activités des membres de l'organisation à partir des initiatives des innovateurs[3] ou des conséquences inattendues de l'action[4].

Néanmoins, il ne suffit pas de penser le changement pour qu'il se réalise. Encore faut-il réussir à le mettre en œuvre en luttant contre les facteurs d'inertie inscrits dans l'organisation. Cela peut être fait en insufflant une volonté de changement, en suscitant une adhésion à la nouvelle vision et en mettant en place les mécanismes de transformation qui s'appuient sur les capacités d'innovation déjà présentes dans l'organisation.

Bien que la communication ne soit qu'un des éléments du phénomène de changement, il semble qu'elle soit un facteur de réussite[5]. En effet, le changement a une dimension matérielle mais il a aussi une dimension symbolique[6] où le langage joue un rôle important. La communication, en permettant de transformer les cadres d'interprétation[7], facilite l'adhésion et l'absorption du changement.

La communication du changement peut prendre deux formes[8] : celle d'un énoncé déclaratif de la direction expliquant le changement, ce message étant

---

3. R. A. Burgelman (1983). « A Process Model of Internal Corporate Venturing in the Diversified Major Firm », *Administrative Science Quarterly*, 28, p. 233-244.
4. R. Boudon (1984). *La place du désordre*, Paris, Presses universitaires de France.
5. G. C. Whiting (1976). « How Does Communication Interface with Change ? », *Communication research*, vol. 3, n° 2, p. 191-212 ; R.M. Kanter (1987). « Managing Traumatic Change : Avoiding the Unlucky 13 », *Management Review*, mai, p. 23-24 ; M. M. Cornett-De Vito et P. G. Friedman (1995). « Communication Processes and Merger Success », *Management Communication Quarterly*, vol. 9, n° 1, p. 46-77.
6. P.-O.Berg (1985). « Organization Change as a Symbolic Transformation Process », dans Peter Frost J., L. F. Moore, M. R. Louis, C. C. Lundberg et J. Martin (dir.). *Organizational Culture*, Beverly Hills, Sage Publications, p. 281-301 ; G. Johnson (1990). « Managing Strategic Change ; The Role of Symbolic Action », *British Journal of Management*, n° 1, p. 183-200.
7. P. Watzlawick (1980). *Le langage du changement*, Paris, Éditions du Seuil, collection Points ; J. M. Bartunek (1984). « Changing Interpretive Schemes and Organizational Restructuring : The Example of a Religious Order », *Administrative Science Quarterly*, n° 29, p. 355-372.
8. N. Giroux (1996). « La mise en œuvre discursive du changement » (à paraître), dans les actes de la conférence de l'Association internationale de management stratégique, Lille, 15 mai 1996.

réinterprété par les employés[9] à partir de leur position dans l'organisation[10] ; celle d'un dialogue entre la direction et les employés[11], où sont négociés à travers la conversation les différents scénarios de changement[12].

Dans les deux cas, il demeure que les dirigeants de l'organisation sont les ultimes responsables de sa transformation. Dans le cas du changement planifié et promulgué, ils doivent convaincre les employés de tous les niveaux de l'organisation de contribuer à sa réussite[13]. Ils doivent fournir les informations[14] qui donneront un sens au changement ou qui permettront aux membres de l'organisation de se faire leur propre idée des transformations à venir[15]. Dans le cas du changement résultant des activités des membres, les dirigeants mettront en place les mécanismes de communication favorisant le dialogue et fourniront là encore les informations nécessaires.

Quel que soit le modèle de communication du changement retenu, les dirigeants de l'organisation auront la responsabilité de faciliter la mise sur pied de canaux de communication et de fournir des données sur le changement. Le journal d'entreprise est précisément l'un des médias les plus utilisés pour

---

9. C. Demers (1991). « Le changement radical vu de l'intérieur : la diffusion stratégique dans les organisations complexes », *Gestion* , vol. 16, n° 2, p. 22-31.
10. L. A. Howard et P. Geist (1995). « Ideological Positioning in Organizational Change : The Dialectic of Control in a Merging Organization », *Communication Monographs*, n° 62, p. 110-131.
11. R. Bouwen et R. Fry (1991). « Organizational Innovation and Learning. Four Patterns of Dialog between the Dominant Logic and the New Logic », *International Studies of Management and Organization*, vol. 21, n° 4, p. 37-51.
12. J. D. Ford et L. W. Ford (1995). « The Role of Conversations in Producing Intentional Change in Organizations », *Academy of Management Review*, vol. 20, n° 3, p. 541-571 ; N. Giroux et J. Taylor (1995). « Le changement par la conversation stratégique », dans Alain Noël (dir.). *Perspectives en management stratégique*, Paris, Economica.
13. D. C. Hambrick et A. A. J. Cannella (1989). « Strategy Implementation as Substance and Selling », *Academy of Management Executive*, vol. 3, n° 4, p. 278-285.
14. D. L. Kirkpatrick (1985). *How to Manage Change Effectively*, Jossey-Bass Publishers.
15. D. Gioia et K. Chitipeddi (1991). « Sensemaking and Sensegiving in Strategic Change Initiation », *Strategic Management Journal*, n° 12, p. 433-448.

véhiculer les messages sur le changement visant à démontrer la nécessité, la capacité de changer[16], à fournir des justifications[17] et à susciter la volonté[18] pour le faire.

Dans un monde où les entreprises sont soumises à des forces de changement similaires, leurs réponses stratégiques sont souvent semblables ou, lorsqu'elles sont originales, rapidement copiées. Il n'est donc pas surprenant, compte tenu de la structure économique, des normes et règles présentes dans un secteur d'activité, de constater que les firmes s'engagent dans des changements identiques[19]. Ce mimétisme provoque des périodes de changement qui ressemblent à des modes, comme les vagues de fusion-acquisition, de diversification, d'automatisation, de rationalisation ou de réingénierie. C'est pourquoi Di Maggio et Powell[20] (1983) parlent d'une tendance à l'isomorphisme des organisations qui les amène à se ressembler de plus en plus.

Si les organisations ont des comportements similaires face au changement, cela veut-il dire que les messages sur le changement transmis aux employés dans le journal d'entreprise sont identiques ? Ne peut-on pas s'attendre au contraire à ce que la nature de l'organisation et les particularités de sa culture y entraînent une diversité discursive ? C'est ce que nous avons tenté de savoir dans cette étude exploratoire sur les messages sur le changement dans les journaux d'entreprise.

La méthodologie

Pour procéder à cette étude comparative nous avons choisi le secteur financier, qui a connu de nombreux changements au cours des dernières décennies. Au sein de ce secteur nous avons retenu la Banque Nationale et la FMO. La Banque Nationale est une entreprise privée fondée sur la notion de profit, qui offre des services financiers à sa clientèle dans des succursales regroupées, pour des

---

16. A. A. Armenakis, S. G. Harris et K.W. Mossholder (1993). « Creating Readiness for Organizational Change », *Human Relations*, vol. 46 , n° 6, p. 681-703.
17. S. Chreim et N. Giroux (1996). *Creating Readiness for Organizational Change*, présentation au colloque de l'Association canadienne des sciences administratives, Montréal, Hôtel Queen Elizabeth.
18. N. Savoie (1995). *Le parcours discursif de l'adhésion au changement*, mémoire de maîtrise en sciences de la communication, Université de Montréal.
19. A. S. Huff (1982). « Industries Influences on Strategy Reformulation », *Strategic Management Review*, n° 13, p. 119-131.
20. P. J. Di Maggio et W. W. Powell (1983). « The Iron Cage Revisited : Institutional Isomorphism and Collective Rationality in Organizational Fields », *American Sociological Review*, n° 48, p. 147-160.

raisons administratives, sur une base régionale. La prise de décision semble y être de type traditionnel, c'est-à-dire que les orientations sont décidées au sommet puis communiquées à la base qui doit les exécuter. La FMO, quant à elle, est une institution coopérative fondée sur les valeurs d'égalité, d'équité, de solidarité entre les membres. La prise de décision y semble être davantage dialogique[21]. Elle est fondée sur un processus d'échange entre la FMO et les caisses, qui sont autonomes et qui peuvent donc décider de participer ou non aux changements proposés par leur fédération ou leur confédération[22]. La Banque Nationale et la FMO publient toutes deux un journal destiné aux employés, l'une *L'Observateur* et l'autre *L'Entre-gens*.

La sélection des éléments du corpus s'est déroulée en deux étapes. Dans un premier temps, nous avons tout d'abord fait une étude comparative des deux journaux pour la période de 1988 à 1992, particulièrement intéressante parce qu'elle a été marquée par l'entrée en vigueur d'une nouvelle législation et par les ajustements organisationnels qui en ont résulté. Nous avons ainsi pu faire ressortir les principaux thèmes de changement présentés dans ces journaux. Dans un deuxième temps, nous avons sélectionné douze articles (six par journal) portant sur trois de ces thèmes (la technologie, les nouveaux produits, la réorganisation) et décrivant des objets de changement similaires (voir annexe 1). Pour fins de comparaison, nous avons aussi sélectionné deux articles (un par journal) traitant le phénomène du changement en lui-même et susceptibles d'éclairer l'analyse des articles des trois autres catégories. Pour ce faire, nous avons dû cependant élargir la période de publication de référence (1986-1993) afin de coupler des articles traitant des sujets identiques.

Dans la première phase de constitution du corpus, nous avons dépouillé quarante-six numéros de *L'Observateur*, à la Banque Nationale, et quarante-six numéros de *L'Entre-gens*, à la FMO. Le dépouillement d'un corpus de mille cent quarante-deux pages pour les deux journaux a permis d'établir selon la catégorisation de Pavlik *et al.*[23] (voir tableau 1) : 1) le nombre de pages consacrées à la mission, aux politiques et aux objectifs de l'organisation, c'est-à-dire au fonctionnement du système ; 2) le nombre de pages consacrées au réseau social (RS), c'est-à-dire aux employés (anniversaires, promotions, activités communautaires et sportives, etc.) ; et 3) le nombre de pages consacrées au changement. Par la suite, nous avons analysé plus précisément les articles portant sur le changement pour répertorier les principaux thèmes traités (voir tableau 2).

---

21. N. Giroux (1993). *Changement stratégique dans une institution : le cas Visa-Desjardins*, Boucherville, Gaëtan Morin.
22. *Idem.*
23. J. V. Pavlik, E. N. Ikechukwu et D. G. Ettel (1982). « Why Employees Read Company Newsletter », *Public Relations Review*, vol. 8, n° 3, p. 23-31.

Tableau 1
Comparaison des contenus des journaux
***L'Observateur* et *L'Entre-gens* entre 1988 et 1992**

	L'Observateur BN		*L'Entre-gens* FMO	
Répartition des types de contenu	Pages	Pourcentage	Pages	Pourcentage
Nombre de pages dépouillées	498	100	644	100
Nombre de pages sur le fonctionnement du système	119	24	353	55
Nombre de pages sur le réseau social	379	76	291	45
Nombre de pages sur le changement	58	12	136	21

Par l'analyse de ce premier corpus (1988-1992), nous avons pu dégager des similitudes et des différences entre les deux publications. Ainsi, les deux journaux sont publiés mensuellement. Ils sont destinés à l'ensemble des employés et non pas à des sous-groupes dans les organisations. Ils sont publiés exclusivement en français et ne sont donc pas bilingues comme c'est le cas pour d'autres journaux du secteur bancaire. On constate aussi que les deux journaux présentent des différences intéressantes. *L'Observateur* de la Banque Nationale consacre une plus grande partie de son espace rédactionnel (textes et photos) aux informations sur le réseau social (R.S.), soit 76 % des pages. Les informations sur le fonctionnement du système (F.S.) occupent 24 % de l'espace. Ces résultats confirment ceux de Clampitt[24] selon lesquels entre 60 % et 90 % du contenu des journaux d'entreprise porte sur le réseau social. *L'Entre-gens* de la FMO consacre, pour sa part, plus d'espace aux fonctions du système organisationnel, soit 55 %, et seulement 45 % au réseau social. L'information sur le réseau social est nettement plus prononcée à la Banque Nationale qu'à la FMO. Ceci s'explique par le fait que *L'Entre-gens* tend à intégrer les deux types d'informations dans des articles qui rendent compte des programmes de la FMO en application dans les caisses. Les thèmes de changement traités sont similaires,

24. P. J. Clampitt, J. M. Crevcoure et R. L. Hartel (1986). « Exploratory Research on Employee Publications », *Journal of Business Publication*, vol. 23, n° 3, p. 5-17.

toutefois leur pondération est plus uniforme dans *L'Entre-gens*. Les articles traitant les nouveaux produits et services et les nouvelles technologies sont les plus nombreux.

Tableau 2
Comparaison des thèmes de changement dans les journaux *L'Observateur* et *L'Entre-gens* entre 1988 et 1992

	L'Observateur BN		*L'Entre-gens* FMO	
Les changements	Articles	Pourcentage	Articles	Pourcentage
Nombre d'articles	87	100	100	100
Nouvelles technologies	17	20	25	25
Nouveaux produits et services	35	40	23	23
Nouvelle législation	15	17	24	24
Réorganisation	10	11	8	8
Nouveaux dirigeants	5	6	17	17
Régionalisation	5	6	2	2
Discours sur le changement			1	1

Pour analyser les messages sur le changement retenus, nous avons utilisé des outils théoriques et méthodologiques provenant des champs de la philosophie, de la rhétorique et de la gestion. Nous avons ainsi appliqué une approche systématique à l'étude du corpus. Cette approche nous a permis de reconstruire l'argument et de le représenter dans un cadre visuel uniforme. Tous les messages du corpus sélectionné ont été représentés de façon uniforme[25]. Cette méthode devait nous aider à définir les types d'arguments utilisés de même que les données sous-tendant ces argumentations. Leur comparaison avait pour objectif de faire ressortir les similitudes et les différences entre les discours des deux organisations.

---

25. N. Giroux et N. Savoie (1995). « Réflexion théorique et méthodologique sur l'analyse argumentative : adaptation de Toulmin », *Cahier du Giscor*, 95-1.

Tableau 3
Comparaison des messages sur le changement à la Banque Nationale et à la FMO

Banque de Montréal	FMO
THÈME : **L'automatisation des opérations courantes : l'implantation de guichets automatiques**	
AFFIRMATION : En inaugurant sa première succursale semi-automatisée, la Banque Nationale fait un pas vers le futur.	AFFIRMATION : L'arrivée de ce dixième guichet automatique marque un tournant dans la vie de la caisse et vient appuyer l'idée d'automatisation comme voie de l'avenir.
PROPOS : La nouvelle succursale a été inaugurée. Elle est sécuritaire parce que les employés ne manipulent pas de billets de banque. Il y a moins d'employés que de guichets automatiques. Ces employés vendent des produits et services à une clientèle jeune qui ne craint pas de transiger avec des machines et qui jouit d'un service spécial selon sa cote de crédit.	PROPOS : Convaincu de la valeur de l'automatisation, le directeur de la caisse a implanté le premier guichet automatique, il y a dix ans. Lui et son équipe ont persuadé les membres, dont les personnes âgées, des avantages du guichet. Cette volonté a porté fruit. La caisse a réduit ses frais d'exploitation. Les caissières sont plus motivées et la qualité de vie des membres s'est améliorée.
THÈME : **Un changement technologique : le portrait informatisé du client ou du membre**	
AFFIRMATION : Graduellement, au cours des prochains mois, les employés du réseau disposeront d'un nouvel outil qui permettra de personnaliser davantage le service à la clientèle.	AFFIRMATION : Le système informatique des caisses (SIC) subit une cure de rajeunissement qui lui permettra, au cours des dix prochaines années, de rendre aux caisses des services inaccessibles jusqu'à maintenant.
PROPOS : L'ère du service personnalisé est commencée et oblige la Banque à assigner de nouveaux objectifs de vente aux succursales afin d'accroître sa part de marché. Elle a créé un outil (le FCC) pour y parvenir. Le compte à rebours de l'implantation a débuté et le processus repose sur la participation de tout le réseau.	PROPOS : La refonte du SIC a débuté en 1980. La nouvelle version du SIC 90, le SIC LOCAL, est améliorée pour permettre aux caisses de répondre à leurs nouveaux besoins. La FMO est prête à amorcer le processus d'implantation avec la participation des caisses.

Tableau 3 — Comparaison des messages sur le changement à la Banque Nationale et à la FMO (suite)

Banque de Montréal	FMO
THÈME : Un nouveau produit : la trésorerie informatisée	
AFFIRMATION : Dans quelques années, on se souviendra de ces améliorations comme du prélude à un ensemble de projets de développement informatique visant à enrichir davantage le produit.	AFFIRMATION : Le déploiement du nouveau service pourra commencer l'an prochain.
PROPOS : Une version enrichie de la fonction virement a vu le jour. Elle est offerte aux clients corporatifs et commerciaux afin de les aider à mieux gérer leurs liquidités. L'application sera bientôt disponible au réseau de succursales.	PROPOS : Avec la Télétrésorerie, un gestionnaire d'une entreprise ou d'une corporation publique pourra questionner son ordinateur sur le solde de son compte. Dix-sept caisses et 34 entreprises participent à l'expérimentation de la Télétrésorerie dans trois fédérations. Le projet pilote a permis de montrer les nombreux avantages pour le gestionnaire.
THÈME : L'implantation d'un nouveau produit : le paiement comptant électronique	
AFFIRMATION : La Banque fait figure de proue dans les transferts électroniques de fonds. Son implication dans la carte de débit est importante au moment où s'annoncent des changements majeurs dans les modes de paiement.	AFFIRMATION : Parmi les institutions financières québécoises, le Mouvement Desjardins est certes la plus novatrice, s'étant toujours maintenue à la fine pointe de la technologie.
PROPOS : La Banque a développé une expertise et des ressources en transferts électroniques de fonds. La carte de débit est avantageuse pour les institutions financières, les détaillants et les consommateurs. L'installation de nouveaux guichets automatiques se poursuivra en réseau et les institutions financières implanteront le nouveau mode de paiement électronique.	PROPOS : Les caisses populaires proposent un nouveau mode de paiement avant-gardiste et avantageux pour les membres, les commerçants et les caisses. Le Mouvement Desjardins l'a expérimenté dans deux régions pilotes du Québec et il est en mesure d'accroître le choix des modes de paiement offerts aux membres des caisses.

Tableau 3 — Comparaison des messages sur le changement à la Banque Nationale et à la FMO (suite)

Banque de Montréal	FMO
THÈME : Un changement administratif : le regroupement régional des activités administratives (deux articles sur ce thème)	
AFFIRMATION : Dans quelques mois, les activités d'administration de 150 succursales auront été intégrées aux nouveaux centres administratifs.	AFFIRMATION : Au moment où les caisses cherchent à réduire leurs frais d'exploitation et à orienter davantage leur personnel vers la vente de produits et services, le regroupement régional des activités administratives est riche en solutions.
PROPOS : Depuis une dizaine d'années, les banques canadiennes ont regroupé les tâches administratives dans des centres administratifs afin d'être plus concurrentielles. La Banque a aussi procédé à des remaniements pour renforcer sa position concurrentielle. Le processus de regroupement des tâches administratives est en cours depuis 1988 et a permis d'en vérifier les avantages. Le centre de Charlesbourg est maintenant opérationnel.	PROPOS : Le regroupement régional des activités administratives offre plusieurs avantages pour les caisses, les membres et le personnel. Vingt et un directeurs régionaux se sont concertés pour mettre sur pied un projet pilote. Trois caisses y participent en partenariat avec une firme d'informatique. Cette expérience permettra de définir les modalités de l'implantation. Une caisse a regroupé ses activités administratives à l'interne et a amélioré sa qualité de service aux membres.
THÈME : Deux discours sur le changement	
AFFIRMATION : 1992 a été une année de changement à la Banque et il est vraisemblable de penser qu'il en sera ainsi pour le reste de la décennie, peut-être même le changement s'installera-t-il à demeure.	AFFIRMATION : Pour paraphraser une citation célèbre, il faut trouver le moyen de nous adapter et non pas attendre que quelqu'un d'autre trouve la solution pour nous… Il faut s'adapter au changement.
PROPOS : L'ensemble des employés a été témoin des changements qui ont affecté 2700 d'entre eux. L'objectif de ces changements est exclusivement un meilleur service à la clientèle et une meilleure force de vente. La Banque a tout mis en œuvre pour assurer une transition harmonieuse en misant sur la rémunération incitative, en haussant le temps de formation, en garantissant l'équité en emploi et en mettant sur pied une programme d'amélioration continue.	PROPOS : Malgré certains indices de reprise, la récession s'annonce longue à cause de nos vieux réflexes économiques. Les nouvelles variables de la mondialisation nous obligent à revoir le fonctionnement de nos entreprises et l'incapacité de l'État à taxer davantage exige des sacrifices de la part des contribuables. Notre organisation n'échappe pas à cette réalité.

La présentation des résultats

Dans la section qui suit, nous décrirons succinctement les résultats des analyses des textes du corpus en mettant en parallèle les articles produits dans les deux entreprises. Nous avons synthétisé au tableau 3 le contenu des textes étudiés en citant l'affirmation principale qui est l'argument de fond de l'article de même que les propos qui relatent l'histoire du processus de changement.

L'automatisation des opérations courantes

Les deux articles sur l'automatisation sont publiés à deux ans d'intervalle (soit en 1990 dans *L'Observateur* et en 1992 dans *L'Entre-gens*). Les deux reportages décrivent une succursale et une caisse qui ont automatisé leurs opérations courantes au moyen de guichets automatiques afin de réduire les frais d'exploitation. L'automatisation permet alors d'affecter le personnel à la vente de produits et services.

Dans l'article de la banque, on décrit la différence entre deux états (avant et après l'automatisation) sans faire référence à la démarche qui a mené à la transformation marquant ainsi une rupture entre le passé et le présent. La Banque informe donc les lecteurs des résultats de ses actions. Le plus important de ces résultats est le développement d'une capacité interne de vente. La vente de nouveaux produits s'adresse à une clientèle jeune bénéficiant d'une situation financière confortable. La Banque Nationale utilise une stratégie rhétorique de dissociation en séparant le système ancien du nouveau système et en dissociant les acteurs (employés manipulant des billets de banque/employés affectés à la vente ; clientèle âgée/clientèle jeune).

La FMO présente pour sa part le cheminement d'une caisse vers la réussite de l'automatisation. Ce texte a pour but de convaincre les autres caisses d'adhérer au virage technologique. On y démontre comment les actions et leurs résultats ont conduit à l'atteinte des objectifs de la caisse. Les résultats progressifs décrits relient le passé au présent et établissent une continuité avec l'histoire de la réussite. Le processus relaté fait ressortir trois grandes variables reliées entre elles : 1) l'importance de la conviction personnelle de l'agent de changement, sa volonté et son engagement ; 2) l'importance de l'adhésion et de la participation des acteurs internes au processus ; et 3) la réorientation de la capacité de travail des employés vers de nouveaux objectifs. La FMO recourt donc à une stratégie rhétorique associative qui s'appuie sur la représentation du partenariat entre les acteurs internes dans un processus continu de changement.

Le portrait informatisé de l'usager

Ces deux articles traitent l'implantation d'une nouvelle fonction des systèmes informatiques des deux organisations : le SIC 90 de la FMO et le Fichier central client (FCC) de la Banque. Ces nouvelles fonctions servent à personnaliser les services en procurant aux succursales et aux caisses le profil financier de leurs usagers. Les deux articles informent leurs lecteurs de l'existence de la nouvelle fonction et signalent l'imminence de son implantation. Ils en démontrent les capacités et décrivent des programmes visant à y engager les employés.

La Banque fonde son argumentation sur la contrainte externe provoquée par la nouvelle ère du service personnalisé. L'implantation qui est prévue à court terme est présentée comme un processus ponctuel imposé par le système bancaire. La FMO fonde son argumentation sur la nécessité interne du nouvel outil dont l'introduction est justifiée par la demande des caisses. Elle met l'accent sur les utilisateurs de l'outil (les caisses) et sur le responsable de l'implantation dans chaque caisse, son mandat, ses tâches. À la FMO, la continuité et le long terme (vingt ans) contribuent à situer l'outil dans son contexte interne et dans un processus d'évolution devant répondre à celle des besoins des caisses, évolution que les caisses doivent elles-mêmes définir.

La trésorerie informatisée

Dans les deux articles portant sur la trésorerie informatisée, *L'Observateur* et *L'Entre-gens* décrivent un nouveau service qui permet aux entreprises d'avoir accès directement et instantanément à des informations sur leurs transactions avec leur institution financière à partir d'un terminal situé dans leurs locaux. Dans le cas de la Banque Nationale, on présente l'informatisation de la trésorerie comme un produit permettant aux firmes clientes d'être reliées à la Banque par ordinateur ; dans le cas de la FMO, comme un service destiné à des personnes, les gestionnaires des entreprises. Ces deux articles sont publiés à quatre années d'intervalle, soit en juin 1989 à la Banque Nationale et en octobre 1993 à la FMO.

La Banque Nationale démontre l'existence d'un processus d'amélioration continue de la fonction informatique, processus qu'elle situe dans une continuité. La relation fortement automatisée et centralisée avec ses clients corporatifs lui permet d'accroître la force de son secteur informatique. Le client est décrit comme un acteur passif qui achète un produit ayant été préalablement conçu pour lui . La succursale est également un acteur passif qui attend l'implantation de la nouvelle version et qui ne semble pas participer au processus d'amélioration du produit. La FMO annonce, pour sa part, le déploiement prochain du nouveau service informatique fondé sur son expérimentation dans des caisses qui sont en relation avec des entreprises. Ce service est destiné à une personne, le gestionnaire qui utilise cette application. Ce bénéficiaire est un participant qui interagit avec des partenaires, les caisses, lors d'une phase d'expérimentation du service.

La carte de paiement électronique

Les deux articles parlent d'un nouveau produit identique : la carte de débit à la Banque Nationale et la carte Paiement direct à la FMO. Cette carte est un nouveau mode de paiement électronique grâce auquel le consommateur pourra régler ses achats de biens ou de services en ayant recours au transfert électronique de fonds entre son compte personnel et celui du marchand. Les deux argumentations sont similaires et portent sur un instrument de paiement servant à renforcer le leadership technologique des deux institutions.

L'article de la Banque est le compte rendu d'une allocution adressée aux directeurs de crédit réunis en assemblée. La Banque affirme que sa position de leader et son expertise dans les transferts électroniques de fonds déterminent et justifient la nécessité d'offrir la carte de débit. Sa participation à des réseaux (guichet, carte de crédit) avec d'autres institutions financières canadiennes témoigne de sa capacité d'implantation de la carte de débit. Celle-ci lui permettra d'accroître sa rentabilité en augmentant sa clientèle de détaillants et de consommateurs.

La FMO relate le lancement officiel de la carte de paiement dans la région de Laval et décrit le nouveau produit. Pour le Mouvement Desjardins, l'expérimentation et l'implantation de la carte Paiement direct en région témoignent de sa capacité ou de son leadership dans les transferts électroniques de fonds. La carte est alors présentée comme un ajout à la gamme de services de paiement offerts aux membres.

Le regroupement régional des activités administratives

L'analyse porte ici sur quatre articles publiés en 1992 : deux articles décrivant le regroupement régional des activités administratives et deux articles qui en donnent des exemples. Ce changement vise à dégager les employés des succursales ou des caisses de leurs tâches administratives afin de les affecter exclusivement à la vente des produits et services. Les tâches administratives sont alors effectuées dans un centre régional fortement automatisé desservant plusieurs succursales. À la Banque, le système est en activité alors qu'à la FMO, il en est encore au stade initial de réflexion et d'expérimentation. Toutefois, certaines caisses ont déjà implanté à l'interne le regroupement des activités administratives en affectant des employés exclusivement à ces tâches. C'est pourquoi nous avons retenu dans l'échantillon un article décrivant cette expérimentation de changement au niveau administratif. Le regroupement des tâches permet de réduire les frais d'exploitation et d'améliorer le service aux usagers.

La Banque Nationale annonce la fin imminente du processus de regroupement régional qui aura bientôt intégré 150 succursales. Elle justifie ce regroupement en montrant ses avantages, en invoquant le fait que les banques canadiennes ont regroupé elles aussi leurs activités administratives. Elle signale aussi qu'elle désire renforcer sa position concurrentielle. Ce regroupement est en cours depuis 1988 et un centre régional est en activité à Charlesbourg. L'article présente les témoignages d'individus qui travaillent dans le nouveau centre. Il montre que c'est l'action de son directeur qui permet de rallier les succursales au concept de regroupement.

La FMO affirme que le regroupement régional est riche en solutions pour les caisses. Les avantages d'un tel regroupement ont fait l'objet des discussions de vingt et un directeurs de caisse. Pour la FMO, les avantages perçus justifient la mise en route d'un processus participatif de modélisation du regroupement fondé sur la consultation interne (première étape) et sur une expérimentation (seconde étape) qui doteront la FMO et les caisses de procédures et de méthodes devant leur permettre de réaliser le regroupement (troisième étape). C'est la FMO et la direction Rationalisation et Simplification qui initient le processus de consultation auprès des caisses afin de les rallier.

Deux discours sur le changement

Deux articles représentent des discours sur le changement, c'est-à-dire qu'ils traitent une nouvelle réalité globale et abstraite, une réalité qui peut être définie comme la transformation d'un état connu à un état nouveau ou différent. Ces articles construisent une vision de la nouvelle réalité et affirment la nécessité pour tous les acteurs visés de s'y adapter. Ils ont été publiés à une année d'intervalle, soit en 1992 à la FMO et en 1993 à la Banque Nationale.

L'Observateur, qui rapporte l'allocution du vice-président des ressources humaines lors de l'assemblée annuelle des employés, annonce l'existence d'une nouvelle réalité fondée sur la permanence d'un processus interactif de changement dont le moteur est l'objectif à atteindre, soit la rentabilité de la Banque. Le recours à l'assemblée annuelle des employés et son utilisation dans le journal appuient ce processus interactif. Ce processus est fondé sur la continuité, les bénéfices mutuels qu'en retirent et en retireront la direction et les employés. Le cadre de référence est exclusivement interne. L'article présente une vision positive et stable du changement.

La FMO et son président, dans un éditorial qui confère une autorité à l'argumentation, s'appuient sur les nouvelles conditions provoquées par la récession pour affirmer l'obligation de s'adapter au changement externe. L'article de l'*Entre-gens* s'appuie sur les croyances communes sur la dureté de la récession et l'imminence de la reprise pour déconstruire les anciennes perceptions du fonctionnement de l'économie et du rôle de l'État. Le cadre de référence est ici exclusivement externe et se situe au niveau sociétal où les acteurs sont les entreprises, les syndicats, les contribuables. L'article exhorte les membres de l'organisation à la reprise en main, à l'action préventive pour une meilleure adaptation de l'entreprise aux nouvelles conditions.

Tableau 4
La comparaison des messages sur le changement

	Banque Nationale	FMO
La source d'impulsion du changement	Externe	Interne
La nature des processus	Implantation du changement	Modélisation et expérimentation du changement
La temporalité	Processus ponctuel	Processus dans la durée
Le rôle des acteurs internes	Interaction décideurs–exécutants	Interaction participative
La relation de l'organisation avec l'environnement	Partenariat et concurrence avec les banques	Partenariat avec le milieu
Le rapport aux nouvelles technologies	La technologie sert à accroître la performance du système.	Les systèmes informatiques répondent aux besoins des caisses et des membres.

L'analyse des résultats

L'analyse des résultats montre que les deux institutions financières sont fortement touchées par le changement technologique. Elle démontre aussi que, si les deux firmes font les mêmes changements en s'appuyant souvent sur des arguments semblables, elle décrivent dans leur narration des processus de changement différents. Finalement, l'analyse des discours sur le changement fait voir une inversion des points de vue sur le changement dans les deux entreprises.

Les deux firmes invoquent le même contexte et les mêmes variables. Elles se présentent toutes les deux comme des leaders dans la technologie, comme des entreprises innovatrices, tournées vers le futur. Néanmoins, lorsqu'elles décrivent des changements concrets effectués ou à venir, les deux institutions financières en parlent différemment (voir tableau 4). Les deux organisations, dans leur narration du déroulement, attribuent diverses sources au changement. Les changements décrits sont de nature différente et s'insèrent de façon distincte dans l'histoire de l'organisation. De plus, les relations entre les acteurs internes et les acteurs externes de même que le rapport à la technologie ne sont pas les mêmes, comme nous le verrons dans les pages qui suivent.

La source d'impulsion des changements

Les articles rapportent l'origine des changements en décrivant les forces internes et externes qui ont déclenché le processus. À la Banque Nationale, on nous dit que la source d'impulsion du changement est exogène : elle origine du contexte concurrentiel. La Banque implante des outils informatiques dans ses succursales pour accroître sa part de marché ; elle regroupe ses activités administratives afin d'être plus concurrentielle. À la FMO, on affirme que la source d'impulsion du changement est endogène ; elle origine des besoins des caisses et des membres dans leur milieu, besoins qui déterminent une action commune.

La nature des processus

Les deux journaux rendent compte de processus différents. *L'Observateur* parle de la phase finale du changement, son implantation. Il traite le changement lorsque celui-ci est réalisé ou sur le point de l'être. *L'Entre-gens* décrit le changement tout au long de son déroulement (initiation, modélisation, expérimentation). Ces différences peuvent s'expliquer par le fait qu'en contexte coopératif, le déploiement ne peut se réaliser qu'avec l'adhésion de la base. Des reportages en cours d'expérimentation peuvent ainsi venir stimuler la motivation d'autres caisses qui ne sont pas encore engagées dans le changement. Par opposition, le changement stratégique à la Banque est planifié par la direction qui n'a pas besoin de l'appui des succursales pour amorcer des processus. La Banque annonce donc le changement, une fois la décision prise, au moment de l'implantation. En fait, elle promulgue le changement lorsque les succursales sont touchées. Les succursales recoivent les édits de changement alors que les caisses participent à son orientation ou à sa formulation.

La dimension temporelle

La dimension temporelle est importante dans les histoires de processus de changement racontées. Ces processus peuvent être relatés dans leur continuité ou apparaître de manière plus ponctuelle, marquant une rupture avec le passé ou le futur. Dans le cas de la continuité, le changement est décrit comme un déroulement et dans le second, davantage comme un événement. Ce dernier cas est fréquent à la Banque. L'inauguration de la succursale semi-automatisée en est un exemple. Au contraire, à la FMO, le changement est situé dans une durée relativement longue pouvant s'étendre jusqu'à vingt ans, comme dans le cas du système informatique des caisses, dont le rajeunissement a débuté en 1980 et qui doit répondre aux besoins des caisses au-delà de l'an 2000. À la FMO, le changement est donc dépeint comme un cheminement au cours duquel l'idée de changement est modelée dans un processus de discussion et d'expérimentation et pendant lequel on va chercher des appuis pour ensuite l'implanter plus largement.

L'identité et le rôle des acteurs internes dans les processus

Les articles définissent les acteurs et leurs rôles dans le processus. À la Banque Nationale, les principaux acteurs sont la Banque elle-même et ses sous-systèmes. Ces acteurs sont les agents de changement qui initient les processus et les mènent à terme. Les succursales sont le troisième acteur qui applique les décisions de la direction. À la FMO, les principaux acteurs sont les caisses, les directeurs des caisses et les employés. Il y a donc plus d'acteurs individuels dans les récits de changement de la FMO, qui disent d'ailleurs d'elle qu'elle y joue un rôle de soutien en procurant aux caisses les moyens d'atteindre leurs objectifs.

La relation de l'organisation avec son environnement

L'environnement externe est fortement représenté dans les articles qui montrent la nature des liens établis entre les acteurs externes et l'organisation. La Banque Nationale révèle qu'elle est engagée dans une double relation de concurrence et de partenariat avec les autres institutions bancaires de son industrie. Elle courtise la même clientèle et partage des ressources technologiques avec les autres banques. Les caisses, pour leur part, disent entretenir une relation de partenariat avec leur milieu. Elles disent établir des relations avec les acteurs économiques et politiques de leur région afin de développer la force économique régionale qui accroît la force de la FMO et du Mouvement Desjardins. Les représentants politiques élus par la population locale sont associés, dans le discours de la

FMO, au succès des caisses, contribuant ainsi à légitimer cette action locale. Les acteurs externes décrits sont, dans le cas de la FMO, plus diversifiés et représentent différentes dimensions (politiques, sociales et économiques) de l'environnement des caisses, présentées comme enracinées dans leur milieu d'appartenance.

Le rapport des acteurs avec les nouvelles technologies

Largement consacrés à la nouvelle force informatique, les articles rendent compte des relations entre les acteurs et les nouvelles technologies. À la Banque Nationale, les ressources technologiques en place et leur potentiel justifient le déclenchement du processus de changement. La force de la relation automatisée que le client entretient avec la Banque est décrite comme déterminante pour le leadership de cette dernière dans les transferts électroniques de fonds. À la FMO, on dit des nouvelles technologies qu'elles sont importantes pour accroître la qualité du service aux usagers.

Le phénomène du changement

Finalement, l'analyse des deux textes traitant le phénomène du changement fait elle aussi ressortir des différences marquées entre les deux entreprises. Mais, paradoxalement, ces différences présentent une figure inversée du changement. Ainsi, d'une part, la Bangue présente le changement comme un processus interne désormais permanent, alors qu'elle le décrivait précédemment comme une réponse ponctuelle aux changements de l'environnment. D'autre part, la FMO dépeint désormais le changement comme la nécessaire adaptation au déterminisme du changement externe.

Est-ce à dire que la philosophie du changement et la pratique du changement diffèrent ? Le manque de données ne nous permet pas de conclure. Peut-être s'agit-il plus simplement d'un ajustement du discours aux circonstances (l'assemblée des employés à la Banque et la fin de la récession à la FMO). Seule une recherche approfondie de l'évolution du discours sur le changement depuis lors pourrait nous permettre de dire s'il s'agit là d'un phénomène passager ou encore d'un point d'inflexion dans le discours.

Conclusion

En somme, on peut dire que les deux organisations, par leurs journaux respectifs, utilisent des narrations pour informer leurs lecteurs et éventuellement les persuader du bien-fondé des changements qu'elles initient. Cependant, ces histoires diffèrent dans les deux organisations. Ces différences nous semblent refléter leurs finalités et leurs cultures distinctes.

La vision du monde reflétée dans le discours de la Banque est celle de la concurrence au sein du système bancaire. Cette représentation définit des pratiques sociales centrées sur l'atteinte d'objectifs précis et ponctuels destinés à préserver ou à accroître des parts de marché. Ce discours, en omettant de se référer au passé, marque la rupture dans les activités de l'organisation. Le discours opère ainsi une dissociation entre les acteurs internes et externes qui sont classés en fonction de leurs aptitudes à contribuer aux nouvelles orientations de l'organisation. Le discours est aussi révélateur du type de rapports qu'entretient l'organisation avec ses clients dans son processus d'informatisation. La relation fortement automatisée qu'elle entretient avec eux lui permet d'accroître la performance de son système. Enfin, nous croyons que le discours de la Banque sur les divers changements technologiques traduit les rapports de pouvoir établis dans l'institution. Le discours annonce les changements aux employés du réseau au moment de leur implantation ou de leur généralisation. Les articles informent donc la base des décisions prises au sommet, décisions que celle-ci devra exécuter sans avoir participé à leur élaboration.

La vision du monde présentée dans le discours de la Fédération est celle de la coopération et du partenariat ancrés dans les régions. Le discours rend compte de pratiques sociales centrées à long terme sur le service aux caisses et à leurs membres. Ce sont les besoins des caisses et des membres, besoins qu'ils définissent eux-mêmes, qui suscitent, selon le discours, les actions de la Fédération. Au nombre de ces actions, mentionnons l'expérimentation en région, qui se fait en concertation et en consultation avec les caisses. Cette pratique reflète, nous semble-t-il, une prise de décision partagée entre les différentes instances. Le discours reflète ainsi la progression constante des acteurs dans le temps et donne à leur action conjointe un enracinement dans la continuité. Cela nous semble logique dans une organisation dont la finalité explicite est le service aux membres et dont le fonctionnement est régi par des règles de démocratie.

Cette étude nous amène à constater que l'identité d'une organisation est inscrite dans ses pratiques concrètes et symboliques. Elle illustre bien la réflexion d'Hennion[26] pour qui une représentation du monde est le reflet de ceux qui la construisent. Au plan méthodologique, cette recherche souligne que les narrations sont un élément important du discours de l'organisation et qu'il vaut la peine d'analyser leur processus de construction et de transformation, car ces

---

26. Antoine Hennion (1993). « De l'étude des médias à l'analyse de la médiation : esquisse d'une problématique », dans Daniel Bougnoux (dir.) *Sciences de l'information et de la communication,* Paris, Larousse, p. 687-697.

histoires sont un révélateur de l'identité de l'organisation, identité qui est en évolution. En décrivant leur processus de changement, les organisations révèlent la logigue d'action qui les particularise.

L'informatisation de certaines activités est la force majeure nourrissant tous les thèmes de changement étudiés. Les deux organisations en parlent différemment selon des modèles distincts de répartition du pouvoir. Pour comprendre ces modèles et leurs règles de constitution, il faut étudier les processus de création du discours organisationnel. Par l'analyse du discours, ce sont les règles confirmant les rapports de pouvoir existants ou définissant plutôt de nouveaux rapports de pouvoir qui pourront ainsi être saisies.

Annexe 1
Détail du corpus entre 1986-1993 : les articles retenus pour fins d'analyse

Thèmes	Sujets	Titres B.N.	Date	Titres FMO	Date
Technologie	Guichets automatiques	Des banquiers qui ne voient jamais un billet de banque	mai 1990	L'automatisation au service de l'efficacité	avril 1992
	Profil client ou financier du membre	Le FCC : le portrait du client au bout des doigts	mars 1990	SIC un nouveau cœur technologique	juin 1991
Produits et services	Gestion de la trésorerie	Une gestion de trésorerie enrichie	juin 1989	La télétrésorerie Desjardins s'en vient !	oct. 1993
	La carte de débit automatique et de paiement direct	La carte de débit : réponse à un besoin ou fantaisie technologique	sept. 1986	Paiement direct Desjardins : un test de marché dans le secteur Laval	avril 1988
Réorganisation	Regroupement régional des activités administratives	Les centres administratifs, c'est parti !	avril 1992	Une idée qui fait son chemin : le regroupement régional des activités administratives	mai 1992
		L'exemple de Charlesbourg	avril 1992		
				La Caisse populaire Châteauguay, une pionnière du back office.	août 1992
Changement	Discours sur le changement	Se préparer à une décennie de changement.	janv. 1993	S'adapter au changement	sept. 1992

Conditions pour que les valeurs de la coopération inspirent une autre économie

Clément Guimond

En tant que coordonnateur général de la Caisse d'économie des travailleuses et travailleurs (Québec), j'ai le privilège de travailler dans une organisation extraordinaire. Une organisation coopérative profondément engagée dans le développement solidaire de son milieu, mobilisée par une mission généreuse, nourrie par les grandes valeurs humaines de justice, de démocratie et de fraternité. Une organisation qui a su réunir autour d'elle un large réseau de partenaires associatifs et qui peut compter sur une équipe de dirigeants et d'employés mariant compétence, convictions et engagement. Une organisation résolument tournée vers ses membres, qui a la fierté de ses membres et qui, je pense, a su faire partager par ses membres la fierté de sa mission. Une organisation qui me donne le privilège d'exercer le métier de banquier coopératif. Un métier qui, j'en ai la conviction, figure parmi les plus beaux du monde. C'est de cette expérience que je m'inspirerai aujourd'hui pour répondre à la question qui nous est posée concernant les conditions pour que les valeurs coopératives inspirent une autre économie.

Je le ferai sans prétention. Nous ne sommes pas des chercheurs ni des théoriciens. Nous n'avons pas la prétention d'avoir construit de nouveaux modèles scientifiques. Nous nous sommes simplement rendus disponibles à celles et ceux qui travaillent à mettre en place des solutions solidaires aux problèmes que nous rencontrons aujourd'hui. Nous essayons d'y apporter une contribution originale et significative.

Je vous propose donc un court voyage en deux temps. Dans un premier temps, je tenterai de partager avec vous notre vision, en tant qu'intervenant coopératif, des principaux défis que nous devons relever aujourd'hui dans le développement de nos milieux. Dans un second temps, je vous proposerai un regard sur notre action coopérative, telle que nous la concevons et telle que nous la vivons.

Je tiens à préciser que, pour la suite, j'utiliserai le « nous » à la place du « je » pour bien signifier que j'exprime le point de vue de notre organisation et que celui-ci est le produit d'une démarche et d'une expérience collectives.

Les défis tels que nous les voyons

Nous vivons à une époque où les conceptions économiques dominantes, devrions-nous dire néolibérales, nous sont présentées comme des lois naturelles et objectives. Comme si le marché, la concurrence, l'intérêt individuel constituaient « la seule valeur », la loi économique fondamentale aussi incontournable, aussi fondamentale que la loi de la gravité. Pourtant, ce n'est qu'à la fin du Moyen Âge, au moment de la naissance conjointe du capitalisme industriel et de la science économique classique, que s'effectue le passage d'une conception communautaire à une conception individualiste de l'économie.

La dynamique de nos sociétés semble reposer essentiellement sur la croissance de l'économie monétaire, avec l'idée largement partagée que l'augmentation de la richesse économique constitue l'infrastructure, la condition du progrès social. Pourtant, nous devons aujourd'hui constater l'échec du modèle de développement qui laissait croire à une croissance infinie, qui devait finir par satisfaire les besoins de l'ensemble des individus de la planète. Échec face à l'augmentation de la pauvreté, des inégalités, de l'exclusion sociale, des problèmes d'environnement, etc.

Nous croyons qu'il faut redonner son plein sens communautaire à l'économie. Il faut, comme nous le souligne Michel Beaudin[1], que « l'économie redevienne ce dont son étymologie témoigne (*Oikos* ou maison — *Nomos* ou gestion), c'est-à-dire l'organisation de la société comme une maisonnée fraternelle où il y ait une place pour tous, plutôt que cette " fabrique " à exclure les plus vulnérables qu'elle est devenue ». L'économie est faite pour les gens. À ce titre, elle a une obligation de résultat. Elle doit leur permettre d'être plus heureux. Les besoins humains n'existent pas seulement lorsqu'ils peuvent constituer une occasion d'affaires pour le marché, une occasion de vente ou d'achat. Il faut, comme nous le rappelle à juste titre le Groupe de Lisbonne, éviter que le marché n'impose sa logique à l'ensemble des phénomènes sociaux et humains.

Il faut redonner son sens à l'argent. L'argent ne crée pas la richesse. C'est la société qui la crée. La spéculation n'engendre que la concentration de la richesse et la pauvreté. Il faut réintroduire des rapports de réciprocité et de solidarité dans l'utilisation de l'argent, en remplacement des rapports étrangers de spéculation et de domination. En quelque sorte, il faut rendre disponible de l'argent de complicité. N'est-ce pas là une mission toute naturelle pour nos institutions coopératives ? N'avons-nous pas là devant nous une mission passionnante ?

Nous croyons qu'il y a urgence à réfléchir, à construire des rapports renouvelés entre l'économique et le social et qu'à cet égard la formule

---

1. Michel Beaudin (1985). « Le néolibéralisme comme religion », *Relations*, octobre.

coopérative porte en elle les ingrédients lui permettant de contribuer à une telle démarche, notamment par sa double mission d'efficacité économique et de rentabilité sociale. Face aux problèmes actuels, nous osons croire que les valeurs de coopération peuvent constituer une source d'inspiration pour forger un développement qui soit davantage porteur d'avenir et d'humanité.

Notre expérience telle que nous la vivons

Inspirés par ces convictions, ces valeurs, nous avons choisi de nous investir dans le développement de l'économie solidaire. Une économie portée par un esprit d'entreprise, un entrepreneurship dont le caractère principal ne vise pas d'abord à faire des affaires, mais plutôt à régler des problèmes, à permettre la mise en œuvre de projets, à donner des réponses aux besoins humains.

Ce faisant, nous avons développé une expérience coopérative particulière tout à fait passionnante et dont nous aimerions partager avec vous aujourd'hui les principales caractéristiques.

Au-delà de l'institution financière que nous sommes, nous nous concevons au point de départ comme un outil de développement. Faire de la banque constitue, pour nous, un moyen et non une fin. Ce point de départ marque toute notre façon de travailler.

Nous partons d'une conviction de base : il n'appartient pas aux gens de mériter l'appui des institutions financières, mais plutôt aux institutions financières de trouver le moyen de les appuyer. C'est ainsi que l'on peut ouvrir la porte à des projets aux contours pas toujours clairement définis, aux ressources bien souvent limitées, aux perspectives pas toujours assurées. Ainsi, également, se met en branle un processus d'analyse qui dépasse les ratios financiers.

Nous nous appliquons à saisir le potentiel, les ressources du projet en commençant par les personnes, le groupe, la collectivité locale, plutôt qu'à centrer notre analyse sur les faiblesses, le manque, les problèmes. Pour nous, faire de la banque consiste d'abord à s'ouvrir à des personnes, à leurs besoins, à leurs rêves.

Nous procédons à une lecture où l'affectif, l'intuition, l'imaginaire prennent leur place à côté du rationnel, du calcul mathématique. « On ne voit bien qu'avec le cœur, l'essentiel est invisible aux yeux », disait le Renard du Petit Prince.

Notre processus d'analyse s'effectue en relation dynamique avec les promotrices et promoteurs et favorise ainsi la meilleure connaissance des projets, la transmission d'expertise, le renforcement des projets et de la démarche des promoteurs.

Une fois engagés dans un projet, nous nous rendons disponibles pour le soutenir. Pour assurer notre rôle de « banquier coopératif », d'outil de développement solidaire, nous acceptons de porter deux chapeaux : celui de banquier et celui de consultant. Et pour réaliser ce double rôle nous misons sur notre connaissance et notre foi dans l'entrepreneurship collectif, sur notre expertise particulière dans le financement et sur notre complicité avec des réseaux partenaires.

Et ça marche ! Bien sûr, du point de vue de la rentabilité sociale, mais aussi de l'efficacité économique. Après vingt-cinq ans d'histoire, notre Caisse fait quelque cent quinze millions de dollars d'actif. Elle affiche une rentabilité supérieure à la moyenne Desjardins. Notre succès tient au succès même des multiples entreprises associatives avec lesquelles nous collaborons, qu'elles soient coopératives, syndicales, communautaires ou culturelles. Plus de cinquante coopératives d'habitation, disséminées un peu partout à travers le Québec, plusieurs coopératives de travail, dont les coopératives ambulancières, le réseau des coopératives inuits du Grand-Nord et le Cirque du Soleil figurent parmi ces succès. Et nous pourrions en ajouter quelque deux cent cinquante autres.

Au fil des années, en accompagnant de multiples associations, nous avons eu le privilège de découvrir, de côtoyer un entrepreneurship collectif ingénieux où faire beaucoup avec peu constitue la règle de base. Un entrepreneurship généreux qui sait porter les grandes valeurs de justice, de démocratie et de fraternité. Mais un entrepreneurship solide qui nous démontre au quotidien que, construit à partir d'idées, s'il peut être plus généreux, il peut aussi être plus solide, plus durable que celui qui n'a comme seule motivation que l'appât du gain.

En même temps, nous avons tissé des liens avec de multiples réseaux, basés soit sur l'affinité, soit sur l'expertise et parfois sur les deux à la fois. Partenaires dans l'action, ils permettront bien souvent de constituer autour des projets de solides réseaux porteurs. Faire ainsi du développement s'affirme pour nous comme une démarche humaniste. Nous travaillons d'abord avec le vivant. Nous partons des « rêves » de notre monde. Nous parlons d'esprit d'entreprise, des besoins humains, de création d'emplois, de savoir-faire. Au cœur de notre action se retrouvent les personnes, les acteurs. « Rigueur et chaleur sont les deux sources du progrès », nous disait le philosophe Alain. Placer les personnes au centre de notre action, cela a également voulu dire mettre notre équipe d'employées et employés dans le coup. Au moment où l'on découvre ce que coûtent les structures hiérarchiques en argent et en inefficacité ; au moment où le nouveau management convient qu'il faut d'abord miser sur notre monde, c'est toute l'approche de gestion de nos organisations qui est remise en cause.

Du rôle du gestionnaire de demain, Hervé Sérieyx nous dira : « C'est d'être un créateur de vie plutôt qu'un mainteneur d'ordre. Nous avons l'obligation de faire pousser l'intelligence individuelle et collective dans nos organisations. Nous devons passer de la gestion du personnel à la valorisation soigneuse des personnes, mettre en place des structures apprenantes qui permettent à nos gens d'être meilleurs le soir que le matin. »

Si nous n'avions pas pris de pari, nous n'aurions pas pu développer notre démarche, car, en plus de la contribution compétente de notre équipe d'employées et employés, nous devions pouvoir compter pour ce faire sur son entière adhésion à la mission de notre organisation, sur sa capacité à porter les valeurs qui animent notre projet, sur une ouverture et un goût pour l'innovation, sur sa capacité de se passionner pour les projets, pour les personnes que nous accompagnons. Nous avons misé sur l'intelligence de nos gens et nous avons choisi d'investir dans leur cœur.

On nous demande souvent : « Vous qui prêtez à ceux à qui les autres ne veulent pas prêter, qu'est-ce qui vous donne cette énergie, cette motivation, parfois cette audace, cette foi pour vous engager comme vous le faites ? » Nous avons l'habitude de répondre particulièrement deux choses : premièrement, il y a notre confiance inébranlable dans l'être humain, dans sa capacité d'inventer un monde meilleur.

Deuxièmement, nous tirons une bonne partie de notre énergie et de notre confiance des personnes, des projets que nous accompagnons. Fernando Savater, dans un bijou de petit livre intitulé *Éthique à l'usage de mon fils*, nous rappelle que : « Être humain, c'est avant tout être en relation avec d'autres humains. [...] Que chacun de nos actes nous construit, nous définit, nous invente. [...] Que chacune de nos décisions laisse une trace en nous, avant de la laisser dans le monde qui nous entoure. » Notre ouverture à cheminer avec notre monde nous permet ainsi de nous renforcer, de grandir, de nous enrichir et, ce faisant, de continuer. Coopérer, c'est réussir autrement.

Voila rapidement présentée notre expérience coopérative. En résumé, pour nous, faire de la banque coopérative, c'est faire du développement avant de faire du rendement. C'est placer les personnes au centre de notre action. C'est accepter d'accompagner les rêves de notre monde, les rêves axés sur notre mieux-être, notre mieux-vivre personnel et collectif.

Vous aurez sûrement compris pourquoi, au tout début, j'ai osé affirmer que le métier de banquier coopératif figurait parmi les plus beaux métiers du monde.

Les valeurs de coopération

La formule coopérative n'est qu'au printemps de sa mission historique. Portée par les grandes valeurs de liberté, d'égalité et de fraternité ayant inspiré la Révolution française, née d'une volonté de lutte contre la pauvreté, mobilisée par un projet de démocratisation économique, nous croyons, sans minimiser ses apports passés, que ses plus importantes contributions restent à venir.

Dans cette perspective, nous croyons que les valeurs coopératives sont résolument modernes, pertinentes et d'avenir. Dans une réalité qui, bien sûr, a évolué, a changé, nous avons à nous ajuster, à constamment repenser notre action. Comme mouvement nous avons la capacité de le faire. Être un mouvement, n'est-ce pas d'abord être en mouvement ?

Principes et règles de la coopération dans le secteur financier

Michel Doray

Je n'ai pas l'intention de traiter de façon théorique le thème de l'intervention qu'on m'a invité à faire dans les minutes qui viennent, à savoir les « principes et règles de la coopération dans le secteur financier ».

Car ces principes et règles qui constituent l'héritage de plus de cent cinquante ans d'histoire du mouvement coopératif et qui gravitent autour du concept clé de participation (participation à la propriété, à la prise de décision, aux résultats et au développement de la communauté), ces principes et règles n'ont de sens que s'ils informent vraiment, dans l'agir et non seulement dans le discours, les pratiques quotidiennes autant de l'association que de l'entreprise coopérative.

Aussi me paraît-il approprié de témoigner des orientations et des champs d'action prioritaires dont sont convenues les instances décisionnelles de Desjardins à l'égard du renforcement de notre identité coopérative. Jugées aussi vitales que notre capacité à prendre le triple virage de la globalisation, du décloisonnement et de la technologie, les actions privilégiées ont elles aussi été assorties d'une incontournable obligation de résultats.

Orientation 1 : La revitalisation des pratiques démocratiques

La première orientation prioritaire est la revitalisation des pratiques démocratiques du Mouvement. À cette fin, nous nous sommes centrés d'abord et avant tout sur la revalorisation du rôle et des fonctions des dirigeants et dirigeantes élus des caisses dont l'existence et l'intervention constituent l'un des traits distinctifs les plus tangibles et les plus significatifs de notre différence coopérative. Quatre champs principaux de responsabilité ont été retenus : les relations des dirigeants et dirigeantes élus avec les membres, les relations avec le milieu, l'administration et le contrôle de la caisse et les relations avec l'ensemble du réseau Desjardins pour en exploiter, supporter et enrichir l'offre de services et la solidarité.

Le XVIe Congrès constitue le fer de lance de la mise en pratique de cette première orientation. Les assises de la fin de mars ont été précédées d'une vaste consultation à laquelle ont participé plus de 64 % des caisses et plus de

8000 dirigeants élus. Ces assises seront suivies de la mise en œuvre concertée de moyens de soutien et de formation des élus et de la réévaluation des mécanismes participatifs dans la caisse, notamment en ce qui a trait à la participation des membres, au format et au contenu des assemblées générales et à la représentativité et au choix des dirigeants. Un mot sur la participation des membres qui déborde le champ de la prise de décision. Nous avons en effet l'intention de proposer des moyens pour renforcer la participation des membres à la capitalisation de leur caisse. En ce qui concerne par ailleurs la participation aux résultats, le mot d'ordre est donné pour favoriser un retour à la distribution de ristournes, un autre trait distinctif de notre différence.

Orientation 2 : L'intégration de notre spécificité coopérative dans nos pratiques commerciales et de gestion

La deuxième orientation est tout aussi stratégique que la première pour affirmer et renforcer notre différence. Elle vise à intégrer notre spécificité coopérative dans nos pratiques commerciales et de gestion. Des mots, encore des mots, diront les sceptiques. Mais à cette tâche aussi, nous nous attelons très concrètement. Pour ce faire, des ressources compétentes en coopération ont été affectées aux diverses équipes de projet qui amorcent ou complètent présentement la révision ou le développement de dossiers stratégiques tels que nos systèmes d'évaluation de la performance (de la caisse, des gestionnaires, de la satisfaction des membres), nos systèmes de gestion de la formation (l'induction, l'arrimage dirigeants–gestionnaires), la réingénierie des processus d'affaires, les services aux entreprises, l'offre de produits spécifiques. Cette collaboration est très concrète et pratique et constitue une valeur ajoutée et non un poids pour les responsables de ces dossiers.

Orientation 3 : Le renforcement de notre participation au développement du milieu et de notre partenariat avec les autres secteurs coopératifs

Un troisième champ prioritaire d'affirmation de notre différence a été évoqué à plusieurs reprises au cours de ce colloque. Il s'agit de la manière dont nous nous associons au développement du milieu, dont nous bâtissons des « passerelles avec le mouvement communautaire », pour reprendre l'expression de Louis Favreau, dont nous favorisons l'évolution d'une approche de « saupoudrage » de dons et de commandites vers des interventions de partenariat empreintes de réciprocité et d'engagement à long terme et à contenu diversifié (le financement, l'expertise, l'appui matériel).

Ici encore notre action est très concrète et centrée sur le développement d'outils de sélection, de financement et de suivi de projets. Elle comporte aussi des actions d'appui-conseil, d'information et de formation pour accompagner les caisses engagées comme partenaires du développement de leur communauté et comme « banquiers de l'économie solidaire ».

À cette intervention s'ajoute présentement la poursuite de maillages avec plusieurs fédérations de coopératives (de travail, forestières, funéraires, d'habitation, d'alimentation et en milieu scolaire) en vue de renforcer entre nous des relations à la fois d'affaires et d'intercoopération.

Je me permets ici de partager avec vous à la fois une intuition et une conviction. Il semble bien que le caractère de plus en plus virtuel des « opérations de convenance » des membres avec leur caisse et le caractère forcément irrégulier de leurs relations avec un conseiller financier ne sont pas des facteurs susceptibles de renforcer le sentiment d'appartenance du membre à sa caisse. Mais le membre appartient à un milieu, à une communauté locale dont la qualité de vie est tributaire de la prospérité de ce milieu. Se pourrait-il alors que le sentiment d'appartenance à la caisse soit précisément regénéré par la valorisation de celle-ci comme association économique engagée dans le développement de son milieu ?

Orientation 4 : La formation de la relève coopérative

Enfin, le quatrième volet d'intervention prioritaire est notre action auprès des jeunes afin d'assurer une relève coopérative. Et quand je dis « relève », je pense beaucoup plus largement qu'au simple renouvellement de notre membership et rejoins le cri du cœur exprimé hier relativement à la faible représentativité des jeunes au sein des conseils d'administration. Je pense aussi à la promotion de l'entrepreneuriat coopératif.

À cet égard, nous avons pris conscience de notre peu de présence aux niveaux collégial et universitaire et sommes présentement à définir une stratégie commune avec la Fédération des coopératives québécoises en milieu scolaire.

Voilà, sommairement esquissés, les décisions et engagements pris au sein de Desjardins pour traduire en actes notre adhésion à des principes et règles universellement reconnus comme éléments distinctifs de notre identité coopérative.

En ce sens, la coopération ne nous permet-elle pas de jumeler sous le même toit un projet d'entreprise et un projet de société, projets sans doute très exigeants mais combien stimulants ?

IX

L'AVENIR DE DESJARDINS : ENCORE UNE ENTREPRISE, TOUJOURS UN MOUVEMENT ?

Participante et participants

Jocelyn PROTEAU
Honorable Monique VÉZINA
Claude VIENNEY

Les secrets d'un mouvement : propriété collective, service aux usagers et démocratie

Jocelyn Proteau

Dans mon analyse, je vais tenter, à partir de mon expérience de praticien de cette institution, d'illustrer comment Desjardins a réussi, pendant qu'il se développait en grande, en grosse entreprise, à demeurer et j'oserais dire être de plus en plus un MOUVEMENT.

Dans l'exercice de mes fonctions, j'entends toutes sortes de commentaires sur le Mouvement Desjardins. Nous serions, paraît-il, devenus trop gros. Non seulement serions-nous une grande entreprise, mais nous ne serions plus que cela et, en plus, une entreprise hautement bureaucratisée. Les caractéristiques qui faisaient de nous un mouvement seraient disparues au fil de notre croissance et de notre diversification. Et je vous fais grâce de beaucoup d'autres remarques, aussi nombreuses qu'étonnantes, que vous avez pu entendre vous aussi.

D'abord le premier volet : Desjardins, encore une entreprise ? À cette question je réponds : Desjardins a *toujours* été une entreprise. Si l'on se fie au *Petit Robert*, une entreprise, c'est : « une organisation de production de biens et de services à caractère commercial ». Et, toujours selon le *Petit Robert*, une coopérative, c'est « une *entreprise* où les droits de chaque associé à la gestion sont égaux et où le profit est réparti entre eux ».

Et si l'on pousse un peu plus loin l'analyse de ce que doit être une entreprise, on se rend vite compte qu'elle doit respecter un certain nombre de règles essentielles à sa survie et à son développement. Toute entreprise (à moins de pouvoir compter sur des subventions inépuisables) se doit d'être rentable, sinon elle est condamnée à disparaître. Afin d'assurer sa rentabilité, elle se doit d'offrir des produits et services de qualité, à des prix concurrentiels, en couvrant l'ensemble de ses coûts de production. C'est une règle de base qu'il serait difficile de contester.

Plusieurs personnes se posent aussi une autre question : Desjardins est-il d'abord une coopérative avant d'être une institution financière ? Il m'apparaît qu'on ne peut pas répondre par un oui ou par un non à une telle question et, franchement, je ne crois pas que ce soit nécessaire. Évidemment, Desjardins est une institution financière soumise aux règles et aux lois de cette industrie et de ses autorités réglementaires et qui se doit d'afficher des performances financières comparables à celles de ses concurrents de nature capitaliste. Je prends pour preuve de cela une préoccupation observée de plus en plus souvent chez l'épargnant qui hésite à déposer dans une même caisse plus de soixante mille dollars pour que son dépôt jouisse d'une pleine protection de l'assurance-dépôt.

Combien de personnes, il y a vingt-cinq ans, se préoccupaient des cotes octroyées aux institutions financières par les agences de notation : Moody's, Standard and Poors, DBRS, etc. ? Bien peu. Aujourd'hui, beaucoup s'en préoccupent et de nombreux commentateurs de l'activité financière le leur rappellent régulièrement. Je vous mets au défi de convaincre les gens de Moody's de vous accorder la meilleure cote avec des résultats nettement inférieurs aux autres joueurs de votre industrie.

Mais cela étant dit, Desjardins est tout de même une institution financière différente, « distincte » pour employer un terme bien à la mode ; Desjardins, c'est une institution financière *coopérative*. Et dans ce sens-là, elle respecte encore aujourd'hui tous les principes fondamentaux qui distinguent une organisation coopérative d'une organisation capitaliste en permettant à ses membres, que l'on nomme ailleurs des actionnaires, de participer à l'administration et aux résultats en plus, bien sûr, de participer à la propriété.

Chez nos concurrents, les clients sont les clients et les actionnaires sont les actionnaires. Quelques-uns peuvent être à la fois clients et actionnaires, mais ce n'est pas automatique comme à la caisse. Et la participation aux orientations et à l'administration est loin de leur être ouverte et facilement accessible.

Dans un autre ordre d'idée, nous entendons très fréquemment de nombreuses personnes qui, se réclamant d'Alphonse Desjardins, affirment qu'il ne serait pas d'accord ni avec la notion de production de richesse ni avec la diversification. À ceux-là, je rappellerai ces déclarations que faisait notre fondateur en 1911 : « À tout événement, il est certain que la richesse exerce une puissance d'attraction indéniable, qu'elle fascine. Il importe donc de l'acquérir pour l'utiliser ensuite à la réalisation de pensées nobles et élevées. » Voilà pour la richesse.

Et que pensait Alphonse Desjardins de la diversification ? « Vous concevez sans peine, disait-il, que la caisse n'est qu'un prélude et que bien d'autres organismes suivront englobant tous les besoins matériels susceptibles d'être mieux satisfaits par l'association coopérative. »

Vous aurez noté qu'Alphonse Desjardins parlait bien de *tous* les besoins matériels. J'en viens même à me demander s'il ne serait pas déçu et s'il ne trouverait pas que nous ne sommes pas assez diversifiés et que la coopération n'est pas aussi présente qu'elle le devrait. Je soupçonne même Alphonse Desjardins d'avoir inspiré le Groupe de Lisbonne que préside M. Petrella. Chose certaine, s'il était encore des nôtres aujourd'hui, je suis convaincu qu'il aurait été invité à faire partie de ce groupe.

Voyons maintenant si Desjardins est toujours un Mouvement. Je ne vous cacherai pas que cette partie de la question est un peu plus délicate. Les questions et les objections sont plus sérieuses et quelques exemples d'éloignement apparent de la doctrine peuvent laisser songeur.

À ma connaissance, la majorité sinon la totalité des coopératives sont nées ou naissent en réaction à une situation particulière ou à un besoin particulier. Elles sont aussi très souvent nées par suite de l'incapacité du capitalisme à trouver réponse à certains besoins.

En Europe, au XIXe siècle, plusieurs coopératives sont apparues en réponse à diverses formes d'exploitation. Ici, les caisses populaires furent la réponse d'Alphonse Desjardins à un manque d'accès au crédit pour les agriculteurs et aux méfaits causés par les prêts usuraires. Créées par un regroupement de personnes issues d'un même milieu et qui partagaient les mêmes besoins et préoccupations, les caisses populaires étaient forcément un Mouvement. Je veux dire par là que l'institution financière coopérative existait par et pour son milieu et que toutes ses actions visaient ce même milieu, tant dans ses activités financières que dans ses préoccupations sociales.

Le fait de se limiter à son milieu naturel, en l'occurrence la paroisse, était pour Alphonse Desjardins un gage de sécurité. L'avantage que procure un tissu social serré, où tout le monde se connaît, facilite la prise de décision surtout en matière de crédit.

Il faut se rappeler que les enquêtes de crédit et les agences qui les supportent, cela relevait de l'imaginaire en 1900. La participation des membres aux activités de la caisse était vue comme essentielle. Le fondateur considérait la caisse comme « une petite république économique très démocratisée dont l'assemblée générale des sociétaires est le principal élément de contrôle ».

Aujourd'hui, les gens qui reprochent à Desjardins de ne plus être un vrai Mouvement invoquent notamment la faible participation aux assemblées générales de membres, l'influence, selon eux indue, exercée par la haute direction du Mouvement ainsi que la présence d'un fort groupe d'entreprises non coopératives. Même si je suis prêt à admettre que nous ne sommes pas totalement à l'abri des reproches au chapitre de la participation à nos assemblées générales, je suis d'avis que ces reproches ne tiennent compte ni de l'évolution du Mouvement ni de la réalité économique et sociale contemporaine.

Il est vrai que les efforts pour moderniser, rendre plus vivantes, plus participatives nos assemblées générales ont été assez tièdes. Encore trop souvent, ces assemblées mettent davantage l'accent sur les données statistiques et chiffrées dont les membres peuvent de toute façon prendre connaissance dans les rapports annuels, plutôt que sur la contribution des caisses au développement social et économique de leur milieu ou encore sur l'éducation à la vie coopérative.

Cet état de fait, jumelé à une forme de désintéressement beaucoup plus large observé dans l'ensemble de la société, explique en bonne partie cette passivité. Mais, les critères d'évaluation de notre caractère comme Mouvement doivent aussi être adaptés à la réalité du XXIe siècle. Plusieurs caisses Desjardins comptent des milliers de membres et, dans certains cas, quelques dizaines de milliers. Serait-il pensable, dans de tels cas, d'espérer réunir disons vingt-cinq mille membres pour une assemblée générale ? Il faudrait pour cela louer le Stade Olympique ou le nouveau Centre Molson. Et, seconde question : les membres souhaitent-ils cela ? Ne souhaitent-ils pas plutôt être membres d'une institution sérieuse, solide, bien gérée et qui respecte ses engagements ? Ne vivons-nous pas dans un système où la démocratie par délégation est une réalité largement admise ?

Le fait de dramatiser le peu de présence aux assemblées générales me fait penser aux réactions de certains organisateurs d'activités qui s'inquiètent lorsqu'un participant ne parle pas. Inévitablement, un responsable l'interpelle afin de savoir si cela lui plaît, s'il est satisfait ou s'il y a un problème. Très souvent, la personne va répondre : « Oui, tout va bien ; ce n'est pas parce que je ne monte pas sur la table que je suis insatisfait. »

Aujourd'hui, c'est peut-être autrement que nous devons démontrer que nous sommes toujours un Mouvement. Bien sûr, la participation des membres est toujours valorisée. Ce n'est pas pour rien que le Mouvement Desjardins tient tous les cinq ans un congrès des dirigeants des caisses qui réunit plusieurs milliers de personnes.

Dans son milieu, chaque caisse est un agent social en même temps qu'un agent économique. En plus d'être le plus gros employeur privé au Québec, Desjardins est globalement le plus gros donateur, en dons et commandites, de diverses œuvres à caractère social, communautaire ou humanitaire. Et même si treize millions de dollars, c'est une somme assez modeste, il faudrait jeter un coup d'œil sur ce que donnent nos concurrents.

Combien de projets de relance économique ont été menés par les caisses populaires locales depuis quelques années ? La liste est longue et fort éloquente. Quelle autre institution peut prétendre avoir fait autant ?

Du fait de sa propriété collective, le Mouvement Desjardins fait bien sûr partie intégrante de la société. Il ne peut être acheté, vendu, transféré ou fermé. Et quant à l'emprise excessive qu'exerceraient les cadres supérieurs du

Mouvement, que dire sinon que tout ce beau monde répond de ses actes à des dirigeants élus qui représentent, de palier en palier, l'ensemble des cinq millions de membres que compte le Mouvement Desjardins. Bien sûr, il y a là des personnes qui ont du caractère, de l'envergure et des compétences. Est-ce que l'on accepterait que ces gestionnaires soient moins professionnels parce que nous sommes une coopérative ? Comme le dit fréquemment notre président, monsieur Claude Béland, coopératif ne doit pas être synonyme de petit, pauvre et subventionné. Ce n'est certainement pas non plus ce qu'Alphonse Desjardins avait en tête quand il disait que « le gérant est un fonctionnaire très important » et ajoutait que la caisse devait donner des garanties de sécurité et de bonne administration. C'est à cela que doivent se livrer les hauts gestionnaires.

Quant à la présence d'un nombre croissant d'entreprises de type traditionnel au sein du Mouvement, il est difficile de savoir si c'est une éventualité qu'Alphonse Desjardins avait envisagée. À la lecture de ses écrits, on décode plutôt qu'il aurait souhaité que le système coopératif puisse satisfaire tous les besoins, comme je le soulignais il y a quelques instants.

Mais, il ne faut pas perdre de vue que le système économique qui nous entoure est justement de type capitaliste, ce qui nous impose certaines limites. Par contre, la propriété de ces entreprises qui font désormais partie de notre Mouvement est bel et bien, elle, coopérative. Ici, je m'avance un peu mais je pense qu'en homme fier, Alphonse Desjardins serait heureux de voir que sa petite caisse locale est aujourd'hui capable de jouer dans les grandes ligues, en s'adaptant aux changements sans renier ses valeurs et en conservant ses caractéristiques. Il le serait encore davantage en voyant ses caisses être collectivement actionnaires majoritaires d'une banque d'envergure canadienne.

Je crois fermement en l'avenir du Mouvement Desjardins comme entreprise et comme mouvement. À l'instar du Groupe de Lisbonne, je pense que dans le contexte actuel, la coopération constitue une excellente réponse aux défis de la globalisation et du néolibéralisme. Les valeurs fondamentales de notre Mouvement : la mise en commun des ressources, l'entraide, la solidarité, la démocratie, sont-ce des valeurs démodées ? Loin de là. Sans équivoque, Desjardins, c'est devenu une fort grande entreprise. Mais les cinq millions de personnes qui la composent continuent encore aujourd'hui d'avoir la double qualité de propriétaire-actionnaire et d'usager.

À nous, les dirigeants, de leur démontrer que nous demeurons *en* mouvement pour les inciter à un développement encore plus large de *leur* mouvement.

Les femmes chez Desjardins : aménager l'équilibre, réaliser l'équité

Honorable Monique Vézina

Introduction

Actuellement, il est beaucoup question de changement, d'espoir, d'avenir. Nous voguons vers des horizons mal définis, sur une mer de promesses ; à l'ère de la globalisation, de la mondialisation, du triomphalisme des comptables, des déficits à réduire, des marchés à créer et des avantages comparatifs, nous en arrivons même parfois à croire que la société entière doit être mise au service de l'économie, alors que l'enseignement d'Alphonse Desjardins nous dit que l'argent doit d'abord servir au développement humain et que l'engagement de chaque personne constitue l'élément d'une gestion démocratique. Ses successeurs parleront d'une « force économique et sociale sur laquelle nous pouvons compter ».

Le Mouvement Desjardins a relevé le défi de la survie, celui de l'enracinement, puis celui de la croissance. Il lui *reste à surmonter celui de demeurer un mouvement malgré cette croissance*. Desjardins est profondément ancré dans le milieu québécois et, malgré la réalisation de progrès économiques considérables, il sait qu'un certain nombre de problèmes de société restent préoccupants.

Plusieurs auteurs ont déjà fait l'analyse de Desjardins-entreprise sous diverses facettes. Mon propos portera plutôt sur Desjardins-mouvement, mouvement que le *Petit Larousse* définit comme « action collective visant à un changement ».

Desjardins, un mouvement

Le mouvement coopératif repose sur une structure démocratique, ce qui, en principe, assure au Mouvement Desjardins une prise directe sur la société, un canal ouvert par lequel les tendances peuvent être exprimées avant même qu'elles ne *deviennent assez populaires pour atteindre le statut de mode.* À ce titre, puisque sa structure lui permet de détecter tout ce qui se dessine, Desjardins devrait évoluer de manière à se positionner à l'avant-garde des grandes mutations de notre société, en connaître les besoins, y répondre, voire même les devancer, ce qu'il ne fait pas très bien. Madame Lise Bissonnette, direcrice du *Devoir*, disait fort justement « que Desjardins s'adapte au changement, qui se définit ailleurs, beaucoup plus qu'il ne le provoque [...] ».

Il est donc permis de se demander si Desjardins-mouvement, issu de valeurs fondamentales basées sur la famille et la qualité de vie, profitera de ce canal privilégié pour tenir vraiment compte des mutations profondes qui bouleversent notre société dans sa structure même. Je pense en particulier à la *place qu'occupent ou n'occupent pas les femmes à « haut niveau »* chez Desjardins. Je pense au *rôle d'encouragement et de changement* que pourrait jouer Desjardins-mouvement auprès de ses membres et de la société québécoise entière.

Place aux femmes...

Au Canada, entre 1982 et 1992, la proportion de femmes détenant des postes de commande a doublé : une tendance, vous le comprendrez, que je souhaite irréversible. Les mêmes statistiques, d'ailleurs, nous démontrent que la femme, en affaires, s'en tire fort bien... souvent beaucoup mieux que l'homme.

En 1995, durant sept mois, j'ai sillonné le Québec. J'y ai entendu une nette volonté de changement. Des femmes, de tous âges et de toutes conditions, sont venues dire que le temps était venu de changer le monde, leur monde. Elles ont répété qu'elles étaient prêtes à conduire un changement structurel... Et j'ai reconnu cette nouvelle génération de patronnes, débordantes d'énergie et d'audace qui secoue les préjugés, dépasse les tabous et jette les bases de nouvelles relations interpersonnelles. Elles sont de plus en plus nombreuses dans différents secteurs, à tous les échelons, à mettre leur intelligence, leur compétence et leur jugement au service de leur collectivité familiale ou professionnelle.

L'exprérience des femmes ouvre sur l'enracinement social ; elles sont *l'espoir du Québec*. Parce qu'elles sont associées aux groupes populaires (dans les domaines de la santé, de l'éducation, de la culture, de l'économie, de la lutte contre la violence, la pauvreté, etc.), elles *connaissent* les problèmes, *encouragent* la solidarité et *enseignent* les règles de la démocratie. Autant de valeurs pratiquées par Desjardins-mouvement. Leurs expériences au quotidien font en sorte qu'elles ressentent immédiatement combien, en 1996, les structures du marché du travail et l'infrastructure sociale sont décalées par rapport aux réalités économiques, sociales et familiales. Elles s'interrogent et posent maintenant les questions à haute voix.

Et j'essaie toujours de m'expliquer cette contradiction qui se vit chez Desjardins, caisses populaires et d'économie...

En m'attardant sur les images de la première caisse populaire du sous-sol de l'église ou la description du chassé–croisé des mouvements syndicaux et de

Desjardins, je vous avouerai avoir fait un constat. Je me dis en souriant qu'au-delà des solidarités historiques qu'avaient connues les syndicats, le Vatican et le mouvement Desjardins, au moins un trait commun subsistait en 1996 : une main-d'œuvre féminine et des dirigeants masculins !

Trêve de plaisanterie. Portons un regard sur la situation actuelle et essayons ensemble de briser le mythe qui entoure « Desjardins et l'absence des femmes aux postes de commande ». Dans 1320 caisses populaires se trouvent 17 352 dirigeants élus (56,3 % de cinquante ans et plus ; 37,3 % de trente-cinq à quarante-neuf ans ; 6,4 % de dix-huit à trente-quatre ans). Parmi eux tous, *un dirigeant sur quatre est une femme !* Il y a eu progrès, bien sûr : 16 % de femmes en 1988, 24 % en 1995. Le rythme de progression est certes constant, mais pas assez rapide en ce qui concerne les postes élevés de décision. Regardons la situation plus en détail.

Quels postes décisionnels d'importance occupent les femmes à l'intérieur des quatorze fédérations régionales, de la Confédération et du comité exécutif de Desjardins, là où se prennent les vraies décisions, là où se dessinent les orientations institutionnelles, là où se prépare la planification ? Dans quatorze fédérations régionales, on compte 317 élus, dont quarante-trois femmes, c'est dire qu'*un dirigeant sur sept est une femme*. J'ai l'impression que plusieurs de ces femmes élues le sont aux conseils de surveillance ou aux commissions de crédit, ce qui n'implique que trois ou quatre rencontres par année avec le mandat que nous leur connaissons. Nous savons tous et toutes, par ailleurs, que l'exercice de la fin mars 1996, où quatre mille dirigeants du Mouvement Desjardins réfléchiront sur le thème *Un rôle, une place pour chacun et chacune*, ne vise pas spécifiquement à établir l'équilibre entre les sexes et les âges. Mais attention ! Le pourcentage des femmes élues comme dirigeantes risque bien d'être à la baisse à partir des nouvelles décisions... Bref, voilà un exercice à suivre de près.

À la Confédération Desjardins, il y a dix-neuf élus. *Un dirigeant sur dix-neuf est une femme !* Au comité exécutif, *aucune femme parmi les sept élus ! !*

Permettons-nous un dernier commentaire et une dernière interrogation, ayant trait cette fois à la représentation des membres. De source officieuse, il y aurait 50,5 % d'hommes et 49,5 % de femmes ; sans en connaître le pourcentage exact, la majorité pourrait se situer entre les « plus de dix-huit ans et moins de soixante-quatre ans ». La question à poser à Desjardins-mouvement est, me semble-t-il : « Où sont les femmes ? » Cette nouvelle génération de patronnes qui secoue les préjugés et dépasse les tabous (*dixit* madame Bissonnette), où déposent-elles leurs économies ? Où font-elles leurs transactions d'affaires ? Préféreraient-elles le compétiteur plus « libéral » aux coopératives qui accompagnent le changement qui se définit ailleurs (*dixit* madame Bissonnette) ?

Pourtant, Desjardins-mouvement sait que depuis sa fondation en 1900 sa véritable richesse, ce sont ses cinq millions de membres, hommes et femmes de tous âges, et que c'est grâce à cette ressource humaine, laquelle est le centre ou l'âme des questions de développement, que Desjardins a grandi. En tant que mouvement, Desjardins a cette responsabilité *d'aménager l'équilibre*, à l'intérieur de ses structures mêmes tout comme dans ses orientations, de façon à devenir le lieu où les hommes et les femmes pourront *ensemble exercer leurs compétences dans le plus grand souci d'équité.*

Le rôle de Desjardins-mouvement est incontestablement *d'investir dans cette dimension de notre avenir collectif*, rejoignant ainsi le *Rapport mondial sur le développement humain*, édition 1995, qui va jusqu'à constater que « faute de progrès plus rapide dans le domaine de l'égalité des sexes, les progrès dans d'autres domaines risquent eux aussi d'être compromis ».

Il me semble que les transformations sociales ne réussiront que si les femmes sont en mesure de jouer un plus grand rôle dans la conduite du changement. Et ce rôle passe par une plus grande participation dans les systèmes d'emploi et de prise de décision.

Ce que les Québécoises sont en droit d'attendre de Desjardins-mouvement, c'est qu'il *demeure à la hauteur des exigences*, qu'il *demeure à l'écoute des changements*, qu'il *les devance même*.

Certains observateurs prévoient qu'en l'an 2000, deux emplois sur trois seront précaires. Quel impact cela aura-t-il sur la famille, sur le droit au travail, sur l'égalité des sexes, sur l'égale répartition des richesses, sur l'accès à la propriété, sur le travail au noir ? Desjardins-mouvement, par sa philosophie et sa pédagogie coopérative, deviendra-t-il ce partenaire capable de comprendre ces enjeux d'équité et de justice sociale ? Fera-t-il appel à l'autre moitié de la société québécoise ?

Un nouveau contrat social

Nous en sommes à une mise à jour du contrat social. Et, mondialisation ou pas, libre-échange ou pas, cette mise à jour devra *coller de près aux aspirations des Québécoises et des Québécois parce qu'elle est liée à notre destinée collective.* Le mouvement coopératif tel qu'il s'est implanté ici, tel qu'il s'est développé au sein du Mouvement Desjardins, est devenu une des particularités de notre caractère « distinct ». À maintes reprises, on le cite comme un exemple de notre capacité à trouver nos propres solutions à nos problèmes.

En terminant, revenons au *Rapport mondial sur le développement humain* qui dit :

> Ce nouvel ordre mondial devrait promouvoir une meilleure répartition du travail et de l'expérience entre hommes et femmes, sur le lieu de travail comme au foyer. Il devrait respecter les femmes en tant qu'agents essentiels du changement et du développement, et ouvrir davantage de portes aux femmes en leur donnant la possibilité de saisir de façon plus égale les opportunités politiques et économiques. En outre, il évaluerait le travail et la contribution des femmes dans tous les domaines sur la même base que le travail et la contribution des hommes, en se fondant uniquement sur le mérite, sans aucune distinction.
>
> Ce nouvel ordre mondial placerait ainsi clairement les individus — hommes et femmes — au centre de tous les processus de développement. C'est la seule manière d'intégrer la dimension féminine au développement humain.

À ce titre, et dans la nécessaire révision du contrat social, le Mouvement Desjardins a une responsabilité immense, qu'il doit assumer par *l'animation, l'éducation et la prospection des idées neuves*. Bref, en tant qu'entreprise, Desjardins peut compter sur la fidélité des Québécoises et des Québécois. En tant que mouvement, il *doit envisager le changement avec lucidité*, sans jamais perdre de vue sa raison d'être qui est d'aider et d'enseigner l'autonomie, d'encourager une société marquée par le choix, la diversité, la confiance et la solidarité.

L'éducation à la coopération, la recherche de partenaires tels le ministère de l'Éducation du Québec, la Centrale des enseignants du Québec, la Fédération des femmes du Québec et la désignation de leaders féminins sont autant d'initiatives qui permettraient à Desjardins de demeurer à l'écoute du changement et, qui sait ? de le devancer.

Le maintien et le renforcement de la réciprocité entre l'entreprise et le mouvement

Claude Vienney

Ce que l'on connaît de la formation et des transformations des coopératives en général, et des coopératives d'épargne et de crédit en particulier, permet-il d'éclairer les tensions qui s'exercent dans le cas des caisses populaires québécoises entre les deux pôles de ce type d'organisations : groupement de personnes appartenant à une collectivité solidaire et entreprise prenant en charge une partie de leurs activités ?

Je m'en tiendrai aux leçons des comparaisons internationales. Mais je m'efforcerai aussi de tirer parti des analyses qui précèdent pour que ma contribution ne se limite pas à une théorie générale. Mon exposé portera donc sur trois points :

1. Toutes les coopératives se forment parce que des groupes sociaux ont besoin de prendre en charge certaines de leurs activités dans une entreprise commune. C'est cette combinaison qui forme ce que l'on convient d'appeler des mouvements coopératifs, qui visent aussi bien des activités non financières que la collecte de l'épargne et la distribution du crédit.
2. Mais il ne s'agit pas de ce que les chimistes appellent une structure stable. En se développant, l'entreprise tend à imposer à ses associés ses propres conditions de fonctionnement, ce qui modifie l'équilibre des origines. Et ceci intéresse d'autant plus les coopératives d'épargne et de crédit qu'en se transformant en banques universelles elles exercent des activités de plus en plus éloignées de celles des personnes qui les avaient formées.
3. Rester un mouvement tout en devenant une institution financière compétitive implique donc beaucoup d'effort, aussi bien dans la sélection des activités à financer que dans la transparence des informations permettant aux membres de savoir d'où vient et où va tout cet argent.

Premier point

La formation et la consolidation des coopératives se fondent sur la préférence de certains acteurs pour l'utilité plutôt que la rentabilité des activités auxquelles ils participent et qu'ils doivent financer.

Cette observation, qui tranche avec ce que l'on appelle aujourd'hui la financiarisation de l'économie, si vigoureusement dénoncée par monsieur Petrella, renvoie à des situations dans lesquelles des groupes sociaux relativement dominés prennent en charge des activités qui leurs sont nécessaires, mais que délaissent les groupes dominants. Les apports des historiens et des sociologues nous ont donc opportunément rappelé que la naissance et les premiers développements des caisses populaires Desjardins appartiennent bien à cette tradition.

Du moins est-ce la réciprocité des rapports entre les associés et l'entreprise qui marque le passage du mouvement social à l'organisation spécifiquement coopérative, comme outil d'insertion de petits entrepreneurs dans la production marchande. La priorité de l'activité à financer sur l'organisation d'une entreprise bancaire marque d'ailleurs l'ordre d'apparition historique des principales institutions coopératives : secours mutuels en cas de maladie et de chômage, approvisionnement en biens de subsistance des ouvriers urbains, associations ouvrières de production, approvisionnement des exploitants familiaux agricoles et écoulement de leurs produits. D'une manière générale, ces organisations excluent à leur origine les prêts individuels à leurs membres et privilégient le financement d'une activité collective. Les coopératives d'épargne et de crédit ne se structurent qu'à la fin du XIXe siècle. Ce qui explique peut être, hypothèse que je propose en réponse à la question de Gaston Deschênes, que les deux plus prestigieuses d'entre elles, celles qui ont par la suite pris le nom de leur fondateur — Reiffeisen et Desjardins —, se soient exprimées comme si aucun mouvement coopératif n'avait existé avant elles.

En apparence, leur situation de naissance est différente, car elles ne peuvent verser d'intérêts à leurs associés déposants que si leurs placements sont d'autre part suffisamment rentables. Mais plusieurs participants de ce colloque nous ont rappelé qu'elles ont été mises sur pied pour donner accès au crédit à des producteurs qui étaient alors délaissés par les banques commerciales et victimes de l'usure. Les activités à financer et la personnalité des emprunteurs étaient donc bien prioritaires par rapport à la rentabilité des placements, que les critères de choix aient été territoriaux (zones rurales), professionnels (agriculture et petites industries agro-alimentaires) ou idéologiques (appartenance à la paroisse).

La solidarité illimitée et sa contrepartie, le caractère impartageable des réserves, marquent d'ailleurs clairement cette identité socio-économique coopérative des origines. L'existence de la commission de crédit, dont cette fois une question venue de la salle a rappelé l'importance, témoigne de ce que ce sont les associés qui se font mutuellement crédit parce qu'ils connaissent à la fois l'activité à financer et la personnalité de l'emprunteur. L'accumulation des réserves remplace progressivement la caution mutuelle interpersonnelle par des fonds de garantie.

Deuxième point

La combinaison coopérative, grâce à laquelle des acteurs dominés prennent en charge des activités nécessaires et délaissées par les acteurs dominants, n'est pas stable. La raison essentielle, qui résulte des conditions mêmes de sa formation, en est qu'il s'agit d'une structure à la fois autocentrée et ouverte sur son environnement marchand et capitaliste. Aussi bien l'entreprise que les membres se transforment au cours du développement et, par conséquent, leurs rapports aussi.

Je me rapprocherai des quatre figures de Joseph Yvon Thériault, en les réduisant à trois et en les reformulant comme changements d'orientation de la résultante des rapports entre les associés et l'entreprise dans un vocabulaire moins spécifiquement québecois.

a) Le regroupement des figures paroissiale et nationale correspond à la phase d'émergence des coopératives. Le rapport principal va des personnes à l'entreprise.

— Les associés sont définis suivant leur classe sociale, selon les types de coopératives et leur milieu de naissance, des ouvriers urbains en train de devenir salariés jusqu'aux paysans confrontés à la généralisation de la production marchande.

— L'entreprise est conçue comme un moyen de prendre en charge des activités utiles à tous et de relier les activités des membres à l'économie environnante.

Dans ces conditions, la coopérative reçoit l'appui de la collectivité dont ses membres font partie et la soutient en retour, ici ce sera la paroisse et son enracinement ou la nation et ses espoirs, là le syndicat force de reconquête d'une culture et d'un pouvoir professionnels, ailleurs une communauté faisant triompher l'aide mutuelle sur la compétition marchande.

b) La deuxième phase, figure technocratique de Thériault, est pour moi bureaucratique, au sens de Max Weber.

— L'activité de l'entreprise se spécialise et se technicise, renforçant à la fois les services rendus aux membres et les performances professionnelles de l'organisation.

— Tous les acteurs sont redéfinis suivant cette fois la part qu'ils prennent aux activités de l'entreprise, les membres n'étant plus ruraux ou urbains, paysans ou ouvriers, mais consommateurs, épargnants, travailleurs, emprunteurs, etc.

Analysée et observée par Roger Levasseur et Yvan Rousseau, la métamorphose des gérants de caisse et de leurs rapports sociaux et économiques avec leurs divers partenaires a illustré cette transformation. Plus généralement, les rapports de la coopérative avec la communauté environnante se normalisent dans le champ spécifique des activités technico-économiques de l'organisation.

Comme nous l'a rappelé opportunément madame Bissonnette, je ne crois pas que l'on doive éprouver face à cette transformation la nostalgie de la phase précédente. Certes l'activité se banalise, car elle n'est plus délaissée, et les services produits par les coopératives tendent à ressembler à ceux des autres entreprises. Certes les relations marchandes se généralisent, et avec elles la réciprocité se substitue aux aides et au bénévolat. Mais c'est bien au cours de cette phase que la forme et les règles distinctives des coopératives se structurent : égalité, partage proportionnel à la participation à l'activité, propriété collective des bénéfices réinvestis.

Henri Desroche, cité par Claude Beauchamp à un autre sujet, a, je crois, promené dans toutes les universités québécoises la figure du quadrilatère coopératif qui illustre ces rapports spécifiques. Je rappellerai donc simplement qu'elle permet ici comme ailleurs de représenter un fonctionnement idéal, mais aussi, grâce à cette référence, d'analyser les clivages et les conflits observables dans la réalité, donc de compenser les écarts les plus manifestes par des politiques appropriées.

c) Mais il existe aussi une troisième phase, et c'est elle, je suppose, qui justifie le point d'interrogation du titre de ce colloque : encore une entreprise, toujours un mouvement ?

Cette dernière phase a été qualifiée d'individualisante, mais je n'irai pas jusque-là, pour ne pas trancher la question de la poule et de l'œuf. Est-ce que l'entreprise Desjardins rend ses membres usagers plus individualistes ? Ou est-ce l'individualisme croissant de ses membres qui la conduit à adapter ses opérations pour rester strictement à leur service ?

Car en effet il n'y a pas que dans les caisses populaires québécoises que l'on observe aujourd'hui la montée de l'individualisme chez les coopérateurs, qui s'adressent à une autre entreprise si elle leur offre des services jugés meilleurs à moindre coût. Mais compte tenu de la hiérarchie des pouvoirs entre des entreprises de plus en plus concentrées et des membres relativement plus dispersés, si l'on continue à suivre les rapports entre associés et entreprise, la marque distinctive de cette troisième phase est le retournement de ces rapports. C'est désormais l'entreprise qui tend à conformer ses membres aux conditions de son propre développement.

Or c'est parce qu'elle est elle-même en compétition avec d'autres entreprises que se produit cette transformation, et ce sont donc plutôt les économistes qui ont analysé pour nous les changements contemporains. Ce n'est plus au marché local, ni même national, qu'il faut réadapter l'activité, mais au marché mondial. Ainsi les coopératives des pays développés sont-elles entrées dans la course aux économies d'échelle par l'accroissement de leur taille, à l'utilisation de techniques de plus en plus sophistiquées pour améliorer leurs performances relatives, à la recherche de partenariats avec des groupes capitalistes pour compenser l'écart croissant entre leurs besoins et leurs moyens de financement.

Dans les coopératives d'épargne et de crédit, ce changement majeur des rapports entre l'entreprise et ses associés est d'autant plus manifeste qu'elles se sont transformées au cours de la même période en banques universelles. À l'origine et pendant la phase de contrainte mutuelle égalitaire, leurs activités étaient étroitement liées à celles de leurs membres comme épargnants et emprunteurs. Mais ce que l'on a appelé la financiarisation de l'économie a dissocié ces deux fonctions, car d'un côté on offre aux membres des produits de placement et de l'autre on investit dans des activités qui leur sont étrangères. Dans ce domaine, il faut souligner les risques de rupture, avec l'obsolescence des commissions de crédit et la difficulté d'obtenir des informations sur la structure des portefeuilles de placements. Alors, une nouvelle fois, faut-il verser dans la nostalgie de la phase précédente ?

Il ne faut certes pas masquer que les risques de rupture des rapports d'activité et de sociétariat qui caractérisaient les coopératives sont importants. Du moins au cours des quinze dernières années avons-nous appris que les institutions coopératives sont mortelles, même lorsqu'elles ont derrière elles plus d'un siècle de développement. Mais il faut aussi noter que ce sont ces mêmes forces qui ont formé les coopératives à leur origine qui les transforment aujourd'hui, et qui sont donc le principe même de leur efficacité. Dans un environnement nouveau, elles peuvent donc probablement aussi, au cours de cette troisième phase, retrouver un équilibre entre les associés et leur entreprise.

Parmi les évolutions de ce type, vous aurez remarqué comme moi : 1) que ce rééquilibre peut être obtenu si des groupes organisés, suivant le modèle décrit par Gilles Paquet ou Gérald Larose, prennent place pour renforcer les membres individuels : organisations syndicales, communautés locales, groupes porteurs de projets d'économie solidaire ou d'économie sociale comme l'on dit aujourd'hui ; et 2) que même le processus de sélection des membres, s'il est la condition de financement d'activités nécessaires et délaissées, n'est pas incompatible avec les missions d'une institution financière coopérative, comme l'ont démontré les interventions de Bruno Riverin sur les conditions de l'investissement dans des entreprises québécoises et de monsieur Lebossé sur l'appui aux réseaux d'épargne solidaire de proximité.

Troisième point

Même si l'analyse comparée des coopératives permet de faire ressortir des lois de transformation qui tendent à dissocier les rapports d'activité et de sociétariat, leurs effets ne sont pas inéluctables. Il s'agit en effet de lois sociales et non de lois de la nature, et l'on observe donc que des politiques spécifiques peuvent tendre à rétablir, lorsqu'ils sont déséquilibrés, des liens de réciprocité entre associés et entreprise.

Dans toutes les coopératives, il en est ainsi des politiques de formation qui tendent, comme l'écrivait déjà Georges Fauquet entre les deux guerres, à perfectionner les rapports entre l'entreprise et tous les acteurs qui participent à son activité. Également des stratégies de développement qui cherchent, éventuellement avec l'appui de collectivités publiques ou privées, à satisfaire des besoins nouveaux qui ne sont pas pris en charge spontanément par la sphère de la production marchande et rentable. Ou encore, comme vient de le rappeler l'Alliance coopérative internationale, de l'aide apportée par les coopératives anciennes aux coopératives nouvelles, davantage soutenues par des associés qui en ressentent fortement le besoin.

Dans le domaine plus spécifique des institutions financières, dont dépend la poursuite de rapports équilibrés entre mouvement et entreprise, je discernerai quatre voies explorées par ces politiques, sans prétendre ni à l'originalité ni aux recettes miracles.

a) Ce sont les appuis donnés par des banques coopératives à la mise en place de réseaux de collecte de ressources et d'investissements qualifiés d'épargne de proximité, permettant à divers acteurs, en renonçant à une partie de leur rémunération, d'avoir la garantie que leurs placements financent des activités auxquelles ils sont attachés.

b) Ce sont les relations établies entre les coopératives à activités non financières et celles à activités financières, puisque, paradoxalement, les unes ont des besoins de financement qui excèdent les capacités de leurs membres au moment où les autres sont en quête de placements.

c) C'est le financement d'activités qui, même si elles ne sont pas directement prises en charge par les sociétaires, ne leur sont pas moins directement utiles par leur localisation ou leur secteur professionnel.

d) Ce sont enfin les politiques d'information, qui devraient permettre aux associés de savoir avec précision d'où proviennent les ressources de leur coopérative et quelles activités elles servent à financer.

C'est de l'efficacité de ces politiques autant que des performances de l'entreprise que dépend la dynamique du Mouvement Desjardins, car je suppose que vous ne vous étonnerez pas que je lui renvoie la question : l'avenir du Mouvement Desjardins est entre les mains des Québécois.

ALLOCUTION DE CLÔTURE

Claude BÉLAND

Être de son temps dans le respect de sa mission

Claude Béland

Il y a un peu plus de trois ans, le recteur du temps, monsieur Claude Corbo, m'annonçait que l'Université du Québec à Montréal avait décidé, après avoir tenu des colloques sur des leaders individuels, d'en tenir une nouvelle série sur des institutions : Hydro-Québec, le journal *Le Devoir* et le Mouvement Desjardins. Les dirigeants et dirigeantes du Mouvement à qui j'annonçais à mon tour la nouvelle en furent alors très heureux et très flattés.

Nous attendions ce moment avec une certaine fébrilité : nous étions à la fois heureux que le Mouvement soit reconnu comme un des chefs de file dans cette province et, je dois l'avouer, un peu anxieux devant la critique. Nous savions qu'il est aisé d'expliquer et de justifier les agissements d'une entreprise dont le principal objectif consiste à payer le plus haut dividende aux actionnaires, mais qu'il est beaucoup plus difficile de le faire pour une entreprise qui porte le titre de « mouvement » et qui doit s'en montrer digne.

Car un mouvement évolue nécessairement à « contre-courant » du système dominant. Un mouvement, par définition, c'est le changement dans l'espace et dans le temps. Ainsi, lorsque des gens, à une époque et sur un territoire donnés, s'associent en vue de changer les choses, on dit volontiers d'eux qu'ils font partie d'un mouvement. On parlera du mouvement syndical, pour qualifier ces personnes qui s'associent en vue de changer les relations entre les employeurs et les employés. On parlera du mouvement féministe, pour définir le regroupement des personnes qui cherchent à modifier les relations entre les hommes et les femmes, etc.

Les caisses Desjardins, pour leur part, portent le titre de « mouvement » parce qu'elles veulent changer les relations entre les propriétaires et les usagers des institutions financières, parce qu'elle veulent, en fait, fusionner les deux rôles. Elles portent le titre de « mouvement » parce qu'elles s'inscrivent dans le vaste monde de la coopération qui cherche à changer les règles de l'économie pour faire en sorte que celle-ci soit au service des gens plutôt que le contraire, pour que la personne ait primauté sur le capital. Les caisses travaillent à ce que chacun soit responsable de l'autre, à ce que chacun puisse s'aider soi-même.

Exposer un mouvement à la critique, c'est, inévitablement, le confronter aux exigences de sa mission, à l'impatience de ceux et celles qui rêvent d'un monde meilleur ; c'est aussi faire ressortir les contradictions, parfois seulement apparentes mais aussi parfois bien réelles, de ceux et celles qui choisissent de vivre à contre-courant. De là notre fébrilité dans l'attente de ce colloque.

Alphonse Desjardins, le fondateur du mouvement qui porte aujourd'hui son nom, a voulu que la coopération se vive dans l'action. Il a fait en sorte que ce soient des entreprises, et des entreprises financières par surcroît, qui soient porteuses des valeurs et des principes de la coopération, de façon qu'elles constituent ensemble un mouvement ! La coopération n'est donc pas quelque chose de « théorique », elle s'incarne dans des pratiques bien concrètes. Et cela est aussi vrai aujourd'hui qu'hier. Nous pouvons donc, selon moi, laisser tomber le point d'interrogation qui apparaît à la fin du thème de ce colloque. Desjardins *est* une entreprise et un mouvement.

Pour vivre en tant qu'entreprise, il faut bien sûr des usagers, nombreux, satisfaits des services et fidèles. Mais pour vivre en tant que mouvement, il faut en plus de cela savoir évoluer à contre-courant, en recherchant constamment l'équilibre entre une clientèle influencée par le système dominant et le respect de la mission. Cet équilibre exige de toute évidence une bonne capacité d'adaptation, de la créativité... et la foi en notre capacité de changer les choses !

Mais il apparaîtra évident à chacun et chacune que la tâche à laquelle s'est attelé le Mouvement Desjardins est loin d'être achevée. Les valeurs de la coopération ne constituent certes pas encore aujourd'hui les valeurs dominantes de notre société. Le Mouvement Desjardins doit donc être encore un mouvement s'il tient à continuer à faire la promotion des valeurs qui l'animent et qui sont, aujourd'hui comme hier, à contre-courant. Il doit continuer à proposer des règles de fonctionnement qui permettent aux individus de se donner à eux-mêmes les services dont ils ont besoin.

Chez Desjardins, cela fait quatre-vingt-seize ans que le capital n'est pas la mesure de la propriété ni du contrôle de l'entreprise, contrairement aux autres institutions financières. À ce chapitre, le Mouvement Desjardins a bien résisté aux tendances imposées par les institutions financières traditionnelles. Cela fait aussi longtemps que le partage des bénéfices dans les caisses ne se fait pas en fonction du capital investi, mais bien des transactions faites par les membres avec leur coopérative, et que la part des bénéfices qui n'est pas redistribuée aux membres est versée aux réserves générales, constituant ainsi un « héritage collectif » qui représente aujourd'hui plus de trois milliards de dollars. C'est tout cela qui permet encore aujourd'hui à Desjardins d'être un bâtisseur et un développeur (malgré deux récessions depuis le début des années 1980, Desjardins a continué de voir croître le nombre de ses membres, de ses employés et la somme de ses actifs. En ce sens, Desjardins a bien résisté aux courants contraires).

Mais la mission du Mouvement Desjardins n'est pas encore accomplie parce que les règles qui se vivent concrètement dans les caisses n'ont pas encore modifié les valeurs qui guident les relations entre les personnes dans notre société. On peut même dire qu'aujourd'hui, les tendances du système dominant prennent de plus en plus de force, encouragées par la culture de la mondialisation des marchés. Comme le soulignait monsieur Petrella, le nouveau roi, aujourd'hui, c'est le marché : le marché domine tout, dicte tout, influence tout. Il influence même les gens de chez nous, chez nous au Québec, chez nous chez Desjardins. Nos membres, en effet, n'échappent pas à l'influence de ces courants. Ils exigent désormais de leur coopérative... ce que les entreprises capitalistes leur offrent !

Oui ! Lorsqu'une organisation est à la fois un mouvement et une entreprise, il lui faut nécessairement satisfaire ses usagers tout en tenant tête aux influences du système dominant. Il y a là un équilibre qui n'est pas toujours facile à trouver et qui représente un défi de tous les instants. À long terme, toutefois, la préservation et même le renforcement de l'identité coopérative de l'organisation passent obligatoirement par l'éducation aux valeurs de la coopération.

On a beaucoup fait appel à Desjardins en tant que mouvement pour qu'il contribue plus activement au changement. On a beaucoup fait appel aux caisses : « La caisse devrait faire ceci ; la caisse devrait faire cela. » Mais le Mouvement, c'est qui ? Et surtout : la caisse, c'est qui ? Ce sont des personnes, que leurs élus écoutent, voient agir. De sorte que c'est la masse des gens qui finalement décide, dicte et influence tout. Si l'on n'est pas satisfait de la situation, faudrait-il par exemple congédier les membres des caisses qui refusent d'aller aux assemblées générales, qui veulent les meilleurs rendements, qui exigent qu'on leur donne ce que les autres institutions financières leur offrent ?

Les caisses, ce sont d'abord et avant tout des personnes qui, souvent par leurs actions, ou encore par leur inaction, leur absence, leur silence, créent les tendances... On nous dit par exemple qu'il y a trop de notaires ou d'avocats dans les conseils de caisse, qu'il n'y a pas suffisamment de jeunes. Et pourtant, qui participe aux élections ? Les mêmes personnes qui nous adressent ces reproches ne souhaiteraient tout de même pas, j'imagine, que ce soient les dirigeants du Mouvement qui désignent les représentants des caisses, au nom de la démocratie.

Non ! Si le Mouvement Desjardins est ce qu'il est aujourd'hui, si l'on retrouve certaines catégories de personnes plus que d'autres parmi ses dirigeants, s'il offre maintenant tel ou tel produit ou service, tout cela est en fait le résultat de la démocratie ainsi que des demandes répétées des membres. C'est pour cette raison que l'éducation aux valeurs de la coopération représente encore aujourd'hui un défi important : c'est par cette éducation à la coopération que l'on pourra tendre encore plus vers l'équité et la justice, à la fois dans le Mouvement Desjardins et dans la société.

Sans cette éducation, le Mouvement en viendrait un jour à ne prendre sa source que dans les écrits ou les discours, alors qu'un mouvement véritable doit aussi prendre sa source dans les gens, dans les personnes elles-mêmes. Ce sont les gens qui font l'esprit d'une famille, d'un groupe, d'un pays... non pas les édits, les proclamations ou les Constitutions ! Ce sont les gens qui font changer les choses, et c'est pourquoi l'éducation à notre condition d'être social qui oblige à la solidarité, d'être vivant nécessairement avec et pour les autres, d'être responsable des autres, est si importante. Seule cette prise de conscience peut être à la source du changement. Cette éducation coopérative est donc une éducation à l'autonomie des individus, à la démocratie, à la solidarité.

Et je dis bien « éducation », et pas uniquement « enseignement ». Car l'éducation fait appel à chacun de nous, à nos propres comportements, à nos propres messages ; elle fait appel à la famille, au rétablissement de véritables solidarités familiales ; elle fait appel à nos maisons d'enseignement qui se doivent aussi de faire de l'éducation ; elle fait appel à tous les partenaires socio-économiques par qui ces valeurs doivent revivre.

On parle beaucoup, aujourd'hui, et souvent en les déplorant, des « tendances », des courants incontournables. Ces tendances, on les redoute parce qu'elles changent les gens, les personnes, les individus. Mais ce sont les individus qui font les tendances, qui les entretiennent et les rendent incontournables. Aussi est-ce avec les individus qu'il faut travailler en leur proposant de nouvelles façons de faire, de nouvelles façons d'agir ensemble grâce auxquelles ils verront leur situation, à tous et à toutes, s'améliorer. Ce sont les personnes, individuellement, qui feront que les choses changeront. Nous sommes bien conscients de cela au sein du Mouvement Desjardins et nous savons qu'à ce chapitre beaucoup reste à faire.

Beaucoup de remarques, de suggestions, de constats, souvent fort pertinents, ont été faits sur le Mouvement Desjardins. Il va sans dire que les dirigeants et dirigeantes du Mouvement prennent acte de tous les messages qui leur ont été livrés et que ces derniers alimenteront leur propre réflexion sur l'avenir de ce Mouvement auquel ils consacrent beaucoup d'énergie.

Comme entreprise, nous aurons encore à nous battre pour conserver notre place, pour être des développeurs, pour bien remplir notre mission qui consiste à contribuer au mieux-être économique et social des personnes et des communautés. Comme mouvement, nous aurons aussi à nous battre pour faire en sorte que ce rêve d'une économie plus juste, plus équitable, au service de l'ensemble des populations, puisse se réaliser.

Une chose est sûre : qu'on le perçoive comme mouvement ou comme entreprise, Desjardins a été, est et sera encore demain au service de la collectivité québécoise. Et quels que soient ses défauts, quelles qu'aient pu être ses erreurs ou ses omissions, l'impact qu'il a pu avoir sur la société québécoise est certainement positif. Notre volonté à tous est qu'il continue demain encore à jouer un rôle constructif pour notre collectivité.

COLLABORATRICES ET COLLABORATEURS

Omar Aktouf

Professeur en management à l'École des hautes études commerciales de l'Université de Montréal depuis 1983, monsieur Aktouf a plusieurs publications à son actif, notamment *Le management entre tradition et renouvellement* et *Méthodologie des sciences sociales et approche qualitative des organisations*. Il fut tour à tour consultant auprès de la direction Administration et Personnel de la Société nationale algérienne du pétrole (1983-1991), auprès de Cascades Inc. (1984-1991), du Mouvement Desjardins (1986-1993) et de l'ÉTAP (Entreprise pétrolière d'État de Tunisie). Depuis 1992, il est consultant auprès du groupe franco-européen GIAT-Industries.

François-Albert Angers

Professeur et économiste bien connu, monsieur Angers œuvre depuis la fin des années 1930 dans les domaines de l'économie, de l'enseignement, de la promotion nationale et du coopératisme québécois. Il fut conseiller de la Commission Tremblay sur les problèmes constitutionnels (1953-1956). Il a dirigé pendant longtemps les revues *L'Actualité économique* (1938-1948) et *L'Action nationale* (1959-1968), de même que l'Institut d'économie appliquée (1949-1969). Président de nombreux organismes à caractère national, coopératif et scientifique, il est l'auteur de *L'initiation à l'économie politique* (plusieurs fois réédité) et, entre autres, de *La coopération. De la réalité à la théorie économique*.

Claude Beauchamp

Professeur titulaire au département de sociologie de l'Université Laval depuis 1982, monsieur Beauchamp s'intéresse particulièrement à la sociologie du développement et de la coopération au Québec et en Afrique noire francophone. Il est l'auteur de plusieurs articles sur ces questions, d'une thèse de doctorat sur la coopération et le syndicalisme agricoles au Québec de 1900 à 1930 de même que d'une histoire d'Agropur.

Claude Béland

Monsieur Béland assume la présidence du Mouvement Desjardins depuis 1987, après avoir été conseiller juridique, puis directeur général de la Fédération des caisses d'économie au cours des années 1970. Il fut l'un des principaux artisans de la vaste restructuration du Mouvement Desjardins en 1989 et de l'acquisition de la Corporation du Groupe La Laurentienne. Il est actuellement président du conseil d'administration de l'Université Laval et du Conseil de la coopération du Québec, du Forum pour l'emploi et de la Société de promotion Qualité Québec, pour ne nommer que quelques-uns des organismes où il est actif.

Guy Bélanger

Monsieur Bélanger est historien-conseil auprès de la Société historique Alphonse-Desjardins depuis plus de dix ans maintenant. À ce titre, il est responsable de projets de recherche sur le fondateur des caisses populaires, sur la Caisse populaire de Lévis et sur l'histoire orale du Mouvement Desjardins.

Lise Bissonnette

Journaliste et écrivaine, madame Bissonnette est l'actuelle directrice du journal *Le Devoir*. Elle en fut tour à tour reporter, correspondante parlementaire à Québec, puis à Ottawa, enfin, éditorialiste et éditorialiste en chef en 1982. Après quatre années de journalisme indépendant et de travail comme consultante, elle accède à la direction du quotidien en 1990.

Mgr Bertrand Blanchet

Mgr Blanchet fut évêque de Gaspé à compter de 1973, pour devenir ensuite archevêque de Rimouski de 1992 à ce jour. Il est membre de la Commission des affaires sociales et de l'Organisme catholique pour la vie et la famille de la Conférence des évêques du Canada, et membre du Comité épiscopal de théologie à l'Assemblée des évêques du Québec. En plus de sa formation en théologie, Mgr Blanchet détient une maîtrise en sciences biologiques et un doctorat en sciences forestières. Il fut membre d'une délégation œcuménique auprès des parlementaires de la Communauté européenne sur la question des pêches. Partisan du développement local, il a également participé au Ralliement gaspésien et madelinot et à la Coalition urgence rurale du Bas-Saint-Laurent.

Marie Bouchard (membre du comité organisateur)

Professeure-chercheure à l'École des sciences de la gestion de l'Université du Québec à Montréal et docteur en sociologie, madame Bouchard est associée à la Chaire de coopération Guy-Bernier et membre du Collectif de recherche sur l'innovation sociale dans les entreprises et les syndicats (CRISES). Spécialisée en gestion et en coopération, ses travaux actuels portent sur les propositions de sortie de crise que présentent les nouvelles coopératives.

Daniel Côté

Directeur du Centre de gestion des coopératives de l'École des hautes études commerciales et professeur à cette institution, monsieur Côté a fait de nombreuses recherches sur les coopératives agricoles au Québec et dans le monde. Il coordonne un groupe de recherche du CIRIEC-International qui travaille sur les holdings contrôlés par les coopératives. Il est détenteur d'un doctorat en science économique.

Gaston Deschênes

Monsieur Deschênes a acquis une formation en histoire à l'Université Laval. Il fut l'un des premiers boursiers de la Fondation Desjardins. Au cours des années 1970 et 1980, il a publié plusieurs articles sur le mouvement coopératif, notamment dans la *Revue Desjardins,* la *Revue d'histoire de l'Amérique française* et la revue *Coopératives et développement.* Il est l'auteur d'un guide bibliographique sur le mouvement coopératif. Il dirige le Service de la recherche de la Bibliothèque nationale depuis 1979.

Luc Desrochers

Candidat au doctorat en histoire à l'Université du Québec à Montréal, monsieur Desrochers a dirigé avec Robert Comeau la publication des actes du huitième colloque sur les leaders du Québec contemporain parus sous le titre *Le Devoir, un journal indépendant (1910-1995)* (Presses de l'Université du Québec, 1996). Il fut historien-conseil pour la série documentaire audiovisuelle *CSN, quatre temps d'un mouvement.* Il est coauteur de *Histoire des maires de Montréal* (VLB éditeur, 1993) et prépare actuellement une histoire de la Fédération des affaires sociales (CSN) de 1935 à 1979.

Gilbert Dionne

Docteur en philosophie, monsieur Dionne a occupé diverses fonctions à l'Université du Québec à Montréal depuis 1969, dont celles de vice-doyen de la Famille des lettres (1974-1978), de doyen des études de premier cycle (1980-1983), de vice-recteur associé à l'enseignement et à la recherche (1983-1987), de vice-recteur aux Communications (1987-1996), puis celles de recteur par intérim et de vice-recteur intérimaire à l'Administration et aux Finances en 1996.

Michel Doray

Depuis son entrée au Mouvement Desjardins en 1965, monsieur Doray a occupé successivement plusieurs postes de responsabilité parmi lesquels les plus importants sont sans doute celui de président-directeur général de la Société de développement international (1980-1989) et celui de vice-président de la Confédération des caisses Desjardins pour les secteurs des Affaires publiques, du Développement coopératif et des Affaires nationales et internationales (1989-1996). Il fut nommé récemment vice-président au développement coopératif à la Confédération Desjardins.

Jean-Pierre Dupuis

Monsieur Dupuis s'intéresse particulièrement à la question de la « culture organisationnelle » et aux rapports entre l'entreprise et son milieu social et culturel. Détenteur d'un doctorat en anthropologie (Université de Montréal, 1992), il est professeur agrégé à l'École des hautes études commerciales. Il a récemment publié *Le modèle québécois de développement économique* aux Presses Interuniversitaires.

Bernard Élie

Monsieur Élie est spécialiste des théories monétaires et de l'économie financière internationale. Docteur ès sciences économiques de l'Université de Paris I (1986), il enseigne au département des sciences économiques de l'Université du Québec à Montréal depuis 1976. Il est l'auteur, depuis le début des années 1990, d'une multitude d'articles et de conférences et a collaboré à plusieurs ouvrages.

Louis Favreau

Monsieur Favreau est travailleur social et docteur en sociologie. Organisateur communautaire pendant plus de vingt ans, il est depuis dix ans professeur en travail social à l'Université du Québec à Hull. Spécialisé dans le champ des mouvements sociaux et du développement économique communautaire, il est responsable de l'équipe Économie sociale du Collectif de recherche sur les innovations sociales dans les entreprises et les syndicats (CRISES), rédacteur en chef de la revue *Économie et solidarités* (anciennement *Coopératives et Développement*) et animateur de la Chaire de recherche en développement communautaire de l'Université du Québec à Hull. Il est coauteur avec Benoît Lévesque de *Développement économique communautaire, économie sociale et intervention,* paru aux Presses de l'Université du Québec en 1996.

Mario Fortin

Boursier de la Société canadienne d'hypothèques et de logement (1983-1986) et détenteur d'un doctorat de l'Université Laval (1988), monsieur Fortin est spécialisé en économie monétaire et financière et plus particulièrement dans l'analyse des fluctuations et de la croissance. Il enseigne au département d'économique de l'Université de Sherbrooke depuis 1988 et y occupe le poste de professeur agrégé depuis 1994.

Nicole Giroux

Madame Giroux est professeure au département de communication de l'Université de Montréal. Spécialiste de la gestion stratégique et de la communication organisationnelle, elle a rédigé un ouvrage et de nombreux articles sur les coopératives, dont le Mouvement Desjardins. Dans son enseignement et ses recherches, elle s'intéresse plus particulièrement à la gestion dans les processus de changement et aux conditions favorisant la participation dans les organisations démocratiques et les institutions.

Michel Grant (membre du comité organisateur)

Monsieur Grant est professeur titulaire à l'École des sciences de la gestion de l'Université du Québec à Montréal. Son champ de recherche et d'enseignement couvre les relations de travail et la négociation. Il travaille particulièrement sur le phénomène de la transformation des modes de gestion des ressources humaines dans les caisses populaires.

Clément Guimond

Actuellement vice-président du Fonds de développement de la CSN pour la coopération et l'emploi (Fonds Action), membre de la Commission de financement de la Société de développement des entreprises culturelles et administrateur du Groupe de consultation pour la création et le maintien de l'emploi du Québec, monsieur Guimond a participé à la fondation de la Caisse d'économie des travailleuses et travailleurs (Québec). Il en est le directeur général depuis 1985.

John Harbour

Comptable agréé, monsieur Harbour se joint au Mouvement Desjardins en 1980. De 1985 à 1993, il sera président et chef de la direction de la Société de portefeuille du Groupe Desjardins assurances générales. Il occupe depuis 1994 le poste de directeur général de la Confédération des caisses populaires et d'économie Desjardins.

Francine Jacques (membre du comité organisateur)

Madame Jacques est agente d'information au Service de l'information externe de l'Université du Québec à Montréal depuis 1984. En 1989-1990, elle fut coordonnatrice du Programme d'orientation et d'intégration terrain de l'ACDI au Rwanda et, en 1991, consultante en communications pour OXFAM-

Québec/OCSD. Elle a dirigé le Service de l'information et des relations publiques du Musée des beaux-arts de Montréal de 1979 à 1984 et la Section de l'information de la Commission canadienne pour l'UNESCO de 1977 à 1979. Elle fut agente d'information au Conseil des Arts du Canada de 1972 à 1977.

Gabrielle Lachance

Madame Lachance est docteur en sociologie. Elle a été chercheuse à la Direction de la recherche de la Confédération des caisses populaires Desjardins (1978-1980) et à l'Institut de recherche sur la culture (1980-1988) où elle a dirigé diverses recherches (sur les industries culturelles, les personnes âgées, les femmes) et a été secrétaire de rédaction de la revue *Questions de culture*. Enfin, elle y a mis en œuvre et dirigé la collection « Diagnostic ». Depuis 1988, elle est directrice générale de Développement et Paix.

Gérald Larose

Spécialiste en organisation communautaire, monsieur Larose fut tour à tour responsable provincial des CLSC pour la Fédération des affaires sociales, responsable de l'information au Conseil central de Montréal, puis président de ce Conseil de 1979 à 1982. Il fut alors élu premier vice-président de la CSN, puis président à compter de 1983. Monsieur Larose siège présentement au Conseil consultatif du travail et de la main-d'œuvre, à la Société québécoise de développement de la main-d'œuvre ainsi qu'à la Caisse de dépôt et placement du Québec.

Joël Lebossé

Monsieur Lebossé est président de Argos Consultants inc., Cabinet d'études, de conseil et de recherche en développement local. Spécialiste du développement local et de l'épargne de proximité, il a fait de nombreuses recherches sur les différentes formes de dispositifs de financement non conventionnel ainsi que sur les fonds de développement en Europe depuis 1987 et au Québec depuis 1994.

André Leclerc

Monsieur Leclerc enseigne l'économique à l'Université de Moncton (campus d'Edmundston) depuis 1981. En 1989, il obtenait un doctorat en économique de l'Université Laval. Auteur de nombreux articles et conférences, ses recherches actuelles portent sur l'avenir politique et économique de l'Acadie du Nouveau-Brunswick, l'évolution de la pensée coopérative dans le monde et les problématiques contemporaines, ainsi que sur l'entrepreneurship en milieu minoritaire franco-canadien. En collaboration avec monsieur Mario Fortin, il poursuit une étude sur les économies d'échelle et de gamme dans les caisses populaires.

Roger Levasseur

Monsieur Levasseur enseigne à l'Université du Québec à Trois-Rivières depuis 1970, plus particulièrement au département des sciences du loisir et au Centre interuniversitaire d'études québécoises. Il a reçu en 1992 le prix Guy-Frégault (partagé avec Yvan Rousseau) pour son article « L'évolution des bases sociales du Mouvement des caisses Desjardins. Le sociétariat de la Fédération régionale du centre du Québec, 1909-1965 », paru dans la *Revue d'histoire de l'Amérique française*. Il a publié en 1995, en collaboration avec Yvan Rousseau, *Du comptoir au réseau financier. L'expérience historique du Mouvement Desjardins dans la région du centre du Québec, 1909-1970,* chez Boréal.

Benoît Lévesque (membre du comité organisateur)

Monsieur Lévesque est professeur au département de sociologie de l'Université du Québec à Montréal. Il a publié plusieurs ouvrages en collaboration, dont *Repenser l'économie pour contrer l'exclusion* (Presses de l'Université du Québec, 1995) et *Modernisation sociale des entreprises* (Presses de l'Université de Montréal, 1992). Il est actuellement président du Centre interuniversitaire de recherche et d'information sur les entreprises collectives (CIRIEC-Canada), entreprises d'économie sociale et entreprises publiques. Depuis plusieurs années, il est coordonnateur du Collectif de recherche sur les innovations sociales dans les entreprises et les syndicats (CRISES).

Marie-Claire Malo

Madame Malo détient un doctorat en sciences sociales du développement coopératif. Professeure titulaire à l'École des hautes études commerciales, elle est aussi membre du Centre de gestion des coopératives. Elle a publié de nombreux articles et ouvrages sur les coopératives et l'économie sociale.

Mauro-F. Malservisi

Directeur de la Chaire de coopération Guy-Bernier, monsieur Malservisi est professeur au département des sciences économiques de l'Université du Québec à Montréal depuis 1967. Il enseigne la gestion et la mise sur pied de coopératives à l'Université Senghor d'Alexandrie depuis 1992 et à l'Université Conakry en

Guinée depuis 1994. Il est également l'auteur de cahiers de recherche sur la problématique de la croissance des coopératives d'épargne et de crédit et sur l'évolution du concept d'autonomie dans les caisses populaires.

Bouchra M'Zali

Détentrice d'un doctorat de la faculté des sciences de l'administration de l'Université Laval, madame M'zali occupe le poste de professeur au département des sciences administratives de l'Université du Québec à Montréal depuis 1991. Elle fut professeure invitée à l'Université des sciences économiques d'Hô Chi Minh-Ville en 1994 et à l'Université de Janal Abdel Nasser à Conakry (Guinée) en 1995. Ses champs de spécialisation sont la finance internationale, la gestion de portefeuille, l'économétrie et la modélisation.

Michel Nadeau

Monsieur Nadeau est vice-président Grands marchés et directeur général adjoint de la Caisse de dépôt et placement du Québec, institution où il fit son entrée en 1984. Au cours des dix années précédentes, il a été responsable du cahier *Économie et finances* du journal *Le Devoir*. En 1995, il recevait le prix Hermès décerné par la faculté d'administration de l'Université Laval. Depuis six ans, il fait partie du National Association of State Investment Officer (NASIO), dont il est le seul membre non américain.

Gilles Paquet

Monsieur Paquet est professeur d'économie et de management public à la faculté d'administration de l'Université d'Ottawa. Ses nombreuses recherches ont donné lieu à la publication d'une vingtaine d'ouvrages et d'un très grand nombre d'articles sur la gouvernance et l'évolution des institutions québécoises. Il a reçu le prix Jacques-Rousseau de l'Association canadienne-française pour l'avancement des sciences (ACFAS) pour ses travaux interdisciplinaires et le prix Esdras-Minville pour l'ensemble de ses travaux en sciences humaines. Gilles Paquet est éditorialiste au quotidien *Le Droit*.

Ghislain Paradis

Monsieur Paradis occupe le poste de vice-président aux Affaires internationales à la Confédération des caisses populaires Desjardins.

Roland Parenteau

Monsieur Parenteau a œuvré tour à tour à titre de professeur, de directeur ou de conseiller à l'École des hautes études commerciales de l'Université de Montréal (1945-1964), au Conseil d'orientation économique du Québec (1964-1968) et à l'Office de planification du Québec. Depuis 1969, il œuvre principalement à l'École nationale d'administration publique (ÉNAP), dont il fut directeur-fondateur. Il siège en outre à plusieurs conseils d'administration de grandes entreprises et institutions scientifiques.

Riccardo Petrella

Monsieur Petrella est actuellement professeur à la faculté des sciences économiques de l'Université catholique de Louvain (B) et président du Groupe de Lisbonne. Il a été jusqu'à tout récemment chef de l'unité Recherches sociales de la Commission des communautés européennes. De 1979 à 1994, il y a occupé la fonction de chef du Programme FAST (Forecasting and Assessment in Science and Technology). Il est l'auteur de nombreux ouvrages et articles portant sur le développement régional et industriel, l'innovation et les politiques technologiques ainsi que sur les rapports entre science et technologie.

Pierre Poulin

Monsieur Poulin est depuis 1988 responsable du projet d'histoire du Mouvement Desjardins à la Société historique Alphonse-Desjardins. Il a publié les résultats de cette recherche en 1990 et en 1994 sous les titres *Desjardins et la naissance des caisses populaires, 1900-1920* et *La percée des caisses populaires, 1920-1944*. Il prépare actuellement une biographie d'Alphonse Desjardins, en collaboration avec Guy Bélanger.

Jocelyn Proteau

Monsieur Proteau œuvre dans le Mouvement Desjardins depuis maintenant plus de trente ans. Il assume des fonctions de direction dans des caisses populaires locales jusqu'en 1989, puis devient président et chef de la direction de la Fédération des caisses populaires Desjardins de Montréal et de l'Ouest-du-Québec, poste qu'il occupe jusqu'à ce jour. Outre ses fonctions d'administrateur dans plusieurs instances du Mouvement Desjardins, il est président de la Confédération internationale du crédit populaire (CICP) depuis 1994.

Bruno Riverin

Monsieur Riverin est ingénieur diplômé de l'Université Laval. À la fin de 1971, il se joint à la Citybank de New York où il est affecté à la Banque Mercantile du Canada. En 1977, il entre au Mouvement Desjardins à titre de vice-président Finances et Administration à la Fédération des caisses populaires Desjardins de Montréal. En 1980, il devient président-fondateur de la Caisse centrale Desjardins. Enfin, en 1987, il accède au poste de président, chef de la direction et gouverneur de la Bourse de Montréal, jusqu'à sa nomination à la présidence d'Investissement Desjardins en 1994.

Guy Robinson

Détenteur d'un doctorat en sciences politiques de l'Université de Genève (Suisse), monsieur Robinson a travaillé successivement au Bureau international d'éducation de l'UNESCO et à l'International Peace Academy de New York, avant d'occuper pendant quatre ans le poste d'adjoint au directeur général du Conseil de la santé et des services sociaux de Laurentides-Lanaudière. Il est depuis 1989 professeur d'administration publique à l'Université de Moncton.

Yvan Rousseau

Docteur en études québécoises, monsieur Rousseau est chercheur associé au Centre d'études interuniversitaires de l'Université du Québec à Trois-Rivières depuis 1993, où il s'occupe notamment des Chantiers de recherche sur le mouvement des caisses populaires Desjardins et sur la montée des grandes organisations au XXe siècle.

Majella Saint-Pierre

De 1973 à 1993, monsieur Saint-Pierre fut attaché de direction, directeur des communications, conseiller à la direction générale puis vice-président du Conseil aux relations avec le mouvement coopératif du Québec de la Confédération des caisses populaires et d'économie Desjardins. Il occupe depuis 1994 le poste de président-directeur général du Conseil de la coopération du Québec. Il préside également le conseil d'administration du Conseil canadien de la coopération.

Nicole Savoie

Madame Savoie est candidate au doctorat en communication. Elle détient une maîtrise en communication organisationnelle de l'Université de Montréal. Elle a en outre mené une carrière en journalisme, en occupant différents postes à la direction de magazines destinés au grand public. Ses recherches portent plus particulièrement sur le journal d'entreprise et le discours argumentaire.

J. Yvon Thériault

Monsieur Thériault est professeur au département de sociologie de l'Université d'Ottawa depuis 1978 et doyen de la faculté des sciences sociales de la même institution depuis quatre ans. Ses champs de recherche couvrent plus particulièrement la sociologie politique, les mouvements sociaux et le fait français au Canada. Il vient de publier *L'identité à l'épreuve de la modernité* (Moncton, Éditions d'Acadie, 1995).

Bruce Thordarson

Avant d'être directeur de l'Alliance coopérative internationale, poste qu'il occupe depuis 1988, monsieur Thordarson fut le premier directeur des Affaires gouvernementales de la Société canadienne de crédit coopératif et directeur exécutif de l'Union coopérative canadienne. Il a aussi occupé la fonction de conseiller politique au ministère fédéral de la Main-d'œuvre et de l'Immigration, de même qu'au Centre des affaires extérieures et du commerce. Son plus récent ouvrage s'intitule *Banking on the Grass-Roots-Co-Operatives in Global Development.*

Jean-Marie Toulouse

Détenteur d'un doctorat en psychologie sociale (Université de Montréal), monsieur Toulouse est directeur de l'École des hautes études commerciales et professeur titulaire de stratégie et de formation des cadres supérieurs. Il a publié les résultats de ses nombreuses recherches dans une centaine d'ouvrages et articles.

Marie-France Turcotte

Madame Turcotte poursuit actuellement des études doctorales en gestion à l'Université du Québec à Montréal. Depuis 1994, elle est responsable de la coordination d'une recherche sur les produits financiers et les préoccupations environnementales au Canada.

Monique Vézina

Membre du Sénat canadien, madame Vézina occupe actuellement la présidence du Mouvement national des Québécois. Femme politique et gestionnaire en communication, elle fut notamment titulaire de divers ministères de 1984 à 1993 et membre du conseil d'administration et du comité exécutif de la Confédération des caisses populaires et d'économie Desjardins de 1977 à 1984. Madame Vézina possède une expérience de trente années dans l'engagement politique et social.

Claude Vienney

Monsieur Vienney fut d'abord rédacteur en chef de la revue *Coopération* de 1953 à 1962, puis directeur des stages de la section d'éducation ouvrière de l'Institut des sciences sociales du travail de Paris de 1962 à 1969. À compter de 1972 et jusqu'à 1980, il fut chargé de conférences au Centre de recherches coopératives de l'École des hautes études en sciences sociales. De 1970 à 1992, il fut maître de conférences à l'Université Paris I.

TABLE DES MATIÈRES

• Cap-Saint-Ignace
• Sainte-Marie (Beauce)
Québec, Canada
1997